KB140038

한국실학사상 연구

한국실학사상 연구

10

이을호 지음 · 다산학연구원 편

간행사

　선생이 1998년 88세를 일기로 서세하신 후, 2000년 11월 <이을호 전서> 9책 24권이 출판되었고, 2010년 탄생 100주년을 기념하여 『현암 이을호 연구』가 간행되었다. 그리고 10여 년 사이에 몇 가지 학계의 여망을 수렴해야 할 필요성이 대두되었다. 초간본에서 빠트린 글들을 보완해야 할 필요성이 제기되었고, 현대의 독자들을 감안해서 원문 인용문 등도 쉽게 풀이하는 것이 좋겠다는 요청이 있었다. 그 가운데 가장 중요한 것은 선생의 저술들이 가지는 학술적 가치를 고려할 때 몇몇 주요 저술들을 단행본으로 손쉽게 접할 수 있도록 보완해달라는 것이었다. 이로 인해 <이을호 전서>를 <현암 이을호 전서>로 개명하고, 9책 24권 체제를 각권 27책 체제로 확대 개편하는 수정 증보판을 내놓게 되었다.

　일반적으로 선생을 가리켜 다산학 연구의 개척자라 하기도 하고, 현대 한국학의 태두라 하기도 하지만, 이는 그 일면을 지적하는 것일 뿐, 그 깊이와 내용을 올바로 판단한 것은 아니다. 선생의 학술적 탐구가 갖는 다양한 면모와 깊이는 전체적으로 고찰하기가 어렵기 때문이다.

선생의 학문 여정을 돌아볼 때 고보 시절에 이제마(李濟馬, 1838～1900)의 문인으로부터 『동의수세보원』을 익힘으로써, 인간의 근원에 대한 이해, 곧 그때까지 유행하고 있었던 주자의 성리설(性理說)로부터 고경(古經)의 성명론(性命論)으로 전환하는 계기가 되었다. 또한 경성약전을 졸업하고 중앙의 일간지에 「종합의학 수립의 전제」등 여러 논설을 게재하고 『동양의학 논문집』등의 창간을 주도하면서 '동서양 의학의 융합'을 주장하였던 것은 일제하에 허덕이고 있었던 민생을 구하고자 하였던 구세의식의 발로(發露)였다.

27세 때, 민족자강운동을 펴다가 일경에게 체포되어 영어의 몸으로서 『여유당전서』를 탐구하였던 것은 다산이 멸망하는 조선조의 운명을, 새로운 이념으로 광정(匡正)하고자 하였던 그 지혜를 배워서, 선생이 당면하였던 그 시대를 구하고자 한 것이었다. 광복과 함께 학교를 열었던 것은 평소에 꿈꾸었던 국가의 부흥을 교육입국을 통하여 현실에 실현시키고자 함이었다.

학술적으로 첫 업적이라고 할 수 있는 국역 『수은(睡隱) 간양록(看羊錄)』은 우리의 자존심으로서, 일제에 대응하고자 하였던 존엄의식의 발로였다. 마침내 다산의 경학연구로 학문적 토대를 쌓아, 육경사서(六經四書)에 대한 논문과 번역 등 『다산경학사상연구』를 비롯한 많은 저술을 남긴 것은 조선조 500년을 지배한 주자학의 굴레로부터, 학문적 자주성과 개방성으로서 새로운 시대의 올바른 문화를 열고자 하는 열망을 학술적 차원에서 이룬 것이었다.

선생의 학문은 난국의 시대에 국가의 앞날을 우려하여, 우리의 의식으로서 새로운 사상적 전환을 이룩하고, 한국학의 독자성을 밝혀, 현대문화의 새로운 방향을 제시한 것이라 할 수 있다. 선생의 학문은 깊고 원대한 이상에서 성장해 결실을 맺은 것임을 알 수 있으니, 그 학문세계를 쉽게 말할 수 없다는 소이가 바로 여기에 있다.

선생이 가신 지 어언 15년의 세월이 흘렀음에도 선생의 저술에 대한 기대가 학계에 여전한 것은 오롯이 선생의 가르침과 학술로 거둔 성과다. 문인으로서 한결같이 바라는 것은 선생의 학술이 그 빛을 더하고 남기신 글들이 더욱 널리 퍼지는 것이다. 이 새로운 전집의 간행을 계기로, 선생의 학문이 더욱 널리 알려지고, 그 자체의 독자성이 심도 있게 탐구되어 대한민국의 학술사에서 선생의 위상이 새롭게 정립된다면, 이것이야말로 이 전서의 상재(上梓)에 참여한 문인들의 둘도 없는 소망이다.

2013년 납월(臘月)
문인 오종일 삼가 씀

일러두기

○ 이 책은 저자가 발표한 '한국실학'에 관한 논문들을 체계에 맞추어 편집한 것이다. 그러므로 『한국실학사상연구』라는 책명은 편집 과정에서 부여한 것이다.

○ 이 책은 2000년에 간행한 <이을호 전서> 4권에 수록한 것을 다시 독립시켜 발간한 것이다.

○ 저자가 서술과정에서 인용한 원전이나 한문으로 이루어진 문장은 모두 번역하고, 한자로 표시된 어휘 또한 한글로 바꾸었으며, 원문은 괄호 또는 각주로 처리하였다.

○ 원문의 내용에 오역이 있는 경우, 교열 과정에서 이루어진 잘못이며 저자와는 무관함을 밝힌다.

○ 이 책의 인용문 번역과 교열자는 정상엽이다.

현암 이을호 전서

한국실학사상 연구
목 차

제1편 실학개념의 정립과 그 개관

제2편 개신유학으로서의 경학적 특징

제3편 실학사상의 발전과 그 과제

조사보고

실학개념의 정립과
그 개관

1. 한국의 실학사상 개설

1) 개념정립의 문제

    1950년대 이래 야기된 실학개념(實學槪念) 정립을 위한 논쟁—논쟁의 형태가 비록 갖추어지지 않은 내용들일 망정—도 이제는 한 고비를 넘어선 감이 짙다. 왜냐하면 이 논쟁에 참여한 많은 학자들이 이제는 거의 스스로의 입장에 따른 정견들을 발표한 바 있고, 그러한 업적들을 통하여 이를 종합, 정리하려는 노력들이 태동하고 있기 때문이다. 그러나 그렇다고 해서 지금도 우리가 '한국실학'이라 부르는 그 실학의 개념을 한마디로 풀이할 수 있느냐, 없느냐의 문제에 대한 해답은 그리 손쉽지 않은 것이다. 그러므로 이 시점에 있어서 한국실학사상의 이해는 우선 지금까지의 많은 업적들을 견주어 보면서 이를 정리하는 가운데 얻도록 하는 한편, 그리고도 또다시 남겨진 문제들이 있다면 이는 후인들의 또 다른 솜씨에 기대할 수밖에 없을 것이다. 그런데 지금까지 발표된 실학개념 정립을 위한 논술들을 정리하다 보니 이를 크게 두 가지 각도로 나누어보는 것이 좋을 듯하다. 이 두 가지 각도는 비단 '실학개념'의 파악에만 필요한 것은 아니지만, 지금까지의 논쟁들을 이러한 두 가지 각도에서 파악하는 것이 이의 이해를 돕는 데 있어서 가장 편리하겠기 때문이다. 그것은 다름 아니라 실학사상의 역사적 입장과 실학사상의 본질, 이 두 가지 면인 것이다. 그러나 이러한 양면은 어쩌면 서로 떼어서 생각할 수 없는 것인지도 모른다. 그것은 아마도 '역사적 입장에서 본

실학사상의 본질'이라고 해야 하는지 모른다. 그러나 손은 하나이지만 등과 바닥이 있는 것과 같이, 하나를 이해하는 방법으로서의 양면은 하나의 손을 이해하는 데 필요하다고 한다면 이상 두 가지 면은 어쩌면 하나로서의 한국실학사상의 이해를 위한 방법으로서 끌어다 쓸 수 있는 두 개의 도구일 수 있는 것이다. 흔히 그 어느 일면만을 지나치게 강조함으로써 그의 전체상의 파악을 소홀히 하게 됨을 피하기 위해서도 양면적 검토는 절실히 필요할 것이다.

이제 위의 방법에 의한 한국실학사상의 실상을 관조해 보기에 앞서 지금까지의 실학개념 논쟁을 통하여 사용된 술어들을 대강 간추려본다면, 실학사상의 저변구조를 짐작하게 하는 데 다소 도움이 될 것 같다.

애초에 실사구시(實事求是)라는 술어는 그것이 비록 한대(漢代)에 쓰여진 고전적 단어이기는 하지만 이조 후기의 실학자—특히 추사(秋史) 김정희(金正喜)—에 의하여 중하게 쓰였고, 그것은 또한 호암(湖巖) 문일평(文一平, 1888~1936)에 의하여는 실학이 마치 실사구시학(實事求是學)인 양 실사구시학파(實事求是學派)라고 표현함으로써 실사구시는 실학의 다른 칭호인 양 되었다. 그리하여 실사구시의 의미는 고거(考據) 또는 고증(考證)의 일면을 대변하는 의미를 갖추게 된 것이다.

그 후 1950년대로 접어들면서 비롯된 실학개념 정립을 위한 논쟁 시대를 통하여 튀어나온 실자(實字) 계열의 단어들 중에는 실증은 물론이거니와 실용(實用)·실정(實正)·실천(實踐)·성실(誠實)·실심(實心) 등을 헤아릴 수 있다. 이런 것들은 대부분 실(實)의 의미를 허(虛)·공(空)·가(假)·무(無) 등의 반대급부적 입장에서 파악하려는 자들이다.

그러나 이러한 문자유희에 빠지기 쉬운 방법은 곧장 궁지로 몰리기 쉬운 것이다. 그리하여 경세치용(經世致用)이니 이용후생(利用厚生)이니 하는 단어들을 사용함으로써 소위 실학개념이 유학을 저변으로 하고 있음을 보여주게 되었고, 급기야는 수기치인(修己治人)의 원시유교적 근본원리를 실학개념의 파악을 위하여 원용하려 하기도 하고, 더러는 실학이란 궁극에 있어서는 개신유학(改新儒學)이라 부를 수밖에 없다는 주장을 내세우는 이도 나타나기에 이르렀다.

이렇듯 실학이란 유학-엄밀히 말해서 성리학의 공리공론성-을 비판하는 입장에서 출발하였음에도 불구하고, 다시금 유학의 세계로 되돌아가는 입장이 되었고, 이를 보완하는 의미에서 이제는 조선후기 실학을 민족 주체의식을 토대로 하는 자아각성, 나아가서는 전근대적 상황에서의 탈피-곧 근대화에로의 지향-를 위한 비판정신 등을 문제삼고 있다.

실사구시에서 비판정신에 이르기까지의 단어들이 실학개념 구성을 위하여 어떠한 의미를 가지는가는 다시금 항을 달리하여 더듬어 보고자 하거니와, 어쨌든 이제는 실학개념 정립을 위한 많은 술어들에서는 그 이상의 의미도 찾아보기 어려울 뿐만 아니라 더 다른 단어의 색출도 거의 없을 것이라고 생각해도 좋을 것이다.

그러므로 실학개념 논쟁은 이 시점에서 다시금 제1단계의 정리가 필요하다. 그러기 위해 이제 이를 앞서 지적한 두 가지 입장에서 간추려 보고자 한다.

2) 한국실학의 역사적 입장

조선실학을 조선후기 실학으로 파악한 이는 위당(爲堂) 정인보(鄭寅普)라 할 수 있다. 그가 다산의 생애와 업적을 다룬 글에서,

> 조선근고 학술사를 綜系하여 보면 반계가 一祖요, 성호가 二祖요,
> 다산이 三祖인데……

라고 한 글은 반계─성호─다산을 묶어서 조선근고 학술사─엄밀히 말해서 이조 후기 학술사 또는 실학사─의 주축으로 삼은 것이라 해도 좋을 것이다. 이러한 입장은 이조실학으로 하여금 반계(1622~1673)를 상한선으로 하여 그를 영·정조 시대(1725~1800)에 문운(文運)의 개창자(開創者)로 삼은 데에서 그 의미를 찾아볼 수 있을 것이다.

그러나 또 다른 하나의 입장은 조선후기 실학을 명실공히 18세기 전반을 제1기로 보고, 성호를 경세치용파의 주축으로 삼는 주장도 있으니─이우성(李佑成) 씨의 설─이는 조선실학의 초점을 영조시대에 맞춘 입장인 것이다. 따라서 반계는 성호의 선구자적 입장에 머무르는 데 그칠 따름이다.

그러나 성호 자신은 반계뿐만 아니라 시무에 민감했던 율곡까지도 존숭하여 자기가 학문의 염원을 율곡─반계의 선에서 찾으려고 한 점을 주목해야 할 것이다. 이 때문에 조선실학의 상한선을 율곡에까지 끌어올리려는 설도 나올 수 있는 소지가 생겼다고 볼 수 있다.

이러한 경세학적인 유교의 입장에서 볼 때에는 그의 상한선이 결

코 율곡에 머무를 수가 없다고 보아야 한다. 왜냐하면 저 멀리 고려조 때 권근에게서도 실학이라는 단어가 유학적 입장에서 다른 표현으로 뚜렷이 나타난 사실에 비추어 보면 그의 연원을 권양촌에게까지 올라가게 한 설도 나오게 되기 때문이다.

이러한 회고적인 상한선의 상승은 실학이 명실공히 유학의 품 안에서 촌보도 벗어나지 못하고 있음을 의미한다. 권양촌·이율곡이 다 같이 성리학의 대가일 뿐만 아니라 동방－우리나라－유학 발전의 기수들이었기 때문이기도 하다.

본시 유학은 군자학(君子學)이다. 군자학은 다름 아닌 경세치용의 학이 아닐 수 없다. 그러므로 경세적 유학은 성리학과의 좋은 대조를 이루고 동시에 그것이 바로 조선실학의 다른 한 칭호일는지 모른다. 성호의 학이 바로 경세치용의 학이므로 권양촌·이율곡 등은 그런 의미에서 한국실학의 선구자가 아닐 수 없다. 따라서 성호를 정점으로 하는 경세치용파의 선각들이라 해야 할 것이다.

이처럼 회고적인 유학 중심의 실학개념은 유(儒)와 실(實)의 일체라는 점에서 유교의 세계에서는 벗어나지 못했고, 오히려 유교라는 모태 속에서의 성장·발전을 기대할 따름이다. 실학개념의 상한선이 상승하면 할수록 실학의 유교적 특징이 더욱 분명해질 가능성은 절대로 배제할 수가 없다.

그와는 달리 하한선마저 달리하게 된－성호에게서 내려온 설－것은 그들이 지녔던 회고적 입장을 완전히 떨쳐버리고 오직 현재와 미래를 생각하는 미래지향만을 중요시한 때문이지도 모른다. 그런 의미에 있어서는 성호는 조선후기 실학의 정점을 이루고 있을 뿐만 아니라 근대개화의 길잡이가 된 셈이다.

역사란 본디 유전이요, 시간인 것이다.

한마디로 말한다면 시대의 기록이요, 현실의 파악인 것이다. 그러므로 "사(史)는 기록이라" 하는 까닭이 여기에 있다. 그러기에 공자는 "문(文)이 질(質)을 뛰어넘은 것을 사(史)라" 하였으니, 역사는 정치요 경제이지, 종교나 철학과 같은 본질과는 구별이 된다.

반계·성호학파가 영·정조시대의 문운의 일면을 내변하여 조선 후기 실학의 제1기를 형성한 것은 오로지 그의 경세치용의 학을 개창한 데 있음이요, 따지고 보면 그들이 처한 역사적 현실의 올바른 파악에 기인한 사실은 이해되고도 남음이 있다. 이 점에 대한 견해는 모든 사학자들의 의견이 일치함을 볼 수 있다.

이르되 조선왕조의 창업 이래 임진·병자의 양역(兩役)은 왕권의 정치적·경제적 기반을 흔들어 놓은 치명적 외침이 아닐 수 없다. 그러한 창흔(瘡痕)은 지배자계급—사인 계급—의 정치적 불안뿐만 아니라 농토를 젖줄로 삼는 민생에게 맹자의 이른바 "정치로 사람을 죽이는[以政殺人]" 직전에 이르게 했으니, 정치적으로 영·정조 시대는 이미 민란 직전에 놓였음을 다산은 이미 예견한 것으로도 미루어 짐작을 할 수 있는 것이다.

이러한 역사적 시대상에 민감한 학자로서 이에 대한 정치적 대응책을 모색함은 너무도 당연한 일이 아닐 수 없다. 거꾸로 말하자면 이 시대는 그러한 학자들의 출현을 갈망했다고도 해야 할는지 모른다. 남인(南人)들의 정치적 불우는 또한 이러한 시대적 감각에 더욱 민감하게 만들었는지도 모른다.

이러한 역사적 시점에서 반계—성호의 정치적 제도개혁을 주로 하는 기술—『반계수록(磻溪隨錄)』·『성호사설(星湖僿說)』, 다산의 『경세유표(經世遺表)』―이 나오게 된 것은 마치 새 술은 새 부대에 담아야 하는 작업이 아닐 수 없다. 정치제도의 개혁 없이는 새로운 경제정책이 그 운영의 묘를 거둘 수 없기 때문이다.

비록 그들의 원초적 연원은 실로 삼봉·양촌·율곡 등의 아득한 역사적 유학자들에게서 찾는다 하더라도 근세실학의 제1기의 문을 연 영예를 반계―성호에게 주는 까닭은 오로지 그들이 시대적 배경의 소산이라는 점에 있는 것이다. 그러므로 그들의 뒤를 이어 이제 이용후생―곧 상공(商工) 정책―에 눈을 돌리게 되는 까닭도 짐작케 하는 것이다.

이 시기에 있어서의 연행사(燕行使)들에 의한 북학(北學)은 국내 경제정책에 중요한 의미를 갖는다. 이는 새 부대에 담을 술을 빚는 작업이기 때문이다.

『북학의(北學議)』란 본시 맹자에게 진량(陳良)이 "북쪽으로 중국에 가서 배운다[北學於中國]"라 한 데에서 얻어진 자로서 남만인(南蠻人)이 '북쪽으로 가서 문화를 배운다[北學文化]'란 의미를 갖는다. 중국의 정치제도―예악문물(禮樂文物) 또는 전장제도(典章制度)―를 배운다는 뜻이다. 우리 연행사들의 입장에서는 동방예의지국인(東方禮義之國人)이 '서쪽으로 가서 청나라 조정을 배운다[西學於淸朝]'라 해야 할는지 모른다. 왜냐하면 당시에 있어서 청조의 연경(燕京)은 새로운 서역(西域)의 문물을 도입하여 눈부신 발전을 기약하고 있었기 때문이다. 그러므로 당시에 있어서의 우리의 연행사들이 배운 것은 중국의 예악이 아니라 연경을 매개지로 한 서양의 과학지식과 농공기예(農工技藝)였던 것이니, 북학은 곧 농공기예의 학이라 해야 마땅할는지 모른다. 초정(楚亭) 박제가(朴齊家)의 『북학의』나 연암(燕巖) 박지원(朴趾源)

의 『열하일기(熱河日記)』가 지니는 시대적 의의는 바로 이용후생의 갈증을 풀어주는 새 술이라는 데 있는 것이다.

연암과 초정으로 대표하는 이용후생파들은 반계-성호가 대표하는 경세치용파의 뒤를 이어 조선후기 실학의 제2기 사명을 담당하여 소위 한국실학의 정치·경제의 양면에 걸친 개혁을 담당하였음을 엿볼 수 있다. 합쳐서 말하자면 정경(政經)의 개혁을 담당한 것이다. 어느 시대나 서정개혁(庶政改革)이란 폐정(弊政)의 교정(矯正)이 아닐 수 없다. 당시에 있어서의 폐정이란 곧 농정(農政)의 문란이요, 농정의 문란은 삼정(三政)의 문란으로 널리 알려지고 있거니와, 삼정이란 곧 전정(田政)·군정(軍政)·환곡(還穀)을 가리킨다. 한마디로 말해서 농업정책의 극단적인 문란을 의미하며, 이는 곧 국본(國本)이 되는 농민을 돌보지 않는 정치현상인 것이다. 앞서도 지적하였거니와 이러한 시기에 정치적으로 불우했던 남인들이 서정개혁-엄밀히 말하자면 농정개혁-을 부르짖으며 새로운 문물의 도입을 꾀한 것은 시대적 대증요법(對症療法)으로서 당연한 일이 아닐 수 없는 것이다.

반계의 '한전론(限田論)', 성호의 '균전론(均田論)', 다산의 '여전론(閭田論)' 등은 토지개혁을 통한 농정의 쇄신을 꾀했다는 점에서는 그 규(規)를 같이한다. 그들이 주장하는 전정(田政)의 요체는 한결같이 경자유전(耕者有田)의 원칙에 의거하였고, 그로 인하여 농민들을 호족침탈(豪族侵奪)로부터 보호하자는 것이었다. 이는 실로 맹자의 이른바-유교의 치민정신인-'민위귀(民爲貴)'의 정책적 실현이라 하지 않을 수 없다.

공맹사상을 핵으로 하는 원시유교의 사상은 그들의 치민(治民)-곧 치인(治人)-사상에서 찾아볼 수 있다. 공자는 이를 '안백성(安百

姓)'이라 하였고, 맹자는 이를 '목민(牧民)'이라 하였으니, 이를 묶어서 말한다면 정치·경제적 치인이 아닐 수 없다. 그러므로 반계-성호의 경세치용이거나 연암-초정의 이용후생은 모름지기 원시유교의 치인정신의 구체적 구현이 아닐 수 없다. 오로지 안민정신(安民精神)의 발현일 따름인 것이다.

이제 경세치용이니 이용후생이니 하는 지표적(地表的)인 개혁과 발전을 시도하던 실학파들은 다시금 그들의 정신적 원천에 대한 관심을 기울이지 않을 수 없는 단계에 이르자, 외적으로는 천주교가 있고 내적으로는 유학의 경전이 있다고 보아야 하겠다. 연경을 거쳐 들어온 천주교리는 주로 식자들의 일부와 불우한 민중의 벗으로 받아들여졌고, 유학의 경전은 청조 고증학의 영향하에 다시금 원시유교로서의 복귀가 시도되었던 것이니, 이는 향외적인 관심에서 향내적인 반성에로의 전향을 의미하기도 한다. 조선후기 실학자들에 의한 경전연구가 시도된 계기는 이 때문인 것이다.

본디 철학과 종교는 지하에서 흐르는 지하수처럼 지하의 심층부를 건드리는 학문인 것이다. 그러나 한 그루의 과수나무에 열매가 주렁주렁 열리는 것은-꽃병에 꽂힌 절지(折枝)가 아닌 바에야-지하수의 자양(滋養)에 힘입은 까닭이 아닐 수 없다. 한국실학이 실로 그의 정치적 경륜을 천하에 펴고자 하였지만, 그것의 자양이 된 철학사상은 과연 어떠한 것이었을까. 여기에 조선실학에 있어서의 경전학(經典學)의 문제가 있는 것이다.

이 시기에 소위 청조 고증학을 이어받아 경전 고증은 물론이거니와 금석학(金石學)의 대두로 일컫는 추사(秋史)의 존재를 상기할 필요가 있다. 그의 「실사구시설(實事求是說)」은 이 시기에 있어서는 새로운 입장을 밝힌 적절한 논술로 평가되지만 때마침 그가 다산에게 준 편지에서 "스스로 자기의 견해를 확립하고 스스로 자신의 학설을 창도하면서 경서가 말하지 않은 것을 주장한다"란 구절은 음미함 직하다.[1] 이는 다산으로 하여금 자립(自立)·자창(自創)의 주관적 학자로 몰아세운 것이다. 여기에 조선후기 고증학파를 논함에 있어서 추사와 다산과의 견해가 엇갈리는 입장이 있음을 알아야 힐 것이다.

소위 청조 고증학은 송대 성리학의 주관적 입장에서의 탈피로부터 비롯한 것이다. 그러므로 그들은 도리어 한대 훈고학—객관적 주석—의 재평가들의 입장을 취하였고, 그러한 입장이 바로 실사구시의 입장이 아닐 수 없다.

다산이 그의 육경사서(六經四書)를 주석함에 있어서 가진 근본적 태도는 오히려 청대 고증학에서 한 걸음 앞으로 내디딘 느낌이다. 왜냐하면 청대 고증학자들은 송대의 궁리지벽(窮理之癖)을 비판함으로써 그들의 새로운 입장을 굳힘에 그쳤지만 다산은 오히려 궁리지벽과 아울러 한대의 고고지벽(考古之癖)에도 문제가 있음을 지적하고 있다. 그러므로 다산은 거꾸로 추사의 지나친 한대숭상(漢代崇尙)—추사의 「실사구시설」이 한대정신의 계승이라고 보고—입장도 뛰어넘은 것이라 할 수도 있다. 이 점에서 추사와 다산은 서로 엇갈리는 사이가 된 것이다.

또 하나 조선후기 실학의 고증학적 일면을 담당한 추사와 다산을 살펴볼 때 아무래도 추사는 금석학에 기울고, 다산은 경전학에 기울었다고 보아야 할 것이다. 전자는 모름지기 고거(考據)에 치중하고,

---

1) 金正喜, 『阮堂先生全集』 권4, 「與丁茶山」. "自立己見 自創己說 說經之所不敢也"

후자는 원시유교정신의 천명에 주력하였다. 그러므로 전자는 방법론의 입장에 섰고, 후자는 목적론의 입장을 굳게 한 셈이다. 그 때문에 추사가 다산을 대할 때는 마치 자립(自立)·자창(自創)의 어떠한 목적의식을 가지고 경전을 해설한 양으로 보였지만, 다산의 그러한 목적론적 태도에도 한계가 있음을 추사는 보지 못했던 것이 아닌가 한다. 실로 다산은 그의 유교교리 천명의 목적을 위해서도 결코 주관적 입장을 떠나서 객관적 논증에 철저했다는 사실을 추사가 간과했다면 다산의 입장에서는 다소 억울하다 해야 할는지 모른다.

이제 여기서 한 가지 밝혀두고자 하는 것은 조선후기 실학의 고증학적 입장을 밝힘에 있어서 추사의 입장과 다산의 입장을 구별해야 한다는 점이다. 추사의 입장은 금석고거학(金石考據學)으로서 금석문의 고거입장이요, 다산의 입장은 경전고증학(經典考證學)으로서 경전의 고의(古義) 천명을 위한 고증학의 원용인 것이다. 그러므로 금석학과 경전학이 비록 실사구시학에서 자라난 것이기는 하지만 조선후기 실학의 경전학의 자양으로서의 경학(經學)은 아마도 다산의 그것에 주목하지 않을 수 없을 것이다. 다산과 아울러 서계(西溪) 박세당(朴世堂)의 『사변록(思辨錄)』과 성호의 『제경질서(諸經疾書)』 등을 주목하는 소이는 여기에 있는 것이다.

반계-성호-연암-초정-다산-추사 등의 거성(巨星)들에 의하여 성숙된 조선후기 실학이 영·정조 시대의 새로운 학풍 조성의 원동력이 되었거니와 이들의 사상적 원천은 비록 고전적 유학에 근원하였다손 치더라도 그들은 결코 회고적이요, 상고적인 향수에 젖지는 않았다. 뿐만 아니라 그들은 도리어 그들이 처한 역사적 현실을 올바르게 파악하였고, 그로써 스스로의 역사적 위치와 역사적 사명을 정확하게 깨달았으며—이를 자아각성이라 이른다—현실의 부조리를 해부하며 비판하여—이를 자기 혁신이라 이른다—민생의 활로를 모색하였다.

이러한 그들의 노력은 미래를 위한 줄기찬 전진의 자세였다. 다시 말하면 세계 안에서의 나의 발견이요—자아의식 또는 주체의식이라 이른다—개혁을 전제한 현실파악은 전근대성에서의 탈피를 위한 몸부림이요, 근대화에서의 서곡이었던 것이다.

이러한 그들의 역사의식을 바탕으로 하여 그들은 실로 눈부신 업적들을 남기었다고 보아야 할 것이다. 그들이 한번 밖으로 서역의 문물에 눈을 뜨고, 안으로 스스로의 처참한 현실을 들여다볼 때 어찌 주자학적 세계에 머무르고 있을 수 있겠는가. 조선왕조는 비록 유교로 입국하였을 망정 결코 주자학으로만 치국할 수는 없는 것이다. 감연히 주자학의 세계에서 탈피함으로써—다산도 그가 성호학을 읽고서 술회했듯이—보다 더 넓은 세계를 보기에 이르렀던 것이다.

이때에 있어서의 그들의 업적은 결코 정치·경제의 저술에 그친 것이 아니라 철학·종교와 같은 근원적인 저술에도 많은 정력을 기울였으며, 나아가서는 우리의 역사·지리·언어·천문·과학·의약 등 실로 백과사전적 업적들을 쏟아놓음으로써 영·정조시대로 하여금 문운을 구가하는 찬란한 시대로 만들어 놓았던 것이니 그의 주력부대가 다름 아닌 이 시대의 실학파들이었음은 자랑해도 좋을 것이다.

3) 한국실학사상의 본질

지금까지 한국실학의 개념의 요소로서 경세치용·이용후생·실사구시 등의 요인이 크게 문제 삼아졌거니와, 이들은 모두가 앞서 지적한 바와 같이 유학의 경세구제의 면을 크게 부각시켰다고 해야 할 것이다. 그러므로 현상윤(玄相允)은 그의 『조선유학사(朝鮮儒學史)』에서 소위 실학파를 경제학파(經濟學派)─경세구제학파의 약칭─라 했던 것이다.

그러나 실학이란 바야흐로 학(學)으로서 성립하자면 그것은 결코 경세적 일면에만 머물러서는 안 된다. 경세(經世)란 실학의 반면이요, 그것은 또 조선후기의 역사적 요청에 의하여 깊이 문제 삼아졌겠지만, 그렇다고 해서 실학의 또 다른 면을 그대로 간과해서는 안 될 것이다. 이는 다산이 그의 「목민심서서(牧民心書序)」에서 지적했듯이─군자의 학은 수신이 반이요, 다른 반은 목민이다─군자의 학으로서 실학은 목민, 곧 치인의 면보다도 오히려 수신과 수기(修己)의 면이 군자실학의 본령인지도 모른다.

이제 한국실학은 그의 실학논쟁을 통하여 조선후기─영·정조시대─의 태생이라는 역사적 입장이 굳어졌다고 보아야 하겠지만, 아직도 논쟁의 권외에서 맴도는 그의 사상적 본질에 관하여는 아마도 『실학사상의 탐구』(高麗大亞細亞問題研究所編)라는 책명이 보여주듯이 실로 탐구 모색의 단계에 있는지도 모른다. 『한국실학사상사』(高麗大民族文化研究所刊)의 저자인 천관우(千寬宇)도 "조선후기 실학파의 의리학(義理學)에 관해서는 우선 그 내용의 이해를 위한 시도가 시작되고 있으나……이에 대해서는 아직 정리된 상태로 말하기는 어렵다"

고 했듯이 아직도 미정리의 상태로 보는 것이 옳을 것이다. 여기에 지적된 의리학이란 실학의 철학적 본질을 다룬 학이기 때문이다.

실로 한국 실학사상의 본질은 새 술어 속에 깃들어 있기는 하지만, 개신유학이란 이름으로 대체된 실학의 본질은 아무도 '정리된 상태'로 내놓지 못하고 있는 것이 현 실정이다. 이러한 본질적 문제는 어쩌면 역사 이전의 문제요, 역사적 유전현상 밖에 존재하는 깃인지도 모른다. 역사현상을 위(緯)라 한다면 이는 경(經)이라 해야 한다. 불변의 원리이기 때문에 이를 일러 우리는 경학이라고 하지만, 여기에 바로 개신유학으로서의 실학의 본질은 경학에서 찾아야 하는 소이가 있는 것이다.

그러므로 여기서 우리는 한국실학의 사상적 본질은 비록 미정리된 상태에 머물러 있다손 치더라도 그의 사상적 연원은 어디까지나 유학이라는 대전제 하에서만이 문제 삼아진다는 사실을 알아야 할 것이다. 그것은 바로 실학은 개신유학이라는 공식에서 추출된 것이요, 그것은 실학이란 결코 비유학적인 것—불교·도교·기독교—의 그 어느 것과도 근원적으로 관련을 맺을 수 없음을 의미하기도 한다. 따라서 실학이란 달걀을 깨고 나온 병아리처럼 결코 그가 달걀을 닮지 않았다 하더라도 달걀의 모태를 저버릴 수는 없는 것이다. 자못 구각을 벗은 새로운 개신유학은 옛것이 아닌 새것이라는 점에서 이를 문제 삼아야 한다는 것이다.

개신유학으로서의 실학사상의 본질을 캐기에 앞서 말해 두고 싶은 것은 역사적 현상으로 파악된 실학적 요소—곧 경세치용·이용후생·실사구시—밖에 따로 경학적 요소가 독립되어 있음을 인정해야 한다는 것이다. 이러한 경학적 입장은 역사적 현상으로 파악되어야 한다는 것이다. 이는 유전하는 현실상황이 아니라 영원불변한다는 현존재일 따름이기 때문이다.

소위 유학에서 이르는 경학이란 육경사서의 학을 가리킨 말이다. 다산은 육경사서로써 수기(修己)한다 하였고, 일표이서(一表二書)로써 치평(治平)한다 하였으니 수기가 곧 향내적인 자수(自修)인 점에서 철학과 종교의 영역이랄 수밖에 없다. 송대의 성리학이 철학으로서의 내송(內訟)의 학인 소이도 여기에 있는 것이다.

지금까지 유학에 있어서의 철학적 입장을 고수한 것은 송대 성리학이라 해도 좋을 것이다. 송대 성리학의 핵심은 주자학에 있을 것이며, 양명학은 설령 명나라 때의 학문이지만 역시 송대 의리학─철학─의 쌍벽을 이루는 것이라 하겠다. 그러나 그들은 청나라의 고증학의 비판 대상이 되었으니, 개신유학이란 곧 송명유학의 개신이 아닐 수 없다. 송명유학의 개신은 성리학에 대한 개신이요, 성리학에서의 개신은 주자학적 세계에서의 탈출을 의미한다. 그러므로 개신유학은 적어도 비주자학적 성격을 띠지 않을 수 없으므로 주자학에의 맹종은 있을 수 없다는 점에서 어쩌면 개신유학이란 개신주자학일는지도 모른다. 이는 소위 개신유학으로서 실학의 초보적 입장이요, 소위 실학적 경학의 기본입장이랄 수도 있는 것이다.

여기서 만일 실학사상의 본질이란 다름 아닌 개신유학으로서 경학에서 찾아야 한다면, 이러한 경학이란 적어도 경학파로서의 독립된 일부분을 차지해야 할 것이다. 다시 말하자면 소위 실학개념의 논쟁과정에서 문제 삼아진 경세치용파니, 이용후생파니, 실사구시파니 하는 파가 있을 수 있다면 또 다른 면에서는 개신경학파라는 일파의 성립은 결코 소외될 수 없으리라고 여겨지는 것이다. 소외될 수 없을 정도가 아니라 당연히 존재해야 한다는 것이다. 존재했어야 한다기보다는 뚜렷이 존재하고 있는 것이다.

조선조 500년은 언필칭 주자학 일색이라 이르고 있다. 장계곡(張谿谷)은 그의 『만필(漫筆)』에서 "중국은 학술이 다양해서……문호가 한 가지가 아니다. 그런데 우리나라는 그렇지 않아서……모두 정주만을 일컬을 뿐이다[中國學術多岐……門經不一……我國則不然……但聞程朱之學]"라 했듯이 그의 본고장에서 보다도 더 많이 주자를 숭상하였을 뿐만 아니라 거기에 정치적 세력까지 곁들여 반정주(反程朱)를 사문난적(斯文亂賊)으로까지 일컫게 된 사실은 도리어 소위 개신경학파들의 굴기(崛起)를 재촉하는 하나의 요인이 되기도 했을 것이다.

어쨌든 우리나라에서는 중국의 그것보다도 더한 존신주자(尊信朱子)의 의리를 굳게 지킨 셈이다. 그러나 개신경학은 그러한 기반에서는 감연히 벗어나야만 했다. 거기서 벗어나서 그들을 비판하면서 새로운 뜻을 천명하지 않고서는 개신경학의 새로운 입장을 굳힐 수가 없었을 것이다. 그러므로 개신경학은 적어도 주자 비판으로부터 비롯해야 하는 소이도 여기에 있는 것이다.

이러한 입장에서 제일 먼저 문제가 된다면 그는 다름 아닌 백호(白湖) 윤휴(尹鑴, 1617~1685)가 아닐 수 없다. 백호의 경전주해는 "나는 경연에서……주자의 주를 보지 않았다[鑴於經筵……勿覽朱子註]"라 했듯이 주자주를 보지 말아, 곧 무시한 자로서 그의 학자적 용기는 높이 평가되어야 하겠지만 그의 경전주해의 전반적 연구가 아직 세상의 빛을 보지 못한 오늘에 있어서 과연 그의 경학적 입장이 반주자(反朱子)라는 점만으로 개신경학자-실학으로서-로 일컬을 수가 있을 것인가. 다시 말하자면 반주자는 곧 개신경학의 제1파이기는 하지만 그의 수사적 본질이 곧 실학적 경학의 본원이 될 수 있을 것인가 아닌가는 아직도 속단할 수가 없다. 왜냐하면 백호의 반주자는 곧 주자주에 대한 비판이지만 스스로의 신의(新義) 개척이 만일 주자학의 심성론의 범위를 벗어나지 못했다면 이는 못내 개신경학의 본질과는 아직도 거리가 먼 자가 아닌가 한다(이 점은 앞으로의 새로운 연구업적에 기대할 수밖에 없다. 왜냐하면 백호의 경전주해에 대한 연구업적이 거의 없기 때문이다).

그 후 서계(西溪) 박세당(朴世堂, 1629~1703)의 『사변록』은 개신경학의 문호를 열었다는 점에서 크게 주목함 직한 업적이 아닐 수 없다. 서계의 경학은 "주자를 보지 말아" 한 것이 아니라 주자주를 분석한 것이다. 주자주 자체에 이미 서계의 칼자국이 남아 있으며, 그것은 곧 개신경학의 새로운 발돋움이 될 것이다.

경학의 입문서인 『대학』의 삼강령(三綱領)에 대한 부정적 태도만으로도 이미 주자주의 목에 비수를 겨냥한 셈이 되지만 그의 격물론(格物論)에 이르러서는 주자의 심장을 노린 셈이 된 것이다. 이는 곧 삼강령설뿐만 아니라 팔조목(八條目)에 대한 논리적 수정-수정 정도가 아니라 대수술-을 의미하는 것이다. 주자의 물유사론(物猶事論)은 범사물론(凡事物論)이지만 서계의 사(事)·물(物)은 완전히 별개로서 사(事)는 격(格)·치(致)·성(誠)·정(正)·수(修)·제(齊)·치(治)·평(平)이라는 동사요, 물(物)은 물(物)·지(知)·의(意)·심(心)·신(身)·가(家)·국(國)·천하(天下)라는 명사인 것이다. 이 서계의 격물론이야말로 개신경학의 새로운 의의를 밝히려는 신호가 아닐 수 없다.

적어도『대학』경설에 관한 한 다산은 서계의 격물론을 그대로 답습하고 있다. 뿐만 아니라 서계의 격물론을 격물 육조설(六條說)[2]로 재정리하고 있다. 그러므로 경세학에서 반계–성호–다산의 계보가 허용된다면『대학』경설에 관한 한 서계–다산의 계보도 허용되리라 볼 수 있다. 더욱이 서계–다산이 한결같이『고본대학(古本大學)』을 존중한다는 점에서 경학연구의 새로운 태도를 엿볼 수 있는 것이다. 그것은 다름 아닌 주자학적 세계에서의 탈출을 의미하는 것이다.

이제 실학사상의 근원이 개신유학에 있고, 개신유학의 본질은 개신경학에서 찾아야 한다면 이에 서계–다산의 경학은 바로 조선후기 실학사상의 철학적 기반이 아닐 수 없다. 왜냐하면 주자학이 마치 전통적 유학의 철학적 기반이었던 것과 같이 그들의 경학에의 길잡이가 되기도 했기 때문이다. 그러한 의미에 있어서 우리는 다산경학을 주목하지 않을 수 없다.

다산경학을 한 마디로 말한다면 그것은 본래적인 공맹학(孔孟學) – 수사학(洙泗學) 또는 원시유교–에의 향수에서 출발한 것이다. 그러므로 다산경학의 입장은 송대의 성리학뿐만 아니라 한대의 훈고학마저도 주충석어(註蟲釋魚)의 학이 되어서는 안 된다고 하였다.

경학이란 원전의 고의(古義)를 천명하는 것을 제1차적 목적으로 삼아야 하는 것이다. 훈고학이나 성리학이 만일 이러한 제1차적 목적에 위배된다면 그것은 경학을 위하여 아무런 의미도 없다는 것이다. 송대의 성리학만 하더라도 그것이 인성(人性)을 천리(天理)로써 설명했다는 점에서 혹 유교의 교리를 형이상학적 경지에까지 끌어

---

2) 졸고, 「大學經說의 反朱子學的 考察」, 『韓國哲學硏究』 3집(1973) 참조.

올리는 데 공이 있었다고 하더라도, 그것이 도리어 공맹학의 옛 뜻을 그르쳤다고 한다면 경학의 발전을 위하여 아무런 의미도 없음은 다시 말할 나위도 없으려니와 오히려 크게 손상을 가져왔다는 입장도 설 수 있는 것이다.

이렇듯 서계—다산으로 이어지는 경학파들은 그들이 반주자학적 세계에서의 탈출행위 과정에서 새로운 교두보를 재빠르게 수사학적 공맹의 세계 안에 구축한 점을 주목해야 할 것이다. 그들에게는 새로운 거점을 찾아냈던 것이니 이를 우리는 수사학적 세계라 이르는 것이다.

수사학은 실로 실학사상의 연원인 셈이다. 이는 마치 백두산 천지(天池)는 장장 천리인 압록강(鴨綠江)의 원류를 이루고 있는 것이다. 그러나 장강(長江)의 원류가 천지(天池)처럼 뚜렷한 것도 있거니와 나일강의 원류처럼 아프리카의 신비 속에 묻힐 수도 있는 것이다(1862년에 스페오에 의하여 그것이 우간다의 라이풍 폭포임이 확인되었다). 유교의 2천 년 역사적 장강의 원류가 되는 수사학도 사실상 나일강의 그것처럼 훈고(訓詁)·술수(術數)·사장(詞章)·성리(性理)·과거(科擧) 등 오학(五學)이라는 정글—다산은 이를 오학(五學)의 부장(蔀障)이라고 하였다—속에 묻혔던 것이니, 다산의 수사학적 고의(古義)의 천명은 곧 원류의 재발견이랄 수밖에 없다. 다산이 수사학적 진원이란 술어를 즐겨 쓰는 까닭은 바로 여기에 있는 것이다.

여기서 한 마디 더하고 싶은 것은 실학의 역사적 파악의 하한선은 밑으로 내려오지만 사상적 본질이 담긴 선은 위로 올라가게 마련이라는 점이다. 그러므로 역사적 파악은 현실파악에 있지만 본질적인 것은 그의 원류를 찾아 복고적이라기보다는 차라리 상고적(尙古的)이라 해야 할는지 모른다.

한국 실학 사상의 상고적 경향은 한송(漢宋) 양대(兩代)의 구각에서의 탈피로부터 이루어진 부득이한 소치인 것이요, 구각에서의 탈출은, 곧 생산한 원천의 갈구 때문에 수사학적 진원을 찾지 않을 수 없었던 것이지만, 현대적 토양에서의 생명력은 실로 불멸의 것이기 때문이기도 한 것이다.

흔히 다산 정약용(1763~1836)을 일러 실학의 집대성자라 이르고 있기는 하지만 경학에 있어서도 실로 그의 수사학적 진원의 발견은 그의 중형 약전(若銓)의 표현을 빌리자면 '새벽녘의 샛별'처럼 빛나는 것이 아닐 수 없다. 그러므로 지금까지의 서술을 통하여 조선후기 실학의 바탕을 만일 개신유학에서 찾고자 한다면 이제 그의 개신유학의 본질은 또한 수사학 이외의 그 어느 곳에서도 찾을 수 없을 것이다. 그렇다면 수사학의 본질은 어떠한 것일까?

개신유학의 수사학적 본질을 다산은 수기치인(修己治人)의 원리에서 찾고자 했다. 이는 유교의 성왕(聖王)들인 요(堯)·순(舜)·주공(周公)이 체득한 실천윤리의 기본강령인 것이다. 그러므로 요·순·주공의 도도 수기치인일 따름이요, 공자의 도도 수기치인일 따름이라는 것이 다산의 주장이다. 이는 주자(朱子)의 천리론(天理論)에 가름하는 원리로서 제시한 것이라 하지 않을 수 없다.

유교적 입장에서 볼 때 수기치인의 원리는 결코 새로운 것은 아니다. 중국 고전에 있어서의 사용례는 얼마든지 있다.(全海宗의 「釋實學」 참조) 그러나 문제는 이 단어에 있는 것이 아니라 이 단어를 골격으로 삼을 뿐 거기에 깃들인 사상적 내용이 실학사상 규명에 어떻게 작용하느냐에 있는 것이다.

성(性)을 천리(天理)라 이르던 우주론적 유교철학이 이제 수기치인이라는 실천윤리적 인간학(人間學)으로 탈바꿈된 셈이다. 수기치인의 학은 곧 인간학이다. 인간의 성이 무언인가를 묻기 전에 인간 자체로서의 전인적(全人的) 인간상(人間像)이 어떠한가를 묻는 것이다. 그러한 물음에 대답하기를 인간이란 수기치인의 전인적 인격 소유자이어야 함을 밝힌 것이라야 하겠다.

다음에 수사학적 인간상을 그림으로써 표시해 본다.3)

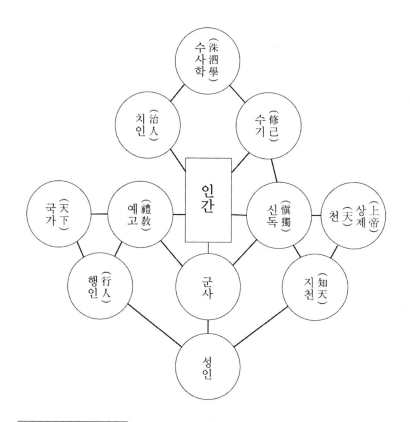

3) 졸고, 「丁茶山의 洙泗學的 人間像의 問題」, 『金斗憲博士華甲紀念論文集』(서울: 어문각, 1964) 참조.

이에 수기치인이란 다름 아닌 수사학의 구조적 골격을 형성하고 있음을 알 수 있다. 수기치인이란 전인적 군자, 즉 성인의 양면상이므로 이는 결코 분리해서 생각할 수 없다. 비록 수기란 내성적 신독(愼獨)이 군자의 모습이요, 치인이란 향외적(向外的) 예악의 실천이라 하더라도 이들은 다 같이 군자의 양면상으로 파악하여야 한다. 그러므로 이제 우리는 실학사상의 본질을 다음과 같은 양면에서 이를 정리할 필요가 있다. 그것은 다름 아니라 경세와 내성의 양면이 곧 그것인 것이다.

경세(經世)의 면은 이미 경세치용과 이용후생으로 다루어졌지만 내성적 면에서의 실학사상의 본질은 그것이 오로지 사천(事天)·사심(事心)이라는 철학적 영역에 속해 있는 만큼 이에 대한 논급은 그리 흔하지 않다. 그러나 소위 사상적 본질을 다루는 경학으로서는 내성적 수기의 철학적 또는 종교적 의미까지를 천명해 줄 의무가 있지 않을까 한다.

돌이켜보건대, 지금까지의 실학개념의 논쟁에 있어서는 거의 역사적 분야의 소관인 양 다루어지고 있는 것은 사실이다. 천관우·한우근(韓㳓劤)·전해종(全海宗)·이우성·홍이섭(洪以燮) 제씨에 의하여 다루어진 실학개념의 파악은 오로지 그들의 역사관에 의하여 이루어졌던 것이다. 그러므로 실학사상의 철학적 의의에 대해서는 박종홍(朴鍾鴻)·윤사순(尹絲淳), 그리고 필자 등 실로 미미한 몇 편의 업적이 있을 따름이다.

그러나 실학이 실학으로서 존재하며 실학으로서의 제 구실을 다했고, 다할 수 있었다고 한다면 그것은 곧 역사현상으로서만이 아니라 실학의 철학이 없어서는 안 되었을 것이다. 그것이 다름 아닌 수기치인의 인간학인 것이다.

4) 수기치인의 인간학

이제 실학개념을 경세(經世)와 경학(經學)의 두 면에서 이를 관조하려 함에 있어서 먼저 천관우 씨의 『목민심서』에 관한 서술을 실마리로 하여 논의하여 보려고 한다. 그는 "정약용의 『목민심서』 국역은 大文과 註 1부의 번역이 있으나 이 저술의 진가와 흥미는 小註에 나오는 당시 사회의 현실묘사에 있음에 유의"(『韓國史의 再發見』에서)라 했는데, 사실상 천씨가 사가답게 소주의 사회상에 흥미를 느낀 것은 당연하다 하더라도 그가 대문(大文)의 경학적 의의에 대하여는 아무런 언급이 없는 것은 아마도 실학을 오로지 경세적 면에서만 이를 관찰하려는 까닭이라 짐작할 수밖에 없다.

이와 비슷한 견해는 이우성 씨의 글에서도 찾아볼 수 있다. "실학이 주자학과 어떠한 관계에 있는 것인가에 대해서 의견이 구구하다. 실학을 주자학의 발전이라고 보는 견해가 있는가 하면, 실학은 주자학을 반대하고 나온 것이라고 하는 주장도 있다. 우리로서는 이 두 견해의 표현 자체가 타당치 못할 뿐만 아니라, 또 그 점에 관해서는 별로 흥미도 없다"(『實學硏究入門』에서)는 입장은 경학의 경시에서 나온 결론이 아닐 수 없다.

경세면의 중시는 곧 경학의 경시와도 같아 표리를 이루고 있는 것이거니와 어쩌면 이 경세와 경학이 교류하지 않고 양립할 수는 없는 것일까. 경세는 경학이라는 뿌리에서 자라난 가지요, 열매로 볼 수는 없는 것일까.

다산은 목민지도(牧民之道)로써 그의 실학사상을 엄밀히 말한다면 경학사상의 핵심으로 삼았음이 분명하다(졸저 『茶山經學思想硏究』

참조). 앞서 지적한 바 있듯이 다산은 그의 목민심서에서 목자상(牧者像)을 수기와 치인의 반반(半半)으로 파악하여 수기치인을 전인상으로 이해한 것이다. 목자상은 결코 그 어느 일부 또는 반일 수는 없다. 수기군자는 곧 현자치인(賢者治人)의 반면(半面)이요, 현자치인은 수기군자(修己君子)의 업(業)일 따름이니 목자는 수기치인의 종합체일 수밖에 없다.

그러므로 만일 실학이 경세치인의 학에서, 학으로서의 체계를 터득하자면 그의 근저에 흐르고 있는 철학적 이념의 원천을 이해하지 않고서는 어찌하여 그들이 그 시대의 경세가로서의 신념이 용솟음쳤는가를 이해할 수 있을 것인가. 그러므로 경세학을 이해하기에 앞서 경학적인 이념의 천명(天命)이 요청되는 소이가 바로 여기에 있는 것이다. 그러므로 여기서 우리는 개신유학에 몇 가지 새로운 철학적 문제가 있음을 알아야 할 것이다.

첫째, 음양설(陰陽說)의 경학적 이해를 들 수 있다. 지금까지의 정주학파들이 존중하던 음양오행설을 단순한 음양대대원리(陰陽對待原理)로만 파악하고 오행설은 이를 취하지 않고 있다. 그러므로 음양설은 곧 태일지형(太一之形)으로서의 태극원리로도 이해되는 것이다.

둘째, 인성론에서 천리를 배제하고 이를 성명론(性命論)으로 파악한 점을 들 수 있다. 성명(性命)이란 곧 천명·인성의 합일을 의미한다. 이는 중용의 천명을 상제천(上帝天)으로 간주하는 유신론적(有神論的) 입장에의 전이를 뜻한다.

셋째, 삼강오륜설에서 삼강의 수직윤리를 취하지 않고 오륜의 수평윤리만을 강조하고 있는 것이다. 공자의 인(仁)도 또한 부자 이인(二人)의 호혜적(互惠的) 윤리관으로 이를 이해하고 있을 따름인 것이다.

이러한 철학적 입장은 변증법적이라 할 수 있다. 음양합일에 의한 태극이라는 관점은 성명의 합일에서도 찾아볼 수 있거니와 부·자 유친(합일)이라는 상황에서도 찾아볼 수 있다.

이처럼 우주론(음양설)·인생론(성명론)·윤리설(오륜설)을 통하여 얻어진 그들의 철학적 입장은 완전히 정주학의 세계에서는 멀리 떠나 있다는 사실을 여기서 재확인하지 않을 수 없다.

이제 다산의 『목민심서』가 결코─다산은 이를 당시의 사회상의 폭로만을 목적으로 한 것이 아니라는 점에 유의한다면─이에 담겨진 그의 경학사상은 또 다른 각도에서 깊이 이해할 수 있는 길이 트이게 될 것이다.

다산의 목민심서야말로 스스로 심서(心書)라 했듯이 경학적 의의가 더 짙은 저술인지도 모른다(拙稿 「李朝後期 改新儒學의 本質」 참조).

경학적 의의에 대한 논술은 주로 필자의 입장만을 강조한 혐의가 없지 않으나, 종래 역사학자들의 입장만이 지나치게 두드러졌던 것이 사실이라 인정된다면, 경학자들의 입장에서도 일단 실학사상을 관조해 본다는 것은 또한 음양대대의 원리의 원용을 위해서도 일단 허용되어야 하지 않을까 한다. 모름지기 경세학과 경학은 실학사상의 음양의 양면이 되어 하나의 실학으로서의 합일상(合一像)이 형성될 것이라는 필자의 주장은 그런 대로 하나의 색다른 문제로 간주해도 좋을 것이다.

실학을 경세학과 경학의 양면으로 나누게 될 때 또 다른 문제 하나가 남는다. 그것은 고증학(考證學)의 처리문제이다. 고증학은 한대의 실사구시에서 유래했다는 점에서는 경학의 고증을 위한 것이기는 하지만 청대(淸代)에 이르러서는 그러한 방법론이 서구적 과학사조와 도 밀착된 관계를 형성하여 비단 경학의 분야에서뿐만 아니라 나아 가서는 추사의 금석교감학을 비롯하여 천문·지리·역수·의약·기 예 등의 학에 이르기까지 소위 자연과학의 수용에 크게 관계를 맺기 에 이르렀다고 보아야 할 것이다. 그러나 고증학은 비록 그것이 곧 장 훈고학(訓詁學)은 아니라 하더라도 그의 실증적 방법론은 경학연 구의 테두리 안에서 이를 처리하지 않을 수 없을 것이다.

그러므로 경학에서는 철학·종교·윤리·과학 등의 기초학이 다 루어질 것이며, 경세학에서는 정치·경제·사회·법제 등의 응용학 이 문제 삼아진다고 보아야 할 것이다.

5) 저서소고(著書小考)

지금까지 실학이란 경세학과 경학이 태산의 산음(山陰)·산양(山 陽)처럼 실학의 음양, 양면상을 이르고 있음을 밝혀왔거니와 그들의 저술의 분류도 또한 이러한 각도에서 정리하는 것이 좋을 것 같다.

흔히 실학의 대종(大宗)으로 『반계수록(磻溪隨錄)』·『성호사설(星湖 僿說)』·『경세유표(經世遺表)』 등의 저술들을 문제 삼는데, 이들은 두 말할 것도 없이 경세학의 계보에 속해 있음은 의심의 여지가 없다고 할 것이다.

『반계수록』의 내용을 살펴보면

田　　　制…토지제도

田制後錄…鄕約·교육·考試

任官之制…관료제도

職官之制…정부조직

祿　　　制…보수제도

兵　　　制…군사제도

兵制後錄…군사시설

續　　　篇…의례·언어·기타

등으로써 정치제도 및 그의 운용면에서의 개혁방안을 제시한 것이다. 그의 농본주의적(農本主義的) 사상은 물론 경자유전(耕者有田)의 원칙에 입각한 것으로서 균전제(均田制)와 부병제(府兵制)가 주요 골자를 이루고 있다. 이를 다른 말로는 병농일치제(兵農一致制)로서 농민이야말로 국가재정의 원천이요, 동시에 국가방위의 주력부대이기 때문이다. 그러므로 『반계수록』이 실학사상의 경세학적 업적의 선구가 되는 소이는 바로 여기에 있는 것이다. 그러한 의미에서 수록은 개신유학의 선하(先河)를 이루는 것이라 해도 좋을는지 모른다. 내성적 성리학이 성행하던 시절에 벼슬도 마다하고 부안(扶安) 우반동(愚磻洞)의 초야에 묻힌 한 야인의 손에서 부국강병을 위한 대경륜의 저술이 나왔다는 것은 실로 시대의 문호를 연 의의가 크다고 해야 할 것이다.

　반계에게도 경학의 서가 있었다고는 하지만 불행히도 전래되지 않아 그의 깊은 내용은 알 길이 없다. 그가 비록 경전백가(經傳百家)를 두루 이해하였고, 『이기통론(理氣通論)』·『논학물리(論學物理)』·『경설(經說)』 등의 논저를 냈다고 하지만, 그것들이 실학사상학적 입

장에서 어느 정도의 의의를 간직한 것인지의 여부에 대해서는 아마
도 회의적이 아닐 수 없다.

그 후 『성호사설』이나 『곽우록(藿憂錄)』에 이르러서 경세학적 실
학사상은 한결 정리되었다고 보아야 할 것이다. 전제(田制)만 하더라
도 반계의 공전(公田) 제도에서 한 걸음 나아가 영업전(永業田)을 중
심으로 하는 균전제(均田制)를 창노한 점에서도 살펴보면 알 수 있
을 것이다.

성호의 주저로는 『사설』과 『곽우록』이 있는데, 『사설』은 그가 독
서의 노트를 모아둔 것으로서, 천하만물에 관한 것은 물론 중국과 서
양문물에 관한 견해를 다방면에 걸쳐 집대성한 것이며, 「천지문(天地
門)」·「만물문(萬物門)」·「인사문(人事門)」·「경사문(經史門)」·「시문
문(詩文門)」 등 5대문으로 나누어져 있다. 그의 해박한 지식의 핵심
을 이루는 저서라 하겠다.

한편 『곽우록』이야말로 그의 경세치용에 대한 견해를 기술하였다
는 점에서는 『사설』보다도 오히려 『반계수록』의 계통을 이은 것이라
해야 할는지 모른다. 경연(經筵)·육재(育才)·입법(立法)·치민(治民)·
생재(生財)·국용(國用)·한변(捍邊)·병제(兵制)·학교(學校)·숭례(崇
禮)·식년시(式年試)·치군(治郡)·인사(人仕)·공거사의(貢擧私議)·선
거사의(選擧私議)·전론(錢論)·균전론(均田論)·논과거지폐(論科擧之
弊)·붕당론(朋黨論) 등 19개 부문으로 되어 있음을 보더라도 짐작할
수 있다. 그의 「가장(家狀)」에서도 "이율곡·유반계를 직무지최(職務
之最)로 생각하고 그들의 시책이 시행되지 못한 것을 한탄하고……"
라 한 것을 보더라도 그의 경세적 경륜은 율곡·반계 등의 유가사상
을 바탕으로 한 것을 알 수 있다.

성호의 경학에 있어서는 『맹자』·『대학』·『소학』·『논어』·『중용』·『근사록(近思錄)』·『심경(心經)』·『역』·『서』·『시』 등의 질서(疾書)가 있는데, 그가 비록 존신주자(尊信朱子)하였을망정 주자주의일변도가 아니라 오히려 비판적이었던 것이다. 그러나 그것은 주자주에 대한 회의적 비판의 태도라는 점에서 높이 평가되어야 하겠지만 그가 개신유학자로서 경학부분에서도 경세학의 부분에서처럼 신기원을 이룰 만한 업적을 남겼는지의 여부에 대하여는 아직은 회의적이라 하지 않을 수 없다.

다산의 『경세유표』는 그의 일표이서 중의 하나로서 주로 『주례(周禮)』를 본뜬 국가제도론이라 할 수 있다. 이는 애초에 『방례초본(邦禮草本)』이라 하였는데, '방례'란 주공제례(周公制禮)의 뜻을 이어받아 자기 나라의 국가제도를 논하여 개혁정비하자는 의도가 담긴 저서이다. 그리하여 막연한 격군지심(格君之心, 맹자의 말)만으로는 천하를 바로잡을 수 없음을 깨닫고 일표이서를 저술한 것이다. 일표이서란 다름 아닌 『경세유표』를 위시로 한 『목민심서』·『흠흠신서(欽欽新書)』로서 이 저서들은 국가 치란의 열쇠라고도 할 수 있다.

다산의 『경세유표』와 『목민심서』(주로 大文)는 치인의 조직도 운용의 양면을 갖춘 것으로서 목민심서는 그 이름이 심서(心書)인 만큼 목자(牧者)의 정신적 자세에 치중했다는 점에서 유표에 비하면보다 더 경학적인 것이다.

다산의 저술은 널리 『여유당전서(與猶堂全書)』로 알려져 있거니와, 일표이서 외에 다산의 경학은 육경사서에 있다고 해야 할 것이다. 『중용자잠』·『대학공의』·『논어고금주』·『맹자요의』 등 사서에 대한 경의(經義)의 천명을 위시로 하여 『주역』·『서경』·『시경』·『춘추』・『예서』・『악경』 등에 이르기까지 그의 경학적 업적은 경세학으로서의 일표이서의 업적에 떨어지지 않음을 알아야 할 것이다.

다산의 경학사적 위치는 대강 서계(西溪)의 뒤를 이은 듯이 보이기도 하지만 그의 업적의 비중은 별빛이나 태양빛과도 같은—좀 과장된 표현일는지 모르지만—것이 아닐까 한다.

그가 "육경사서로는 자기를 수양하고, 일표이서로는 나라를 다스리고 천하를 평화롭게 한다[六經四書以之修己, 一表二書以之治國平天下]"라 했듯이 다산에 이르러 비로소 경학과 경세학이 혼연 표리 일체를 이루고 있음을 엿볼 수 있으며, 이로써 경학이라는 모체에서 표출된 경세학의 장관을 볼 수 있는 것이다.

다산 경학은 다산 이후 아직 그의 후계자를 찾을 길이 없고, 조선 말기에 있어서 일견 돌출된 감이 있는 동무(東武) 이제마(李濟馬)의 철학사상—성명론 사상설—이 다산의 경학사상의 맥과 상통하고 있음을 발견하게 될 때 흥미로운 일면이 아닐 수 없다(졸고, 「동무 사상설 논고」 참조).

종두술의 수입에 다산과 더불어 공이 있는 초정 박제가도 주목할 만한 저술을 남겼으니, 이름하여 『북학의』라 한다. 북학의는 북학의 대표적 저술로서 내외편으로 되었는데, 내편에서는 선거(船車)・성벽・도로・교량・궁실(宮室)・시정(市井)・상공・목축으로부터 장(醬)・전(甎)・지・필・기와・벽돌・창호(窓戶)에 이르기까지 우리 생활에 필요한 것들을 거론하였고, 외편에서는 산업・제도・정치・풍속・사상 등에 관한 논술로 채워져 있다.

초정의 북학사상의 특징은 다른 실학자—반계・성호—들과는 달리 그들의 중농주의(重農主義)와는 대조적인 중상주의(重商主義)에 있다고 해야 할 것이다. 그의 출신이 서얼이었다는 점에서 신분문제에 민감하였고, 따라서 사농(士農)보다도 상공인의 입장에 서서 그들을 대변하게 되었는지도 모른다.

그는 다른 실학자들의 병농일체제보다도 정병주의를 내세웠고, 특히 관료들의 생활보장을 토대로 한 청렴결백의 주장 등은 다산의 목민정신과도 상통하는 사상이라고 할 수 있다.

그의 저술로서는 『북학의』 외에도 『정유고략(貞蕤稿略)』・『시집』・『각문집(閣文集)』 등이 있다.

그에 앞서 연암(燕巖) 박지원(朴趾源)의 『열하일기(熱河日記)』는 북학논의에 결정적인 논거를 제공한 저술이라고 할 수 있다. 그가 1780년(44세 때) 그의 족형(族兄) 금성위(錦城尉) 박명원(朴明源)이 연경에 사신으로 갈 때 수행하여 청조문물을 깊이 관찰하고 그들의 문명이 도리어―당시 숭명론자(崇明論者)들은 청을 오랑캐라 하였다―우리에게 유용함을 주장하게 된 것이다. 이러한 그의 중국 여행기는 단순한 기행문에 그친 것이 아니라 이 여행기를 통하여 중국인의 생활과 과학기술은 물론이거니와 그들과의 문학・역사・음악・종교・과학 등 광범위한 토론을 싣고 있으며, 그 안에는 「호질(虎叱)」・「허생전」과 같은 대표작도 실려 있다.

특히 그의 문장은 사실상 한문소설의 효시로서 웅건하고도 기이하다는 평을 듣고 있다. 청빈 고고(孤高)한 생활 속에서 나타난 그의 신랄한 풍자적 야유는 그의 예리한 시대감각의 소산이 아닐 수 없다. 그러므로 그의 문학작품들은 순수문학이라기보다는 그의 경제사상과도 분리해서 생각할 수 없음이 당연하다.

다시 말하면 그의 경세적 경륜의 문학화하는 표현이 더욱 적절할 지는 모른다. 그러므로 연암에게는 열하일기 외에도 『과농소초(課農 小抄)』에 『한민명전의(限民明田議)』 등의 기술이 있는 것은 결코 기 이할 것이 없는 것이다.

위와 같은 경세적 저술과는 달리 경학적 저술로서 서계·박세당의 『사변록』에 주의를 기울이기 시작한 것은 아수 최근의 일이다(李丙 燾·尹絲淳 兩氏의 논문이 있다). 현상윤의 『조선유학사』에도 '당쟁 시대의 유학자'장에서 박세당에 관해서는 겨우 4행의 단문이 실려 있을 따름이다. 이르되 "……또 사변록을 지어 사서(四書)와 경전을 개주하였는데, 그 소설(疏說)이 정주설과 더불어 자못 異同이 있었다" 는 것이다.

박세당의 사서경전의 개주가 정주설과 다르다는 사실은 당시에 있어서는 좀처럼 찾아보기 어려운 독자적 입장이 아닐 수 없고, 그 것이 尹白湖의 입장과도 상통하는 것이기는 하지만, 그의 이동의 내 용이 만일 실학적 경학의 선하를 이룬 것이라 한다면 개신유학의 입 장에서는 특히 주목해야 할 것이 아닌가 여겨지는 것이다.

서계의 『사변록』은 사서의 사변록으로서 『대학』·『중용』·『논어』·『맹 자』의 순으로 주자주(朱子註)에 대한 질의를 펴고 있다. 그리하여 다 산 경학에의 교량이 된 점에서 다산 경학과의 비교연구는 후학의 한 과제가 아닐 수가 없다.

경학은 정주(程朱)의 세계에서 탈출하여 독자적 입장을 견지하기에 이르자 조선 말기에 이르러서는 혜강(惠崗) 최한기(崔漢綺, 1803~1888) 와 같은 특이한 실학자를 배출하였다고 보아야 할 것이다.

혜강은 물론 전통적 유가의 토양에서 자랐으면서도 시대정신─역사적 조류─에 가장 민감한 반응을 보여준 사람이라고 할 수 있다.

그는 관료라기보다는 차라리 학자로서 천여 권으로 헤아리는 『명남루집(明南樓集)』을 남겼으니 조선 왕조의 말기에 태어난 뚜렷한 별이 아닐 수 없는 것이다.

그 내용을 살펴보면 육해법(陸海法)·농정회요(農政會要)·만국경위지구도(萬國經緯地球圖, 金正浩와 합작)·신기통(神氣通)·강관론(講官論)·추측록(推測錄)·치칭(錙秤)·심기도설(心器圖說)·소차(疏箚)·유주(類籌)·습산진벌(習算津筏)·지구전요(地球典要)·우주책(宇宙策)·인정(人政)·자기천험(自機踐驗)·성기운화(星機運化)·상기(喪期)·서례 등을 들 수 있다.

흔히 그의 방대한 업적의 저변구조를 형성한 실학사상은 그의 유기론(唯氣論)에 근거하고 있다고 한다. 그의 유기론은 물론 혜강의 독창은 아니다. 동양사상의 오랜 전통 속에서도 이를 찾아내기는 어렵지 않으나 그가 그의 유기론을 한갓 형이상학적 관념세계 안에서 찾지 않고 이를 그의 실학사상, 나아가서는 정치·경제·사회·과학·윤리 등의 문화현상의 기초로 삼았다는 데에서 그 의의를 찾아내야 할 것이다. 그러므로 그는 조선말기에 다시금 재연된 주리파(主理派) 노사(蘆沙) 기정진(奇正鎭)과는 좋은 대조를 이루는 자라고 해야 할 것이다.

혜강보다도 약 삼십 년 후배인 함흥 출신의 동무(東武) 이제마(李濟馬, 1836∼1900)의 『동의수세보원(東醫壽世保元)』의 저술은 그것이 한갓 의학서에 그치는 것이 아니라 권1에 수록된 성명(性命)·사단(四端)·확충(擴充)·장부(臟腑)의 사론(四論)은 그 내용이 음양 양기의 유기론적 철학에 근거했을 뿐만 아니라 이는 철학·윤리·심성·장부 등의 종합적 인간학으로서 주목을 끄는 저술이 아닐 수 없다. 아직 그의 저술을 조선말엽의 마지막 실학작품으로 간주할 수 있느냐 없느냐의 문제는 속단하기 어렵다 하더라도 주목할 만한 업적의 하나임을 인정하는 데 인색해서는 안 될 것같이 생각된다.

지금까지 소개된 저술 외에도 많은 업적들이 많은 사람들의 입에서 회자되기도 하고 글로 소개되기도 한다.

현상윤은 그의 저술에서 잠곡(潛谷) 김육(金堉, 1580~1658)을 경세학파의 선구라 하였으니 이는 그가 인민택민(仁民澤民)을 위한 비황(備荒)·벽온(辟瘟)·수거용거(水車用車)의 편리와 주전행화(鑄錢行貨)의 제도를 말한 때문일 것이다.

『택리지(擇里志)』의 저자 청담(淸潭) 이중환(李重煥, 1690~1760)과 같은 이는 조선후기의 대지리학자로서 지리서를 통해서 그의 경세적 이상을 전개시켰다고 보아야 할 것이다. 『택리지』의 내용은 「사민총론」·「팔도총론」·「복거총론」·「총론」으로 되어 있고, 「팔도총론」에서는 평안·함경·황해·강원·경상·전라·충청·경기 등을 차례로 서술하고, 「복거총론」에서는 지리·생리(生利)·인심·산수 등을 서술하고 있다.

그는 어디까지나 사대부 계급에 대한 신랄한 비판을 통하여 사민평등사상을 전개하였고, 재부산출(財賦産出)·물화유통(物貨流通)에 의한 국리민복을 역설하고 있다.

지리서 관계로는 『동국여지승람(東國輿地勝覽)』을 감수한 여암(旅庵) 신경준(申景濬, 1712~1781)의 이야기도 여기서 뺄 수가 없다. 그의 다른 저술로서는 『의표도』·『부앙도(頫仰圖)』·『강계지(彊界志)』·

『산수경』・『도로고』・『수차도설』・『일본증운』・『언서음해』 등이 있으니 그의 천문지리・성률(聲律) 등 그의 조예를 짐작하게 한다.

지리학자와는 대조적으로 『동사강목(東史綱目)』의 저자 순암(順菴) 안정복(安鼎福, 1712~1791)은 마침 여암과는 동년배로서 성호의 문인이다. 『강목』 외에 『사감(史鑑)』・『열조통기(列朝通紀)』・『임관정요(臨官政要)』 등의 저술이 있다. 사가로서는 또 옥유당(玉蕤堂) 한치윤(韓致奫, 1765~1814)이 있으니 『해동역사(海東繹史)』가 바로 그의 저술이다.

한편 일인일기의 특색을 갖춘 소위 실학자로 지칭하는 이들의 업적을 약술하면 다음과 같다.

담헌(湛軒) 홍대용(洪大容, 1731~1783)은 사실은 연암보다도 6년 연상의 북학파의 한 사람으로서, 그의 '지전설(地轉說)'은 너무나 유명하다. 그의 저술에는 『담헌서(湛軒書)』 이외에 수 권이 있는데, 그 중에서 『주해수용(籌解需用)』은 수학・측량술・지문・역학과 음률에 관한 것이요, 그의 『임하경륜(林下經綸)』은 치국안민의 요도(要道)와 편군・축성의 의견을 말하였고, 그의 『연기(燕記)』는 그의 중국기행으로서 그 지방의 문물・풍속・산업을 소개하였다.

그는 과거를 외면한 통유(通儒)로 지칭되기도 하지만, 그는 음양오행설을 비판하여 과학적 실리를 추구하였던 것이다.

존재(存齋) 위백규(魏伯珪, 1727~1798)는 호남 장흥 출신으로서 그의 『정현신보(政弦新譜)』는 팔도의 산천・토지와 정폐(政弊), 민속과 원근・험이(險夷)를 자세히 기록한 것으로서 그의 정통한 실학을 짐작하게 하는 저술이다.

취석당(醉石堂) 우하영(禹夏永, 1741~1812)의 『천일록(千一錄)』을

조선후기 실학의 한 업적으로 소개한 이가 있으니(李佑成 『實學研究入門』에서) 이 『천일록』은 취석당이 역사·지리·전제(田制)·군제·국방·관제·농업 기술문제, 그리고 당시의 시급한 사회경제적 문제 등을 기록해 둔 것이라고 한다. 그리하여 그는 현실의 제문제를 추구하고 판단을 내리고 있다.

즉, 그는 형이상학적 사변이나 주상적 독단을 배제히고, 있는 그대로의 사실을 인정하고 경험적 사실의 관찰과 분석, 그리고 자연현상의 이치를 통하여 현실의 제문제를 파악하고 해결하려 하였다. 이것이 그의 학문에 있어서의 실사구시적 방법인 것이라는 평을 받고 있다(上同書에서).

6) 후록

지금까지의 긴 언어의 여정을 통해서 볼 때 실학이란 실로 다기다단한 의미를 가진 것으로 여겨진다. 선진시대의 공맹학(孔孟學)은 노장사상―무(無)의 사상―과 비교할 때 확실히 군자의 실학임에 의심의 여지가 없다.

한대의 실사구시학도 자칫하면 공맹학이 노장류에 휩쓸릴 것을 경계하는 데에서 문제되었던 것으로 보아도 알 수 있다. 그런 의미에서는 송대의 성리학도 불교의 적멸지도(寂滅之道)와의 대조적 입장에서는 심성론도 실학이 아닐 수 없다.

그러나 청대의 고증학자들은 송대의 이학(理學)을 지나치게 관념적이고 형이상학적이라 하여 이를 배격하고 경세치용에의 길을 텄다. 동시에 서구적 자연과학도 접근하여 새운 실학사조의 길잡이가 되어 주었던 것이다. 우리나라의 실학도 논자에 따라서는 조선조 이전, 고려조까지도 소급하려고 하지만 이제 그처럼 지나치게 확산하는 것을 피하고 그것을 영·정조시대의 신학풍과 결연하는 실학으로 집중, 축소할 때에는 실학이란 이제 막연한 개념에서 역사현상으로 이를 받아들이지 않을 수 없게 된 것이다.

이제 우리는 한국의 실학사상에서 그것이 비록 개신유학으로서 유교의 전통이 바닥에 깔려 있다손 치더라도, 그것이 역사와 더불어 존재했고 역사와 함께 발전적인 면에서만 생각할 것이 아니라, 그 이후 엄밀히 말해서 이씨조선의 종말과 더불어 민족의 비운이 닥쳐온 그 무렵의 실학사상도 일단 문제 삼아 보지 않을 수 없을 것이다.

흔히 영·정조시대의 신학풍 실학의 사조를 자아각성이니 자기혁신이니 하기도 하고, 구체제 또는 폐습에 대한 비판정신을 가리키기도 한다. 그러나 그들의 정신이 실지로 국정개혁을 위하여 운용되지 못했기 때문에 망국의 비운을 맞게 된 것이다. 그러므로 이제 구국을 위한 새 정신은 문자로써 기록되는 것이 아니라 행동으로서의 실천이 절실히 요망되었고, 그것은 민족운동이라는 형태로 실행되어야만 했다.

도산(島山) 안창호(安昌浩)의 무실역행(務實力行)은 이때에 민족의 활로를 개척하는 지도이념이었다. 무실의 실은 성실의 실이요 지성의 실이다. 이는 허위와 가식에 반하는 충실이기도 한 것이다. 이것이 국가의 내실을 기약해야 하는 적절한 처방이었던 것이라 하겠다.

고균(古筠) 김옥균(金玉均)의 개화사상은 또한 보수적 수구세력에 대한 근대지향의 선도적 역할을 자임한 사상이라는 데에서 도산의 그것과도 또 다른 의미에서의 실학사상의 범주 안에 드는 것이 아닐까 한다.

도산의 그것은 민중운동의 형태로 나타난 것이지만, 고균의 그것은 정치운동으로 나타났다는 점이 서로 다르다면 다를 것이다.

이러한 민족의 저력이 급기야 3.1 운동으로 폭발하였고, 그것은 겨레의 맥박과 더불어 면면히 흐르고 있는 것이다. 영·정조시대의 자아각성이 오늘날의 민족주체의식으로 굳어진 것이요, 오늘날의 민족주체의식은 또한 위당(爲堂) 정인보(鄭寅普)가 일찍이 말한 바의 민족의 얼이 아닐 수 없다.

이렇듯 실학이란 어느 시대에 고정된 사상이 아니라 어느 시대 어느 지역에 있어서도 존재의 가능성은 얼마든지 있다고 보아야 할는지 모른다. 서양에 있어서도 아메리카의 실용주의는 그들의 대륙개척의 원동력이 되었고, 유럽의 자연과학 사조의 발달은 그들의 생활풍토를 일변하기에 넉넉했던 것이다. 그것은 그것대로 그들의 실학이 아닐 수 없다.

그렇다면 실학이란 그것이 유교정신을 밑거름으로 하거나 기독교 정신을 바탕으로 하거나 어떻든 철학적 지주는 있게 마련이다. 만일 그러한 지주가 결여되어 있다면 결코 실학이 한 시대의 지도이념으로 결실될 수는 절대로 없을 것이다.

그런 의미로서 한국의 실학사상은 유교를 밑거름으로 삼았고, 그러한 밑거름을 우리는 개신유학이라 부르기를 서슴지 않는 것이다. 그러나 오늘에 있어서 바야흐로 오늘의 현실을 기반으로 하는 실학이 존재하며 생성된다고 한다면, 어떠한 철학을 그의 밑거름으로 삼아야 할 것인가. 이것이 오늘 이 시대의 실학이 직면한 중요한 과제의 하나가 아닐 수 없다.

흔히 전통유학은 전근대적 유물로서 우리나라 근대화의 저해요인으로 지목되고 있다. 그것은 전통유학이 지닌 시대착오적 요소 때문임은 다시 말할 나위도 없다. 그들이 지닌바 소위 번문욕례(繁文縟禮)라거나 가부장적(家父長的) 종속윤리라거나 형이상학적 이기철학이라거나 한결같이 현실개혁의 저해요인으로 간주되고 있는 것이다.

유학이 지닌 이러한 요인들은 모두 다 한송(漢宋) 시대에 변질된 유학이 아닐 수 없다. 유학이 그가 지닌 실천윤리학적 군자학이 예중론적(禮重論的)—마치 순자(荀子)의 학에 가까운—번문욕례의 학으로 변한 것은 아마도 송대의 『주자가례(朱子家禮)』에서 비롯한 것이 아닐까. 예(禮)는 『주례』처럼 국가의 제도로 승화된 예이어야 함에도 불구하고 그것이 한갓 가례(家禮)로 전락한다면 그 예는 소승적인 말단지엽이 아닐 수 없다.

모름지기 다산의 『방례초본』—『경세유표』—이 지닌 의의는 예의 개념이 대승적 주례에의 복귀에 있다 해도 좋을 것이다.

윤리의 가부장적 종속성은 한대의 소산으로서 공자의 인(仁)이나 맹자의 오륜이 지닌 호혜 평등성의 상실에서 온 변형에 지나지 않는다. 그것이 충효·열의 종속윤리로 변질되자 유교윤리는 수사학적 원형을 상실하게 된 것이다.

송대의 성리학이 심성론의 한계를 넘어서 이기철학으로 상승하자 현상계—현실세계—와는 점차적으로 분리되어 갔다. 그 때문에 그들은 경세치용과 이용후생을 마치 공(工)·상(商)으로 천시하니 어찌 그를 일러 근대화의 저해요인이라고 하지 않을 수가 있겠는가.

이제 바야흐로 한국의 실학은 이미 영·정조시대 실학마저도 하나의 고전적 실학으로 간주하지 않을 수 없게 되었다. 우리는 영·

정조시대의 실학을 자아각성에 의한 민족주체의식과 근대지향에의 발돋움으로 보았다고 한다면, 오늘에 있어서의 현대실학도 그의 연장이 아닐 수 없다. 그러나 문제는 이것의 역사적―시대적―의식의 파악뿐만 아니라 그러한 역사적 의식의 저변구조의 철학적 근거를 어디에 두느냐 하는 절실한 문제가 있는 것이다.

다산은 당시에―영·정조시대―이를 수사학적 원시유교에 두었다. 그러나 현대는 다산의 그 시대처럼 단순하지 않다. 다산은 그때에도 그의 경세학의 철학적 근거를 수사학적 원시유교에 두고 있으면서도 기독교적 천주사상의 도입과 서구적 자연과학 사조의 수용에 대하여는 조금도 인색하지 않았을 뿐만 아니라 오히려 이를 수사학의 재생을 위하여 적절하게 원용하였던 것이다.

이제 학문은 바야흐로 국경도 없고 동서의 한계도 불분명하다. 그러므로 적어도 앞으로 형성될 오늘의 실학은 그의 철학적 근거를 범세계적 테두리 안에서 구하지 않으면 안 된다는 사실만은 인정해도 좋을 것이다. 그것은 영·정조시대처럼 개신유학적인 것에서가 아니라 동서를 일관한 철학―경학―이 요청되는 소이가 바로 여기에 있는 것이다.

2. 한국실학 개관

1)

한국실학이라는 술어가 상식화된 오늘에 있어서도 그의 정확한 개념과 본질을 이해하기란 그리 용이한 일이 아니다.

전통적으로 실학이란 단어는 여조(麗朝)때 이미 불교의 공사상(空思想)에 대한 유학의 실사상(實思想)을 주장하기 위하여 사용되었었지만 조선조후기에 접어들면서 대두된 경세학적 실학은 오히려 신유학으로서의 송대 정주학의 비현실적 공리공론에 대한 비판의 소산이었다는 사실을 우리는 주목하지 않을 수 없다. 한국 실학을 유교적 입장에서 개신유학이라 하여 정주학과 구별하는 소이가 여기에 있는 것이다.

그러나 실학이란 정주학과의 상대적 의미로만 쓰인 것이 아니라 그의 본질을 따지고 들어간다면 그 안에는 실로 다양한 내용이 내포되어 있다는 사실을 발견하게 된다.

첫째, 성리학에 대한 비판적 입장에서 자생한 소위 경제학파(현상윤)를 들 수가 있다. 이는 반계-성호-다산을 주축으로 하는 개혁론자들의 계열이다. 이들은 주로 토지제도나 과거제도나 행정기구 등 제도상의 개혁을 주장하는 학파로서 이들의 주장을 경세치용의 학이라 이르기도 한다.

이들의 주장은 비록 제왕학적 유가의 왕도론을 기반으로 한 것이라 하더라도 그것이 관념론적 송학(宋學)에 대한 보완적 의미를 갖고 있다는 점에서 실학적 성격으로 받아들여지고 있는 것이다. 그러므로 경세치용이야말로 한국실학의 제1의적 본질로써 이해되기에 이르른 것이다.

둘째, 실학의 경세적 개혁론을 실학의 방법론이라 한다면 소위 이용후생학파라 불리는 일파의 주장은 복지국가를 지향하는 이상국가론이라 일러야 할지 모른다. 어쩌면 실학의 목직론에 헤당할지도 모른다. 이는 오로지 국부민유(國富民裕)를 그의 목표로 삼고 있기 때문이다.

이들은 연암-초정 등을 주축으로 하는 북학파들로서 경세학파들이 서정쇄신(庶政刷新)을 주장하는 데 반하여 이들은 상공업의 진흥과 생산기술의 혁신을 주장한다. 그러므로 이들의 주장이 비록 유가의 복지국가론에 근거한 것이라 하더라도 한 학파로서의 형성 동기는 자생적이라 이르기에 앞서 연경을 거쳐 들어온 서학의 자극과 영향을 얕게 평가할 수 없을 것이다. 서학뿐만 아니라 서교까지도 이들과 깊은 관계를 맺고 있다는 사실도 잊어서는 안 될 것이다.

셋째, 한대의 실사구시설에 입각한 실증학파를 들 수가 있다. 이는 서구사조에 근원한 자연과학파라거나 사서삼경의 문헌적인 고증학파도 이 계열에서 설명할 수밖에 없을 것이다.

이러한 실사구시학파의 입장은 관념론적인 송학에서의 이탈을 의미할 뿐만이 아니라 자아각성의 계기를 마련해 줌으로써 우리나라 지리·역사·어문, 심지어 의약에 이르기까지 실학의 폭을 다양하게 넓혀놓는 데 기여하였다.

넷째, 우리가 흔히 간과하기 쉬운 학파에 경학파(經學派)가 있음을 상기할 필요가 있다. 경학파는 고증학파 내에 포함시킬 수도 있겠지만 한국실학 안에서의 경학파는 문헌적 고증 외에 또 다른 의미가 거기에는 뒤따르고 있다는 사실을 지적하지 않을 수 없다. 다시 말하면 소위 청조(淸朝)에서 굴기한 고증학으로서의 경학은 한대 훈고학의 서통(緖統)을 이은 자로서 성격상 그들을 한학파(漢學派)라 이르기도 하지만 한국에 있어서의 경학은 다산을 정점으로 하여 원시유교로서의 수사학(洙泗學)을 기반으로 하고 있는 것이다.

어쨌든 수사학적 경학은 한당유학이나 송명유학과는 다른 입장에 서 있다는 사실을 우리는 주목해야 할 것이다. 그렇기 때문에 이들을 일러 개신유학이라는 새로운 이름으로 부르기도 한다.

한국의 근세문화는 영·정조시대를 고비로 하여 새로운 학풍이 조성되었고 그것의 특징을 대체로 실학이란 개념으로 포괄하려고 한다. 그러나 그것은 어쨌든 위에서 지적한 네 가지 개념의 그 어느 한쪽에 소속하거나 아니면 그것들의 복합에 의하여 이루어지기도 한다. 그럼에도 불구하고 다산을 일러 한국실학의 집대성자라 이르는 것은 아마도 이 실학개념이 내포한 모든 개념들을 총체적으로 집대성한 자로 이해했기 때문인지도 모른다. 그러나 보다 더 중요한 것은 다산은 그의 경학과 경세학을 종합하는 과정에서 수기치인이라는 새로운 원리를 원용했다는 사실은 실로 획기적인 발견으로 기억되어야 할 것이다.

2)

한국실학의 연원을 어디에서 찾아야 할 것인가에 대하여는 실로 그 대답이 그리 용이한 일이 아니지만 대체로 한국실학의 발전과정은 적어도 태동기·발전기·쇠퇴기 등 세 단계로 나눌 수가 있을 것이다.

성호는 그의 『사설』에서 "국조(國朝) 이래로 시무에 능숙한 이로는 이율곡과 유반계 두 분이 있을 뿐이다[國以來識務 惟李栗谷柳磻溪 二公在]"라 함으로써 율곡을 경세실학(經世實學)의 비조로 삼게 되는 명분을 제공한 바 있고 위당은 반계—성호—다산의 계보를 내세움으로써 반계를 실학의 비조로 삼았고 현상윤은 그의 『조선유학사』에서 "경제학파는 반계에서 시작된 것이나 반계보다도 앞서서 경제학파의 선구가 되며 길잡이가 된 이는 김육(金堉)이다"라 하여 잠곡(潛谷)을 반계의 앞에 내세우고 있다.

그러나 이러한 경세치용 외에 다양한 개념으로 이해되는 실학의 선구자는 따로 내세울 수도 있다는 점에서 『실학논총』에서는 『동국지리지(東國地理志)』의 저자인 구암(久菴) 한백겸(韓百謙, 1551~1615)을 선두주자로 내세우고 있다. 계주자(繼走者)로서는 서교를 최초로 소개한 어우당(於于堂) 유몽인(柳夢寅, 1559~1623), 『지봉유설(芝峯類說)』의 저자인 지봉(芝峯) 이수광(李晬光, 1563~1615), 『홍길동전(洪吉童傳)』의 저자인 교산(蛟山) 허균(許筠, 1568~1618) 등이 지적되고 있다.

발전기로 접어들면서 소위 실학자로서 후세에 이름을 남긴 학자들을 열거해본다면 반계(磻溪) 유형원(柳馨遠, 1622~1673)을 위시로 하여 서포(西浦) 김만중(金萬重, 1637~1692), 양명학의 하곡(霞谷) 정제두(鄭齊斗, 1649~1736), 『택리지(擇里志)』의 청담(淸潭) 이중환(李重煥, 1690~1760), 『서학변(西學辨)』을 쓴 하빈(河濱) 신후담(愼後聃, 1702~1761), 『곽우록』과 『제경질서(諸經疾書)』의 저술을 남긴 성호(星湖)

이익(李瀷, 1681~1763), 『동사강목(東史綱目)』을 저술한 순암(順菴) 안정복(安鼎福, 1712~1781), 지리학(地理學)의 태두(泰斗)인 려암(旅菴) 신경준(申景濬, 1712~1781), 백과(百科)에 통달한 존재(存齋) 위백규(魏伯珪, 1727~1798), 지전설(地轉說)을 내세운 담헌(湛軒) 홍대용(洪大容, 1731~1791), 『열하일기』를 남긴 연암(燕岩) 박지원(朴趾源, 1737~1805), 『발해고(渤海考)』를 통하여 민족사관을 확립한 냉재(冷齋) 유득공(柳得恭, 1749~?), 『북학의』의 초정(楚亭) 박제가(朴齊家, 1730~?), 지리역사학에 뛰어난 연경재(研經齋) 성해응(成海應, 1760~1839), 한국실학을 집대성한 다산 정약용(1762~1836), 『해동역사(海東繹史)』의 저자인 옥유당(玉蕤堂) 한치윤(韓致奫, 1765~1814), 언어 학자인 서피(西陂) 류희(柳僖, 1773~1837) 등을 대충 열거할 수가 있다. 이들은 한결같이 새로운 학풍의 진작과 국정쇄신(國政刷新)의 기틀을 마련하려고 하였지만 역사의 신은 결로 그들의 편이 아니었던 것이다. 그의 첫 시련으로써 신유교옥(辛酉敎獄, 1801)을 들 수가 있다. 역사가들은 흔히 영·정조시대를 한국의 문예부흥기라 이르기도 하지만 그것은 소위 실학이라 불리는 새로운 학풍이 숨을 크게 쉬며 기지개를 펴기 시작한 시절이기 때문이다. 그러나 정조의 붕거(崩去)와 때를 같이하여 돌풍처럼 밀어닥친 이 신유사건은 표현상 서교도를 탄압한다는 명분을 내세우고 있지만 그것과는 달리 결과적으로는 새로운 학풍과 관련된 신진사류들의 몰락을 가져온 사건이 되고 말았던 것이다.

그러므로 신유사건은 정조를 옹호했던 시파(時派)의 정치적 몰락과 천주교에 대한 종교적 탄압에 그친 것이 아니라 때마침 피어나던 문예부흥, 곧 실학의 새 싹이 송두리째 꺾여버렸다는 사실이 못내 아쉬움으로 남는다. 그러므로 한국 실학자들의 이상은 이로써 영구히 그의 역사적 실천의 기회를 놓치고 말았던 것이다. 흔히 한국의 실학은 당대 학자들의 탁상공론이었고 달리 말한다면 그들의 이상에 그치고 말았다는 평가를 받게 된 것은 바로 이 신유사건 때문임은 다시 말할 나위도 없다.

신유사건은 일과성사건에 그치고 만 것이 아니라 조선조 사직의 흥망을 가늠하는 사건이기도 하였다. 그 후 계속된 세도정치는 소위 삼정의 문란으로 이어짐으로써 왕조의 조락(凋落)을 재촉할 따름이었다. 조락의 말기증후 속에서도 새로운 갱생의 활로를 찾기 위한 몸부림으로, 대두된 두 개의 상반된 사상이 다름 아닌 척사위정론과 동도서기론(東道西器論)이라 이를 수 있을 것이다. 척사위정론은 신유사건의 이론적 근거를 제시한 것으로서 그것의 골자는 서교를 사교(邪敎)로 간주하고 유학을 정학(正學)으로 옹위하자는 데에서 연유한 것이지만 그것이 정치적으로 확산되면 서양을 배격하는 국수적 양이론으로 번지게 되고 이(夷)의 개념이 또 한번 변질되면 배일론(排日論)으로까지 확대됨으로써 척사위정론은 완고한 보수주의적 자주론이 되어 한말의 의병으로까지 그의 맥이 이어졌던 것이다.

그러나 서세동점의 물결은 척사의 방패만으로는 막을 길이 없었다. 서세의 수용이 불가피하게 되자 새로운 타협안으로써 제시된 것이 다름 아닌 동도서기론으로서 이에 서기로써 개화의 문호를 터보자는 것이었음은 다시 말할 나위도 없다.

그러나 개화당의 갑신정변(1884)도 삼일천하로 끝이 나고 그 후 10년 만에 시도된 갑오경장(1894)도 동란으로 이어짐으로써 무위로 끝나자 국가의 패망은 풍전등화의 위기를 맞기에 이르렀던 것이다.

이는 한마디로 말해서 소위 실학의 개혁정신에 따른 새로운 개화의 불빛이 마지막으로 숨을 거둔 역사적 실패를 여기서 확인하지 않을 수 없다. 그러므로 한국의 근세사는 전통적 보수주의와 실학적 개화론과의 갈등이 해소되지 못한 채 새로운 문화창조의 기회마저 성숙시키지 못하고 종말을 가져왔다고 보아야 할 것이다. 이러한 말기적 세태 속에서 겨우 그의 명맥을 이어온 자로서「실사구시론」을 쓴 금석학의 태두인 추사(秋史) 김정희(金正喜, 1786~1856), 백과사전학파로 손꼽을 수 있는 오주(五洲) 이규경(李圭景, 1788~?), 청구(靑丘) 김정호(金正浩, ?~1864), 경험론자 혜강(惠崗) 최한기(崔漢綺, 1800~1879), 사상설을 제창한 동무(東武) 이제마(李濟馬, 1836~1900) 등의 족적을 추적해 보아야 할 것이다.

3)

중국의 실학은 대체로 고증학파 또는 한학파(漢學派)라 부름으로써 우리나라의 실학과는 그의 발생론적 배경을 달리하고 있다.

청(淸)은 만주의 여진족이 건국한(1616) 나라로서 그들은 문화적으로 한문화(漢文化)를 극복하기 위하여 『사고전서(四庫全書)』, 『강희자전(康熙字典)』 등을 편술하는 과정에서 고증학의 발달을 보게 되었다. 이들은 주로 한대의 훈고학을 계승함으로써 송대의 성리학은 받아들이지 않았던 것으로 평가되고 있다. 동시에 그들은 우리나라와는 달리 서교와 서학을 수용하였고 국부민유(國富民裕)의 길을 트기 위하여 서구의 과학사조를 도입하여 중농정책을 채택하였다.

이에 이들의 눈부신 발전은 우리나라 연경사(燕京使)들의 눈을 황홀하게 하였으며 이들을 배워야 한다는 주장이 뭉쳐 북학파를 형성하기에 이르렀다.

그들의 고증학이 우리나라 경학에 어느 정도의 영향을 미쳤는가에 대하여는 아직 미지수로 남아 있다. 그들의 고증학은 일명 한학(漢學)이라 부르는 대신 실학시대의 경학을 대표하는 다산경학은 수사학(洙泗學)이라 이르는 데에서도 그들의 차이점을 알 수가 있다.

서교 및 서학의 유입은 주로 청을 매개로 하여 이루어졌으니 중국인 신부 주문모(周文謨, 1752~1801)의 잠입과 연경에서의 첫 영세자(領洗者)인 이승훈(李承薰, 1756~1801)의 존재로서 이를 확인할 수가 있다.

청조의 서학수용은 중체서용론(中體西用論)으로 평가할 수 있다는 점에서는 우리의 동도서기론이나 일본의 화혼양재론(和魂洋才論)과도 일맥이 상통하는 동서절충론에 입각한 것으로 평가하지 않을 수 없다.

4)

일본에 있어서의 실학사상에는 양유겸용(洋儒兼用)이라는 절충론적 실학이 없지 않았으나 근세 명치유신기에 있어서의 실학은 후쿠자와 유키치(福澤諭吉, 1835~1901)가 대표한다고 보아야 할 것이다. 그는 유학과의 절충이나 타협을 거부하고 오로지 서구의 자연과학적 기술학을 기초로 하는 실학을 추구하였다. 그러므로 그는 "실학 중의 실학은 물리학(자연과학)"이라는 명언을 후세에 남겼던 것이다. 이러한 서구적 사고방식에 따르는 후쿠자와의 실학은 조선조 말기의 혜강 최한기(1803~1879)의 경험론적 실학사상을 상기하게 한다.

또한 일본의 실학은 에도(江戶)의 도쿠가와 시대(德川時代)에 있어서의 란가쿠(蘭學) 연구와도 결코 무관하지 않으리라고 여겨진다. 조선조시대에 있어서는 기술학보다도 성리학을 중심으로 하는 인문과학에 치중한 반면 일목에 있어서는 일반적으로 천문학·역학·지리학·의학·박물학·포술·항해술·물리학 등 자연과학의 영역에서 란가쿠는 많은 공적을 쌓았던 것이다.

한편 우리나라 북학파들이 청조의 중농정책을 도입하려고 꾀했던 시기보다도 훨씬 앞서 이미 도쿠가와 막부(幕府)는 식산정책(殖産政策)을 강화하여 관개치수(灌漑治水)에 주력하였다는 사실도 우리는 주목해야 할 것이다.

유학(경학)에 있어서도 다산보다도 이미 수 세기 앞선 시대에 야마가 소코(山鹿素行, 1661)·이토 진사이(伊藤仁齋, 1688)·오규 소라이(荻生徂徠, 1716) 등 코가쿠파(古學派, 洙泗學派)에 의하여 실용적인 예악형정론(禮樂刑政論, 國家論), 이용후생론(利用厚生論, 産業論)이 제기됨으로써 경세제민(經世濟民)의 길이 모색되었다는 사실도 그때 당시 우리나라에 있어서의 학문은 애오라지 공리공론만을 일삼았다는 사실과 크게 대조를 이루는 것이 아닐 수 없다.

5)

한국의 근세문화라는 과제를 놓고 실학사상의 측면에서 이를 관찰한다면 동양에 있어서의 유교문화권에 속해 있다고 볼 수 있는 중국과 일본과를 서로 대비해 보는 것이 타당하겠지만 한편 신생 미국의 실용주의와도 한번 멀리 조응(照應)해보는 것도 흥미 있는 일면을 우리들에게 안겨줄 것으로 여겨진다.

19세기 후반에 태어나 20세기 전반에 걸쳐서 미국민의 정신적 지주가 되어 온 존 듀우이(1859~1952)의 프래그머티즘과 한국의 실학 사상과는 어떻게 비교할 수 있을 것인가, 이에 관한 학문적 검토는 차치하고라도 그들의 실용주의와 행동주의의 결과론적 가치관에 있어서는 서로 호흡을 같이하고 있음을 발견하게 될 것이다.

미주의 프래그머티즘이 대륙의 관념론에 대한 반론으로 제기된 영국의 경험론을 기반으로 하여 성립된 사실은 한국에 있어서의 실학사상이 관념론적 주자학에 대한 반론으로 제기된 실천윤리학을 기반으로 하여 성립된 사실과도 맞먹는 일면을 간직하고 있다.

그러나 존 듀우이의 프래그머티즘은 미국민의 생활 속에서 하나의 생명력으로 약동하였지만 한국의 실학사상은 좌절된 역사적 잔해로 기록될 따름이라는 점에서 크게 다르다는 사실을 우리는 뼈아프게 반추하지 않을 수 없다.

3. 실학개념 논변의 시비

1)

조선후기실학이라는 이름으로 불리는 영·정조시대의 신학풍에 따른 개념정립의 논변은 얼추 사반세기에 걸쳐서 각인각색으로 전개되어 있음을 본다. 이에 따른 시비곡직이야 아무나 또 아무렇게나 따질 수 없는 문제이기는 하지만 이제 와서는 이들을 한자리에 모아놓고 그의 전개과정을 살펴봄으로써 무엇인가 공통된 새로운 방향을 찾아볼 수는 없는 것일까 하는 뜻에서 본론을 초(抄)해 보기로 한다.

문제의 발단은 사학가 천관우 씨의 「반계 유형원 연구」[4]의 결론 부분에서 언급한 「조선후기실학개념(朝鮮後期實學槪念)」이었음은 이미 학계에 널리 알려진 바로서 그 후 같은 사학자인 한우근 씨가 「이조 '실학'의 개념에 대하여」[5]라는 반론을 발표함으로써 실학개념의 논변은 그 후 천씨의 재론을 야기하게 하였던 것이다. 이로써 개념논쟁은 당사자끼리의 관심사가 되었을 뿐만이 아니라 학계 전반적인 관심을 불러일으키는 데까지 발전하는 계기를 이루었다고 보아야 할 것이다.

원초적인 이들의 논변을 이해한다는 것은 그 후의 제설(諸說)을 이해하기 위하여 중요하겠지만 우리는 이에 앞서 그들의 논변 이전의 배경을 잠깐 살펴보는 것도 그에 못지않게 중요하리라고 여겨진다.

---

[4] 역사학회, 『歷史學報』 제2·3집(서울: 首都文化社, 1952). 『韓國史의 再發見』(서울: 일조각, 1994)에 재록.

[5] 『震檀學報』 19호(震檀學會: 1958). 『李朝後期의 社會와 思想』(서울: 을유문화사, 1961)에 재록].

이를 위하여 8.15해방(1945) 직후 같은 사학가 홍이섭의 저술인『조선과학사』[6] 중에서 다음과 같이 적기(摘記)해 본다.

> 이제까지 行文上에 실증학파라고 여러 번 되풀이해 왔는데 이것
> 은 실사구시학파 또는 실학파라고 하며, 영·정조조 이후 학술
> 사상사상에 나타난 특필한 신학풍 곧 실사구시의 경세적인 학
> 풍을 띤 일파를 이름이다.[7]

또 다음과 같은 구(句)도 눈에 띤다.

> 그리하여 실학은 선조조부터 조선에 전해진 서구의 사상 문물
> 과 유형원의 실사구시적 조선연구의 학문이 영조조의 석학으로
> 서 급진적 진보주의자이었던 성호 이익에 이르러 종합적으로
> 융합 체계화되고 이어 정다산에 이르러 종결적인 체계화를 보
> 였던 것이다.[8]

이 글은 상기(上記) 천씨의 글보다 6년이 앞서 있다는 점에서 천
씨설의 배경으로서의 의미를 갖는다.

홍씨의 '실학개념'에 대한 이해는 스스로 그가 개념정립을 위하여
체계적인 노력을 기울였다는 시사는 없을 뿐만 아니라 이상의 글들
을 통하여 실증학파를 주개념으로 삼고 이의 설명과정에서 실사구
시학 또는 실학 등의 단어를 사용하고 있으며, 나아가서는 '실사구
시의 경세학'이니 '실사구시적 조선연구'니 하는 말들을 구사함으로
써 그것들이 '영·정조조 이후 학술사상에 나타난 특필한 신학풍'을

---

6) 洪以燮, 『朝鮮科學史』(서울: 正音社, 1946).
7) 같은 책, '실증학파의 사회성'절 237쪽.
8) 같은 책, 240쪽.

가리킨다는 사실 외에는 그의 말 가운데서 실학개념의 핵심이 될 만한 의미를 찾아내기는 어렵다고 하지 않을 수 없다. 홍씨의 이러한 개념의 모호성이야말로 후일 그것이 앞으로의 구체적 내용을 지닌 천씨설을 낳게 하는 배경이 되었다는 역설적 이유도 바로 이러한 사실들에 입각하고 있다.

그러나 그런대로 또 홍씨의 글은 적어도 그의 선배들의 견해가 그의 배경을 이루고 있음을 상기하게 된다.

그보다 약 10년 앞서 호암(湖岩) 문일평(文一平)은 '이조문화사의 별항'9)에서 '영조·정조시대에 성행하던 실사구시의 학이 조선사상 사상 자못 주목할 현상'이라 하면서 실학을 실사구시학과 동의(同意)로 썼음을 보면10) 홍씨의 전론(前論)에서 실학파와 실사구시학을 동 개념으로 사용한 것과 그 궤도를 같이하고 있음을 알 수 있다.

뿐만 아니라 호암과 때를 같이한 다산 서세백년(逝世百年)이 되던 해 6월 16일에 위당 정인보는

> 朝鮮近古의 학술사를 綜系하여보면 반계가 一祖요, 성호가 二祖요, 다산이 三祖인데 그중에도 精博明切함은 마땅히 다산에로 더 미룰 것이니……11)

라 하였으니 이 설을 홍씨는 그대로 답습하였고 그보다도 1년 더 앞서서 1934. 9. 14~15. 동아일보에 연재된 글에서

---

9) 文一平, 『湖岩全集』(서울: 조선일보사, 1939).

10) 千寬宇, 『韓國史의 再發見』(서울: 일조각, 1975), 133쪽.

11) 鄭寅普, 『薝園國學散藁』(서울: 文敎社, 1955), 71쪽.

> ……그 本은 오직 實에서 非實을 代할 일뿐이다. 총괄하여 말하면
> 선생의 학은 실학이오 실학의 歸要는 '新我舊邦'이 그 골자이다.
> 그러므로 선생은 '知識'을 認하되 명백한 實徵에 依함을 認할 뿐
> 이오, 沒經由한 前知는 그 理의 必無함을 斷하고 이뿐 아니라 무
> 엇이든지 상상에 의하고 徵實의 確據없을진대 비록 妙論 卓說이
> 라도 一切로 선생의 눈앞을 통과하지 못하였다.[12]

에서 보는 바와 같이 다산의 실학을 실증실학(實證實學)으로 간주한
것은 홍씨가 이를 실증학파로 이해한 것과 여합부절한 것이라 하지
않을 수 없다.

그러므로 위당과 호암은 홍이섭의 전주(前奏)로서의 구실을 하였
고, 홍씨는 위당과 호암의 설에서 천씨의 실학개념이 도출되게 한
교량으로서의 구실을 하였다고 보아야 할 것이다.

호암－위당에서 홍씨를 거쳐 천씨에로 이어지는 '실학'개념의 문
제는 앞서 언급한 바 있듯이 천씨가 '반계연구'를 계기로 하여 그의
삼실론(三實論)을 전개함으로써 비로소 소위 그의 개념론이 학계의
주목을 끌게 되었던 것이다.

천씨는 반계의 실학사적 위치를 위당의 일조설(一祖說)에 근거하여

> ……반계 한번 나와 실사구시의 원칙에서 그 학을 체계화함에
> 이르러 실학은 비로소 '학으로서의' 존재를 확인하였다 할 것이
> 다.[13]

라 함으로써 일조설(一祖說)을 확인함과 동시에 실학개념의 정립을

---

12) 洪以燮, '유일한 政法家'「정다산선생서론」, 6쪽.

13) 千寬宇, 『韓國史의 再發見』, 101쪽.

위한 노력의 필요를 절감했을는지도 모른다.

이상에서 보아 온 새로운 사조에서 '실학'이라 불리는 일파가 있다. 실학이란 때로는 유가 자신의 호칭으로 불리기도 하지만 흔히는 '실사구시의 학'이란 의미로 쓰이고 있으니, 그 출전은 『한서(漢書)』「하간헌왕전(河間獻王傳)」의 '학문을 닦고 옛것을 좋아하며, 실제 일에서 옳은 것을 찾는다[修學好古 實事求是]'에 있다고 하여 청대(淸代) 학술(學術)에서도

"요컨대, 淸學은 一'實'字를 제창함으로써 盛하였고, 一'實'字를 관철치 못함으로써 喪하였다"[14]고 하는 말과 같이 실학으로 시종(始終)하였거니와 이 '실(實)'은 자유성을 의미하는 '실정(實正)'의 실이오, 과학성을 의미하는 '실증(實證)'의 실이오, 현실성을 의미하는 '실용(實用)'의 실임은 말할 것도 없다. 조선에서 이 실학이란 용어가 쓰이기 시작한 것은 그 유래를 자세히 알 수 없으나, 종래의 지칭하는바 실학이라는 개념은 모호함을 면치 못한 것이었으며, 위에서 말한 '실정', '실증', '실용'의 어느 일면을 가진 것이면 실학의 범위 내에 들어오는 것이었다."[15]

이는 천씨 삼실론(三實論)의 골자로서 이에 앞서 그는 다음과 같이 말하고 있다.

위에서 各樣의 원인에서 나온 各色의 사상경향을 일괄하여 신사조라 범칭하여 온 소이는 그 諸傾向이 실로 몇몇 공통적 기반을 가진 데 있는 것이다. 그 하나는 분방한 지식욕을 구사하여 비판하며 獨創하며 권위를 부정하는 '자유성'이오, 또 하나는 경험

---

14) 梁啓超, 『淸代學術槪論』(臺北: 中華書局, 1956).
15) 千寬宇, 같은 책, 105~105쪽.

적이며 실증적이며 귀납적인 태도 곧 '과학성'이며, 다른 하나
는 실제와 유리된 모든 공소한 관념의 유희를 경멸하고 현실생
활에서 우러나오는 불만과 정열을 토대로 하는 '현실성'이다.
이는 곧 淸初 顧炎武의 의도하던바 '貴創', '博證', '致用'과 부합
되는 바이다.16)

이로써 천씨가 초기에 제시한 그의 실학개념을 짐작할 수 있는데
이를 요약한다면
   (1) 실학의 실(實)을 삼실(三實)로 이해하였다.
   (2) 그것은 현대적 개념인 자유·과학·현실의 삼성(三性)으로 이
      해하려 하였다.
   (3) 청초 고염무의 귀창·박증·치용의 개념과도 부합시키려 하였다.
이를 도시(圖示)하면 여하(如下)하다.

   實正 － 自由性 － 貴創
   實證 － 科學性 － 博證
   實用 － 現實性 － 致用

이러한 도식에 의하여 그의 이전에 있어서의 실학개념이 보다 더
구체적으로 이해할 수 있게 되었음을 짐작하게 하는 한편 햇볕에도
그늘이 있듯이 또한 이 도식화가 안고 있는 약점이 노정됨으로써 비
판받을 여지를 남겼음을 부인할 수 없을 것이다. 그러므로 천씨 자
신도 그의 재론 과정에서 이 점을 솔직하게 시인하고 있음은 다행한

---

16) 梁啓超, 같은 책.
   千寬宇, 같은 책, 102～103쪽.

일이라 하지 않을 수 없다.

　그러나 그의 재론이 나오기 전에 한우근 씨는 천씨설을 다음과 같이 비판하고 있다.

　　　여기서 우리는 氏가 실학의 '實'을 實正・實證・實用으로 풀이하고 그 어느 일면을 지닌 것이라면 실학의 범위에 들어오는 것이라고 한 점에 관해서 우리는 氏가 지적한 바와 같이 종래의 모호하게 쓰여오던 실학이라는 말의 개념을 다시 한번 추상적으로 그 범주를 규정한 것이어서 그 모호한 점에 있어서 별 다름이 없게 생각되는 바이다. 氏는 다시 그 이른바 실학은 '봉건사회의 제현상에 대한 회의와 반항이기는 하였지만 역시 유교를 근저로 하는 집단봉건사회의 규범 안에서 분비된 산물이었으며 또 사실상의 보수적 행동으로서 그에 忍從하였던' 때문에 그것은 '결코 근대의 의식도 근대의 정신도 아니고', '비판의 기조는 唐虞 三代에 속하는 것이었으며, 그 비판의 입장도 不具的으로 전개한 역사적 특성에서 초탈하여 이를 俯瞰할 만큼 질을 달리한 것이 아니었던 것'이라고 하였을진대 앞서 氏가 새로운 사조의 기반으로서 내세운 이른바 자유성・과학성・현실성이란 요컨대 그 비판의 기조가 唐漢 三代에 속하는 비근대적인 자유성・과학성・현실성이 아닐 수 없으니, 도대체 이러한 것은 어떠한 성격의 것을 말하는 것일까 하는 의문을 우리는 품지 않을 수가 없다. 氏는 이를 보다 더 정확히 말하여 그 학문의 대상으로서 사회정책・자연과학・국학・훈고학・농학의 그 어느 하나나 그 몇을 겸비한 것으로 고증학적 방법에 의하여 이루어진 것이라면 실학이라고 일컬을 수가 있을 것이라고 하였다. 이는 즉 그들 각양각색의 소위 실학을 학문방법상으로는 주자학과 대조된다는 의미에서의 실사구시의 고증학적 방법을 취하는 것으로 간주한다는 것을 말하는 것이겠다. 과연 '실학'이라는 말의 개념과 성격을 이렇듯 규정할 수 있을 것인가."[17]

---

17) 韓㳓劤, 같은 책, 362쪽.

라고 하여 천씨설을 비판하는 첫 글을 발표하였다. 이는 조목조목
따지는 반박이라기보다는 포괄적으로 의문을 제시하면서 자기의 입
장을 도출해 냈던 것이다.

> 여기서 우리가 이 같은 의문을 제시하는 것은 종래의 조선후기
> 의 신학풍으로서 널리 실학이라고 일컬어져 오던 그 각양각색
> 의 학풍의 성격을 모두 결정적으로 규정하려는 것은 물론 아니
> 다. 그 같은 작업은 그들 제학파의 학문적 계보를 마련하는 일
> 과 마찬가지로 그들의 사상과 학문을 전면적으로 討究 비판함으
> 로써만 얻어질 수 있는 것이라고 사려되기 때문이다. 따라서 우
> 리는 다만 기술한 바와 같이 과거에 실제로 실학이라는 말이 어
> 떠한 내용으로 쓰였는가를 살피어 그 원래의 용어개념을 정확
> 히 파악함으로써 종래에 애매하고 모호하게 혼용되어 오던 그
> 이른바 조선후기의 '실학'의 개념내용을 바로 이해하고 실학의
> 성격과 한계에 대한 종래의 인식을 반성하여 보자는 데 그치려
> 는 것이다.[18]

라고 하여 그가 이 실학개념논변을 일으킨 입장을 분명히 하였다.
한씨는 천씨의 '반계연구'의 뒤를 이어 「성호 이익의 사상연구」[19]로
널리 알려져 있다는 점에서도 천·한 양씨의 논변은 학계의 주목과
관심을 끌기에 족하였다. '반계는 一祖요, 성호는 二祖라는 상호밀착
된 계보상의 두 선각자이기' 때문이다. 그러한 의미에서도 일단 한
씨의 설을 다음에 요약해 보기로 한다.

---

18) 같은 책, 362~3쪽.
19) 같은 책, 135~327쪽.

2)

한씨설의 결론을 먼저 적기(摘記)해 보면 다음과 같다.

우리는 상술한 바에 의하여 실학이라는 것이 중국에 있어서나
우리나라에 있어서나 마찬가지 내용을 가리키는 것으로 씌어졌
다는 사실을 알 수 있는 것이다. 즉 그것은 멀리는 중국 삼대의
학을 가리키는 한편 가까이는 송·원대의 정주학을 가리켰다는
사실이로.……이와 같은 성격을 지닐 학문을 종래로는 바로 정
주학을 의미하는 '실학'으로서 지칭하여 왔고 반계 유형원을 가
리켜 '실학의 비조'라고 하여 왔음은 오로지 실학이 의미하는
개념과 그 내용에 대한 반성이 없었기 때문이다. 우리는 종래
실학이라는 개념이 그릇 사용되어 왔고, 또한 그것이 실사구시
의 고증학과도 혼동하여 사용되어 온 근거까지도 명백히 되었
다고 생각하는 바이다. 우리는 이같이 實學復古를 제창하고 고증
학의 선구를 이룬 그 과도적인 학풍을 위의 논거에서 '경세치용
의 학'이라고 이름하는 것이 좋으리라고 생각하며, 반계 유형원
은 바로 경세치용의 학의 비조라고 해야 할 것이라고 생각하는
바이다."[20]

라고 한 내용을 근거로 하여 천씨설을 본다면 다음과 같은 몇 가지
사실이 두드러지게 비판된 사실을 알 수 있을 것이다.

첫째, 천씨의 삼실(三實)의 실(實)의 개념은 모호하다고 본 사실이
지적되어야 할 것이다. 실학의 '실(實)'이 비실(非實, 虛)의 대칭으로
쓰인다고 한다면 그의 개념은 좀더 넓은 폭으로 확산시킬 수 있음에
도 불구하고 그것이 삼실의 제한 안에서 이해해야 한다는 데에 무리
가 없지 않은 데다가 또다시 자유·과학·실용 등의 근대사상과의

20) 같은 책, 390~3쪽.

연계하에서 설명되어야 한다는 점에서 더욱 삼실의 개념은 좌견우인(左牽右引)하게 됨으로써 그의 모호성은 더 가속화되었을지도 모른다. 더욱이 한씨는

> 실학이라는 말은 우리가 논고에서 밝힌 바와 같이 여말선초에 걸쳐서 종래의 詞章을 주로 하는 학풍을 배격하고 유교 원래의 정신을 살려서 實心・實政・修己治人의 실효를 거둘 수 있는 학문이어야 한다는 의미로 제창된 것이었다. 그리하여 그것은 조선시대를 통하여 自初至終 같은 의미로 쓰인 것이기 때문에 이 같은 '실학'이라는 개념내용으로 보아 조선시대에 있어서의 어느 특정한 시기의 학문경향을 그것으로 성격 지우기에는 적당하지 않다는 것이다.[21]

에서 실학의 전통적 사용례에 의하면 삼실의 개념은 전연 함축되어 있지 않을 뿐 아니라 '실학'이라는 어휘로서 특정시기로 간주되는 영・정시대를 성격지우는 것 자체까지도 적당하지 않다고 주장한다. 그러므로 이에 이르러서 한씨는 천씨의 삼실론을 전면적으로 받아들일 수 없다는 입장을 취하고 있음을 알 수 있다.

둘째, 삼실론의 근대사상에의 접근을 밑받침해 주는 삼성론(三性論)의 모순을 지적하고 있다. 자유・과학・현실이라는 근대사상의 개념을 삼실론에 도입한 천씨의 노력을 한씨는 부정적으로 받아들이고 있다. 전통적이오 유가적인 실학개념에서 근대적 사유에의 추이를 찾아내기란 적어도 한씨의 입장에서는 어려운 일이 아닐 수 없었을 것으로 이해된다. 더욱이 방법론적 고증학마저도 그의 실학개념으로서는 제외시킨 한씨임을 우리는 여기서 상기할 필요가 있다.

---

21) 같은 책, 392쪽.

한씨는 "……그리하여 고증학풍에로 기울어지면 질수록 이른바 실학의 근본정신과는 다시 거리가 멀어지게 마련인 것이었다"[22)라 하기도 하고 또한

> ……그것은 하나의 새로운 성격을 지녀서 그 출발점에 있어서는 '경세실학'의 성격을 지닌 것이었으나 다른 한 면으로는 正心修德에서보다도 世務 日常行事에서 학문을 구해야 하겠다는 실사구시의 고증학적 성격을 지니기도 한 것이었다. 이를테면 원래의 실학을 지양하여 고증학에로 발전되어가는 학문 방법상의 과도적인 성격을 지닌 것이었다. 종래로 실학을 바로 고증학으로 혼동하여 생각하게 된 근거도 여기에 있었던 것이다.[23)

한 것은 다 고증학적 방법론을 실학에서 제외한 것을 의미한다.

셋째, 한씨의 실학개념은 오로지 '경세치용의 학'에 국한함으로써 천씨 이전의 전통적인 실사구시적 실증론과는 구별되는 자로 이해하게 된다. 다시 말하면 한씨의 반론에 의하여 홍씨의 실사구시적 실학론과 한씨의 경세치용의 실학론이 이원적인 대립을 이루게 되었으며, 천씨의 삼실론은 다시금 수정하지 않을 수 없게 된 감이 짙다. 그 후 천씨가 그의 '재론'을 집필하게된 동기도 이에 연유했음은 다시 말할 나위도 없다. 천씨의 재론을 듣기 전에 좀더 한씨설의 내용을 살펴본다면,

첫째, 그의 '실학'개념은 고려까지 소급해 올라감으로써 그 연원을 유학에 두고 있음을 본다.

그가 맨 처음 익재(益齋) 이제현(李齊賢)의 "실학을 버리고 장구를

---

22) 같은 책, 390쪽.
23) 같은 책, 391쪽.

익혔다[捨實學而習章句]"[24]를 들고 있는데 여기서 익재의 '실학(實學)'은 '장구(章句)'와 대(對)를 이루고 있다는 점에서 주자장구(송학)와 한학(실사구시) 이전의 고학(수사학)과의 대임을 짐작하게 한다. 그가 "『효경』·『논어』·『맹자』·『대학』·『중용』을 강론하고 격물(格物)·치지(致知)·성의(誠意)·정심(正心)의 도를 익혔다[講孝經語孟大學中庸 以習格物致知誠意正心之道]"[25] 운운한 것은 그의 학이 경학의 실천을 주로 하였음을 알 수 있으며, '후세에 그가 성리학에 힘쓰지 않았다고 하여 그를 단(短)하게 여기는 자가 있다'[26]고 한 것도 이를 두고 이른 말이다. 이에 익재(益齋) 실학개념(實學概念)은 송학이 아닌 수사학적 실천윤리에 근거하고 있음을 짐작하게 한다.

권근의 실학도 "이것은 사장학의 답습하는 폐단을 억누르고 경서를 탐구하는 실학에 힘쓴 것[是抑詞章蹈襲之弊 務得窮經實學]"[27]이라 한 점에서 문장학과 대를 이루는 경학이요, 그것은 "오직 삼대의 학문은 모두 인륜을 밝히려는 것이요, 여섯 가지 책들도 유학의 도[斯道]를 밝히려는 것이다[惟三代之學 皆所以明人倫 六籍之書 亦所以明斯道]"[28]라 하였으니 수사학적 실천윤리를 중히 여긴 자임을 짐작하게 한다. 그러나 우리는 양촌의 실학개념은 좀 더 살펴보고 넘어가야 할 것 같다. 왜냐하면 양촌은 익재에 비하여 보다 더 송학을 깊이 이해하고 있었기 때문이다. 그러므로 양촌에게서는 성리학적(性理學的) 실(實)과 경세치민(經世治民)의 실(實)이라는 양면이 있음을 본다.

---

24) 같은 책, 364쪽.

25) 玄相允, 『朝鮮儒學史』(서울: 民衆書館, 1949), 70쪽.

26) 玄相允, 같은 책, 21쪽.

27) 韓沽劤, 같은 책, 364쪽.

28) 같은 책, 364쪽.

"나의 실심(實心)으로 사물에 베푸니 하는 것에 참이 아닌 것이 없다[以我實心 施於事物 無所爲而非眞也]"29)는 심성론적(心性論的, 性理學) 실심(實心)이오, "병사들은 용감하고 백성들은 풍족하며 예악이 흥기한다면 치도가 갖춰진 것이다. 공문의 제자들은 이러한 뜻을 가졌으니 모두가 실학(實學)이었다[夫兵勇民足而禮樂興 爲治之道備矣 孔門諸子 其志如此 皆實學也]"30)는 경세택민(經世澤民)의 실(實)이 아닐 수 없다. 그러므로 한씨는

> 여기서 신왕조 창업사업을 담당하여 유교적인 국가체제를 이룩하는 데 이바지한 일련의 유신들이야말로 그 원래의 실학을 실천궁행한 자들이라고 해야 할 것이다. 우리는 조준·정도전·권근 등이 이 같은 실학의 제창자 또는 실천자였음을 볼 수 있는 것이다.31)

라 하여 경세치용의 실천 그 자체를 실학으로 간주한 것이다.

조선중기로 접어들면서 실학의 개념은 무실(務實)·성실(誠實)·실정(實政) 등의32) 개념으로 쓰임으로써 보다 더 그 내용이 심화되었음을 엿볼 수 있다. 열암 박종홍은

> 그런데 實을 위에 붙여서 많이 말씀하셨지만 實字가 아래로 붙을 때, 즉 誠實·眞實과 같은 것이 있습니다. 그래서 제가 알기로는 誠實의 實을 많이 생각하고 있습니다.33)

---

29) 같은 책, 366쪽.

30) 같은 책, 368쪽.

31) 같은 책, 372쪽.

32) 같은 책, 364~6쪽.

33) 『實學論叢』(광주: 전남대출판부, 1975), 21~22쪽.

라고 하여 용학(庸學)의 성론(誠論)으로까지 연결시킴으로써 이를 그의 철학사상으로까지 전개시키고 있음을 본다. 성(誠)은 수사학적 수기치인을 일관하는 자로서 실천유학의 기조를 이루고 있기 때문이다.

이상과 같은 실학개념을 한씨는 이를 유교 본래의 정신으로 이해하고 있는 것이다.

> ……조선에서 실학이라는 말이 광의로는 유교 원래의 본질적인 의미에서 修德正心하여 治人治國, 裕民益國의 效를 거두는 德治의 學이라는 의미로 쓰였고……그것은 治者의 學으로 수기와 치인의 양면성을 지닌 것으로 窮經修德하여서 정치적 실천이 따라야 하는 것이었다. 이러한 의미에서 여말선초 신왕조를 扶持하고 새로운 유교국가를 건설하여 치국의 效를 거둔 유신들(조준·정도전·권근 등등)이야말로 그 있어야 할 자세로서의 실학자(실학파)라 해야 할 것이다.[34]

에서 한씨의 경세치용론은 본래적 유교정신인 수기치인에 연유한 치인의 면을 강조한 것임을 알 수 있고, 그로 인하여 역성혁명의 주도적 인물들을 여말선초의 진유(眞儒)로까지 재인식한 사실은 특기할 이채를 띠고 있다.

그러나, 한교수의 유교적 실학론은 다시금 하나의 쟁점을 안고 있었으니 그것이 고학(수사학)이냐 아니면 신학(성리학)이냐 하는 점이다. 이 점에 대하여는 본고의 후반에서 다시금 다루어 보기로 하거니와 한씨의 반론이 천씨의 재론을 불러일으킨 만큼 이에 귀를 기울여보기로 한다.

---

34) 같은 책, 383쪽.

3)

　천씨는 전론(前論)을 대폭 수정하여 보다 더 충실한 내용으로 그
의 재론을 전개하였음이 엿보인다. 그는 그의 재론을 유학사의 재구
성의 입장에서 출발하여 한씨의 유교적 실학론에 접근하는 듯이 보
이면서도 근대사상에의 지향에 착안한 점이 주목된다.

> 여기서 주제로 삼는 이른바 실학은 이러한 조선 후기 유학사의
> 재구성에서 출발한다. 다시 말하여 전통적인 입장에서 보아 온
> 유교사상사를 재평가하여 한편으로 理學 · 禮學 系列과 함께 또
> 한편으로는 理學 · 禮學만이 아닌 유학의 다른 부문에서 더욱 빛
> 을 발하는 일종의 개신유학35)의 계열을 병렬하여 파악하려는
> 데서, 논자에 따라서는 理學 · 禮學의 계열보다 그것 아닌 계열에
> 더 역점을 두고 파악하려는 데서 출발하는 것이다."36)

에서 그의 삼실론이 청조 고염무(顧炎武)의 설(說)에서37) 추출된 것
과 같은 인상에서 탈피하여 순수한 우리의 전통유학의 개신이라는
새로운 입장을 세웠다는 데에 재론 전개의 새로운 의의가 있는 것으
로 보인다.

　뿐만 아니라, 그는 조선후기실학을 개신유학의 측면에서 관조함
과 동시에 그것이 지닌 근대 및 민족의식의 측면을 간과하지 않았다.

> 조선후기실학은 이와 같이 첫째로 전근대의식에 대립되는 근대
> 의식, 둘째로 몰민족의식에 대립되는 민족의식으로 말미암아 후

---

35) Reformation.

36) 『한국사의 재발견』 중의 논문 「조선후기 실학의 개념 재론」 108쪽. 이의 원제는 「韓國實學思想史」.

37) 梁啓超 『淸代學術槪論』.

인의 관심을 불러일으킨 것이었고, 따라서 조선유학 가운데서
이 두 징표에 해당되는 것이야말로 실학이라고 부를 수 있는 것
이라고 할 것이다. 그리고 이 근대 '지향의식'과 '민족의식'은
각각 '진보의 의식'과 '자주의 의식'으로 표현되어도 좋은 것이
었다"[38]

한 것은 그의 개신유학개념과 표리를 이루는 자아의식의 일단면이
라 하지 않을 수 없다. 그러므로 그의 재론에서의 실학은 유학과 근
대의식과의 융합에 의하여 탄생된 신생아라 해야 할는지 모른다.

  그렇다면 천씨에게 있어서도 한씨에게 있어서처럼 유학개념의 근
거와 그의 성격이 문제되지 않을 수 없다. 그리하여 천씨는 보다 더
구체적으로 이를 의리학(義理學)・고증학(考證學)・사장학(詞章學)・경
세학(經世學) 등으로 분류하여 이를 고찰하는 수고를 아끼지 않았다.
이 네 개 부문을 천씨는 다음과 같이 설명한다.

  (1) '의리(義理)에 정통하고 덕행을 숭상하는 이학가 혹은 송학
      가'는 현재의 철학가 혹은 도덕가・교육가에 해당하며
  (2) '훈고(訓詁)에 정통하고 전장(典章)을 고증하는 고증학가 혹은
      한학가'는 현재의 문자학가와 사학가가 그 속에 포함되며
  (3) '사장(詞章)에 정통하고 문장에 천장(擅長)한 사장가'는 현재
      의 문학가며
  (4) '경제(經世)에 정통하고 정사에 천장(擅長)한 경세가'는 현재
      의 정치가로서 그 경제의 학은 현재의 소위 경제학과는 달
      리 일체의 정사, 즉 정치・법률・재정・경제로부터 군사에
      이르기까지 모두 이 속에 포함된다.

  이와 같이 유학사상을 義理・考據(考證)・辭章(詞章)・經濟(經世)의
4개 부문으로 나누어 보는 것이 유일한 분류법이 아닌 것은 물

---

38) 같은 책, 112쪽.

론이지만 유학이란 이와 같이 포괄적 지식체계란 점과 유학은
시대를 따라 특징을 달리하고 또 유가라 해도 그 가운데에는 각
기 특징을 달리하는 여러 유형이 있다는 점은 여기서도 알 수
있다.39)

라 하여 유학을 시대를 따라 변화한 여러 유형을 포괄적으로 파악하
여 그것이 실학개념 형성에 어떻게 관련되었는가를 고찰하고 있다.
청대의 의리학은 송명의 도학으로서 오늘의 철학에 해당한다.

실학파 제유들은……의리학에 관한 자신들의 견해를 논술 혹은
專書로 남긴 것이 기이할 것은 없으며……실학파 제유가 주목되
는 것이 의리학의 관심에서가 아닌 것은 더 말할 것 없다.40)

고 하여 의리학이 실학파에 대하여 직접적인 관계가 있는 것으로는
보지 않았다. 동시에 그는

실학파 제유의 의리학이 당시의 의리학의 전체로 보아 특수한
특징이나 창견이 있는 것인지 있다면 그 특징이나 창견이 어떤
것인지 이에 대해서는 아직 정리된 상태로는 말하기 어렵다"41)

고 하여 회의적 신중론을 펴고 있다.
　　그러나, 실학파의 의리학에 대한 문제는 '미정리' 상태로 간주된
천씨의 견해가 언젠가는 누구에 의해서든지 '정리'된 상태로 밝혀져
야 할 문제에 속하고 있다는 사실만은 우리는 여기서 기억해 두어야

---

39) 같은 책, 141쪽.
40) 千寬宇, 같은 책, 145쪽.
41) 같은 책, 146쪽.

할 것이다. 필자는 일찍이 이 문제에 관하여 관심을 갖고 「이조후기 개신유학의 경학사상사적 본질」[42]을 발표한 바 있으나 그것은 소위 경세실학자 전반에 걸친 사상이라기보다도 송명학의 일반적 의리학과는 별도의 철학사상이 실학파들의 견해 속에서 한 줄기 맥락을 이루고 있음을 밝힌 것이다 그것은 분명히 우주론에서는 음양설을 취하고 오행설을 버렸으며 인성론에서는 천리설을 배격하였고, 윤리설에서는 오륜설에 입각하여 삼강설의 종속성을 배제하고 있다. 이러한 철학적 본질은 유학 개신의 근거가 될 것이라는 점에서 소위 의리학이 지닌 새로운 문제점이 아닐 수 없다.

그러므로 천씨는 이 절의 끝맺음에서 청의 원안(元顔)과 우리 정다산이 "漢·宋·朱·王에 구애하지 않고 공자로의 直到를 기도한"[43] 점을 높이 평가하고 있음은 주목해야 할 것이다.

> 고증학 내지 考據學은 訓詁·校勘·考訂 등의 실증적 방법을 통하여 고전의 고의를 밝혀내는 문헌비판적 고전학을 중심으로 한다.[44]

라고 규정한 천씨는 청의 고증학이 아닌 우리나라의 고증학은 "경학 방면의 고증학으로는 우선 申綽·成海應·李德懋·朴齊家·丁若鏞·金正喜 등 몇몇을 손꼽을 수 있다"[45]라 하였고, 이어서

---

42) 『철학』 제8집(1974) 및 『茶山學의 理解』(서울: 玄岩社, 1975), 343~375쪽에 재수록.

43) 같은 책, 154쪽.

44) 같은 책, 154쪽.

45) 같은 책, 156쪽.

경학 이외에 역사학・지리학・언어학・천문역학・농학・의학・
군사학 등에도 영조・정조대를 전후하여 많은 학자들에 의한
많은 저술들이 있다. 그 가운데에는 정통적인 고증학의 방법을
구사한 것도 있고 혹은 고증학의 방법은 아니라도 광의의 귀납
적 실증적인 태도에 입각한 것도 있어 이것을 일괄하여 고증학
풍이라 할 수는 있지만 엄밀하게는 그 저술들이 어느 정도의 고
증적인 정밀성을 보유한 것인지 하나하나 재검토할 필요가 있
을 것이다.

한 것은 그의 삼실론 중의 '실증'을 설명한 것이요, 홍이섭의 '고증
학풍'의 한계를 제시한 것이기도 하다.

한편 천씨가 제시한 실학의 근대지향성에 입각해 본다면

……고증학을 근대지향의식이나 민족의식에서 볼 때 이것을 실
학의 중요한 부분이라고 보기 어려운 것이었고 단지 문헌학상
에서 발휘된 연구의 정신과 그 방법이 근대적이었다는 점에서
만 실학으로서의 요소를 인정할 만한 것이었다.[46]

라고 한 것은

往日의 의리학 그 자체는 기본적으로는 근대지향의 의식과 방향
을 같이하는 것이 아니었다. 다못 그 전통사상을 바탕으로 유학
을 근대철학으로 변혁하려는 동향은 오늘에도 계속되고 있는
유학계의 일대과제라고 보는 것이 온당할 것이다.[47]

의리학과 함께 그의 근대지향성의 미흡을 설파한 것이라 할 것이다.
사장학은 예술의 일분야로서 실학파의 제유들이 적지 않은 작품

---

46) 같은 책, 159쪽.
47) 같은 책, 151쪽.

을 남기고 있기는 하지만 천씨는 이에 대하여

실학파의 문학이라고 할 기준은 어디에 있는가. 이 역시 근대지
향의식과 민족의식이 중요한 척도가 되리라고 본다.……작품이
얼마나 근대적 인간상, 근대적인 사회의 상을 추구하고 민족의
식을 추구하고 있는가에 있다고 보고 싶다. 따라서 정조대 '文體
反正'의 공격대상이 된 박지원 등의 경우도 그 문체보다는 그
사상에서 실학파 문학의 값이 있는 것이라 하겠다.[48]

라고 한 것은 그가 누누이 새롭게 설왕설래한 근대지향의식과 민족
의식이라는 두 가지 척도가 가지는 사상성을 사장학에서도 적용하
고 있음을 볼 수 있다. 그러나, 천씨는 그가 조건부로 인정하거나 또
는 인정하기 어렵다고 본 의리학·고증학·사장학과는 달리 경세학
에 있어서는 다음과 같이 말하고 있다.

경세학과 의리학을 어느 정도 밀착된 관계로 파악했는가는 별
문제로 하고 조선 후기 실학을 근대지향의식·민족의식의 기준
으로 볼 때 그것이 가장 두드러지게 나타난 것이 경세학에서이
며 따라서 조선 후기 실학사상의 핵심이 바로 경세학에 있다는
점은 시인해도 좋을 줄 안다. 근대지향의식이나 민족의식이 가
장 분명하게 발표되는 것은 정치사상·사회사상 내지 그것을
바탕으로 한 정책론에서이기 때문이다.[49]

라고 한 것은 그가 유학의 본질로서 파악한바 "유학은 본래 '수기'
와 '치인'을 본지로 하는 것이었다"[50]의 치인의 면에서 비로소 실학

---

48) 같은 책, 163쪽.

49) 같은 책, 170쪽.

50) 같은 책, 164쪽.

의 본령을 인정한 것이라 할 수 있다.

그러나 여기에 있어서도 그는 어느 정도 한계를 치고 있다는 사실을 간과해서는 안 될 것이다.

> 그러나 경세학에 관계된 언설을 남긴 이라 하여 모두가 실학파라고는 할 수 없다. 어느 시대나 정권이 있고 그 담당자가 있어서 그때그때의 정치를 운용하고 있는 한에는 혹은 정책결정회의의 대화의 형식으로든지 혹은 상소의 형식으로든지 정책이 없을 수 없고 정책을 논의하는 이가 없을 수 없다. 이 가운데서 근대지향적인 경세학 민족적인 경세학만이 조선후기 실학이라는 이름에 해당하는 것이다.[51]

그러므로

> 실학파의 후기에 속하여 가장 근대사상에 가까운 사상을 품었다고 위에서 말한 박제가나 정약용의 경우라도 그 사상의 어느 일부가 근대적이라는 것이지 그 사상의 전체계가 근대적이라 하기는 어렵다. 그것은 물론 시대적 제약에서 오는 것이고 또 거기에 조선 후기 실학의 사상적 한계가 있는 것이라 할 것이다."[52]

라 하여 경세학에 있어서도 그가 재론에서 역설한 근대지향의식과 민족의식을 조선후기 실학의 절대적 요인으로 간주하고 있음을 확인할 수가 있다.

이상의 논조를 통하여 우리는 그가 이미 전론에서의 삼실론에서 벗어나 새로운 '개신유학'을 표출하려고 한 중요한 전환을 볼 수 있

---

51) 같은 책, 170쪽.
52) 같은 책, 171쪽.

다. 그러나 그의 개신유학에의 전환은 근대 또는 민족이라는 단어에 의하여 영·정시대를 하나의 역사현상으로 인식하고 그러한 역사현상에서 표출된 근대지향의식과 자아각성의 민족의식이라는 척도로서 유학의 개신을 규정하려고 했음을 본다.

> 조선후기 실학은, 첫째로 전근대의식에 대립되는 근대의식 내지 근대지향의식, 둘째로 몰민족의식에 대립되는 민족의식을 척도로 하여 재구성된 조선후기 유학의 개신적 사상으로서 조선 후기에 일어난 개신유학이라고 부를 만한 것이다.[53]

라 한 것은 "조선후기 실학은 기본적으로 유학사상의 일전개형태이다"[54]라고 한 그의 새로운 유학사상의 이해를 설명해 준 것이기는 하지만 그의 이러한 이해는 역사현상의 측면에서 본 이해일 뿐 소위 개신유학이 지닌 또는 지녀야 할 철학적 본질의 측면에서는 아무런 언급도 없음을 여기에 지적해 두지 않을 수 없다.

그러나 천씨는 그의 재론에서

> ……그러한 字義 名稱의 분석은 모두 實의 字義에 拘泥되어 각 시대마다 유동적으로 변화하는 실학의 내용을 劃一謬着시키는 嫌이 있어 그것이 얼마나 실학의 실체를 드러낼 것인지는 의심스럽다.[55]

고 했듯이 그는 그의 삼실론에서 일단 초탈하여 역사적 발전과정에 있어서의 역사현상을 배경으로 한 개신유학이라는 새로운 개념으로

---

53) 같은 책, 179쪽.
54) 같은 책, 180쪽.
55) 같은 책, 183쪽.

조선후기 실학을 관조하려고 한 것은 소위 '실학개념'론의 일단의 진전이라고 하지 않을 수 없다. 이를 단적으로 말한다면 한우근 씨의 일반적인 경세치용설을 역사현상의 단면에서 이를 재정립한 개신유학론이라 해야 할는지 모른다. 어쨌든 개신유학의 새로운 전개—그것은 철학적 측면에서도—를 위한 하나의 포석으로서도 주목해야 할 것이다.

4)

이우성 교수는 천씨처럼 한국실학을 역사현상으로 다루면서도 이를 시대적으로는 영·정시대 이후로 하고 지역적으로는 근기지방(近畿地方) 학자들을 대상으로 하여 다음과 같은 세 개 유파로 분류하고 있다.

(1) 성호 이익을 大宗으로 하는 경세치용파—토지제도 및 행정기구 기타 제도상의 개혁에 치중하는 학파
(2) 연암 박지원을 중심으로 하는 이용후생파—상공업의 유통 및 생산기구 일반 기술면의 혁신을 지표로 하는 학파
(3) 완당 김정희에 이르러 일가를 이룩하게 된 실사구시파—경서 및 金石典故의 고증을 위주로 하는 학파[56]

그리고 세 학파를 시기적으로 다음과 같이 나누고 있다.

(1) 실학의 제1기 경세치용파(18세기 전반)
(2) 실학의 제2기 이용후생파(18세기 후반)
(3) 실학의 제3기 실사구시파(19세기 전반)

---

56) 李佑成, 「實學硏究序說」, 『實學硏究入門』(서울: 一潮閣, 1973), 6쪽.

등으로 구분한다. 결국 실학파는 혈연·사제·교우관계를 통해
서 학문경향을 같이하는 3개의 유파를 형성했던 것이며, 또한
사상사적 전개의 면에서 볼 때에는 18세기 전반에서 19세기 후
반에 이르는 약 1세기반 동안에 이 3개 유파가 대체적으로 한
개의 시기를 대표하면서 전개되었던 것이다.[57]

함으로써 이교수의 실학론의 대강은 짐작할 수 있다.

　이교수의 실학론은 시대 및 지역적 제약을 설정하였고 게다가 이
를 3기로 분할하여 거기에 실학적 3요인을 배정한 것으로 특징지워
진다.

　이러한 사실들은 얼핏 보기에는 그의 개념규정이 일목요연하여
빈틈이 없이 짜여 있는 듯이 이해되기는 하지만 지나치게 세분된
'틀'은 자칫하면 무리한 견강부회를 초래하여 진실이 누락되거나 외
면될 우려도 수반하게 됨을 경계해야 할는지 모른다.

　먼저 그의 '제1기 경세치용파'에 대한 언설을 들어보자.

　　실학은 먼저 근기지방의 학파 성호 이익에 의해서 그 제1기를
　　맞이한다. 반계 유형원의 학풍을 이어받은 성호는 무엇보다 토
　　지제도의 개혁을 통하여 소농민에게 균등한 토지소유를 보장해
　　줄 것을 강력히 주장하였다.[58]

고 주장한 것은 위당 정인보의 삼조론(三祖論)에서 반계를 제외하고
성호로부터 제1기를 획(劃)한 것으로 보인다. 반계 역시 "公田制度의
실시를 주장하고 또 田制確立의 필요를 역설하였고"[59] "그러므로

57) 같은 책.
58) 같은 책, 12쪽.
59) 玄相允, 『朝鮮儒學史』, 328쪽.

반계의 사상에 있어서는 정치적 민족적인 관점보다는 사회개혁과 제도개혁에 그의 본뜻이 있었다"[60]고 한 점을 생각한다면 반계에게서 비조(鼻祖)의 지위를 성호와 바꿀 만한 절실한 이유가 없다. 반계는 전북 부안 우반동(愚磻洞)에 살았고 성호는 경기 광주에 살았다는 이유만으로 그의 근기지방성에 의하여 제1기를 획(劃)하게 했으리라고는 생각할 수 없을 것이기 때문이다.

성호의 뒤를 이은 다산만 하더라도 '광주에서 태어났을[生於廣州]' 따름이오 그의 농촌사회의 이해는 강진유배지를 구심점으로 하여 이루어졌음을 생각할 때 이교수의 근기지역성이 '실학'개념 구성에 끼친 의미의 소재를 파악하기란 그리 쉽지 않은 것 같다. 오히려 다소 고전적인 위당의 삼조설(三祖說)을 근대 경세치용파의 계열로 이해하는 것이 훨씬 모나지 않은 방법이라고 해야 할 것으로 여겨지기 때문이다.

소위 '제2기 이용후생파'는 이교수의 설명대로 "서울의 도시적 분위기 속에서 상인과 수공업자와의 접촉을 통해서 상공업의 발전의 필요성을 통감하고 유통의 확대 내지 생산 자체의 기술적 혁신으로 생산력의 발전을 촉진시켜 줄 것을 열렬히 주창한"[61] 것으로 이해한다 하더라도 이는 연암에 앞서 담헌 홍대용이 있음은 마치 제1기에 있어서 성호에 앞서 반계가 있었던 것과 같으며 연암의 뒤에 초정 박제가가 있음을 상기할 필요가 있을 것이다.

그러나 우리는 여기서 이교수의 1·2기의 분류가 꼭 시대적인 선후를 획하는 것으로 이해되어야 하느냐 아니면 경세파가 후생파에

---

60) 「반계의 사상」, 『실학연구입문』, 25쪽.
61) 같은 책, 13쪽.

다소 앞섰다 하더라도 그것은 영·정시대 학풍의 두 개의 단면에 지나지 않는 것으로 이해하는 것이 훨씬 수월한 논리가 아닐까 하는 점이다. 이는 이교수의 다산론에서 그대로 나타나고 있다.

> 필자는 다산 정약용을 편의상 이 자리에서 설명하겠다. 다산은 시기적으로 실학의 제2기와 제3기에 걸쳐 있었다는 시대적 이유뿐만 아니라 그의 학문이 경세치용학과 이용후생학에 兼長해서 제1기와 제2기의 실학사조가 다산에 이르러 일대 접합점을 이루게 되었고, 또한 그의 浩博精該한 고전의 연구는 제3기의 실사구시학의 크나 큰 추동력이 되어 주었기 때문이다.[62]

라는 설명을 침잠완미(沈潛玩味)하면 이미 그의 삼기설(三期說)은 다산에 의하여 애매한 시대구분이 되어버린 감이 짙다. 발에 신발을 맞추어야 하느냐 신발에 발을 맞추어야 하느냐의 속언을 끌어올 것까지도 없이 어떠한 형식이나 유형을 설정하면 그것이 하나의 '틀'이 되어 자칫하면 신발(틀)에다가 발을 맞추는 억지가 있게 마련인 것이다. 적어도 여기서는 이교수의 실토대로 다산에 맞는 신발은 없다는 것이 되고 말았다. 다시 말하면 이교수의 3기설은 다산이라는 발에는 맞지 않기 때문이다.

마지막 '제3기 실사구시파'라는 규정은 몇 가지 문제점을 안고 있음을 지적하지 않을 수 없다.

첫째, '실사구시'라는 단어가 지닌 개념의 다양성을 완당 김정희의 학에 초점을 맞추어 놓고 이 점을 다음과 같이 설명하고 있다.

---

62) 같은 책, 13~14쪽.

실학은 제3기로 접어들면서 매우 성격을 달리하게 되었다. 무엇 보다도 우리가 완당 김정희에 대하여 주목을 요하는 것은 종래 의 실학의 사상성과 사회개혁의 정열이 겉으로 보이지 않는 반 면 선행 실학자들의 실증적 연구방법을 계승하여 민족문화에의 침잠을 통해서 주체적 인식을 선명히 하고 金石 典故에 대한 격 조 높은 학문성을 보여주었다는 점이다."[63]

라고 한 것은 소위 완당에 의하여 순수한 학문으로서의 실증주의적 고증학이 정립되었음을 의미한다.

한대(漢代) 하간헌왕(河間獻王) 때의 원의(原義)는 그만두고라도 근 대에 이르러 호암일파에 의하여 사용된 '실사구시'의 개념은 '실학' 의 대명사였던 감이 짙고 완당 자신이 그의 「실사구시설」에서도

그러므로 학문의 도는 한·송의 경계를 나눌 필요도 없고, 정현 (鄭玄)·왕숙(王肅)·정자(程子)·주희(朱熹)의 잘잘못을 비교할 필 요도 없으며, 주희·육구연(陸九淵)·설선(薛瑄)·왕수인(王守仁) 의 문호를 다툴 필요도 없다. 다만 마음을 가라앉히고 기운을 고요하게 하고서 널리 배우고 독실하게 실천하며, 오직 실제 일 에서 올바름을 찾는다는 것을 위주로, 이 한 마디 말을 실천한 다면 될 것이다.[64]

라 한 것은 정구훈고(精求訓詁)와 실천궁행(實踐躬行)을 실사구시라 하였던 것이다. 그럼에도 불구하고 "주체적 인식을 선명히 하고 金 石典故 등에 대한 격조 높은 학문성"을 지닌 완당학만을 실사구시학 으로 규정한다는 데에는 결코 해명되어야 할 문제점이 없다고 할 수

---

63) 같은 책, 15쪽.
64) 玄相允, 『朝鮮儒學史』, 367쪽. "故學之道 不必分漢宋之界 不必較鄭王程朱之短長 不必爭朱陸薛王之 門戶 但平心靜氣 博學篤行 專主實事求是 一語行之可矣"

없을 것이다. 차라리 앞서 언급한 바 있듯이 홍이섭처럼 이를 '실증학파'라 하는 것이 이교수 자신이 "선행 실학자들의 실증적 연구방법을 계승하면서……"라 했듯이 온당하지 않았나 싶기도 하다.

둘째, 설령 '실사구시'를 '실증'의 개념으로 집약하였다 하더라도 천관우 씨의 "조선 후기의 경학방면의 고증학으로는 우선 신작·성해응·이덕무·박제가·정약용·김정희 등 몇몇을 손꼽을 수가 있다"[65]고 한 제제다사(濟濟多士) 중의 일인인 김정희의 위치가 설명되어야 할 것이다. 완당의 생년대가 소위 이교수의 제3기에 해당된다고 해서 신·성·이·박·정 등이 한꺼번에 물러서 버려야 할 것인지의 여부는 누구에게나 궁금한 일이 아닐 수 없다.

끝으로 이교수는 그의 결론부문에서 다음과 같이 말하고 있다.

> 실학이 주자학과 어떠한 관계에 있는 것인가에 대해서 의견이 구구하다. 실학은 주자학 그것의 발전이라고 보는 견해가 있는가 하면 실학은 주자학을 반대하고 나온 것이라는 주장도 있다. 우리로서는 이 두 견해의 표현 자체가 타당치 못할뿐더러 또 그 점에 관해서는 별로 흥미도 없다.[66]

는 것은 이에 대하여 많은 이론의 여지가 없지 않을 것으로 여겨진다. 그의 이러한 주장은 주자학과의 관계에 대한 지나친 몰이해에서 오는 것이 아니면, 이에 대한 철저한 부정적 태도에서 오는 자가 아닐 수 없다. 여기서 이교수의 주장은 맨 먼저 천관우 씨의 다음과 같은 주장과 정면으로 대결된다.

---

65) 千寬宇, 같은 책, 156쪽.
66) 李佑成, 같은 책, 16쪽.

"여기서 주제로 삼는 이른바 실학은 이러한 조선 후기 유학사의 재구성에서 출발한다"[67]라고 하여 실학＝개신유학으로 이해한다. 이 교수는 어찌하여 이점에 대하여 그처럼 "타당치 못할 뿐 아니라 또……흥미도 없게"[68] 되었는지 알 길이 없으나 이교수가 지적한 바 '주자학의 발전으로 보는 견해'라고 한 것은 앞서 이미 언급한 바 있는 한우근 교수의 지론을 지칭한 듯하고 '주자학을 반대하고 나온 것'이라고 한 것은 우연히 필자가 다산경학을 수사학적 측면에서 이해하면서 이를 탈주자학으로 이해한 사실을 방불하게 하고 있다. 이런 것들은 다 같이 싫건 좋건 주자학과의 관계를 이해하지 않고서는 실학의 본질을 깨닫지 못하리라는 점에서 공통된다.

더구나 철학적 본질의 이해가 뒷받침해 주지 않는 역사적 현상은 신기루와 같은 것이 되고 만다. 그러므로 단도직입적으로 말한다면 '개신유학의 철학적 본질'의 이해야말로 조선후기 실학의 정체를 밝힐 수 있는 첩경이 되리라는 사실을 알아야 할 것이다.

5)

지금까지의 실학개념논변을 총괄한다면 천·한·홍·이씨 등 모두가 역사현상을 배경하였을 뿐 철학적 본질의 문제는 "조선후기 실학파의 의리학－성리학 또는 실학에 관해서는 우선 그 내용의 이해를 위한 시도가 시작되고 있으나……"[69]라고 언급하였음을 본다면

---

67) 千寬宇, 같은 책, 108쪽.
68) 李佑成, 같은 책, 16쪽.
69) 千寬宇, 같은 책, 146쪽.

그들의 업적은 아직 요료(廖廖)할 따름이다. 그러나 우리는 이 점에 대해서도 약간의 고찰을 시도하지 않을 수 없다.

열암 박종홍은 「한국에 있어서의 근대적인 사상의 추이」[70]에서

> "務實의 實은 도의적인 誠實 實踐과 더불어 점차로 實利 實用과 관련하여 經世澤民의 사상으로 전개되는 동시에 이것이 또한 서구의 근대과학기술을 섭취하여야 하겠다는 새로운 요구를 낳는 데까지 이르렀다."[71]

고 지적한 것은 적어도 철학적 성실과 윤리적 실천이 실학의 본질이 됨으로써 경세택민(경세치용과 이용후생)의 실을 거둘 수 있으며 그것은 곧 실사구시의 과학기술의 수용으로까지 전개됨을 일괄 제시한 것이라 할 수 있다. 여기서 우리는 '실'의 철학적 의미는 표피적인 역사현상에서가 아니라 인간의 내면적인 진실과 성실에서 찾아야 함을 단적으로 제시한 것으로 이해하여야 할 것이다. 박종홍은 그의 『철학개론』에서

> 실사구시의 기본정신은 김정희에 이르러 유학적으로 천명되었다. 김정희야말로 실학사상의 지도원리를 제시하여 그 사상의 철학사적 위치와 소재를 척결한 분이다.[72]

라 한 점은 이우성 교수의 완당 제3기설과는 그의 상거(相距)가 너무도 현격함을 여기서 지적하지 않을 수 없다. 보는 관점에 따라서

---

70) 朴鍾鳴, 『韓國의 思想的 方向』(서울: 博英社, 1968).

71) 같은 책, 49쪽.

72) 朴鍾鳴, 『철학정신』 11장 제3절 2항, 309~310쪽.

는—그것이 역사적 입장이냐 철학적 입장이냐—그처럼 다를 수 있음을 서로 이해하여야 할 것이다.

박종홍의 성실론(誠實論)과는 다른 각도에서 이상은은 한우근 교수의 경세치용설에 부연하여 다음과 같이 지적하고 있다.

> 이 점에 있어서 한교수의 견해는 역사사실을 올바로 해석한 것으로 본다. 그런데 여기서 한 걸음 더 들어가서 밝혀야 할 것은 왜 이러한 학문을 정주의 학이라고 하는가? 우리나라의 유학은 다른 유학이 아니라 바로 정주학이며, 주자학이다. 이 주자학을 받아들인 우리나라 유학자들은 그가 '성리학파'에 속하든 '실학파'에 속하든 모두 자기는 실학을 하는 것으로 자인하고 있었다 왜 주자학·정주학을 하면서 그것을 실학하는 것으로 자인하는 것인가? 정주학이 실학과 관련되는 이유는 무엇인가? 지금까지의 실학연구에 있어서 이 점을 문제 삼은 이도 없고 따라서 그것이 해명된 일도 없는 줄로 안다. 그러나 이 점을 밝히지 않고서는 '실학'의 연원을 알 수 없으며 실학의 연원을 모르면 실학의 근본성격을 이해하기 어렵다.[73]

이 글은 표제(表題)에서 '실학에 대한 가치가 새삼 제기되는 시대적 요청 속에 그 이론적 토대 및 철학성을 본원적으로 구명한 논문'이라는 점에서 주목되거니와 이상은의 입장은 오로지 '정주학에 근원한 실학'임을 짐작하게 한다. 이는 이우성 교수의 '흥미조차 없는' 주자학과는 상거(相距)가 먼 정도를 지나쳐 양극적 상반을 느끼게 한다.

이렇듯 역사적 견해와 실학적 견해와의 사이에는 뛰어넘을 수 없는 수렁이 개재해 있는 것일까.

여기서 필자는 필자와 함께 다산을 사숙한 고 홍이섭 외우(畏友)

---

73) 「실학사상의 형성과 전개」, 『창조』 제26권 제1호, 118쪽.

의 사석에서의 일언을 그를 추억하는 뜻에서 상기하고자 한다. 그는 다산의 『정약용의 정치경제사상연구』[74]를 간행한 직후에 ─ 당시에 필자는 『다산경학사상연구』[75]를 집필 중에 있었다 ─ 필자더러 "내 책보다도 선생의 책이 먼저 나왔어야 하는데……"라 하였다. 그는 내게 대한 의례적인 말이 아니라 그가 소회(所懷)했던 깊은 뜻은 '정치경제학보다는 경학이 우선했어야 하는데……'에 있었음은 그의 언표에 충분히 나타나 있었던 것이다. 이를 좀 더 풀이한다면 철학적 구명이 경세학에 선행해야 함을 뜻하는 점에 외우의 탁견이 지금도 생생하게 느껴지면서 유명을 달리한 탓으로 함께 이 길을 걷지 못함이 못내 아쉽기만 하다.

근자 실학의 경학 ─ 철학 ─ 적 연구로서는 윤사순 교수의 「실학적 경학관의 특색」[76]을 간과할 수가 없다.

윤교수는 그의 특색으로서

① 성리학적 경세관을 극복하여가는 실학적 경학관의 특색을 들 때에는 博學의 방법에 의한 경학관의 변화를 그 첫째로 지적하게 되는 것이다.[77]
② 성리학에 대한 이러한 불만 극복의 길은 원시유학(수사학)정신의 회복에서 찾으려 한다.[78]
③ 박학정신과 원시유학정신 다음으로 가진 실학자들의 비성리학적 학문정신에 한유의 훈고학정신이 있다.[79]

---

74) 洪以燮, 『丁若鏞의 政治經濟思想研究』(서울: 韓國研究圖書館, 1959).

75) 졸저, 『茶山經學思想研究』(서울: 乙酉文化社, 1966).

76) 『實學論叢』(광주: 전남대출판부, 1975).

77) 같은 책, 69쪽.

78) 같은 책, 75쪽.

79) 같은 책, 77쪽.

이상과 같이 분류한 세 가지 특색 중에서 소위 원시유학은 경세치용과 이용후생으로 이해하고 훈고학은 실사구시로 이해함으로써 범실학(汎實學)의 세 가지 개념을 포괄한 외에 박학정신을 추가한 데에 새로운 특색이 첨가된 셈이다. 그러나 필자는 윤교수의 소론 중에서 다음과 같은 일언을 중시한다.

> 이 세 가지 특색이야말로 비록 성리학에 대결하는 점에 있어 그 강약 혹은 직·간접적인 의미의 차이는 있을지라도 성리학에 대하여 부정적 의미를 지닌다는 점에서 서로 완전히 일치하는 것이다.[80]

이러한 윤교수의 반성리학적 견해는 새로운 실학의 철학적 본질 구명을 위하여 절실히 요청되는 자가 아닐 수 없다. 다시 말하면 탈성리학적 입장에서 비로소 새로운 개신유학의 철학적 구명이 전개될 수 있다는 것을 의미한다. 그러나 윤교수는 결론부문에서 다음과 같은 기우를 피력하고 있다.

> 이 세 가지 특색 중에 가장 강한 對性理學的 意味의 대표적 특색이 과연 '원시본연유학정신의 회복태도'라면 이 태도에 의한 결과, 즉 이 태도에 충실한 결과는 곧 철학부재의 결과가 아니겠는가?"[81]

라고 하였으니 원시유교에는 철학이 부재함을 기우한 것이다. 여기서 필자는 윤교수에게 다음과 같이 대답하고자 한다.

---

80) 같은 책, 83쪽.
81) 같은 책, 84쪽.

"소위 의리학이라 이르는 성리학적 철학은 부재할는지 모르지만 원시유학이 지니고 있는 수사학적 철학은 엄존한다." "그렇다면 수사적 유가철학이란 어떠한 것인가?"를 윤교수는 반문할는지 모른다. 이에 필자는 여기서 가정적 윤교수의 반문에 대한 대답으로서 본론을 끝맺기로 하겠다.

필자는 1966년에 『다산경학사상연구』를 간행 발표한 후 '다산학'을 근간으로 하여 소위 근세실학―조선후기실학―의 철학적 본질의 모색을 시도해 왔다. 이 시점에서 결론을 먼저 이야기하라 한다면 그것은 윤교수의 그것과 동일한 자로서 철두철미 전통적 유학―송유의 성리학―과 대척적인 체계를 이루고 있다는 사실을 분명히 해 두지 않을 수 없다.

애초에 필자는 다산경학에서 전인적 인간상으로서 수기치인(修己治人)의 전인상(全人像)을 찾아냈다.[82] 그것은 다산학의 인간학적 기반을 이루는 자로서 서양철학적 상념으로서도 이를 '철학적 인간학'이라 일러도 손색이 없으리만큼 충실한 내용을 지니고 있음을 중언부언한 바 있다. 이를 작도한 바 있으므로 여기에 적기하면 다음과 같다.

---

[82] 졸고, 「丁茶山의 洙泗學的 人間像의 問題」, 『金斗憲博士華甲紀念論文集』(서울: 語文閣, 1964).

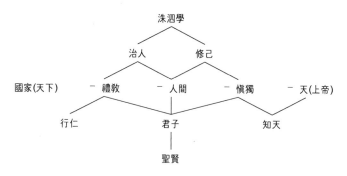

洙泗學的 人間像

군이 수기와 치인을 나누어 생각한다면 수기지학(修己之學)은 철학과 종교학을 포함하고, 치인지학(治人之學)은 정치와 경제학을 포함하되, 실천윤리학은 이 양자에 걸쳐서 '철학적 인간학'으로 포괄한다.

그러나 이러한 면모는 다산학에서 적출된 자이니 만큼 후기실학의 전반적 문제로 다룰 수 있느냐는 의문에 부딪힌다.

이 문제를 풀기 위하여 필자는 또 하나의 척도를 찾아보기로 한다. 그것이 다름 아닌 시중(時中)의 원리로서 다산에 있어서는 성중원리(誠中原理)[83]로 체계화되었으니 이를 우리는 양극적(兩極的) 대대관계(對待關係)의 태일지상(太一之象)으로 이해되기도 한다.

시중의 원리는 원시유교─수사학─의 철학적 기본을 이루고 있는 자로서 역학에서는 정중원리(正中原理)로 설명되고 있으며 이를 우리는 음양설이라 이르기도 한다. 음양의 양극적 대대관계(兩儀之像)의 태일지상이 곧 태극임은 다시 말할 나위도 없다.

이는 수사학적 우주론으로서 한대에 오행설이 첨가되어 송대에 이르니 음양오행설로 문합(吻合)되어 오늘에 이르고 있다. 주자(周子)

---

83) 졸저, 『茶山經學思想研究』, 152쪽.

도 그의 「태극도설」에서 '이기와 오행의 정수[二五之精]'라 일렀으니 그의 밀착도는 짐작하고도 남음이 있다.

그러나 다산을 위시로 한 많은 후기실학자들은 음양설만 취하고 오행설에 대하여는 부정적이었던 사실을 발견하게 된다. 담헌·연암·혜강·동무 등이 다산에 동조하여 송유들의 이오지설(二五之說)을 부정하고 있는 것이다.

그것은 간접적으로 음양의 변증법적 변화관계만을 받아들이고 오행의 상생상극법칙─그것은 순환법칙이다─은 거부함을 의미한다. 뿐만 아니라 인성론에 있어서도 천리의 개재를 부정하면서 상제설적(上帝說的) 성명론(性命論)으로 이해하는 입장은 동무에 의하여 독창적인 체계가 이룩되었음을 주목해야 하며 혜강의 경험론도 따지고 보면 송유들의 천리설의 부정이 아닐 수 없다.

이처럼 자주론과 인성론에서 엿보여지는 비성리학적 경향은 후기실학의 철학적 근거로서의 의미를 갖는다. 후기 실학자들이 곧장 경세적 태도를 취했거나 민생을 위한 이용후생에 몰두한 사실도 결국은 그들의 시중정신의 일단에 지나지 않았고 그들의 시중정신은 곧 민족적 자각과 아울러 그들의 시대감각은 미래의 이상국가의 건설을 꿈꾸지 않을 수 없었을 것이니 이 아니 미래지향적이 아닐 수 있겠는가.

공자가 주대에 있어서 삼왕(三王)을 꿈꾸는 보수주의자이었음에도 불구하고 신인간상[士君子]을 지표로 한 가장 혁신적인 사상가이었음을 우리는 상기해야 할는지 모른다. 모름지기 후기실학을 배태한 개신유학의 철학적 근거는 한·당·송·명이 아닌 선진의 수사학적 공맹학에서 찾아야 하는 소이는 바로 여기에 있는 것이다.[84]

---

84) 졸고, 「李朝後期 改新儒學의 經學思想史的 研究」, 『철학』 제8집(1974).

제 2 편

개신유학으로서의
경학적 특징

1. 개신유학의 경학사상적 연구

1) 개신유학과 경학사상

조선후기 실학개념의 정립을 위한 노력들은 아직도 계속되고 있거니와 지금까지의 성과를 대충 분류해 보면 대체로 다음과 같은 두 갈래의 경향이 있음을 알 수 있다.

하나는 실사구시[1]를 비롯하여 '실정(實正)·실증(實證)·실용(實用)'[2] '실천(實踐)·실심(實心)'[3] '무실(務實)'[4] 등 무릇 실(實)자를 표출시킴으로써 얻어지는 실학개념이니 이는 원래 허(虛)·가(假)·공(空) 등에 대한 반대급부적인 면에서[5] 정립된 것이라 할 수 있다.

다른 하나는 경세치용이니[6] 수기치인이니[7] 개신유학이니[8] 하는 술어를 통하여 비록 실(實)자는 표면에 나타나지 않았다 하더라도 실학 개념의 내용을 총괄적으로 설명한 것이라 할 수 있다.

전자인 실(實)자 계열의 단어에 의한 실학개념의 정립은 얼추 생

---

1) "이 실학의 신개념을 실사구시의 학풍으로 규정하여 일종의 체계화를 시도한 것은 문일평이었다." 千寬宇, 『韓國實學思想史』(서울: 고려대학교 민족문화연구소, 1970), 993쪽.

2) 千寬宇, 「磻溪 柳馨遠 研究」, 『歷史學報』 제2집(서울: 首都文化社, 1952).

3) 졸고, 「實學槪念 構成의 諸要因」, 『實學講座』 제2권 제2호(서울: 연세대, 1968).

4) 朴鍾鴻, 「한국에 있어서의 근대적인 사상에의 추이」, 『대동문화연구』 제1집(서울: 대동문화연구소, 1963).

5) "원래 실학의 '實'은 '文'·'虛'·'空'·'華'와 대립하는 뜻으로 사용되어 왔다." 尹絲淳, 「朴世堂의 實學思想의 硏究」, 『亞細亞硏究』 15권 제2호(통권46호)(서울: 아세아문제연구소, 1973).

6) "반계 유형원은 바로 경세치용의 학의 비조" 韓㳓劤, 「朝鮮實學의 槪念에 대하여」, 『震檀學報』 19집.

7) 金海宗, 「釋實學」, 『震檀學報』 20호.
   졸고, 앞의 논문, 25쪽.

8) "우리가 여기서 주제로 삼고 있는 이른바 실학은 이러한 조선후기 유학사의 재구성에서 출발한다.……理學·禮學만이 아닌 다른 부문에서 더욱 빛을 발하는 일종의 '개신유학'의 계열을 병렬하여 파악하려는 데서……" 千寬宇, 같은 책, 962~963쪽.

각하기에는 가장 손쉽고도 정확한 방법으로 여겨질는지 모르지만 한편으로는 가장 피상적인 자구의 일차적 개념에 집착하기 쉬운 위험도 간과할 수 없을 것이다. 사실상 실(實)자에 의한 직접적인 개념 규정은 그의 사상적 내용을 분석하여 그의 깊이를 측정하기에는 너무도 단편적이요, 단도직입적이라고 하지 않을 수 없다. 동시에 이들의 단어들은 한결같이 서로 체계를 이루고 있는 것들이 아니라는 점에서 이들은 실학개념의 '벽돌'이지 '집'[9]을 형성하고 있는 것은 아닌 것이다.

그러나 비실자(非實字) 계열의 술어들은 실(實)자 계열이 지닌 표피적 약점을 보완하기 위함인지 보다 더 구체적 내용을 함축하고 있음을 알 수 있다. 예컨대 경세치용은 경국제민(經國濟民)[10] 또는 경세실용(經世實用)이라고도 하거니와 이는 실사(實事)의 내용이 경세(經世) 또는 경국(經國)으로 되었고 실용·실천 등이 치용(致用)으로 바뀌었지만 그 내용은 보다 더 구체적이라고 할 수 있다. 수기치인만 하더라도 성실수기(誠實修己)와 경세치인(經世治人)이 합쳐진 것으로서 전인적 인격의 표상이니 만큼 실학개념의 보다 더 깊이 있는 구체적 표현이 아닐 수 없다. 여기에 개신유학이란 술어는 이러한 것들을 유학의 입장에서 다룬 실학의 별칭으로서 이는 실학의 유교적 방향의 제시라고 할 수 있을 것이다. 이렇듯 실학개념을 개신유학의 개념으로 파악하려는 노력이 시도되고 있는 것은 실학개념의 유교적 이해라는 점에서 주목할 만하거니와 여기서 못내 아쉽게 여겨지

---

9) '벽돌'은 산발적 단편들이요, '집'은 체계적 조직인 것이다.

10) 玄相允, 『朝鮮儒學史』, 322쪽. "그런 고로 경제학파의 출현은 正히 理學派의 반동이니……경국제민의 실학이 이를 救正하기 위하여……"

는 것은 한마디로 개신유학이라 하지만

첫째, 개신(改新) 이전에 소위 개신의 대상이 되어진 유학은 과연 '어떠한' 또는 '어느 시대'의 유학을 가리킨 것인가.

둘째, 개신 이후의 글자 그대로의 개신유학은 본질적으로 어떠한 특색을 지니고 있는 것일까 하는 문제에 대한 해답이 아직 분명하지 않다는 데 있다.[11]

이에 대한 이해를 돕기 위하여 소위 개신 또는 개신유학을 대체로 의리(義理), 고거(考據), 사장(詞章), 경세(經世) 등 네 개 부문으로 나누어서 설명하려 하고 있음을 볼 수 있거니와[12] 이러한 분류에 의하여 과연 유학개념이 본질적으로 규명되어질는지의 여부에 대하여는 자못 의심스러운 점이 없지 않다. 왜냐하면 다산은 그의 「오학론(五學論)」에서 이미 성리(性理)·훈고(訓詁)·문장(文章)·과거(科擧)·술수(術數) 등의 오학(五學)은 실로 유학의 근원이 되는 주공공자의 도[周公孔子之道]를 가로막는 가시덤불이라[13]고 하였기 때문이다. 여기서 네 개 분류와 오학을 비교해 보면 의리—성리, 고거—훈고, 사장—문장이 될 것이니 네 개 분류 중 경세(經世)를 제외한 세 개 부문이 오학과 중복됨으로써 다산이 지적한 가시덤불로 규정지어진다는 점에 유의하지 않을 수 없다. 그러므로 개신유학이라면 적어도 위에서 지적한 네 개 분류에 의하는 것보다는 아마도 그것 아닌 새로운 분야에서 이를 다루어야 한다는 문제에 직면하게 되는 것이다. 다산이

---

11) 千寬宇, 앞의 책, 1011쪽. 義理之學에 국한된 논술이지만 천씨는 다음과 같이 미정리를 시인하고 있다. "조선후기 실학파의 의리학에 관해서는 그 내용의 이해를 위한 시도가 시작되고 있으나 실학파 諸儒의 의리학이 당시의 의리학 전반으로 보아 특수한 특징이나 創見이 있는 것인지, 있다면 그 특징이나 창견이 어떤 것인지, 이에 대해서는 아직 정리된 상태로 말하기는 어렵다."

12) 같은 책, 「유학사상상의 조선후기실학의 위치」장 참조.

13) 「五學論」 1~5, Ⅰ-11 19~24쪽(2-239~249).

오학을 배격한 것은 물론 유학의 본질을 더욱 선명하게 부각시키기 위한 방법으로 시론된 것이지만 또 다른 면에서는 유학사상의 근본 이념은 오학 아닌 다른 부문에서 이를 구해야 한다는 사실을 지적한 데에 다산의 진의가 깃들어 있다고 보아야 하기 때문이다. 이 점이 바로 다산의 유학 개신의 입장인 것이다.

그러면 다산은 그의 유학 개신의 새 길을 어디서 찾으려 하였던 가. 그 길이 다름 아닌 수기치인의 도(道)로서의 수사학적(洙泗學的) 공자교(孔子敎)였던 것이다.[14] 소위 수기치인의 도로서의 공자교[15] ─ 원시유교─는 다산 경학사상을 일관한 교리로서[16] 다산실학의 구조적 원리이기도 한 것이다.[17] 그러나 여기서 문제가 되는 것은 '수기 치인의 도'는 다산학에서뿐만이 아니라 의리지학─성리학의 본원인 주자학마저도 언필칭 존양수기(存養修己)와 경세치인(經世治人)을 내세우면서 사학(斯學)의 본령으로 삼고 있음을 솔직히 시인해야 한다면 수기치인의 도는 결코 수사학적 원시유교의 전유일 수는 없다는 것이 된다. 그러나 여기서 한 가지 분명한 사실은 유학의 본질은 어느 사람 어느 시대에 의하건 간에 그것이 비록 수기치인의 도로서 파악이 된다 하더라도 그의 본질적 순수성은 결코 수사학적 순수성이 그대로 유지된 것만은 아니라는 사실이다. 여기에 다산이 오학을 비순수 유학의 요인으로 지목한 소이가 있는 동시에 주자학과 같은 것은 그가 비록 수기치인의 도에서 이탈한 것은 아니라 하더라도 과

---

14) 졸고, 「丁茶山의 洙泗學的 人間像의 問題」, 『金斗憲博士華甲紀念論文集』.

15) 「爲盤山丁修七贈言」, I∼17, 40쪽(3-82). "孔子之道 修己治人而已"

16) 졸저, 『茶山經學思想研究』.

17) 졸고, 「茶山實學의 洙泗學的 構造」, 『亞細亞研究』 8권 2호(서울: 아세아문제연구소, 1965).

연 그가 수사학적 순수성을 그대로 유지했느냐의 여부에 대하여는 얼른 긍정할 수 없다는 사실을 알아야 할 것이다.

여기에 유학의 순수성 문제가 깃들어 있다고 해야 할 것이다. 그러므로 이제 다산의 오학론을 거점으로 하여 소위 개신유학의 본질을 살펴본다면 소위 천씨의 네 개 분류 중 경세학을 제외한 의리·고거·사장 등의 학은 적어도 개신유학으로서의 실학개념의 구성요인으로서는 결코 제1의적(第一義的)인 것이 될 수 없는 것이다.[18]

따라서 개신유학은 적어도 오학 이전으로 돌아가야 하며, 그는 다시금 수사학적 원시유교의 형태에서 그의 사상적 근거를 찾아야 한다. 다시 말하면 의리-성리·고거-훈고·사장-문장·과거·술수 등의 학이 섞였거나 물들지 않은바, 본래적인 원시유교의 순수성이 그대로 유지된 유학사상만이 개신유학으로서의 실학의 모체일 수 있다는 결론이 나오게 된다는 것이다.

그렇다면 유학의 순수성은 원시유교에만 잔존하는 것일까. 이러한 유학의 순수성은 결코 수사학적 형태에서만 요구되는 것은 아니다. 유교는 연원적 원시형태에서 교리적 학문으로 발전하였음은 다시 말할 나위도 없거니와 그것이 다름 아닌 육경사서학-경전학-경학이라고 할 수 있다. 그러므로 경학사상도 그의 순수성의 문제에 있어서는 원시유교의 입장과 조금도 다를 바 없음은 물론이거니와 이러한 경학사상의 순수성의 보전을 위해서도 다산은 오학을 배격

---

18) "조선후기 실학에 대한 着眼에 있어 義理學이 적어도 第一義的인 것이 아니라 하여 실학연구에서 의리학은 제외되어도 좋다는 것은 물론 아니다."(천씨, 같은 책, 「의리학과 조선후기실학」절) "다시 말하면 고증학을 근대지향의식이나 민족의식에서 볼 때 이것을 실학의 중요한 부분이라고는 보기 어려운 것이었고······.", (같은 책, 「고증학과 조선후기실학」절) "실학과 문학이라는 관점에서는 작자의 신분적 구별이 문제되는 것이 아니라 작품이 실학적인 내용을 담고 있는가 아닌가에 있다."(같은 책, 「사장학과 조선후기실학」절) "따라서 조선후기실학사상의 핵심이 바로 경세학에 있다는 점은 시인되어도 좋을 줄 안다."(같은 책, 「경세학과 조선후기실학」절)

하였던 것으로 간주할 수밖에 없다.

그러므로 실학의 모체인 개신유학이 개신의 대상으로 삼아야 할 유학은 결국 오학이어야 하며, 개신의 결과로서 얻어진 유학은 원시형태의 수사학과 그것의 교리적 발전에 의한 경학이어야 함은 물론이다. 그러나 원시유교는 비록 수기치인의 도로서 공자교의 순수성이 보전된 것이기는 하지만 그의 교리적 발전에 의한 경학사상은 철학, 윤리 등의 면에서도 그가 지녀야 할 수사학적 순수성이 유지되어야 함에 유의하여야 하되 순수성이 그대로 유지되었는지의 여부에 대하여는 자못 의심스런 바가 없지 않을 것이다.

2) 유학개념의 변이

수사학적 공자교에 근원을 둔 유교는 공맹에 의하여 그의 원초적 기틀이 확립되었다. 그것은 공자의 수기군자학(修己君子學)과 맹자의 현자치평학(賢者治平學)이 얼추 수기치인의 학으로서의 유학의 기틀을 이룩했음을 의미한다.

그러나 유교가 수기치인의 공맹학으로 형성되기까지에 있어서의 유(儒)의 개념은 결코 공맹의 전유는 아니었고 오히려 일반적인 학자[19] 또는 학도지인(學道之人)[20]을 통칭한 것으로 풀이되고 있다. 소위 사유(士儒)라고도 불리던 이들 일군의 집단은 은말주초에 걸쳐 시종일관 사환의 길이 막히지 않았던 지식인들로서 은문화-은례를, 주문화-주례로 계승시키는 데[21] 큰 역할을 담당했던 자들이요, 이

19) 朱熹, 『論語集註』, 「雍也」. "儒者 學者之稱"
20) 『論語古今註』 卷3, Ⅱ~9 8쪽(5-218). "儒者 學道之人"

들을 일러 '유(儒)'라 했던 것으로 알려지고 있다. 그러므로 이들은 공자의 사상적 배경이 되어 있기는 하지만 당시에 있어서 형성과정에 있던 사유계급(士儒階級)이 전체적으로 공자교를 대표하는 것은 아니었던 것 같다. 그것은 공자 자신이 이를 군자유(君子儒)와 소인유(小人儒)로 나눈 것으로 보아[22] 넉넉히 짐작하고도 남음이 있는 것이다. 공자는 오직 군자유만을 그가 그리던 이상적 인간상으로 간주했을 따름인 것이다.

이러한 군자유의 개념은 맹자가 양묵사상(楊墨思想)과의 3자 정립을 꾀했을 때[23] 유(儒)의 개념을 군자유의 전칭(專稱)으로 굳히었다고 보아야 하지만 순자는 군자유의 전칭으로 유(儒)를 받아들이지 않았다. 그는 사등(四等)의 인품을 논하되 속인(俗人)·속유(俗儒)와 아유(雅儒)·대유(大儒)가 있다고 하였으니[24] 전자는 소인유요, 후자는 군자유라 해야 할 것이다. 이렇듯 그는 공자의 군자·소인유의 구별을 그대로 부연하기는 하였지만 유(儒)의 정의만은 군자유로서의 유(儒)로 굳히며[25] 맹자유(孟子儒)에 접근하고 있음도 아울러 주목해야 할 경향이 아닐 수 없다. 그러므로 선진시대에 형성된 유(儒)의 개념은 군자·소인의 병칭에서 군자유만이 추출되어 공자교의 기저를 이루었다고 보아야 할 것이다.

여기서 한 마디 더 남기고 싶은 것은 유(儒)의 별파로 자처한 순자

---

21) 『論語』, 「爲政」. "子張問十世可知也 子曰殷因於夏禮 所損益可知也 周因於殷禮 所損益可知也 其或繼周者 雖百世可知也"

22) 같은 책, 「雍也」. "子謂子夏曰 女爲君子儒 無爲小人儒"

23) 『孟子』, 「盡心 下」. "孟子曰 逃墨必歸於楊 逃楊必歸於儒 歸 斯受之而已矣"

24) 『荀子』, 「儒效」. "故有俗人者 有俗儒者 有雅儒者 有大儒者"

25) 같은 책, 같은 곳. "秦昭王問孫卿子曰 儒無益於人之國 孫卿子曰 儒者法先王" 隆禮義謹乎臣子而致貴其上者也

는 자장·자하·자유 3자를 천유(賤儒)로 몰아세우기도 하고,[26] 자사·맹자를 무유(瞀儒)와 화편(和編)하는 죄인이라 하였으니[27] 순자의 눈에 비친 당시의 유자들은 군자유보다도 소인유가 훨씬 더 많았던 것으로 짐작된다. 그러한 현상은 선진시대뿐만이 아니라 근세에 이르러서도 속유는 물론이거니와[28] 수유(豎儒)·부유(腐儒)·비유(鄙儒)·구유(拘儒)·도유(盜儒)·천유(賤儒)·이유(俚儒)·성유(整儒) 등의[29] 이름이 더 불어난 것으로 보아도 실로 진유(眞儒)의 출현은 공자의 군자유에 대한 기대만큼이나 어려운지 모른다는 사실이다.

어쨌든 이러한 소인 군자유의 혼미상태 속에서 유(儒)의 개념이 수기치인의 군자유의 개념으로 정리된 것은 공자의 군자학과 맹자의 현인론에 힘입었다고 보지 않을 수 없다. 이를 일러 우리는 원시유교의 시동이라 할 수도 있고 수사학의 요람이라고 할 수도 있을 것이다. 여기에 수사학적 유학의 정통이 공맹에 의하여 확립되었다는 소이가 있는 것이다.

선진시대에서 한당시대로 옮겨지자 경학이 성립됨으로써 유학의 내실에 일차적 변화를 가져왔다. 동중서(179~93 B.C.)의 「현량대책」이 한무제에게 가납(嘉納)됨으로 말미암아 시작된 경학시대는[30] 오늘에 이르기까지 유학의 주축을 이루고 있기는 하지만 동시에 수사

---

26) 같은 책, 「非十二子」. "'弟佗其冠 神禫其辭 禹行而舜趨 是子張氏之賤儒也 正其'衣冠 齊其顔色 嗛然
而終日不言 是子夏氏之賤儒也 偷儒憚事 無廉恥而耆飮食 必曰君子固不用力 是子游氏之賤儒也"

27) 같은 책, 같은 곳. "'略法先王而不知其統 然而猶材劇志大 聞見雜博 案往舊造說' 謂之五行 甚僻違而
無類 幽隱而無說 閉約而無解 案飾其辭而祇敬之曰 此眞先君子之言也 子思唱之 孟軻和之 世俗之溝猶
儒瞿瞿然不知其所非也, 遂受而傳之 以爲仲尼子弓爲玆厚於後世 是則子思孟軻之罪也"

28) 「俗儒論」, I~12, 8쪽(2-289~290).

29) 「間儒」, I~9, 19~20쪽(2-40~42).

30) 武內義雄은 그의 『支那思想史』(東京: 岩波書店, 1939)에 子學時代와 經學時代로 나누었다.

학적 순수성에 대한 새로운 변이를 가져오게 한 시초이기도 한 것이다. 소위 경학시대는 무제 때『역』・『상서』・『제시(齊詩)』・『예』・『공양춘추』등 오경박사의 학관을 설치함으로써 전개되었거니와 그 후로도 경학박사의 학관은 늘어만 갔고[31] 여기에 한대 특유의 사상적 배경이 형성되기에 이르렀다.

한편 진시황의 분서갱유 사건은 후일 경학 부흥기를 맞아 많은 문제점을 남겼는데, 후한 경제 말년에 노공왕(魯恭王)에 의하여 공자 구거(舊居)에서 고문인 과두문자로 쓰여진『상서』・『예경』・『논어』・『효경』등이 나왔고, 하간헌왕에 의하여 고문으로 된『상서』・『주관(周官)』・『예기』・『맹자』・『노자』등이 수집됨으로 해서 금・고문에 대한 학적 고구가 활발히 전개되기에 이르렀다. 이러한 학적 풍토에서 성장한 것이 다름 아닌 한대의 훈고학인 것이다. 한대 훈고학의 발달은 경학의 정리라는 면에서 그의 공적을 높이 평가해야 하겠지만 사상적인 면에 있어서는 자구 해석의 틈을 타고 스며든 것이 바로 음양오행설에 의한 복서학과 천재지변에 의한 참위설과 노장류의 현허지학(玄虛之學) 등이라고 할 수 있다. 이들은 한당시대를 일관한 시대사조로서 유학 경전의 훈고에 깊은 영향을 미친 사실을 우리는 주목해야 할 것이다.

역학만 하더라도, 진한 이전의 역을 고역이라 한다면, 그 이후의 역은 한역이라 할 수 있고, 한역은 경방역이 그의 대표적인 자의 하

---

31) 武帝(직위 140 B.C.) 때의 五經博士는 楊向易・歐陽尙書・轅固齊詩・後倉禮學・胡母生董仲舒公羊春秋인데 宣帝(73~49 B.C.) 때 大夏候尙書・小夏候尙書・大戴禮・小戴禮・施氏易・孟氏易・梁丘易・穀梁春秋의 博士官이 증치되고 元帝(48~32 B.C.) 때 京氏易이 박사관이 설치되니 도합 14박사관이 설치되었다. 그리고 후한시대에는 平帝(서기 1년) 때『左氏春秋』・『毛詩』・『逸禮』・『古文尙書』등 四經博士가 설치되기도 하였다. 武內氏 같은 책, 151・160쪽 참조.

나라 한다면[32], 그의 역-경방역-이 재이설적임은 다산도 이미 지적한 바와 같고[33], 위진인 왕필역은 온통 노자의 학으로 점철되어 버렸으니[34], 설령 한역에 고역의 잔영이 남아 있다손 치더라도, 그것은 이미 변형된 역이 아닐 수 없다.

역학뿐만 아니라, 한대 훈고학의 시숙(蓍宿)인 마융·정현이 참위 도참에 탐닉했다면[35], 그가 손을 댄 『주역』·『상서』·『모시』·『주례』·『의례』·『예기』·『논어』·『효경』 등의 주석은 가히 짐작하고도 남음이 있었다.

이렇듯 한대의 경학은 훈고학에서 시발하였지만, 거기에는 한대의 재이설적 상수학이 깊이 침투하였고, 게다가 노장적 요소마저도 곁들인 채 당대의 문장학으로까지 그 진폭을 넓히었던 것이다. 그러나 다산도 지적한 바 있듯이, 당송문장가의 성행으로 경학은 공허하게 되어 그 내실을 잃고 말았으니[36], 유학은 이에 이르러 그 원시적 형태의 상실이라는 위기에 빠지게 되었다고 보아야 할 것이다. 당대 이고(李翶)의 복초(復初)-복성(復性)-설(說)과 한퇴지(韓退之)의 「원

---

32) 易

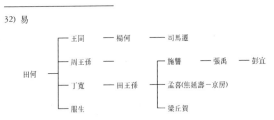

武內義雄, 같은 책, 151쪽 참조.

33) 『易學緖言』 권1, Ⅱ~45, 27 "京氏之易 分卦直日以占災異 非田何丁寬之舊法也"쪽(10-230).

34) 같은 책, 41쪽(10-257). "王弼之學深於老氏 其注易經一字一句 咸以其所謂玄虛沖漠之旨 濡之染之 使三聖人御世經國之精義大法 淪之於異端之流 豈不惜哉"

35) 『論語古今註』 권10, Ⅱ~16, 32쪽(6-228). "鄭玄溺於讖緯 謬以曆數爲圖籙 堯舜之世 其有圖籙之說乎"

36) 『五學論』 3, Ⅰ-11, 21쪽(2-244). "內之不可以修身而事親 外之不可以致君而牧民" 終身誦慕而落魄牢騷 卒之不可以爲天下國家 此其爲吾道之孟螫也"

도론(原道論)」과 같은 것은, 이러한 위기의식에 대한 자그마한 복고적 노력이라고 보아야 할 것이다.

수사학적 원시유교는 한당 시대를 거쳐 송명 시대에 이르자 이차적 변혁을 가져왔다. 송학이 한학에 가름하자 소위 낙민학파(洛閩學派)로 불리는 주돈이(1017~1073)·정호(1032~1085)·정이(1033~1107)·장재(1020~1077)·주희(1130~1200)와 별파로 소옹(1011~1077)·육구연(1139~1192) 등의 거유를 배출하였고 이들에 의하여 태극이무극(太極而無極)·본연기질(本然氣質)·거경궁리(居敬窮理)·성리심리(性理心理)·성정체용(性情體用) 등 설이 제창됨으로써 유학은 이제 하나의 철학체계를 완성하기에 이르렀다.[37] 그러므로 송학을 일러 의리지학·성리학·도학으로 호칭함으로써 그 특이성을 과시하기도 하며, 이러한 송학의 독자성 때문에 이를 신유학(Neo-confucianism)이라 칭하기에 이른 것이다. 이는 수사학적 유학에 대한 새로운 칭호라는 점에서 유학의 신기원을 이룩했음을 의미한다.

이들의 변혁은 한대의 음양오행설이 이오지정(二五之精)이라는 의미로[38] 받아들여졌을 뿐만이 아니라 소옹의 선·후천론으로 전개되었고[39] 정이의 이기설은 정주 성리학의 기초가 되었으나 그의 천리설은 화엄종의 이사법계관(理事法界觀)에서 유래했을 뿐만이 아니라 그의 본연지성(本然之性)은 본유불성(本有佛性)으로서[40] 그들이 비록

---

37) 千寬宇, 같은 책, 1001쪽. "주자가 유학사상사에서 차지하는 최대의 의의는 역시 경서의 언어적 해석으로 始終한 훈고학을 극복하고 인간과 우주를 관통하는 공전의 일대 철학체계를 완성함으로써 이때까지의 유학의 사상적 약점이었던 이론성의 결여를 보충한 데 있으며……"

38) 周敦頤의 「太極圖說」에 의함.

39) 邵雍의 『皇極經世』에 의함.

40) 狩野直喜, 『中國哲學史』(東京: 岩派書店, 1962), 385쪽. "本然之性이란 本有佛性이며" 『論語古今註』 卷9, 卷~15, 14쪽(6-111). "本然之說 本出佛書 楞嚴經曰如來藏性 淸淨本然"

입으로는 청정적멸의 불학을 배격하고 있지만[41] 겉으로 불교를 배척하면서 속으로는 불교를 종지로 한다[陽斥佛而陰宗佛][42]는 혐의를 면치 못할 것이다.

이는 곧 원시유학의 근본적인 변혁을 의미하는 것이다.

이로써 도리어 청조에 이르러 고증학이 반송학(反宋學)의 기치를 들고 굴기할 수 있는 소지가 마련되었다고 할 수 있다. 여기서 파생된 청유의 종한적(宗漢的) 태도는[43] 그것이 곧 반송적임을[44] 의미하는 것이다. 그리하여 청대고증학은 한대에의 복귀를 외치면서 그의 실사구시의 정신과 직결하였으며 동시에 실증적 실학의 선구가 되었고 그것은 곧 근대과학 사조와의 연계에 있어서 자못 교량적 역할을 자임했다고 보아야 할 것이다.[45]

청대 고증학은 반송종한적(反宋宗漢的) 구시(求是)의 태도에 있어서 근세 실학파들의 비판정신과도[46] 상통하는 자로서 이는 바로 개혁 또는 개신의 정신이 아닐 수 없다. 그들의 반송적 태도는 바로 신유교-송학-에 대한 개신이므로 개신유학이 개신송학(改新宋學)으로부터 비롯했음을 여기서 간취할 수가 있다. 이는 곧 조선후기의 경제학파-실학파-가 소위 성리학파에 대한 반동으로부터 비롯한 것

---

41) 朱熹, 『大學章句』 序. "異端虛無寂滅之敎 其高過於大學而無實"

42) 韓錫地, 『明善錄』 上, 「致知」 1, 6쪽. "宋人藥不瞑眩 所以卒至於陽斥佛而陰宗佛也"

43) 『梅氏書評』 卷4, 22쪽(8-345~346). "淸儒之學長於考據 考據之法精於詁訓而略於義理 又積傷於理氣性情之說 凡理氣性情之說 欲一簣以淸掃之 自以爲折衷漢末 而其實宗漢而已"

44) 같은 책, 25쪽(8-352). "淸儒之學 忽於性命"

45) 千寬宇, 같은 책, 1016~1017쪽. "그러면 고증학은 실학의 정신이라고 할 근대지향의식과 민족의식과는 각각 어떤 관계에 있는가. 먼저 근대지향의식의 면에서 고증학을 살펴보면 그 實證哲學의 口吻에 酷似한 徵實의 정신, 근대과학의 연구법과 극히 相似한 과학으로서의 연구방법 등에서 고증학이 매우 근대적인 일면을 가진 것임을 인정해야 할 것이다."

46) 洪以燮, 『丁若鏞의 政治經濟思想硏究』, 203쪽. "學의 새로운 출발이 선행적인 것의 이해를 비판하는 데 있다면……"

과[47] 그 규를 같이하는 자가 아닐 수 없다.

그러므로 유학은 적어도 수사학—한당학—송명학—청조학이라는 4단계의 시대적 변천과정을 겪어 내려오는 사이에 유학개념 속에는 경세·윤리·훈고—고거—고증·술수—재이·사장—문장·의리—성리 등의 요소들이 점철되어 있음을 지적할 수 있다. 그렇다면 이렇듯 혼성된 유학개념의 본질적 요인은 어디서 찾아야 할 것인가. 그것은 아마도 수사학적 원형의 순수성이 모든 요인에 우선하는 유학의 기초개념이 아닐 수 없을 것이다. 그것이 다름 아닌 '수기치인의 도'로서의 공자학인 것이다.

3) 개신유학으로서의 실학

조선 후기 실학의 별칭으로서의 개신유학은 실(實)자 계열에 의하건 비실(非實)자 계열에 의하건 다기다단한 실학개념을 유학이라는 울안으로 집약시키었다는 데서 그의 의의를 발견하게 된다.

그러나 유학개념은 앞에서 보아 온 바와 같이 시대적 변천을 겪어오면서 많은 변이를 가져왔기 때문에 개신유학이 디디고 설 유학은 대체로 어떠한 유학이어야 할까 하는 문제는 유학개념의 본질을 규명함으로써 풀릴 것이다. 먼저 개신유학이 '의리학 편중에서 탈피한 개신유학'이라면[48] 앞 제3장 개신유학에서 이미 지적한 바와 같이 이는 청대 고증학의 반송종한적 유학과 직접 연결이 된다고 해야 할 것이다. 단적으로 말해서 그것은 송대 신유학에 대한 개신을 의미한

---

47) 玄相允, 『朝鮮儒學史』, 322쪽. "그런 고로 경제학파의 출현은 理學派의 반동이니……"
48) 千寬宇, 같은 책, 1048쪽.

다. 따라서 청대고증학을 한학(漢學)이라 부르는 소이가 여기에 있는 것이다. 그러므로 조선 후기에 있어서 개신유학이 수사학적 순수성을 유지하기 위해서는 이미 그가 반송적 입장을 취했다 하더라도 그의 종한적 태도는 어떻게 처리되어야 할 것인가 하는 문제는 그대로 잔존하고 있는 것이다. 여기에 청조고증학이 겨우 한대훈고학을 그의 상한점으로 삼고 있는 소이가 있는 것이다.

그러므로 개신유학은 이제 한대의 훈고학과 아울러 당대의 문장학의 개신에 대하여도 그의 개신 대상을 확대해야 한다는 문제에 직면하게 되는 것이다. 왜냐하면 수사학은 이미 한당 이전에 성립된 것이기 때문이다. 청조 고증학에 의한 개신유학은 한대 훈고학과 직결하지만 수사학적 개신유학은 한대의 문헌학과 당대의 문장학의 개신 없이는 성립될 수 없음을 의미한다. 그럼으로써 비로소 '실학이란 말은 본래 수기치인을 목표로 하는 유학'[49]에 접근할 수 있을 것이다.

이제 실학의 별칭으로서의 개신유학이 반드시 수사학적 유학이어야 한다면 실학−개신유학−수사학의 삼자는 동의어일 것인가. 아니다. 개신유학은 수사학적 순수유학 개념인 '수기치인의 도'에 기반을 두고 있지만 개신유학은 한당의 경학과 송명의 이학(理學)을 비판해야 하는 새로운 경학사상사적 요인이 거기에는 깃들어 있기 때문이다.

그러므로 조선 후기의 개신유학은 적어도 한대 이래 면면히 전승되어 온 경학사상을 우주론 인생론 윤리설 등의 면에서 깊이 그의 독자성을 규명하여야 하며[50] 아울러 거기에 맞서는 논리적 근거를

---

49) 같은 책, 992쪽.

50) 김윤식, 「주체와 진보의 갈등」. "주자학적 사고방법에 의하면 자연적 질서를 지배하는 원리는(宇宙

제시함으로써 그들의 학적 입장이 정립되어야 할 것이다. 여기에 수사학의 한대 이후의 본질적 문제가 깃들어 있는 것이다.

4) 우주론－음양설과 오행론

본시 수사학적 공맹학은 수기치인의 실천윤리학이기 때문에 우주론적 원리에 대하여는 언급이 없다.

공자는 비록 '하늘[天]'에 대하여 자주 이야기한 바가 있기는 하지만 "나이 오십에 천명을 알았다[五十而知天命]"[51]라거나 "하늘에 죄를 얻으면 빌 곳이 없다[獲罪於天無所禱也]"[52]라거나 "하늘이 나를 버리실 것이다! 하늘이 나를 버리실 것이다![天厭之天厭之]"[53]라거나 "하늘이 나를 망하게 하는구나! 하늘이 나를 망하게 하는구나![天喪予天喪予]"[54]라거나 "하늘을 원망하지 않고 사람을 탓하지 않는다[不怨天不尤人]"[55]라거나 하는 '하늘[天]'은 인격신적 상제천(上帝天)으로서 우주론적 이법천(理法天)은 아니다. 그가 설령 "하늘이 무슨 말씀을 하시는가? 네 계절은 돌아가고 만물은 자란다[天何言哉 四時行焉 萬物育焉]"[56]는 자연이법을 설파하기는 하였지만 그의 '하늘'은 결코 우주론적 이론의 전개에까지는 미치지 못했던 것이다. 그러므로 자

論) 동시에 또 사회적 질서를 규율하는 원리(倫理說)였고, 또 인간성의 본질을 형성하는 것으로서 모든 인간에 내재적인 본성인 것으로(人性論) 파악되어 있다."

51) 『論語』, 「爲政」.
52) 같은 책, 「八佾」.
53) 같은 책, 「雍也」.
54) 같은 책, 「先進」.
55) 같은 책, 「憲問」.
56) 같은 책, 「陽貨」.

공은 "부자의 문장은 들을 수 있었지만, 부자께서 성과 천도를 말씀하시는 것은 들을 수 없었다[夫子之文章可得而聞也 夫子之言性與天道不可得而聞也]"[57]라 하였으니, 여기에 자공의 천도란 곧 형이상학 내지 우주론에 해당되는 것이다.[58]

맹자는 그가 비록 "성실함은 하늘의 도이고 성실히 하려고 생각하는 것은 사람의 도이다[誠者天之道也 思誠者人之道也]"[59]라 하여 성자(誠者)를 천도라 하였지만 이어 "지극히 성실하고서 감동시키지 못하는 경우는 없다[至誠而不動者未之有也]"라 한 것을 보면 이 천도는 결코 형이상학적인 것이 아니라 윤리적 도리에 지나지 않음을 알 수 있다. 그런 의미에서 수사학적 공맹의 도는 실천윤리학의 범위를 벗어나지 못했다고 하지 않을 수 없다. 그러나 한대에 역학이 성립됨으로써 음양설이 유학의 우주론 형성에 크게 기여하게 되었다. 이러한 역의 유교화의 문제는 복서술로서의 역이 경학으로서의 역으로 발전했음을 의미하지만[60] 역이란 본시 복서 이외에 여러가지 의의를 간직한 것으로서[61] 이는 노장의 천도와 공맹의 인도가 천인합일관을 중심으로 하여[62] 유가의 형이상학적 우주론으로 발전하였음을

---

57) 같은 책, 「公冶長」.

58) 千寬宇, 같은 책, 1001쪽. "가령 '夫子之言性與天道'를 예로 들면 그 天道는 形而上學 내지 우주론(本體論을 포함하는 廣義의)에 해당하고."

59) 『孟子』, 「離婁 上」.

60) 「班固藝文志論」, 『易學緒言』 卷1, Ⅱ~45, 26쪽(10-228). "周易本有二塗 一爲經學家所傳 一爲卜筮家所用"
    『周易四箋』 卷8, Ⅱ~44, 3쪽(10-96). "周易一部 是聖人改過遷善之書也"
    狩野直喜, 『中國哲學史』, 「역의 사상」. "종래의 역은 오직 복서의 用으로만 쓰이고 다른 목적은 없었는데 주역에 있어서는 종래와 같이 복서용으로 쓰여짐과 동시에 도덕적 의의가 더해진 것이다."

61) 馮友蘭, 『中國哲學史』, 「주역의 기원 및 역전의 작자」절. "역이란 그저 복서용의 書일 뿐만 아니라 種種의 의의를 가진 책이다."

62) 金敬琢, 『中國哲學思想史』(서울: 동국문화사, 1955), 「역전과 중용」. "노장은 천지자연에서 근거하여 가지고 인생문화를 회의하지마는 이때에 신유가들은 인생문화에서 근거하여 가지고 천지자연을

의미한다. 사실상 '작자미상'[63]의 복술서로서의 '역'이 복희획괘(伏羲畵卦)로부터 비롯하여 문왕·주공의 단·효사에 이어 공자 십익설까지를 종합해 볼 때 그것이 비록 가공적 가설에 지나지 않는다 하더라도[64] 이미 역이 유가의 낭중물이 되었음을 단적으로 보여준 것이라 하지 않을 수 없다.

그렇다면 여기서 복서용의 역이 노장의 천도와 아울러 유가의 인도까지를 일관하여 '『주역』이란 하나의 책[周易一部書]'으로 성립된 근거는 어디에 있는 것일까. 그것은 우주론적 음양설이 경학으로서 윤리화한 데 있는 것이다. 적어도 역(易)에 있어서의 유교윤리는 그것이 음양설적이요, 음양설적 원리에 의하여 설명되고 있는 것이다. 여기서 유교윤리는 한낱 인간도일 뿐만이 아니라 그것은 곧 우주의 원리에 근거하고 있음을 의미하는 것이다. 이를 일러 천인합일의 역의 원리라 해야 할는지 모른다.

그러면 천인합일의 역리란 무엇을 의미하는 것일까! 그것은 바로 '역에 태극이 있으니, 이것이 양의를 낳는다[易有太極是生兩儀]'[65]에서 보여주는 바와 같은 음양대대(陰陽對待)의 원리에 지나지 않는 것이다. 일월(日月)·주야(晝夜)·한서(寒暑)·건순(健順)·강유(剛柔)·명암(明闇)·기우(奇偶)·대소(大小)·장단(長短)·상하(上下)·좌우(左右)·남여(男女)·자웅(雌雄)·승강(升降)·동정(動靜)·천지(天地)·수화(水

천명하였다. 이와 같이 천인합일을 요구한 것은 역전과 중용의 수법으로 한번 전환시키는 사이에서 도리어 絕對한 사색과 총명을 가지게 되었다."

63) 같은 책. "역전과 중용은 누구의 손에서 나온 것인지 알 수 없지마는……"

64) 馮友蘭, 같은 책. "소위 十翼은 공자의 作이 아니라는 것은 前人 및 현대인이 이미 자세히 논한 바 있다." 狩野直喜, 『中國哲學史』, 「역의 기원과 그의 성립」. "주역이 문왕 또는 주공의 作이라고 하지만 선진의 古書에는 그의 명증이 없다."

65) 『周易』, 「繫辭 上」.

火) 등 모든 대대관계를 음양양의의 상으로 파악한 원리인 것이다.

이러한 음양대대의 상은 태일지형(太一之形)의 조화에로 승화하기를 기대하는 것이니, 이것이 바로 태극이 아닐 수 없다. 태극으로서의 태일지형은 곧 역의 정중지상(正中之象)이니 정중이란 곧 음양양의의 과부족없는 정중인 것이다. 여기에서 "중용의 덕은 지극하다[中庸之爲德 其至矣乎]"[66]의 중(中)의 사상의 음양설적 원리를 발견하게 된다.

사실상 '음양'이란 단어의 사용은 「계사전」에서 비롯하였지만[67] 아득한 옛날 복희씨의 앙관(仰觀) · 부찰(俯察)은 사실(史實)이 무징(無徵)하니 잠시 이를 그만두고라도 중국 고대인들의 사고방식의 저변에는 이미 음양설적인 대대관계의 의식이 깔려 있었던 것으로 풀이가 된다. 『주역』에 앞서 하은의 연산(連山) · 귀장역(歸藏易)이 있었던 사실만으로도 이를 짐작하고 남음이 있거니와 얼추 『논어』를 살펴보더라도 거기에는 지인(知仁) · 언행(言行) · 군자소인(君子小人) · 의리(義利) · 예악(禮樂) · 문질(文質) · 온고지신(溫古知新) · 극기복례(克己復禮) 등 대대관계에 의한 중의 조화를 모색한 면이 뚜렷한 것이다. 이러한 음양설적 사고방식이 역리에 선행하여 이미 존재했고 그것은 곧 자연계의 변화원리와도 일치한다는 사실에서 음양론은 전개되었다고 보이는 것이다.

이러한 음양설적 역리와는 달리 오행설은 설령 음양설과 병존하였다손 치더라도 그의 기원은 서로 다른 것이다.[68] 그의 기원이 다

---

66) 『論語』, 「雍也」.

67) 『주역』. 「계사전」.

68) 狩野直喜, 같은 책, 「역」장 78쪽.

를 뿐만이 아니라 본질적으로 그의 학설의 내용은 이질적인 것이다.

음양설은 대대의 상에 의한 것이기 때문에 그것은 무형무질(無形無質)한 것이지만, 오행설은 그의 오행을 하늘에서의 오기유행(五氣流行)으로 간주하여 만물을 현성하는 원소로 보거나 지상에서의 민용(民用)의 도구로 간주하여 민생의 재료로 보는데, 그것은 유형유질(有形有質)한 것이기 때문이다.[69] 게다가 전국 때 사람 추연에 의하여 오행상승(五行相勝)－상극(相克)－설(說)이 제창되고, 이어 상생설(相生說)이 곁들게 되자 천지간의 모든 사물을 오행에 배당하는 풍조가 조성됨으로써[70] 음양설과 아울러 진한시대 사조의 저변을 형성하기에 이르렀던 것이다. 동중서의 오상설(五常說)과 같은 것도 맹자의 인의예지(仁義禮智) 사단설(四端說)에 신(信)을 더한 것으로서 한대 오행설의 깊은 영향을 엿볼 수 있다.

이렇듯 한대에 이미 유가에 의하여 음양오행설로 묶어서 통칭하게 되었고 송대에 이르러서는 주돈이의 『태극도설』에서 음양오행이 이오지정(二五之精)으로 굳어지고[71] 소강절의 황극설(皇極說)에서는

---

69) "聖人作易以陰陽對待爲天道爲易道而已 陰陽曷嘗有體質哉"『中庸講義』, Ⅱ~4, 2쪽(4-239)]라 하였으니 無形質하거니와 五行은 『尙書』의 洪範과 긴밀한 관계를 맺고 있으니 이는 穀과 더불어 六府의 稱이 있는 것으로 보아도(左傳 文七年) 日用之具의 뜻이 강하다.

70)

配當五行	季節	方位	五色	五德	五味	五穀	五畜	五臟
木	春	東	靑	仁	酸	麥	羊	肺
火	夏	南	赤	禮	苦	菽	鷄	脾
土	長夏	中央	黃	信	甘	稷	牛	心
金	秋	西	白	義	辛	麻	犬	肝
水	冬	北	黑	智	鹹	黍	彘	腎

71) 周敦頤,「太極圖說」. "…陽變陰合而生水火木金土 五氣順布四時行焉 五行一陰'陽也 陰陽一太極也 太極本無極也 五行之生各一其生 無極之眞 二五之精 妙合而凝 乾道成男 坤道成女 二氣交感 化生萬物 萬物生生而變化無窮焉

선천사상(先天四象)·후천오행(後天五行)이 되고[72] 정주가 주씨(周氏)의 태극도설을 답습함으로써 음양오행설은 더욱 굳어졌다.[73] 그러므로 한대이래 송대에 이르기까지 음양설과 오행설과는 비록 그의 기원과 내실을 달리하고 있음에도 불구하고 음양오행일체설로 일관되어 있다고 하는 것이다. 그러나 조선 후기 개신유학자로 불릴 수 있는 다산과 동무는 다 같이 음양설만을 취하고 오행설에 대하여는 부정적인 태도를 취하고 있음에 주목할 필요가 있다.

다산은 그의 「역리사법(易理四法)」에서 건곤감리(乾坤坎離)의 사정괘론(四正卦論)을 주장함으로써[74] 마치 천지수화의 사원설(四元說)을 내세워 오행설과 맞먹는 것처럼 보이기도 하지만 다산의 사원설은 그것이 괘상(卦象)에 의한 것이기 때문에 결코 오행에서처럼 형질적인 것이 아닌 것이다. 그러므로 오행설의 비리를 척결함으로써 오행이란 만물 중의 오물(五物)에 지나지 않는다고[75] 주장하고 있다.

동무 이제마(1837~1900)의 사상설에서도 오직 태극음양설을 기저로 하는 사원구조설(四元構造說)만을 취하고 오행설에 대하여는 일체 언급함이 없이 이를 묵살하고 있는 것이다.[76] 다산과 동무가 한결같이 그들의 우주론적 역리의 근거를 음양설에 두었고 오행설에 의한 상생상극의 순환법칙을 부인하거나 또는 불문에 붙인 사실은 그들의 사상적 방향을 촌탁(忖度)하는 중요한 자료가 아닐 수 없다.

---

72) 狩野直喜, 같은 책, 「邵雍」절, 360쪽. "邵氏는 四行을 취하였는데 그의 아들 伯溫이 이를 풀이하되 日月星辰은 天의 四象이오 水火土石은 地의 四體이다. 四象과 四體는 先行이오 五行은 後天인 것이다."

73) 朱熹, 『中庸章句』. "天以陰陽五行 化生萬物 氣以成形 理亦賦焉"

74) 졸저, 『茶山經學思想硏究』 「正中論」절, 141쪽.

75) 『中庸講義』, Ⅱ~4, 3쪽(4-241). "天道浩大物理幽隱未易推測 況五行不過萬物中" 五物 則同是物也 而以五生萬 不亦難乎

76) 졸고, 「李東武 四象說論考」 참조(『철학연구』 제7집, 1972).

이는 전통유학에서 추연 이래 동중서·주돈이·소옹·주희 등이 금과옥조로 신봉해 오던 오행설을 일고의 여지도 없이 제거했다는 중대한 의의를 지니고 있다고 해야 할 것이다. 그러면 그들은 왜 음양설만을 취하고 오행설은 버렸을까. 한마디로 말하라 한다면 음양설은 자연현상의 실리(實理)에 맞는 원리이지만 오행설은 실리에 맞지 않는 가공적 가설에 지나지 않기 때문이다. 금목수화토의 오행이 우주의 근원적 원소일 수도 없거니와 그의 상생상극법칙이야말로 술수가들의 관념론적 조작에 지나지 않는 것이다.[77] 한대 술수가들의 농간은 오로지 오행설에 기인했고 이들의 비리는 급기야 재이도참설과 같은 것을 낳기에 이른 것이다. 그러므로 오행설의 부정은 곧 음양설적 실리에로의 복귀를 의미함과[78] 동시에 수사학적 경학의 우주론적 새로운 입장이기도 한 것이다.

그러므로 실학의 모체로서의 조선 후기의 개신유교의 우주론은 음양대대관계의 변증법적 조화 및 태극의 통일원리 위에 기반을 두고 있음을 의미한다. 다산이 그의 오학론에서 수사학적 순수성의 보전을 위하여 술수학을 배제한 것은 사실상 오행설의 배제를 의미하는 것이다. 그것은 또한 실리 아닌 공리의 배제를 뜻하는 것도 되는 것이다.

5) 인성론 – 성명론과 성리학

공자의 성상근설(性相近說)[79] 이래 맹자의 성선설과 순자의 성악설

---

77) 『周易四箋』 卷1, Ⅱ~37, 34쪽(9-69). "水克火 火克金 金克木 則易詞有徵 至於木克土 土克水 則絶無影響 古之聖人 驗諸實理 以爲占例 而後之術數家 增衍添補 以爲相克相生之說耳"

78) 동무는 그의 四元構造說에 肺木·脾火·心土·肝金·腎水說을 부정하고 肺溫·脾熱·肝凉·腎寒說을 내세움으로써 肺脾는 溫熱을 낳는 陽臟이 되고 肝腎은 凉寒을 간직한 陰臟이라 할 수 있으니 이는 음양설적 實理에 입각한 입론인 것이다.

이 분기되었고, 송대의 성리설이 확립되기까지에는 성무선악(性無善惡)·성선악혼(性善惡渾)·성삼품(性三品) 등의 설이 제창되었다. 그리하여 성리설은 송학의 인성론으로서 절대적 지보(地步)를 구축하였고 거기에 이기론으로서의 철학적 근거마저도 확립하기에 이르렀던 것이다.

그러나 송대의 성리학적 인성론을 수사학적 입장에서 아무런 비판 없이 그대로 받아들일 수 있는 것일까. 다시 말하면 개신유학이 그의 수사학적 순수성의 보전이라는 면에서 이를 어떻게 처리해야할 것인가.

무엇보다도 먼저 문제 삼아야 하는 것은 성리(性理)의 리(理)는 과연 어떠한 의미를 지니고 있으며 또 어디서 연유한 것일까. 정주에 의하여 이기이원론이 전개됨으로써 이 리(理)는 천리로서의 의미를 가지고 있으며 그들의 우주론적 철학의 근거이기도 한 것이다. 그러므로 그들이 제창한 '성즉리(性卽理)'설은 성(性)으로 하여금 인성이 천리의 성으로 됨으로써 인간밖에 초출한 절대자로서의 성이 된 것이다. 천리 없이 성의 존립은 불가능하기 때문이다.[80]

그러나 천리의 사상은 본시 화엄종의 교리에서 추출되었기 때문에[81] 송유의 이일분수설(理一分殊說)은 조주화상(趙州和尙)의 만법귀일설(萬法歸一說)과 같은 것이라 하였다.[82] 이렇듯 천리의 사상이 화

---

79) 『論語』, 「陽貨」. "子曰 性相近也 習相遠也"

80) 朱熹, 『中庸章句』注. "'天以陰陽五行 化生萬物 氣以成形 而理亦賦焉 猶命令也' 於是人物之生因各得其所賦之理 以爲健順五常之德 所謂性也"

81) 武內義雄, 『支那思想史』, 297쪽. "周子가 華嚴의 宗密과 관계가 있고 伊川도 華嚴의 事理無礙의 사상을 취하여 그의 철학을 구성하였다."

82) 『孟子要義』卷2, Ⅱ~6, 38쪽(4-567). "所謂始於一理 中散萬殊 末復合於一理也 此與趙州萬法歸一之說 毫髮不差"

엄철학에서 연유했다는 사실은 소위 송학으로 하여금 외유내불(外儒內佛)이라는 비판을 받게 한 근본 이유가 된다고 할 수 있는 것이다.

그러나 다산의 성기호설(性嗜好說)이 보여주는 바와 같은 인성은[83] 이성적인 것이 아니라 기호라는 감성적인 것이다. 동시에 '천명지위성(天命之謂性)'으로서의 성은 성만이 존재하는 개체로서의 성이 아니라 천명이 깃들인 천명지성(天命之性)이요, 천명지성이기 때문에 천명·인성이 불가분리의 일체를 형성하고 있는바 '성명(性命)'으로서의 인성이 아닐 수 없다. 여기에는 제3의 천리가 개재할 여지가 없는 것이다. 본시 '성명'이란 '건도가 변화하여 각각 성과 명을 바로잡는다[乾道變化各正性命]'[84]에서 성명이란 의미로 쓰인 단어이지만 '성명'이 '성리'와 대결하여 성리학에 가름하는 성명학(性命學)으로 될 때에는 실로 인성론의 입장에서는 획기적인 의미를 가지는 것이다. 다시 말하면 성리설에서의 천리를 천명으로 가름함과 동시에 '성 곧 리'가 아니라 '성내존재자(性內存在者)로서의 천명'이라는 의미를 지니고 있는 것이다. 그러므로 전자를 형이상학적이라 한다면 후자는 이원구조적인 것이다. 성리학과 성명학이 구별되는 소이가 여기에 있다. 다시 말하면 성리설은 '성즉리'로서의 성리라는 동질적인 단일성을 지니고 있는 반면에 성명론은 '성과 명'의 이원구조적 통일성이 있다고 할 수도 있을 것이다. 그러므로 정주의 성은 천리 바로 그것으로서 천지지성(天地之性) 또는 본연지성(本然之性)으로서 나타날 수 있지만 다산의 성은 기호지성(嗜好之性)에 지나지 않기 때문에 윤리적 백지설이라 해야 하며 그것의 윤리적 선악을 판단하

---

83) 『中庸自箴』, Ⅱ~3, 2쪽(4-178). "性者 心之所嗜好也"

84) 『周易』, 「繫辭傳」.

는 근거는 천명에 있을 따름인 것이다. 따라서 '성내존재자'로서 천명이 깃들이지 않은 성은 무선무악(無善無惡)일밖에 없다.

이처럼 천리를 배제한 다산의 성명론은 상제천(上帝天)의 계명(誠命)으로서의 천명인[85] 반면에 동무에 있어서의 성명은 대대적 이원구조로서의 성명일 따름인 점에서 서로 구별된다.[86] 그러므로 개신유학의 인성론은 성명이 이원구조적 특성을 지니고 있으며 성과 명이 대대적 통일성을 지향한다는 점에 있어서 이를 음양설적이라고 할 수도 있을 것이다. 이로써 성리설의 형이상학적 단일성과 대조를 이루고 있다고 해야 할 것이다. 이에 개신유학의 인성론이 성리의 단일성을 배제하고 성명의 음양론적 구조로 형성된 사실은 그것이 반정주학적 결과로 나타난다는 점에 주의하여야 할 것이다.

6) 윤리설 - 오륜과 삼강

인(仁)에 근거한 공자의 윤리사상은 전국시대 존현사상(尊賢思想)을 받아들인 맹자에 의하여 친친(親親)의 인(仁)과 존현(尊賢)의 의(義)로 분화되고[87] 공자의 효제충신의 덕은 맹자로 하여금 오륜사상 전개의 기초가 되게 하였다.[88] 인(仁)이란 본시 이인(二人)의 관계를 상징하였고[89] 인(仁)이란 또 인륜(人倫)의 성덕(成德)이므로[90] 맹자는 이를 오륜으로 구체화하였던 것이니, 친(親)·의(義)·별(別)·서(序)·신(信)은 곧 부자·군신·부부·장유·붕우 등 오륜에서 이루어진 덕

---

85) 『中庸自箴』, II∼3, 3 쪽(4-180). "天之喉舌 寄在道心· 道心之所儆告 皇天之所命戒也"

86) 李濟馬, 『東醫壽世保元』, 「性命論」. "博通者 性也 獨行者 命也"

87) 『孟子』「離婁 上」. "孟子曰 仁之實 事親是也 義之實 從兄是也"
　　『中庸』 20장. "仁者 人也 親親爲大 義者 宜也 尊賢爲大"

의 결과인 것이다.

그러나 우리는 여기서 오륜·성덕(成德)의 결과로서 얻어진 친·의·별·서·신은 적어도 이인관계(二人關係)의 평등적 호혜의 결과라는 사실에 유의할 필요가 있다. 다시 말하면 '부자유친'은 '부의(父義)·모자(母慈)·자제(子弟)'의 결과요, '군신유의'는 신충(臣忠)만이 아니라 군의신충(君義臣忠)의 쌍무적 인간관계의 결과인 것이요, '부부유별'은 '남녀칠세부동석' 따위의 별(別)이 아니라 그들의 음양설적 구별의 별(別)이요, '장유유서' 또한 혈연관계의 형제건 비혈연적인 장유이건간에 형우제공(兄友弟恭)의 양자 호상우애(互相友愛)의 결과인 것이요, '붕우유신'의 신(信)은 붕우란 아예 평등적 인간관계이니 더 말할 나위도 없을 것이다.

이렇듯 맹자의 오륜사상은 평등·호혜·쌍무적 인간관계를 기저로 하는 윤리사상으로서 거기에는 인간의 존비관계(尊卑關係)나 일방적 종속 관계는 없는 것이다. 그러함에도 불구하고 한대에 이르러 동중서 등에 의하여 삼강사상이 형성됨으로써[91] 거기에 존비사상이 깃들게 되자 유교윤리에 근본적인 변혁을 가져오기에 이르렀다. 이

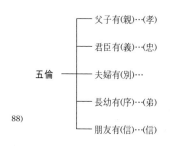

88)

89) 졸저, 『茶山經學思想研究』, 「오륜사상의 형성」, 226쪽.

90) 董仲舒의 삼강오상설을 비롯하여 『禮記』와 班固 『白虎通』에서 설명되고 있다.

91) 『周易』, 「繫辭 上」. "天尊地卑 乾坤定矣 卑高以陳 貴賤位矣"

는 진한 이후의 왕권신수사상을 뒷받침하기 위한 '천존지비(天尊地卑)' 사상의[92] 여파에 의하여 '군위신지강(君爲臣之綱)'으로서의 군존신비(君尊臣卑), '부위자지강(父爲子之綱)'으로서의 부권 확립, '부위부지강(夫爲婦之綱)'으로서의 부창부수(夫唱婦隨) 사상이 태동하여 급기야 일방적 존엄과 거기에 따른 종속적 인간관계가 생성하게 됨으로써 유교윤리는 친·의·별·서·신보다도 충(忠)·효(孝)·열(烈)이라는 상향윤리만을 요구하기에 이르른 것이다.[93]

그러므로 오륜사상을 호혜적 수평윤리라 한다면 반면에 삼강사상은 일방적 종속에 의한 수직윤리인 것이다. 따라서 삼강과 오륜은 상반된 이질적 윤리사상이 아닐 수 없다. 이로써 전통적 유교윤리는 언필칭 삼강오륜이라 하지만 사실상 삼강에 더 큰 비중을 두고 있음을 볼 수 있으니 세종이 오륜에 앞서 『삼강행실도』를 반포한 것은 이를 단적으로 말해 주고 있다고 할 수 있다. 그러나 조선 후기 실학자로서 개신유학을 부르짖은 이들 중에서 특히 다산은 인(仁)이란 인인(人人)이 겹친 글자로서 이인간(二人間)의 평등적 윤리임을 강조하였고 따라서 서(恕)사상으로 하여금 인(仁)을 실천하는 방법으로 삼게 하였다.[94] 그리고 『대학』의 명덕을 효제자(孝弟慈)로 풀이함으로써 고전적 오교사상(五敎思想)의 집약으로 간주하였으니[95] 이는 상향적 효제(孝弟)에 하향적 자덕(慈德)을 더하여 상하(上下) 친애(親愛)의 호혜윤리를 보여준 것이라 하지 않을 수 없다. 그리고 삼강에 관하

---

92) 졸고, 「三綱五倫의 逆理」, 『金載元博士 回甲紀念論叢』(서울: 乙酉文化社, 1969).

93) 「答李汝弘書」, I~19, 29쪽(3-242). "仁者 二人也 古篆作人人之疊文"

94) 『論語古今註』 卷2, II~8, 31쪽(5-171). "恕者 所以成仁之方法"

95) 『大學公議』, II~1, 7쪽(4-15). "孝弟慈三字 乃五敎之總括"

여는 약간 언급한 바가 있으나 회의적이요 부정적이다.[96]

동무도 또한 '인의예지(仁義禮智)와 충효우제(忠孝友悌)'[97]만을 논했을 따름이니, 인의예지는 맹자의 사단이요, 효우(孝友)는 『주례』 대사악(大司樂)의 덕으로서 삼강사상에 대하여는 일체 언급이 없는 것이다. 이와 같이 삼강설에 대한 그들의 거의 묵살적 태도는 곧 충효열이라는 일방적 윤리사상에 대한 간접적 부정을 의미함과 동시에 그들의 새로운 윤리설은 곧 이를 증명하는 것이 된다고 할 수 있다.

게다가 송유들의 주정설적(主靜說的) 거경궁리(居敬窮理)를 다산은 지성지학(至誠之學)으로 바꾸었다. 거경궁리를 위주로 하는 송유의 주경설(主敬說)은 성경(誠敬)을 아울러 논하지 않는 바는 아니지만 일심(一心)의 허정(虛靜)과 주일무적(主一無適)의 선경(禪境)을 요구하느니만큼 이는 군자의 그치지 않는 지극히 성실한 도[君子至誠無息之道]와는[98] 거리가 먼 것이라 하지 않을 수 없다. 또한 동무의 사상설적 인간학은 정직중화(正直中和)의 덕을 역설하였으니[99] 이는 다산의 성중원리(誠中原理)와[100] 그 규를 같이하는 것이라고 할 수 있는 것이다.

그러므로 개신유학의 윤리설은 일방적 상향윤리로서의 삼강설을 부정함으로써 횡적 인간관계 위에서 이루어진 선진시대의 오륜사상에로의 복귀를 시도함과 동시 현대적 평등시민윤리와의 연계의 가

---

96) 그의 『小學珠串』에서 "三綱者人道之純也(綱者總綱之大繩) 父爲子綱君爲臣綱夫爲妻綱此之謂三綱也" "三綱之名出白虎通"이라 하였고, 「西巖講學記」에서 '夫死妻殉'을 비판하였고, 『論語古今註』 卷5 [Ⅱ~11, 19쪽(5-398)]에서 '三綱淪而九法斁'의 三綱은 君臣・父子・夫婦요, 忠・孝・烈은 아니며, 「與李汝弘」[Ⅰ~19 36쪽(3-256).]에서 "三綱五倫 人與人之相與也"라 한 것은 분명히 三綱도 '人與人之相與' 곧 仁으로 파악하고 있지 일방적 충효열은 아닌 것이다.

97) 李濟馬, 같은 책, 「性命論」.

98) 다산의 『中庸自箴』・『大學公議』 참조.

99) 李濟馬, 같은 책, 「臟腑論」. "肺脾胼腎之用正直中和則津液膏油充也 偏荷過不及則津液膏油爍也"

100) 졸저, 같은 책, 「誠中의 聖人之道」절 참조.

능성을 제시하여 주고 있는 것이다.

7) 사상적 본질

조선 후기 실학의 사상적 근거를 수사학에 두고 있다는 사실은 수사학이란 전인적(全人的) 군자(君子) - 현인(賢人) - 목자(牧者)의 학임을 의미하는 것으로서 다산이 수신(修身)과 목민(牧民)을 군자학의 양면으로 본 것은 이 까닭이니[101] 이는 수사학이란 단적으로 말하면 신독군자(愼獨君子)의 경세치용의 학임을 의미하는 것이다. 그러므로 수사학으로서의 원시유교는 공자의 경세학으로 특징지워질 수밖에 없다.

그러나 진한시대로 접어들면서 군자경세학으로서의 수사학적 순수성은 그의 경학사상으로서의 발전과 더불어 우주론·인성론·윤리설 등에서 많은 변혁을 거듭해 왔으니 여기에 개신유학의 새로운 입장이 발생하게 된 소지가 있는 것이다. 그러므로 개신유학이란 유교 본질적 순수성의 유지라는 절대적 요구에 부응하기 위하여서도 한당송명의 경학에 대하여는 비판적이 아닐 수 없다. 그것은 유교가 연원적 원시형태에서 유학이라는 경학적 단계에로 발전한 과정에 있어서도 그가 지녀야 할 본질적 순수성의 유지는 그대로 엄존하고 있기 때문이다. 다산의 오학론은 이러한 요구를 충족시켜 준 좋은 선례라 하지 않을 수 없다.

어쩌면 이제 유교는 수사학이라는 그의 연원적 형태에서보다는

---

101) 『牧民心書』 序, Ⅰ~12, 42쪽(2-358). "君子之學 修身爲半 其半牧民也"

차라리 유학이라는 경학적 형태에서 보다 더 많은 그리고 보다 더 심각한 문제점에 부딪치고 있는지도 모른다. 왜냐하면 다산이 지적한 오학의 문제점들은 모두 진한 이후에 성립된 것들로서 그것들은 한결같이 경학에 스며들거나 경학의 주변을 맴돌던 문제의 학문들이기 때문이다. 그러므로 개신유학은 수사학에로의 복귀에 앞서 경학에 스며든 문제점들을 우선적으로 척결하지 않을 수 없는 소이가 여기에 있는 것이다.

한대 이후 경학사상의 변천과정에서 그들의 우주론과 인성론과 윤리설을 일람하였던바 한송 양대에 걸쳐서 성숙된 음양오행설에서 상생상극적 오행설을 배제하였고, 한대 이후에 굳어진 삼강오륜의 윤리설에서는 상향적 삼강사상을 무시하였고, 송대의 성리학에서는 그의 핵심이 되는 천리설을 부정하고 이를 성명론으로 대체하였던 것이다.

이렇듯 개신유학의 사상적 본질을 형성하고 있는 음양설과 성명론과 오륜설은 다 같이 호체설적(互體說的) 조화와 이원구조의 쌍무적 통일이라는 '양극상화(兩極相和)의 태극원리(太極原理)'를 저변으로 하고 있음을 볼 수 있다. 음양설 자체는 이미 '양극상응(兩極相應)의 원리'를 간직하고 있거니와 성명론도 성과 명이 '이이일(二而一)'의 태일지형을 조성함으로써 인성의 본질적 구조를 형성하고 있으며, 오륜설에서도 충서에 의하여 부자·군신 등의 이인상화(二人相和)의 양상이 묘사되고 있는 것이다. 전통적 유학사상에서 오행설과 삼강설과 성리설이 배제되는 소이는 실로 여기에 있는 것이다. 그러므로 개신유학을 한마디로 말하라 한다면 '태극·음양 원리에 입각한 수기치인의 인간학'임을 알 수 있다. 여기에 수기와 치인도 내성적 수기와 외현적 치인과의 조화에서 전인적 군자상이 이루어진다는 점에서 음양설적인 것이다. 그렇다면 음양설적 사고방법은 그것이 비단 형이상적 원리에 그치고 있는 것이 아니라 인성론과 윤리설에서는 복체적(伏體的)인 저변구조를 형성하고 있다고 할 수 있다. 이는 곧 개신유학의 본질적 구조를 형성하고 있는 일관지도(一貫之道)로서 주목해야 할 것이다.

한 인간은 전인적이어야 한다.[102] 그러나 이는 수기[陰]와 치인[陽]의 양극의 조화에서 이루어진 인격이어야 한다. 지(知)와 행(行)도 선지후행(先知後行)이[103] 아닌 지(知, 陰) 행(行, 陽)의 합일이[104] 바람직하며[105] 언(言, 陰)과 행(行, 陽)도 여부족(餘不足) 없이[106] 일치함으로써 성중원리(誠中原理)가 성립되는 것이다.[107] 영육일체의 인간의 심신도 묘합의[108] 태일지형[大極]으로서 이를 이해하지 않을 수 없다. 나아가서는 실존과 과학이 창조적 X를[109] 형성하는 것도 음양설적 조화의 원리를 창조적 측면에서 설파한 것이라 할 수 있을 것이다.

여기에 조선 후기 실학의 모체인 개신유학의 미래지향적 본질이 스며 있는 것이다. 음양설의 미래지향적 특성은 그것이 전래되어 오는 고전적 유물로서가 아니라 창조적 측면에서는 현대사상과의 접촉의 가능성을 의미하기도 한다. 대립·괴리·갈등·부조리로 치달

---

102) 졸고, 「丁茶山의 洙泗學的 人間像의 問題」, 『金斗憲博士華甲紀念論文集』.

103) 宇野哲人, 『支那哲學史講話』(東京: 大同館, 1924), 297쪽. "朱子는 먼저 그 理를 안 연후에 이를 행한다는 先知後行說을 취하고 있다."

104) 같은 책, 321쪽. "王陽明은 理를 내 마음에서 求하니 이는 聖門 知行合一의 敎인 것이다."

105) 여기서는 꼭 朱子나 王子의 說에 국한한 것이 아니라 일반론으로써 서술한 것이다.

106) 『中庸』 13장. "庸德之行庸言之謹 有所不足不敢不勉 有餘不敢盡 言顧行行顧言 君子胡不慥慥爾"

107) 졸저, 같은 책, 「誠中의 聖人之道」 참조.

108) 『大學公議』 卷1, 29쪽(4-60). "身心妙合 不可分二"

109) 朴鍾鳴, 「한국철학과 전통사상」, 1973년 春期 哲學硏究 발표 요지.

는 철학·정치·사회·문화의 모든 분야에 걸쳐서 요구되는 '태일 (太一)'의 가능성과 그의 방법은 또한 음양설적 범주 안에서 찾지 않을 수 없다. 그런 의미에서도 음양설적 창조성은 영원한 미래를 가지고 있다고 하지 않을 수 없다.[110]

8) 조선실학의 경학사상사적 인맥

소위 실학적 개신유학의 인맥을 추리기란 그리 용이한 일이 아니다. 왜냐하면 소위 실학파로 지목되는 많은 군상들이 한결같이 다산이나 동무처럼 경학적 색채가 짙지 못하기 때문이다. 그러나 그들이 직접적이건 간접적이건 전통적인 정주의 세계에서의 탈출을 기도했거나 아니면 최소한의 비판의욕을 가짐으로써 비로소 실학적일 수 있다는 사실은 실학파의 제1차적 특징이 아닐 수 없다.

그러나 그들의 이러한 반정주학적 입장은 순정유교(純正儒敎)라 불리울 수 있는 수사학과의 직결을 위해서는 한당학에 대한 비판적 태도로까지 확산되어야 한다는 사실을 우리는 위에서 지적한 바 있다. 그럼으로써 얻어진 개신유학의 본질은, 그것은 한낱 인맥에 관계없이 순정유학의 본질로서 그냥 받아들여야 하고 그러한 본질을 척도로 하여 거꾸로 이에 따른 인맥이 추려져야 하지 않을까 여겨지는 것이다. 그것은 마치 시계의 추처럼 전통유학에서 순정유학에로 옮겨지는 과정에서 적어도 탈출을 시도했거나 탈출과정에 있거나 탈

---

110) 천씨는 조선후기실학의 특징으로 '근대지향적 성격'(같은 책, 964쪽)을 제시하고 있다. 그러나 그 것은 물질과 기술면에서의 서구문명의 수용과 서구적 정치 경제체제의 수용을 의미하지만 여기서 미래지향성은 '陰陽的 統一'의 철학적 의의를 더 짙게 간직하고 있다는 것이다.

출했거나 하는 세 가지 경우를 상정할 수 있을 것이다.

백호 윤휴(1617~1680)의 경전주해는 그가 비록 반정주학이라 하더라도 그의 심성론이 왕학(王學)에 가깝다고 한다면[111] 그는 아직 송명학의 세계에서 탈출하지 못한 것이고 나아가서는 그의 경학적 본질이 개신유학의 그것과는 동일의 논이 아니라는 점에서 백호의 경설은 결코 실학적일 수 없는 것이다. 다만 그의 학문하는 태도에 있어서 누구보다도 먼저 주자를 안중에 두지 않고 독자의 견지에서 엄연히 일가의 체계와 천지(天地)를 이룬 것은[112] 송학에서의 탈출을 시도한 조선후기 실학자들의 선구적 역할을 한 것으로 간주해도 좋을 것이다.

유형원(1622~1673)은 그가 비록 10세 가량에 경전백가(經傳百家)를 통해(通解)[113]하였다 하더라도 그의 학이 『반계수록』에 뭉쳐 있는 만큼 경국제민의 경세가라 하지 않을 수 없다. 이익(1681~1763)도 그의 『사설』과 『곽우록』에서 "정폐(政弊)와 민막(民瘼)을 통론(痛論)하고 개혁에 대한 건설적 의견을 논술한 것[114]으로 보아서 반계와 더불어 경세가의 열에 끼게 된다. 그의 이기설은 대체로 퇴계의 설을 취하고 율곡의 설을 버리는 태도를 취했다는[115] 점에서는 '존신주자(尊信朱子)'의 세계에서 일보도 벗어나지 못하고 있는 것이다. 그러므로 반계와 성호는 경세가로서의 실학파일 수는 있다 하더라도 경학사상사적인 면에서는 아직 일보도 정주의 세계에서 탈출한 흔적을 엿볼 수 없는 것이다.

---

111) 졸고, 「大學經說의 反朱子學的 考察」, 『韓國哲學硏究』 3집(1973).
112) 玄相允, 『朝鮮儒學史』, 「尹白湖經傳註解」 절.
113) 같은 책, 「경제학파의 세력과 그 대표자」 절.
114) 같은 책, 330쪽.
115) 같은 책, 335쪽.

박세당(1623~1703)은 그의 『사변록』에서 이미 반주자학적 태도를 굳히었고[116] 다산은 그의 경학을 수기치인의 학으로 체계화함으로써[117] 이미 개신유학파로서의 지보(地步)를 굳히었음에도 불구하고 때로는 존숭주자(尊崇朱子)를 의장(擬裝)하기도 하고[118] 때로 변박정주(辨駁程朱)하기도 하였던 것이다. 그러므로 그들은 정주의 세계에서의 탈출을 시도한 개신유학의 선구자라고 할 수 있다.

운암(芸菴) 한석지(韓錫地, 1769~1863)는 그의 『명선록(明善錄)』에 비록 오행설적 온고찬도(溫故贊圖)를 내걸었지만 거기에는 '화생목(火生木)'의 일생(一生)만을 취했으며, 오행의 유취(類聚)·분류(分類)·상종(相從)만을 논했을 뿐 상생상극에는 일체의 언급이 없는 것으로 보아 오행의 순환법칙적 의미는 취하지 않은 것으로 간주된다. 그의 치지(致知)·천오(闡奧)·변류(辨謬) 제편(諸篇)에서의 지탄송인(指彈宋人)의 논변은 준렬하여 그가 지닌 개신유학자로서의 경학사상사적 의의는 지대하다. 왜냐하면 서계―다산이 이루지 못한 의장정주(擬裝程朱)에서의 탈피를 구현함으로써 개신유학의 선봉을 자기(自期)하였기 때문이다.

동무 이제마(1837~1900)는 의장(擬裝)이나 변박(辨駁)이나 다 같이 이를 회피하였다.[119] 그러나 그는 천·인·성·명의 사원구조적 사상설을 창안함으로써 조선 후기 개신유학의 마지막 보조를 구축하

---

116) 李丙燾, 「朴西溪의 反朱子學的 思想」, 『대동문화연구』 제3집.
　　尹絲淳, 「朴世堂의 實學思想의 研究」, 『亞細亞研究』 15권 제2호(통권46호)(서울: 아세아문제연구소, 1973).

117) 졸저, 같은 책 참조.

118) 『思辨錄』 「大學章句識疑」. "余嘗讀大學章句 多所未解 籍不能無疑 伏而細繹似有一二 可議者 輒揆愚越 以意易置如此……然究其大本終不失朱子之旨云"
　　『周易四箋』 卷1, 訌~37, 1쪽(9-3~4). "一曰推移……推移者 朱子之義也 二曰物象……物象之從說卦者 朱子之義也 三曰互體……互體者 朱子之義也 四曰爻變……爻變者 朱子之義也"

119) 졸고, 「李東武 四象說論考」, 『철학연구』 제7집.

였다고 할 수 있다. 그의 사상설이야말로 음양설적이요 성명론적이요 비삼강설적(非三綱說的) 윤리설을 근간으로 하고 있기 때문이다.

이러한 개신유학의 경학사상사적 인맥은 비록 서계－다산－운암－동무라는 극히 제한된 몇 사람에 의하여 그의 주축을 형성하고 있지만 이들의 인맥을 잇게 하여 주는 음양설－성명론－오행설이라는 사상사적 맥락이야말로 이들의 인맥을 이어주는 보다 더 중요한 요인임을 지적하지 않을 수 없다. 그러므로 이러한 경학사상사적 맥락에 의하여 비로소 반계·성호 등의 위치가 설정됨으로써 그들은 주류 아닌 방계의 일지류임이 명백하게 될 수밖에 없는 것이다. 동시에 여타의 군상들은 그들이 지닌 사상적 특성에 따라 그들의 사상사적 위치가 결정됨으로써 상기 인맥의 그 어느 일맥에 이어질 수 있을 것으로 여겨질 따름이다.

2. 개신유학과 다산경학

1)

다산은 그의 「십삼경책(十三經策)」에서

아! 오늘날의 학자들은 일곱 책의 『대전』이 있는 줄만 알 뿐, 십삼경의 『주소』가 있는 줄도 모른다.[120]

---

120) 「十三經策」, Ⅰ~8, 16쪽(1-634). "嗟乎 今之學者 徒知有七書大全 不知有十三經注疏"

라 하여, 당시의 학자들은 오직 주자의 칠서대전(七書大全)만을 알고 한대이래 십삼경주소(十三經注疏)가 있음은 모른다고 지적하였다. 흔히 우리들은 이를 일러 조선조 유학은 주자학 일색이라기도 하거니와 다산은 그의 「맹자책(孟子策)」에서 이를 더욱 구체적으로 비판하였다.

> 칠서(七書)의 『대전』만이 홀로 세상에 유행하면서부터, 이 세상에 태어난 이는 어려서부터 그것만 익히느라 50책의 책표지 안에서 벗어날 줄을 모른다. 하나의 점이나 절반의 획조차도 하늘이 만든 것이라 여기고, 글자 하나 구절의 부분조차도 만고의 진리라고 여긴다.[121]

이는 온통 학문세계가 주자학에서 일보도 밖으로 나가지 못했음을 통론(痛論)한 것이 아닐 수 없다. 이를 거꾸로 해석한다면 이때에 다산은 이미 주자학 칠서대전의 세계에서 벗어났음을 의미하기도 하는 것이다.

이에 우리는 여기서 계곡(溪谷) 장유(張維, 1587~1638)의 「만필(漫筆)」에서 다음과 같은 일언을 상기할 필요가 있다.

> 중국은 학술이 다양해서 정학(正學)이 있고, 선학(禪學)이 있으며, 단학(丹學)이 있다. 정주(程朱)를 배우는 이가 있고, 육왕(陸王)을 배우는 이가 있는 등, 문호가 한 가지가 아니다. 그런데 우리나라는 유식하거나 무식하거나 막론하고 책을 끼고 읽는 이들은 모두 정주만을 일컬을 뿐, 다른 학문에 대해서는 들어 보지 못했다. 이것이 어찌 우리나라의 선비들이 모두 중국이 선비들보

---

121) 「孟子策」, Ⅰ~8, 26쪽(1-654). "自夫七書大全之單行獨擅 生斯世者 童習自粉 不出乎五十冊圈套之中 一點半畫 認爲天造 隻字片句 看作鐵案"

다 현명해서 그러는 것이겠는가?[122]

라 한 것이 앞서 지적한 다산의 견해와 그 궤를 같이하는 것임은 다시 말할 나위도 없다. 계곡이 지적한 바와 같은 중국에 있어서의 학문의 다양성은 조선조에 있어서의 폐쇄적 주자학 일색과는 크게 대조를 이루는 것이라 하지 않을 수 없다. 결국 다산의 칠서대전에 대한 비판은 주자학 일변도에 대한 반성이었고, 그러한 반성을 토대로 하여 다산경학은 새롭게 전개되었음을 뜻하는 것이기도 한 것이다. 이에 다산경학을 개신유학의 입장에서 관조하게 되는 소이가 있는 것이다.

근래에 필자는 『개신유학사시론』(박영사, 1980간)이란 책자를 낸 후로 소위 개신유학이라는 단어에 대한 개념을 좀 더 분명히 해둘 절실한 필요를 느끼고 있다. 왜냐하면 개신이란 결국 무엇에 대한 개신이라는 질문에 대한 대답이 있어야 하기 때문이다. 그것에 대한 단도직입적인 대답을 먼저 하기로 한다면 그것은 다름 아니라 일차적으로는 송학 곧 정주학에 대한 개신이 아닐 수 없다.

송학에 대한 개신을 최초로 시도한 것은 물론 청조 고증학자들에게 그의 공을 돌리지 않을 수 없다. 청조 학술을 대표하는 고염무(1613~1682) · 염약거(1636~1704) · 황종희(1610~1695) · 모기령(1623~1716) 등의 학문을 일명 한학(漢學)이라 이르는 소이는 그들의 학문의 뿌리가 송학을 제쳐놓고 한대 학술에 근거해 있기 때문임은 다시 말할 나위도 없다. 그것은 이미 그들의 송학에 대한 개신의

---

122) 『溪谷集』, 「漫筆」 卷1, 24쪽. "中國學術多岐 有正學焉 有禪學焉 有丹學焉 有學程朱者 有學陸王者 門徑不一 我國則無論有識無識 挾册讀書 皆稱程朱 未聞他學焉 豈我國士果皆賢於中國耶"

태도가 아닐 수 없는 것이다.

이러한 청조학풍에 대하여 다산이 깊은 관심을 기울인 흔적은 다음의 예를 통하여 짐작할 수가 있다. 그는 고염무의 「군현론(郡縣論)」에 대하여 다음과 같이 평하고 있다.

> ……태평성대를 위한 정치를 하려면 오직 청나라 유학자 고염무(顧炎武)의 「군현론(郡縣論)」을 채택해서 시행한다면, 뜻을 이룰수 있을 것이다. 그렇지 않다면 모두 구차할 뿐이다.[123)]

뿐만 아니라 다산은 염약거의 『상서고문소증(尙書古文疏證)』의 내용이 명쾌함을 다음과 같이 서술하고 있다.

> 청나라 유학자 송감(宋鑒)은 『상서고증』을 저술했는데, 논한 내용의 (내 생각과) 부절을 합친 듯이 일치했다. 나는 해외의 궁벽한 곳에 사는 사람의 견해가 중화에 사는 사람의 견해와 아무 의논이 없이도 일치하는 것이 다행스러웠다. 송감의 책은 염약거의 『상서고문소증』의 말을 자주 인용하고 있었는데, (염약거의) 의논은 대부분 분명해서 따를 만한 것이었다……[124)]

이라 하였으니, 다산은 『상서』에 관한 자기의 견해가 염씨의 설과 여합부절함을 무척 기뻐하고 있음을 볼 수 있다. 설령 그것이 우연의 일치라 하더라도 다산과 청유와의 입장이 이미 정주학에서 초연했기 때문에 그러한 결과를 가져왔으리라고 추리한들 결코 무리는 아닐 것이다.

---

123) 「考績議」, Ⅰ~9, 33쪽(2-68). "若夫太平之治 唯淸儒顧炎武郡縣縊論 採而行之 斯可以成矣 不然皆苟然而已"

124) 「매씨서평」, 「閻氏古文疏證百一抄」. 卷 4, 14쪽 "淸儒宋鑒所著尙書攷證 所論若合符契 竊自幸海外僿陋之見得 與中華六方之家 不謀而同 乃宋氏書中屢引閻氏若璩古文疏證中言 議多明豁可悅……"

다른 것은 다 그만두고라도 홍이섭의 다음과 같은 일언의 지적을 우리는 간과할 수가 없다. 그것은 그가 그의 『정약용의 정치경제사상연구』에서 다산과 황종희와의 관계를 다음과 같이 서술했다

> ……이러한 데서 정약용이 도달한 一點이 황종희의 「明夷待訪錄」에 보이는 생각이 아니었던가 하게 된다.[125]

이러한 홍씨의 논술이 지닌 타당성 여부는 별문제로 치더라도 다산도 황종희의 학이 지나치게 반송종한적임을 비판하고 있는 것으로 보더라도[126] 황남뢰(黃南雷)에 대한 다산의 관심이 결코 얕지 않음을 짐작하게 한다.

여기서 우리는 다산이 청유들처럼 반송적이기는 하지만 그가 과연 청유들처럼 반송종한적이었느냐는 점에 대하여는 그가 황남뢰의 학이 지나치게 반송종한적인 사실을 비판한 태도에서 볼 때 또 다른 다산 자신의 학적 입장이 있음을 또한 짐작하게 하는 것이 아닐 수 없다. 그것을 우리는 다산의 「오학론」에서 찾아내게 될 것이다. 그는 한결같이 성리·훈고·문장·과거·술수의 오학이 원시유교인 수사학과는 다른 것임을 다음과 같이 지적하고 있다.

> 성리학이란 도를 알고 스스로의 노력을 통해 자기를 인식하려는 것이니, 그것이 (맹자가 말한) '형색을 실천한다[踐形]'는 뜻이다.……의복의 말단을 장식하고 있으나, 행동거지는 매우 괴롭기만 하고, 제멋대로 굴면서 음사한 이들보다 뛰어난 점이 있기는 하지만 텅 빈 배로 마음가짐만 고상하며, 잘난 듯이 스스로

---

125) 自序, 3쪽.
126) 졸저, 『茶山經學思想研究』, 14쪽.

를 옳다고 여기지만 손을 맞잡고 함께 요·순·주공·공자의 문
호로 돌아갈 수 없는 이들이 오늘날의 성리학인 것이다.[127)

라 하여 성리학으로서는 요·순·주·공의 문호로 들어갈 수 없다
하였으니, 이는 송학으로서는 진정한 수사학이 될 수 없음을 분명히
한 것이 아닐 수 없다.

> 훈고학은 경전에 나오는 글자의 뜻을 발명해서, 도(道)와 가르침
> [敎]의 종지에 통달하려는 것이다.……이와 같은 사람은 부드럽
> 고 우아하며, 학식이 넓고 넉넉해서 아끼고 중시할 만하니, 선하
> 다고 하지 않을 수는 없다. 그러나 끝내 손을 맞잡고 함께 요·
> 순·주공·공자의 문호로 돌아갈 수 없으니, 이것이 훈고학이라
> 는 것이다.[128)

라 하여 한대 훈고학도 요·순·주·공의 문호로는 들어갈 수 없음
을 단언하고 있다. 이는 다산학의 방향 설정에 중요한 의미를 가지
는 것으로서, 청유처럼 반송종한이 아니라 한 걸음 더 나아가 반송
반한적(反宋反漢的)인 것이 아닐 수 없다. 그리하여 그가 목표로 하는
것은 오로지 순수한 요·순·주공·공자의 학임을 분명히 하고 있
는 것이다. 그가 반한학적이라는 사실은 그의 문장·과거·술수 등
3학에 대한 비판에서도 뚜렷이 나타난다.

> 문장학은 우리 유학의 커다란 해악이다.……입으로는 육경을 말
> 하고, 손으로 천고의 문장을 뽑아내지만, 끝내 손을 맞잡고 함

---

127) 「오학론」 1. 19쪽 "性理之學 所以知道 認己以自勉 其所以踐形之義也……雖其修飾邊幅 制行辛苦 有
勝乎樂放縱邪哇者 而空腹高心 傲然自是 終不可以携手同歸祉於堯舜周孔之門者 今之性理之學也"

128) 「오학론」 2. 20쪽 "訓詁之學 所以發明經傳之字義 以達乎道敎之旨者也……若是者儒雅博洽 可愛可
重 非不迢然善也 卒之不可以携手同歸於堯舜周孔之門 斯所謂訓詁之學也"

께 요·순의 문호로 돌아갈 수 없는 것이 문장학이다.[129]

라 하여 한·당·송에 걸친 문장학이란 실천윤리학으로서의 본래적
인 유학과는 거리가 먼 것임을 지적하고 있다. 과거학도 마찬가지다.

광대짓과 희롱질하는 기수로 이 시대를 주무르고 천하를 이끄
는 것은 과거학이다.……이 일을 학업으로 삼는 이들과는 손을
맞잡고 함께 요·순의 문호로 돌아갈 수 없다.[130]

라 하였으니 과거지학이란 한대에 비롯하여 오늘에 이르는 것으로
서 성호도 과거의 폐를 다음과 같이 지적한 것을 보면 유학과는 거
리가 먼 것임은 다시 말할 나위도 없다.

百世에 善治가 없는 것은 三孽에 緣由함이니……三孽을 제거하지
못하면 足이 治를 말할 수 없는데 三者 中 과거의 폐가 더욱 심
하다.

오학 중 마지막으로 술수학은 한대에 성행한 것으로서 참위재이
설이라고도 하며, 음양오행설이 그의 기저를 이루는 것이다. 다산은

술수학은 학문이 아니라 미혹하는 것이다.……저들은 마(魔)를
섬기고 괴상한 것을 좋아하면서, 은연중에 앞날을 내다본다는
성인에 기대면서도 부끄러운 줄을 모른다. 또한 어떻게 손을 맞
잡고 함께 요·순의 문호로 돌아갈 수 있겠는가?[131]

---

129) 「오학론」 3. 21쪽 "文章之學 吾道之鉅害也……口譚六經 手摡千古 而終不可以携手同歸於堯舜之門
者 文章之學也"

130) 「오학론」 4. 22쪽 "士斯世而帥天下以倡優演戲之技者 科擧之學也……不可與學此事者 携手同歸於
堯舜之門也"

라 하여 그것은 학으로 치지도 않았다. 모름지기 다산의 오학론은
한·송 양학을 한데 묶어서 비판한 것이라 하지 않을 수 없다. 그러
면 다산학은 어디로 갈 것인가. 어디에서 그의 근원을 찾아야 할 것
인가.

2)

우리는 한·당 이전의 유학을 선진유학이라 이른다. 그것은 곧 순
수한 공맹학을 가리키는 경우에 쓰인다. 학자에 따라서는 이 시대의
유가를 제자백가의 일원으로 간주하여 한대 동중서 이후 틀이 잡힌
경학과 구별하기도 한다. 다시 말하면 실천윤리와 경학─오경의 학
─과 구분하는 의미에서일는지 모른다. 그러한 의미에서 다산은 이
시대의 유학을 곧잘 수사학이라 불렀다. 몇 가지 사례를 적기하면
다음과 같다.

> 송대의 학자들이 성을 논한 것은 대부분 이런 병폐를 갖고 있
> 다. 비록 그들의 본뜻이 선을 즐기고 도를 추구하려는 고심에서
> 나온 것이라고 하지만, 수사의 옛 의론과 비교해서 서로 어긋나
> 는 것은 감히 다 따를 수 없다.[132]

라 하여 다산은 송학과 수사학과의 사이에서 분명히 수사학에 따를
것을 선언하고 있다 그는 『상례사전(喪禮四箋)』을 저술한 것도 수사

---

131) 「오학론」 5. 23쪽 "術數之學 非學也 惑也……彼事魔好怪 隱然自據乎前知之聖 而莫之知恥也 又惡
能携手同歸於堯舜之門哉"

132) 『中庸講義補』, Ⅱ~4, 2쪽(4-240). "蓋末賢論性 多犯此病 雖其本意亦出於樂善求道之苦心 而其與洙
泗之舊論 或相牴牾者 不敢盡從"

의 진원으로 돌아가기 위한 것임을 다음과 같이 서술하고 있다.

> 『상례사전』은 내가 성인의 문자를 독실하게 믿고서, 스스로 미
> 친 듯이 날뛰는 물결을 되돌리고 온갖 흐름을 가로막아, 수사학
> 의 참된 근원으로 돌이키려는 것이었다.[133)]

이러한 사례는 이루 다 셀 수 없을 정도로 많다. 그것은 다름 아
니라 다산학이야말로 수사학에 근원했음을 의미함은 다시 말할 나
위도 없다.

그렇다면 개신유학으로서의 다산경학은 그것이 곧 수사학을 의미
하는 것일까! 그렇다면 그것은 한낱 복고적인 원시유학의 별칭에 지
나지 않는다고 해야 할는지 모른다. 그러나 다산경학이 비록 그것이
수사학에 근원했다 하더라도 그가 처한 시대가 한·송 이후라는 점
에서 이들이 개신이라는 또 하나의 학문적 배경을 지니고 있음을 우
리는 간과해서는 안 될 것이다. 그러므로 다산경학은 수사학에 근원
하여 한·송 양학을 개신한 유학이라 해야 할는지 모른다. 따라서
다산경학에는 수사학이 지니지 못했던 고증학(훈고학)적 업적이 있
으며 성리학에 가름하는 심성론이 있는 것이다.

다산경학의 시대적 배경은 학문적인 입장에서뿐만이 아니라 역사
적 입장에서도 중요한 의미를 갖는다. 그것은 다름 아니라 그의 경
의(經義)의 신발명은 현대 사상과도 직결된다는 사실이다. 그러므로
그와 경의는 한낱 고의(古義)의 새로운 천명에 그치는 것이 아니라
현재의 우리들에게도 새로운 생명력으로 존재한다는 것이다. 몇 가

---

133) 「示二子家誡」, Ⅰ~18, 5쪽(3-112). "喪禮四箋 是吾篤信聖人之文字 自以爲回狂瀾而障百川 以反洙
泗之眞源者"

지 사례를 다음에 들어보기로 하자.

먼저 우리는 유교를 일러 일명 제왕학이라 하거니와 그러한 의미에서도 다산의 「탕론」은 우리들에게 많은 시사를 안겨주고 있다.

> 대체 천자는 어떻게 해서 있게 되었는가. 장차 하늘이 천자를 비 내리듯해서 세웠는가. 아니면 땅에서 물 솟듯 솟아나 천자가 되었는가. 5가(五家)가 인(隣)이 되어 5가에서 장을 추대하면 인장(隣長)이 되고 5린(隣)이 이(里)가 되어 5린에서 장을 추대하면 이장(里長)이 되고 5리(五里)가 현이 되어 5리에서 장을 추대하면 현장(縣長)이 되고 여러 현장이 함께 추대한 자는 제후가 되고 제후가 함께 추대한 자는 천자가 된다. 천자란 여럿이 추대하여 이루어진 것이다.[134]

라 한 데서 하부조직에서부터 추대하여 올라가는 현대식 민주주의의 원형을 읽게 된다. 이어서 그는

> ……여럿이 추대하여 성립되므로 또한 여럿이 추대하지 않으면 성립되지 않는다. 그러므로 5가가 협동하지 못하면 5가가 모의하여 인장(隣長)을 갈아내고 5린이 협동하지 못하면 25가가 모의하여 이장(里長)을 갈아내, 9후8백(九候八伯)이 협동하지 못하면 9후8백이 모의하여 천자를 갈아내니 9후8백이 천자를 갈아내되 오히려 5가가 인장을 갈아내듯 하고 25가가 이장을 갈아내듯 하는 것인데, 누가 '신하가 임금을 정벌했다[臣伐君]'고 한단 말인가?[135]

라 함에 이르러서는 선거권뿐만이 아니라 소환권마저도 인정하고

---

134) 「湯論」, Ⅰ~11, 24쪽(2-249). "夫天子 何爲而有也 將天雨天子而立之乎 抑湧出地爲天子乎 五家爲隣 推長於五者爲隣長 五隣爲里 推長於五者爲里長 五里爲縣 推長於五者爲縣長 諸縣長之所共推者爲諸侯 諸侯之所共推者爲天子 天子者衆推之而成者也"

135) 같은 책, 같은 곳. "夫衆推之而成 亦衆不推之而不成 故五家不協 五家議之改隣長 五隣不協 二十五家議之改里長 九侯八伯不協 九侯八伯議之改天子 猶五家之改隣長 二十五家之改里長 誰肯曰臣伐君哉"

있다는 사실은 괄목 음미할 만한 점이 아닐 수 없다. 이를 일러 우리
는 원시 민주주의 사상이라 해야 할는지 모르지만 어쨌든 다산은 이
후 이러한 원시민주주의사상에 역행한 사실을 열거한 후,

> 한나라 이래로 천자가 제후를 세우고 제후가 현장을 세우며, 현
> 장이 이장을 세우고, 이장이 인장을 세우니 감히 불공함이 있으
> 면 그를 거스른다[逆]고 하니 거스른다고 이르는 것은 무엇인가.
> 옛날은 아래에서 위로 올라갔으니[下而上] 아래에서 위로 오르
> 는 것은 따르는[順] 것이요, 요즈음은 위에서 아래로 내려오니
> [上而下] 위에서 아래로 내려오는 것이 거스르는 것이다.[136]

라 하였으니, 한대 이후의 정치체제는 오로지 중앙집권적인 상이하
(上而下)이었으므로 도리어 고대에 있어서의 민주주의적 하이상(下而
上)의 체제를 역(逆)이라 이르게 되었다는 것이다. 이는 맹자의 사상
이 비록 민본적이라 하더라도 그의 왕도론은 고대 성왕현주(聖王賢
主) 사상에서 벗어나지 못한 것이라는 점에서도 다산의 「탕론」에 담
겨진 근대사상에의 직결은 우리의 주목을 끌게 되는 것이다. 다산은
맹자의 현군론(賢君論)에서뿐만이 아니라 맹자의 오륜사상에서도 목
민윤리를 추출하여 그의 「원목」이라는 글의 서두에서 다음과 같은
명구를 남기었다.

> 목민관이 백성을 위해 있는 것인가? 백성이 목민관을 위해 사는
> 것인가?……아니다. 아니다. 목민관이 백성을 위해 있는 것이다.[137]

---

136) 같은 책, 같은 곳. "自漢以降 天子立諸侯 諸侯立縣長 縣長立里長 里長立隣長 有敢不恭 其名曰逆
　　　其謂之逆者何 古者下而上 下而上者順也 今也上而下 下而上者逆也"
137) 「原牧」, I~10, 5쪽(2-133). "牧爲民有乎 民爲牧生乎……曰否否 牧爲民有也"

라 하였으니, 그의 『목민심서』도 이러한 기본이념에 입각하여 쓰인 것은 물론이다. 인민이 목자(牧者)를 위하여 생존하는 것이 아니라 목자가 인민을 위하여 존재한다는 그의 정치이념은 현대 민주주의 이념 바로 그것이 아닐 수 없다.

다산이 공자의 인(仁)과 맹자의 오륜을 새로운 각도로 설명하는 과정에서 특히 목민자(牧民慈)의 윤리를 강조하고 있는 것은 주목할 만한 사실이 아닐 수 없다. 그는 인(仁)을 다음과 같이 이해하고 있다.

> 인(仁)이란 두 사람이 서로 더불어 하는 것이다. 어버이를 섬기
> 되 효도로 하는 것이 인이니, 아비와 아들 두 사람이 더불어 하
> 는 것이요, 형을 섬기되 공경으로 하는 것이 인이니 형과 아우
> 두 사람이 더불어 하는 것이다. 임금을 섬기되 충성으로서 하는
> 것이 인이니 임금과 신하 두 사람이 더불어 하는 것이요, 백성
> 을 다스리되 사랑으로 하는 것이 인이니 목민관과 백성 두 사람
> 이 더불어 하는 것이다. 부부와 벗에 이르기까지 두 사람 사이
> 에서 그 도를 다하는 것이 모두 인이다.[138]

라 하였으니 여기서 주목할 만한 것은 그가 인(仁)을 '이인(二人)의 관계'로 이해하고 있음으로써 윤류(倫類)를 오륜에 한정하지 않았을 뿐만이 아니라 이로써 그는 목민자(牧民慈)의 새로운 윤리를 도입했다는 사실이다.

그는 "부자와 형제, 군신과 붕우에서 천하의 모든 백성에 이르기까지 모두가 윤류(倫類)이다"[139]라 하였으니, 오륜뿐만이 아니라 천

---

138) 『論語古今註』卷1, Ⅱ~7, 9쪽(5-20). "仁者二人相與也 事親孝爲仁 父與子二人也 事兄悌爲仁 兄與
   弟二人也 事君忠爲仁 君與臣二人也 牧民慈爲仁 牧與民二人也 以至夫婦朋友 凡二人之間盡其道者
   皆仁也"

139) 『論語古今註』卷6, Ⅱ~12, 5쪽(5-458). "父子兄弟 君臣朋友 以至天下萬民 皆倫類也"

하만민이 개윤류(皆倫類)—윤리적 존재—인 것이다. 그러므로 군신관계 외에 정치적으로 목민관계가 설정될 수 있었던 것이다. 그리하여 그는

임금에게 충성하고 백성을 사랑하는 것을 일러 인이라 한다.[140]
인이란 백성을 사랑으로 다스리는 것이다.[141]

라 하기도 하였다. 이렇듯 다산이 공자의 인(仁)에서 맹자의 오륜을 거치는 사이에 목민윤리를 추출하여 현대사상에의 접목을 시도했다는 점에서 그의 수사학적 개신유교이념은 한낱 상고적인 것에 그치는 것이 아니라 현대적인 위민(爲民)·애민사상(愛民思想) 바로 그것과 연결을 맺어 놓은 것이다. 여기에 다산학이 복고적이면서도 미래 지향적이라 이를 수 있는 일면이 있음을 알아야 할 것이다.

3)

지금까지 우리는 개신유학으로서의 다산경학은 한·송 양학을 뛰어넘어 수사학에 연원하였고, 그것은 또다시 현대사상과도 직결되어 있음을 보아왔다. 그런데 이제 우리가 개신유학으로서의 다산유학이 한국유학사적 측면에서는 어떠한 위치에 놓여 있으며 나아가서 한국사상적 입장에서는 어떠한 의미를 가지고 있는가를 살펴보는 것도 매우 흥미 있는 일이 아닐 수 없다. 먼저 한국유학사적 측면에서

---

140) 『論語古今註』 卷7, Ⅱ~13, 7쪽(5-555). "忠於君 慈於衆 謂之仁"
141) 『論語古今註』 卷8, Ⅱ~14, 20쪽(6-42). "仁者 牧民之愛"

살펴본다면 조선조 유학에 대한 다산의 태도, 다시 말하면 송학적 성리학에 대한 다산의 입장을 살펴보아야 할 것임은 다시 말할 나위도 없다. 그러나 이에 대한 다산의 태도는 이미 그의 「오학론」에서 밝힌 바 있으므로 여기서 다시금 되뇔 필요는 없을 것이다. 그러나 다시금 조선조 유학을 놓고 생각해 본다면 얼추 조선조 유학의 양대 산맥이라 이를 수 있는 퇴·율 양현의 학에 대한 다산의 일언을 들어보는 것이 좋을 것이다.

퇴계는 "사단(四端)은 리가 발하고 기가 따르고[理發而氣隨之] 칠정(七情)은 기가 발하고 리가 거기에 탄다[氣發而理乘之]"고 했고, 율곡은 "사단칠정이 모두 기가 발하고 리가 거기에 탄다[氣發而理乘之]"고 했다. 후대의 학자들은 각각 자기가 들은 것만을 존중하느라 모여서 시끄러이 다투었지만, (서로의 주장이) 연나라와 초나라처럼 아득하게 멀기만 할 뿐이어서, 하나로 귀결되지 못했다. 나는 일찍이 두 선생의 책을 구하여 읽어봄으로써 그들의 견해가 갈려난 꼬투리를 풀어볼까 했다. 두 선생의 말 중에 리(理)니 기(氣)니 하는 글자는 비록 같지만 가리키는 데에서는 한 사람은 전일하게[專] 생각하고 한 사람은 총체적으로[總] 생각한다는 차이가 있었다. 그러므로 퇴계는 자기대로 한 리기를 논했고 율곡은 자기대로 한 리기를 논한 셈이니 율곡이 퇴계의 리기를 취해 가지고 이를 어지럽혀 놓은 것은 아니다. 퇴계는 오로지 인심(人心)이란 측면에서 분명하게 설파했으니, 그가 리라 한 것은 본연지성이요 도심으로서, 천리(天理)의 공정함[公]이었고, 그가 기라 한 것은 기질지성이요 인심으로서, 인욕(人欲)의 사사로움[私]이었다. 그러므로 사단 칠정이 발하면 거기에는 공정함과 사사로움의 구분이 있기 마련이어서, 사단의 리의 발이 되고, 칠정은 기의 발이 되는 것이다. 그러나 율곡은 태극 이래의 리기를 모조리 붙잡고서, 이를 공적으로만 논하였으니 무릇 천하의 사물은 미발 이전에 리가 먼저 있었다 하더라도 바야흐로 그가 발할 때는 기가 리보다도 먼저 발한다고 했던 것이니, 비록 사단 칠정이라 하더라도 오직 공례(公例)로써 이를 예시하였다. 그러므로 사단 칠정이 모두 기가 발한 것이다고 한 것이니, 그가 리라고 한 것은 형이상이요, 사물의 본칙이고 그가 기라고 이른 것은 형이하요, 사물의 형질이었기 때문에 절절히 심·성·정으로써 이를 말한 것이 아니다. 퇴계의 말은 비교적 정밀하고 상세하지만 율곡의 말은 활달하고 간결하다. 그러나 그들이 주장하는 의미나 가리키는 대목은 각각 다르니 두 선생이 어찌 하나라도 그릇됨이 있겠는가. 하나도 잘못이 없는데 억지로 그 어느 쪽을 그르다 하고 나만이 옳다고 한다면 이는 시끄러운 싸움이 잦아질 길이 없는 것이다. 싸움을 잦아들게 하려면 요체가 있으니 전일하게[專] 말하는 것과 총체적으로[總] 말하는 차이라고 해야 하는 것이다.[142]

이는 「오학론」 다음으로 중요한 다산의 문자로서 그는 조선조 성리학을 객관적으로 관찰하고 있는 것이다. 다시 말하면 퇴계와 율곡의 이기개념은 각각 그의 의미를 달리하고 있음을 설파하였으니 이는 자기 스스로의 입장은 또 다른 곳에 있음을 시사하였다고 볼 수도 있다. 이러한 다산의 비판적인 태도는 스스로의 인성론을 전개할 문호를 마련한 셈이니 그가 퇴계와 율곡의 이기론적 사칠성정(四七性情)의 인성론에서 벗어나 기호설적(嗜好說的) 인성론을 정립하게 된 것은 이 때문인 것이다. 그는 퇴계와 율곡의 이기론적 인성론을 비판한 여세를 몰아 소위 송학적 이기의 개념은 수사학적 고의에서 찾

---

142) 「理發氣發辨」 1, Ⅰ~12, 17쪽(2-307~308). "退溪曰四端理發而氣隨之 七情氣發而理乘之 栗谷曰 四端七情皆氣發而理乘之 後之學者 各尊所聞 聚訟紛然 燕越以邈 莫可歸一 余嘗取二子之書而讀之 密求其見解之所由分 乃二子之曰理曰氣 其字雖同 而其所指有專有總 卽退溪自論 一理氣 栗谷自論一 理氣 非栗谷取退溪之理氣而泊亂之爾 蓋退溪專就人心上八字打開 其云理者是本然之性 是道心 是天 理之公 其云氣者是氣質之性 是人心 是人欲之私 故謂四端七情之發 有公私之分 而四爲理發 七爲氣 發也 栗谷總執太極以來理氣而公論之 謂凡天下之物 未發之前 雖先有理 方其發也 氣必先之 雖四端 七情 亦唯以公例例之 故曰四七皆氣發也 其云理者是形而上 是物之本則 其云氣者是形而下 是物之形 質 故非切切以心性情言之也 退溪之言較密較細 栗谷之言較闊較簡 然其所主意而指謂之者各異 卽二 子何嘗有一非耶 未嘗有一非 而强欲非其一以獨是 所以紛紛而莫之有定也 求定有要 曰專曰總"

아볼 수 없음을 명백히 하고 있다. 그가 「이자설(理字說)」에서

> 언제 형체 없는 것을 리라 하고, 질이 있는 것을 기라 했으며,
> 언제 하늘이 명한 성을 리라 하고, 칠정이 발하는 것을 기라고
> 한 적이 있었는가?……성을 곧장 리라고 여기는데 옛 근거가 있
> 는 것인가?[143]

라 한 것은 이를 단적으로 설명한 것이라 하지 않을 수 없다. 이에
다산의 인성론은 그의 학이 이미 그러했듯이 이기설적 송학에서 벗
어나 수사학적 고의에 입각하여 새롭게 전개되어 있음을 여기서 지
적하지 않을 수 없다. 그럼으로써 비로소 조선조 유학사의 측면에서
볼 때 다산의 인성론은 뚜렷한 하나의 새로운 입장으로 분명히 부각
될 수 있기 때문이다. 다산이 그의 인성론을 정립함에 있어서 성기
호설을 도입하여 성리설을 부정한 데에서 그의 특징을 찾아낼 수가
있다. 그는 그의 성기호설을 전개함에 있어서 모름지기 그것이 수사
학적 고의에 근거하고 있음을 다음과 같이 설명하고 있다.

> 성(性)자의 본의에 의거하여 말한다면 성이란 마음의 기호(嗜好)
> 다. 『상서』「소고」의 "性을 절제하여 오직 날날이 나아간다[節性
> 唯日其邁] - 고전(古傳)과 금전(今傳)에서 모두 식색(食色)의 욕구
> 를 성이라고 했다-", 『맹자』「고자 하」의 "마음을 분발시키고
> 성을 참게 한다[動心忍性]", 『예기』「왕제(王制)」의 "여섯 가지
> 예를 닦아 백성들의 성을 절제한다[修六禮 以節民性]"라는 말들
> 은 모두 기호로서 성을 삼았다. 하늘이 명한 성 또한 기호로 말
> 하고 있다. 배태(胚胎)가 형성되자마자 하늘은 거기에 영명(靈命)
> 하고 형체가 없는 본체를 부여하니 그것의 됨됨은 선을 좋아하

143) 『孟子要義』 卷2, Ⅱ~6, 26쪽(4-543). "……曷嘗以無形者爲理 有質者爲氣 天命之性爲理 七情之發
爲氣乎……直以性爲理 有古據乎"

고[樂善] 악은 미워하며 덕을 좋아하고 더러움은 부끄럽게 여기
는 것이니, 이것을 성이라 하고, 이것을 성이 선하다고 하는 것
이다.144)

이렇듯 성을 기호로서 파악한 것은 이성적인 것이 아니라 감성적
인 것임에 의심의 여지가 없다. 그렇다면 송학적 입장에서는 그것은
기질지성에 해당되는 것으로서 인욕지사(人欲之私)에 해당된다. 그러
나 다산은 기호에도 두 가지가 있음을 다음과 같이 설명한다.

성이란 기호다. 형구(形軀)의 기호가 있고, 영지(靈知)의 기호가
있다.145)

라 하였으니 여기서 우리는 다산의 성론이야말로 송학과는 전적으
로 다른 각도에서 논술되고 있음을 시인하지 않을 수 없다. 그리하
여 다산은 급기야 송학에서의 본연·기질 양성론을 전적으로 부정
하고 새로이 도의(道義)·금수(禽獸) 양성론을 전개하였으니 그는 이
를 다음과 같이 논술하고 있다.

사람의 성은 다만 하나의 인간의 성이요, 개나 소의 성은 하나
의 동물의 성일 뿐입니다. 인간의 성은 도의(道義)와 기질(氣質)
두 가지를 합하여 하나의 성이 되고 동물의 성은 순전히 기질의
성일 뿐입니다.146)

---

144) 『中庸自箴』, Ⅱ~3, 2쪽(4-178). "據性字本義而言之 則性者心之所嗜好也 召誥云節性唯日其邁(古傳
今傳皆以爲食色之欲) 孟子曰 動心忍性 王制云修六禮以節民性 皆以嗜好爲性也 天命之性 亦可以嗜
好言 蓋人之胚胎旣成 天則賦之以靈明無形之體 而其爲物也 樂善而惡惡 好德而恥汚 斯之謂性也 斯
之謂性善也"

145) 「自撰墓誌銘(集中本)」, Ⅰ~16, 16쪽(2-659). "性者嗜好也, 有形軀之嗜好 有靈知之嗜好……"

146) 『孟子要義』卷2, Ⅱ~6, 19쪽(4-529). "人之性 只是一部人性 犬牛之性 只是一部禽獸性 蓋人性者
合道義氣質二者而爲一性也 禽獸性者 純是氣質之性而已"

라 하여 인간이란 성범(聖凡)을 가릴 것 없이 도의·기질의 양성을 갖추었으므로 기질지성만을 가지고 있는 금수와 구별된다는 것이다. 그러므로 소위 송학에서의 본연지성도 인물이 다 함께 지닌 것임을 다음과 같이 지적함으로써 본연지성의 송학적 본의를 파기해 놓고 있다.

> 본연(本然)에 대한 주장은 본래 불경에서 나왔다.……그러므로 그들의 말에 사람이 죽어 소가 되고, 소가 죽어 초명(焦螟)이 되며, 초명은 다시 사람으로 변화하면서, 세세토록 끝없이 유전한다고 한다. 이것이 본연의 성은 사람과 사물이 모두 같다고 말하는 것이다.[147]

이렇듯 다산의 인성론은 송학의 수정 또는 부연이 아니라 그의 기초부터가 다른 새로운 일설을 전개하였음이 분명한 것이다. 여기서 우리는 다산경학을 그의 인성론적 측면에서만 논한다 하더라도 송학—신유학—에 대하여 또 다른 입장을 지닌 개신유학으로서 평가하지 않을 수 없다고 여기는 것이다. 사실상 다산경학은 그의 인성론에서뿐만 아니라 육경사서의 전반에 걸쳐서 발명된 신지견(新知見)을 정립함으로써 비로소 그의 개신유학의 전모가 드러날 것임은 다시 말할 나위도 없다. 그럼으로써 비로소 다산경학이 지닌바 한국유학사적 위치가 확고하게 정립되겠지만, 이 글에서는 이를 다 다룰 겨를이 없다. 다만 끝으로 다산경학의 한국사상사적 측면에서의 문제점을 살펴봄으로써 개신유학으로서의 다산경학의 새로운 또 다른

---

147) 『論語古今註』 卷9, Ⅱ~15, 14쪽(6-111). "本然之說 本出佛書……故其言曰 人死爲牛 牛死爲焦螟 焦螟復化爲人 世世生生輪轉不窮 此所謂本然之性人物皆同者也"

일면이 있음을 알게 될 것이다.

4)

　필자는 지난 79년도 한국정신문화원이 마련한 학술대회에서 「한국철학의 전통적 기조」라는 주제논문을 발표한 후 이와 관련된 몇 편의 논문을 통하여 다산학의 한국사상사적 위치에 대하여 언급한 바 있다. 아직 하나의 시도적인 모색의 단계에 지나지 않기는 하지만 여기에 그의 일단을 소개하여 이 글의 마지막 매듭을 삼고자 한다.
　필자는 한국사상사의 맥락을 단군－화랑(國仙)－불교－유교－동학－근세로 잡아놓고 거기에 일관된 사상적 체계가 이루어지고 있는가의 여부를 살펴보려는 노력을 계속하고 있다. 그것을 필자는 일단 '한'사상이라 가칭하여 놓고 있다.
　'한'사상을 한국민족사상의 주맥으로 삼는 입장에는 지금까지 무교적인 것과 신화적인 것과 종교적인 것과 내지 철학적인 것들로 나눌 수가 있을 것이다. 이러한 입장들은 제 나름대로의 하나의 이론적 근거를 갖추고 있으나 여기서 이를 일일이 따질 겨를이 없다. 그러므로 여기서는 다만 필자의 생각만을 일방적으로 피력하여 그것이 개신유학으로서의 다산경학과 어떠한 연관성으로 맺어져 있는가를 살펴봄에 그치려고 한다. 여기서 '한'사상과 중국의 음양설과 서구의 변증법과의 대비에 있어서의 가장 뚜렷한 특색이 무엇인가를 더듬어 본다면 그것은 아마도 구조적인 면에서 각자 이질적인 면을 보여주는 것이 아닐까 한다. 그러한 결론을 너무도 성급하기 내린다면 그것은 한낱 피상적인 견해에 그칠 염려가 없지 않으나 그것이 설령 가설적인 것이라 하더라도 일단 다음과 같이 말할 수는 없지 않을까.

변증법은 모순과 갈등을 전제로 하는 정반합의 원리이므로 이원론적 무한반복에 근거하고 있다. 음양론은 그것이 비록 태극에 의하여 생성된 것이라 하더라도 '陰極則陽生 陽極則陰生'하는 바, 영원한 음양 이원의 대립에 의하여 존재하고 있을 따름이다. 그러므로 변증법이나 음양설은 그것이 비록 일시적으로는 모순과 반목을 극복한 조화와 합의 경지를 이룬다 하더라도 또 다른 대립을 생성하게 되는 영원한 이원론에 근거하고 있다고 하지 않을 수 없다.

이러한 견해의 근거로서는 중국의 음양설이 또 다른 오행설과 합작하여 二五之精(「태극도설」)이라는 원리로 되어 송대 역학의 정수가 되었음을 보더라도 알 수가 있다. 헤겔에 이르러 절대정신을 주축으로 하는 변증법이 유물변증법으로 변형되는 과정에서 끝내 이원론적 반목과 갈등을 극복하지 못한 사실만으로도 이를 증명할 수 있을 것이다.

여기서 우리는 '한'사상이란 이러한 이원론적 음양설이나 변증법적 논리로서가 아니라 진정 양극적 대립의 태일지형으로서만이 이해되는 또 다른 하나의 우주론적 원리라는 사실을 상기하지 않을 수 없다. 필자는 이러한 원리의 근거를 단군신화에 두고 있으며, 이를 구조적으로 이해하고 있는 것이다.

첫째, 환인과 환웅과의 부자윤리는 친화(親和)의 극치로서의 태일지상(太一之象)을 보여주고 있다.

둘째, 환웅과 삼신(三臣)에 의한 솔도삼천(率徒三千)과의 관계는 목민자의 하향윤리로서 일즉다(一卽多)의 상을 보여준다.

셋째, 환웅과 웅녀에 의한 단군의 탄생은 원융무애의 극치로서 영원한 생성 발전의 상이다.

이러한 도는 음양론이나 변증법으로는 설명할 수 없는 현묘지도로서의 '한'의 극치가 아닐 수 없다. 이에 '한'사상이라는 독자적인 국선의 도를 탐구해 보고자 하는 소이가 깃들어 있는 것이다. 그렇다면, 다산학을 이러한 '한'사상의 맥락에 있어서는 어떻게 이해하여야 할 것인가.

첫째, 다산은 우주론적 입장에서 음양의 원리를 음양대대의 원리로서 태일지형의 태극원리로 이해함으로써 한·송 양학에 의하여 정립된 음양오행설에서 오행설을 제거하였다. 그리하여 태극을 다음과 같이 말하였다.

> 태극이란 태일(太一)의 형상이다. 양의(兩儀)란 둘이 합친다는 뜻이다.[148]
> 극(極)이란 옥극(屋極)의 뜻이요, 옥극이란 지붕의 등[屋脊]이다.[149]
> 태극이란 여덟 가지 사물이 합친 것이요, 여덟 가지 사물이란 태극이 나뉜 것이다.[150]

라기도 하였으니 태극은 이자(二者) 합일의 '한'이요, 일즉다(一卽多)의 '한'이기도 한 것이다. 이러한 '한'으로서의 '一'은 오행의 상생상극의 순환법칙과는 별개의 원리이기 때문에 다산은 오행의 원리를 부정하기에 이르렀던 것이다. 그가

---

148) 『易學緖言』卷1, Ⅱ~45, 11쪽(10-198). "太極者 太一之形 兩儀者 兩合之儀"

149) 『周易四箋』卷8, Ⅱ~44, 26쪽(10-141). "極也者 屋極之義 屋極者 屋脊也"

150) 「論河圖爲八卦之則」, 『易學緖言』卷2, Ⅱ~46, 38~39쪽(10-334~335). "太極者 八物之合 八物者 太極之分"

하늘의 도는 크고 넓고, 사물의 이치는 은미해서 쉽사리 추측할 수 없다. 하물며 오행은 만물 가운데 다섯 가지 사물에 불과하니, 똑같은 사물이면서 다섯으로 만물을 낳는다는 것은 또한 힘들지 않겠는가?[151]

라 한 것은 이를 단적으로 설파한 것이 아닐 수 없다.

둘째, 다산은 그의 인성론의 전개에 있어서도 친명과 인성이 둘이 아니라 '하나'임을 다음과 같이 표현하고 있다.

솔성(率性)이란 하늘의 명을 따르는 것이다.[152]

이는 솔성함이 곧 순천명(順天命)이니 성명이 일여(一如)인 것이다. 뿐만 아니라 그는 일신을 묘합의 상으로 다음과 같이 파악하고 있다.

몸과 마음은 묘합(妙合)하였으므로 나누어 말할 수 없다.[153]

이는 곧 '이이일(二而一)'로서의 '한'의 상을 여기서 엿볼 수가 있다. 다산경학에 의하여 표출된 '한'의 상은 그것이 한낱 유학적인 측면에서뿐만이 아니라 한국사상의 원류를 따라 그의 맥락이 이어진다는 사실을 우리는 여기서 상기하지 않을 수 없다. 다시 말하면 개신유학의 다산경학은 한국사상사의 입장에서도 중요한 일장을 차지하고 있음을 의미하는 것이다.

---

151) 『中庸講義』, Ⅱ~4, 3쪽(4-241). "天道浩大 物理眇隱 未易推測 況五行不過萬物中五物 則同是物也 而以五生萬不亦難乎"

152) 『中庸自箴』, Ⅱ~3, 3쪽(4-180). "率性者 循天命也"

153) 『大學公議』, Ⅱ~1, 29쪽(4-59). "身心妙合 不可分言"

사실상 조선조 유학이 정주학에 의하여 한국적 맥락을 상실하였음을 시인한다면 다산경학이야말로 유학의 한국화에 크게 기여한 것으로 평가해야 할는지 모른다. 어쨌든 다산 경학은 한국화된 수사학적 유학이라는 점에서 이를 개신유학이라 일러야 하며 그러한 의미에서 다산경학은 한국사상사 안에서의 일장절(一章節)로 다루어져야 할 개신유학이 아닐 수 없는 것이다.

이러한 새로운 측면에서의 조선조 유학사의 재검토는 우리들에게 부하된 역사적 과제라는 사실을 우리는 깊이 깨달아야 하며, 이를 위하여 많은 업적의 축적이 이루어지기를 기대하면서 붓을 놓는다.

3. 프라그마티즘과 실학사상

1)

미국에 있어서의 존 듀이(1859~1952)에 비견할 만한 학자를 한국에서 지목하라 한다면 아마도 혜강(惠崗) 최한기(崔漢綺, 1803~1873) 말고는 또 다른 사람을 찾아내기 어려울 것이다. 왜냐하면 혜강이야말로 박종홍이 그의 「최한기의 과학적인 철학사상」에서, "혜강의 사상 속에는 그 근저에 서구 경험주의의 토대가 된 것과 같은 여러 원리적인 요소가 깃들어 있다고 하겠다"[154]라 했듯이 한국의 경험론자로서 지목되어 있기 때문이다. 퍼어스(1839~1914)의 객관적 프라

---

154) 朴鍾鴻, 『한국의 사상적 방향』(서울: 博英社, 1968), 108쪽.

그마티즘과 제임스(1843~1916)의 주관적 프래그마티즘을 종합 집대성하여 이를 체계화한 듀이의 기구주의 또는 실험주의는 영국에서 비롯한 근대적 경험론에서 서통을 이어받은 것으로 간주됨으로써 주지주의를 배격하는 입장이라고 한다. 이와 같은 프라그마티즘의 입장은 혜강의 주기론적 경험주의에서도 많은 유사점을 발견하게 된다.

혜강은 조선조 후기 실학파들이 거의 그러했듯이 유기론적 입장에 있을 뿐만이 아니라 이를 신기론(神氣論)으로까지 심화 발전시킴으로써 그의 경험론적 철학을 정초해 놓았다. 이는 중국 송대에 있어서의 주리파인 성리학과는 상대적으로 그들의 선지후행론적(先知後行論的)인 주지주의와는 반대되는 입장에 서게 된 것으로 듀우이의 행동주의적 반주지주의와도 비교되는 점이라 하지 않을 수 없다.

한 인물의 사상은 그가 태어난 시대를 배경으로 한 토양에 뿌리를 내린다는 사실은 혜강에 있어서도 결코 예외일 수는 없다. 혜강이 태어난 19세기는 조선조 말기에 내우외환이 거의 극에 달한 격변기로서 혜강의 신기론 배태를 위하여 절호기였는지도 모른다.

그것은 마치 듀우이의 철학이 미국의 개척 시대를 배경으로 하여 배태된 것과도, 그 변화의 양상은 다르지만, 그 궤를 같이하는 것이라 해야 할는지 모른다.

혜강 최한기는 세조 때 영의정을 지낸 최항(崔恒, 1409~1474)의 후손으로서 비록 명문의 후예이기는 하지만 십여세(十餘世) 내려오는 동안 이렇다 할 현관(顯官)이 없는 집안에서 태어났다. 그의 아버지 치현(致鉉)은 시재(詩才)가 있어서 10여 권의 시고(詩稿)를 남긴 문사였으나 그가 10세 때 별세하여 혜강은 그의 종숙인 광현(光鉉)의 양자로 입양되었다.

그는 1825년에 사마시(司馬試)에 합격하였으나 벼슬 산 경력은 없고, 그의 나이 70에야 비로소 그의 아들 병대(炳大)가 왕의 시종이 되자 통정대부(通政大夫)의 위계(位階)에 오르고 첨지중추부사(僉知中樞府事)가 되기는 하였지만 줄곧 궁반한족(窮班寒族)의 사회적 불운 속에서 일생을 마쳤다.

그러나 한 인물의 불운이 결코 불운 그대로 끝나지 않을 때 그의 보람은 영세에 남는 것이라 한다면, 혜강의 생애도 또한 그의 사상과 철학 속에 길이 남아 있다고 해야 할는지 모른다. 그의 방대한 저술은 이를 웅변하고도 남음이 있는 것이다. 통칭 천여 권으로 일컫는 그의 저술을 대충 정리해 보면 다음과 같다.

『농정회요(農政會要)』……저작 년대 현존여부 미상.

『육해법(陸海法)』……상·하 1책, 수기도해(水器圖解) 포함.

『청구도현(靑丘圖顯)』……김정호(金正浩) 청구도(靑丘圖)의 해제.

『만국경위지구도(萬國經緯地球圖)』……현존미상.

『추측록(推測錄)』……6권 3책. 중요한 저술의 하나로서 현존.

『강관론(講官論)』……4권 1책. 혜강의 학적 태도를 알기에 알맞은 책.

『신기통(神氣通)』……3권 2책. 중요한 저술의 하나로서 현존.

『기측체의(氣測體義)』……9권 5책. 『추측록』과 『신기통』의 합본.

『감저(鑑杵)』……1책.

『기상리수(氣象理數)』……현존미상.

『심기도설(心器圖說)』……1책.

『소답류찬(疏箚類纂)』……상·하 1책.

『습등진벌(習等津筏)』……5권 2책. 혜강의 數學.

『우주책(宇宙策)』……12권 6책,

『지구전요(地球典要)』……13권 6책.

『인정(人政)』……25권 12책. 중요한 저술의 하나.

『성기운화(星氣運化)』……상·하 2책.

이상의 저술은 혜강의 70평생을 통하여 이루어진 것으로서 현대에로 이어지는 주옥같은 저술들이다.

2)

혜강의 유기론적 변화의 사상을 이해하자면 그에 앞서 그의 배경을 이루고 있는 조선시대에 정착한 이기철학을 언급하지 않을 수 없다. 그것은 일차적으로 퇴·고 양현의 사칠논변을 상기하게 한다. 이 논쟁의 결과는 어떻든 간에 그것이 율곡의 대에 이르자 이발·기발의 가능성 여부의 논쟁으로 귀결되고 말았다.

리(理)는 천리로서 우주론적 이법으로 존재하는 자요, 기(氣)는 천기가 운행하는 동력으로 존재하는 자다. 이러한 기본이념에 근거하여 퇴계는 이발·기발의 능(能)을 리·기가 다 함께 갖추고 있다고 보았지만, 율곡은 리에는 발(發)의 능이 없고, 발의 능은 오직 기만이 지니고 있다고 본 것이다. 그것에 바로 퇴계의 이발이기수지(理發而氣隨之) 기발이리승지(氣發而理乘之)라는 이기호발설에 대하여 전자를 부정하고 오직 후자인 기발이리승지(氣發而理乘之)만을 시인하는 율곡의 입장이 놓여 있게 마련이다.

이러한 퇴·율 양현의 분기점은 곧 서양철학에 있어서 합리론과 경험론의 분기를 방불하게 하는 것이 아닐 수 없다. 다시 말하면 퇴계는 전자에 속하고, 율곡은 후자에 속한다고 보는 것이 옳을는지 모른다.

어쨌든 조선조 유학은 이기논쟁을 계기로 하여 퇴계 중심의 영남학파는 주리파라 이르고 율곡 중심의 기호학파는 주기파라 이르며 오늘까지 이어오는 사이에, 소위 조선조 후기 실학자들은 대체로 주기적인 경향을 띠게 됨으로써 혜강의 신기론으로 발전하게 된 소지를 마련해 주었다고 보아야 할 것이다. 이러한 주기론적 배경 밑에서 혜강은 이기를 어떻게 이해하였을까. 그는 그의 『추측록』에서,

> 진실로 기에 밝다면 리는 저절로 그 가운데 있는 것이다. 먼저 이치의 탐구에 힘쓰면 기는 도리어 숨어버리고 기준을 잃게 될 것이다. 리는 형체가 없고 기는 자취가 있기 때문에 그 자취를 따르면 리는 저절로 드러나, 찾아볼 만한 단서가 있게 된다. 그 자취를 버리고 형체 없는 것에서 탐구하면 분명하게 드러난 기는 도리어 은미한 데로 돌아가 버리니, 리라고 부르는 것도 아득하니 기준이 없어진다.[155]

라 하였는데, 이를 음미해 본다면 고봉의 '리는 조짐이 없지만 기는 자취가 있다[理無朕而氣有迹]'라고 한 견해에서 부연된 것으로서 고봉과 율곡 이래 주기론자들의 공통된 입장이다. 다시 말하면 기를 운동·변화하는 원동력으로서 물자체의 내재성으로 본다면 리는 바

---

155) 최한기, 『推測錄』 권2, 「推氣測理」, 「理在氣中」. "苟明乎氣 則理自在其中矣 先務究理 則氣反隱而 固準 理無形而氣有迹 故循其跡 則理自顯而有可尋之緖矣 捨其跡而求諸無形 則顯著之氣 反歸隱微 所謂理者 漠無準的"

로 이 기의 운동법칙성으로 나타난다. 그러기에 리는 기의 운동·변화에 따라서 존재하는 것일 따름이다. 그러므로 리는 기의 조리일 뿐 태극의 리처럼 선험적 존재가 아니라는 것이다. 그러므로 혜강의 리는 주리론자들이 말하는 바와 같은 절대 고정 불변하는 영원한 초경험적 실체가 아니라 상대적으로 변화하는 연속적이요 실증적인 현상으로 나타나는 법칙에 지나지 않는 것이다. 다시 말하면 혜강의 기는 영원한 변화의 원동력이요, 리는 그 기의 법칙성일 따름이다.

여기서 필자는 조성술 교수의 「죤 듀우이에 있어서의 경험과 자연의 문제」라는 논문의 일절을 읽어보고자 한다.

> 듀우이에 있어서의 경험을 우선 소박한 의미로 보아 생명적인 인간주체가 환경 속에서 전개하는 생활이라고 할 수 있다면, 경험은 곧 활동성을 그 기본 본질로 하고 있어야 할 것이다. 그것은 생명의 본질이 활동성에서부터 찾아져야 할 것이기 때문이다. 그리고 경험의 일차적 근거를 활동성에 두고 있다면 생명의 의미는 활동성에 있어서 먼저 찾아져야 할 것인데, 그러한 견지에서 활동성의 개념을 분석해 볼 때 활동이란 어떠한 방향을 가지고 있어야 하겠고, 또 그 활동이 어떤 것에 관여할 때 그 관여되는 대상에서 오는 반응을 받아야 할 것이다. 이러한 활동성의 두 가지 측면을 듀우이는 연속성의 원리와 상호성(상호작용)의 원리라는 두 가지 원리로써 설명하고 있고, 이들 두 개의 원리를 경험을 구성하는 縱面의 원리와 橫面의 원리라고 하고 있다.[156]

고 한 것을 보면, 듀우이가 만일 혜강으로 태어났더라면 아마도 기철학에 좌단하였을 것이라고 여겨진다. 혜강은 이러한 연속성의 원리를 천지유행(天地流行)하는 운화(運化)의 리라 이르고 있다.

---

156) 『전남대학교 논문집』 26집(광주: 전남대, 1981), 77~78쪽.

운화라고 하는 지속적인 변화를 유기론적 발생과정으로 이해한 혜강의 기철학은 그의 신기론에 의하여 한결 심화되어 있는 것이다.

듀우이와 혜강이 기철학에서 공통분모를 추출해 낼 수 있다는 사실은 그들이 처했던 19~20세기에 걸친 시대적 격변이 그들로 하여금 변화 속에서 참을 찾아내려는 형안의 눈을 뜨게 한 점에서 공통되었는지도 모른다. 전통적인 절대정신이니 천리니 하는 고정불변하는 이철학(理哲學)에서 벗어나 그들은 다 함께 '기'라는 생명력 있는 Energy라거나 Vital Force를 체인하기에 이르렀던 것이다.

물론 주동설적(主動說的)인—주정설(主靜說)과의 상대적 의미로서—변화의 철학이 희랍이나 중국의 고전 속에 없었던 것은 아니다. 그러나 우리가 여기서 주목하고자 하는 것은 그러한 고전적 변화의 원리보다도 그것의 현실적 도구—듀우이의 말—로서의 기철학이어야하는 데에 혜강의 신기론은 문제를 안고 있는지도 모른다. 혜강은 그의 『신기통』 권1에서 다음과 같이 말한다.

신(神)이란 기의 정화(精華)이고, 기(氣)란 신의 기질(基質)이다.[157]

이를 요약하면 정신기질론(精神氣質論)이라 할 수 있다. 다시 말하면 신과 기는 일자의 양면상이로되 그의 정화는 신이요, 그의 기질은 기인 것이다. 그러면 전체로서의 일자는 무엇인가? 혜강은 그의 『인정』 권9에서

옛날에 말하던 심체(心體)란 곧 신기(神氣)다.[158]

---

157) 최한기, 『神氣通』 권1, 「통체」, 「知覺優劣從神氣而生」. "神者 氣之精華 氣者 神之基質也"

라 하였으니, 심체(心體) 곧 인체 속에 깃들어 있는 '마음'이 바로 신기(神氣)라는 것이다. 그것은 곧 Mind as a Vital Force다. 그러나 혜강은 그의 『신기통』 권1에서 또 다음과 같이 말한다.

> 신기(神氣)에는 다른 능력이란 없고, 밝음[明]이 신(神)에서 생기고, 힘[力]이 기(氣)에서 생길 뿐이다. 밝음과 힘은 바로 끝없는 묘용(妙用)이 따라 나오는 곳이다.[159]

이는 신명기력설(神明氣力說)로서 신기의 묘용은 바로 Vital(明) Force(力)의 원천이 됨을 지적하고 있는 것이다. 묘용이란 표현은 '하나'로 된 '전체'를 의미한다. 다시 말하면, 일즉전체(一卽全體, one and all)를 뜻하는 것으로서, 신기를 양자가 아니라 양자가 귀일한 전체로서 파악할 때 신기묘용(神氣妙用)의 경지는 비로소 이해할 수 있게 되는 것이다.

혜강은 그의 신기론을 이렇듯 그 자체의 묘용론에 그치지 않고, 더 나아가 이를 지각경험론으로까지 발전시키고 있음을 볼 수 있다. 그는 다음과 같이 말하고 있다.

> 지각(知覺)이란 신기(神氣)의 경험(經驗)이다. 신기를 지각이라고 해도 안 되고, 또한 지각을 신기라고 해도 안 된다. 경험이 없으면 한낱 신기가 있을 뿐이지만, 경험이 있으면 신기는 저절로 지각이 있다.[160]

---

158) 최한기, 『人政』 권9, 「教人門」 2, 「善惡虛實生於交接」. "古所謂心體 卽神氣也"

159) 최한기, 『神氣通』 권1, 「通體」, 「明生於神 力生於氣」. "神氣無他能 而明生於神 力生於氣 惟明與力 乃無限妙用所由出也"

160) 같은 책, 「體通」, 「經驗乃知覺」. "知覺者 神氣之經驗也 不可以神氣謂知覺也 又不可以知覺謂神氣也 無經驗 則徒有神氣而已 有經驗 則神氣自有知覺耳"

이는 신기란 인체 내외에서 자재하지만 그것이 경험에 의하지 않고서는 인간의 지각으로 화할 수 없음을 의미한다. 다시 말하면, 신기－경험－지각으로서의 연관성을 연상하게 한다. 이러한 경험론적 신기론이야말로 혜강의 근대사상에의 발돋움이 아닐 수 없다.

여기서 우리는 조심스럽게 신기를 듀우이의 자연과 대비하고 '지각은 인간으로 대체할 수는 없을까' 라는 생각을 하게 된다. 조성술 교수의 전기 논문 중에서 다음과 같은 글귀를 인용해 본다.

> 듀우이의 자연을 생각할 때, 우리는 경험과 자연과의 상호 연관성을 단절시키고는 그 진면목에 접할 수가 없다. 그것은 전통사상에서 자연은 경험보다도 원인 쪽에 있거나 초월 쪽에 있거나 혹은 나란히 있을 때조차도 경험의 외부에 있거나 하였으나 듀우이에 있어서 이 양자의 관계는 훨씬 역동적으로 서로 맺어져 있다고 볼 수 있는데, 단지 이러한 관계를 일목요연하게 설명하기 위해서 우선 하나의 연관관계를 가정해 본다면 인간－경험－자연이라는 일련의 관계로 예시할 수가 있을 것이다.161)

라고 한 인간－경험－자연의 도식을 혜강에 있어서는 신기(자연)－경험－지각(인간)으로 바꾸어 놓지 않았나 싶은 것이다. 이렇듯 혜강과 듀우이의 상응은 많은 흥미와 문제점을 안겨주고 있음이 분명하다. 그러한 의미에서도 우리는 좀 더 혜강의 신기론을 살펴볼 필요가 있지 않나 싶다.

박종홍은 그의 전기 논문에서,

> 혜강의 이른바 신기의 神은 인격적인 신을 말함이 아니다. 이른

---

161) 같은 책, 82쪽.

바 상제니 주재니 하는 것은 특히 神氣發用의 덕을 지칭할 따름이요, 그 전체를 들어 마치 한 집안에 주인이 있고, 한 나라 안에 人君이 있듯이 주재가 있는 것이 아니다. 氣를 떠나서 神이 따로 있는 것이 아니므로 '並言神氣則神包氣中'이라 하기도 하고 '氣卽神 神則氣'라고도 한다. 그런데 옛날 사람들은 氣와 神을 따로 떼어 둘로 생각하는 일이 많았기 때문에 虛誕奇異에 빠지기 쉬워 후세 사람들로 하여금 渾淆하여 기준이 없게 하고 말았다.

고 하여 혜강의 신은 허탄기이(虛誕奇異)한 인격신이 아니라 천지·자연의 신기임을 다음과 같이 지적한다.

기가 굳게 응고하면 質이 되고 풀어 흩어지면 다시 기로 환원하는 것이니, 이것은 마치 雨水가 추운 겨울에 어름이 되었다가 녹아 풀어지면 다시 雨水로 환원함과 같다. 生은 기가 聚함이오, 死는 기가 散함이다. 잉태한다는 것은 기가 모이기 시작함이요, 자란다는 것은 기의 모두임이 이루어졌음이요, 衰한다는 것은 기가 장차 흩어짐이요, 죽는다는 것은 기가 흩어져 버린 것이다. 내가 사람으로 태어나기 전에는 오직 천지의 기가 있을 뿐이나, 내가 태어날 때 바로 형체의 기가 있는 것이요, 내가 죽은 후에는 다시 천지의 기로 돌아간다. 천지의 기는 크고 長存하며, 형체의 기는 작고 暫滅한다. 그런데 이 형체의 기는 천지의 기를 資賴하며 생장하는 것이다

하였음을 보면 다음과 같은 서화담(1489~1546)의 일기장존설(一氣長存說)을 연상하게 한다.

삶과 죽음, 사람과 귀신은 단지 기의 모임과 흩어짐일 뿐이다. 모이고 흩어지는 일은 있어도 있었다가 없어지는 일은 없는 것은 기의 본체가 그런 것이다. 기의 담일청허(湛一淸虛)한 것은 바깥이 없는 허공을 가득 채우고 있다. 크게 모인 것은 천지가

되고, 작게 모인 것은 만물이 되니, 모이고 흩어지는 형세가 은미하거나 혹은 드러나고, 늦거나 빠른 차이가 있을 뿐이다.……담일청허한 곳에 모인 것은 끝내 흩어지지 않으니, 태허의 담일한가운데 흩어지는 것도 똑같은 기일 뿐이다. 지각이 모이고 흩어지는 데에도 느리거나 빠름의 차이가 있을 뿐이다.……그 기가 끝내 흩어지지 않는 것은 어째서인가? 기의 담일청허한 것은 이미 시작도 없고, 또한 끝도 없기 때문이다.……비록 한 조각의 촛불의 기라고 하더라도 그것이 눈앞에서 흩어지는 것을 보았다고 한들 나머지 기는 끝내 흩어지지 않는데 어떻게 다 없어져 버린다고 말할 수 있겠는가?[162]

이렇듯 연원을 따지면 혜강의 기는 화담의 기에서 유래한 듯하지만 그것을 혜강은 경험적으로 승화시켜 근대사상에의 문경(門徑)을 열어 놓았다고 해야 할는지 모른다.

기에는 모름지기 음양오행의 기로서의 천지지기(天地之氣)와 신기정혈(神氣精血)로서의 생리지기(生理之氣)와 태허태무(太虛太無)한 형이상학적 이기지기(理氣之氣)가 있는데, 혜강의 기는 천지지기와 생리지기를 신기 개념에 의하여 정리하고 관념론적 이기는 이를 비판적으로 받아들이지 않고 있음을 알 수 있다. 그러므로 혜강은 감각기관에 의한 통기(通氣)를 다음과 같이 설파하고 있다.

하늘이 낳은 백성들의 형체는 갖가지 작용을 갖추고 있으니, 신기를 통하게 하는 기계이다. 눈은 색깔을 보는 거울이요, 귀는 소리를 듣는 피리이며, 코는 냄새를 맡는 대롱이요, 입은 소리

---

162) 서경덕,『花潭集』卷2,「鬼神死生論」, 15~16쪽. "死生人鬼 只是氣之聚散而已 有聚散而無有無 氣之本體然矣 氣之湛一淸虛者 彌漫無外之虛 聚之大者爲天地 聚之小者爲萬物 聚散之勢 有微著久速耳……聚之湛一淸虛者 終亦不散 散於太虛湛一之中 同一氣也 其知覺之聚散 只有久速耳……其氣終亦不散何者 氣之湛一淸虛者 旣無其始 又無其終……雖一片香燭之氣 見其有散於日前 其餘氣終亦不散 烏得謂之盡於無耶"

가 드나드는 문이며, 손은 물건은 붙잡아 두는 그릇이요, 발은
몸을 움직이는 바퀴다. 이 모든 것이 한 몸에 실려 있으면서 신
기가 주재가 되니, 여러 기관[竅]과 감각[觸]으로부터 인정과 물
리를 모아 들여 신기를 학습시키고 물들인다. 그것들이 발용할
때가 되면 속에 쌓였던 인정과 물리가 여러 기관과 감각으로부
터 베풀어지는데, 이것이 곧 형색을 실천하는[踐形] 위대한 방법
이다.……이 귀·눈·입·코 등의 여러 감각을 버리고서 어떻게
작은 이치 하나를 얻을 수 있고, 작은 일 하나를 경험할 수 있
겠는가?163)

이·목·구·비·수·족 등 제기관은 천지지기와 생리지기를 상
호 소통해 줌으로써 신기가 운화통용(運化通用)된다는 것이다. 여기
에는 형이상학적 이기지기(理氣之氣)가 관여할 틈이 없는 것이다.

이에 필자는 조선조 말기의 사상의학자로 알려진 동무 이제마
(1837~1900)의 장부론의 일절을 적기하여 혜강의 뒤를 잇는 그의
독창적 일면을 살펴볼까 한다.

귀는 廣博天時하는 청력으로 津海의 淸氣를 끌어내어 上焦에 充滿
하게 하여 神이 되게 하고, 頭腦로 쏟아넣어 膩가 되게 하니, 거
듭거듭 쌓이면 膩海가 된다. 눈은 廣博世會하는 시력으로 膏海의
淸氣를 끌어내어 中上焦에 충만하게 하여 氣가 되게 하고, 背膂
로 쏟아넣어 膜이 되게 하니, 거듭거듭 쌓이면 膜海가 된다. 코
는 廣博人倫하는 嗅力으로 油海의 淸氣를 끌어내어 中下焦에 충만
하게 하여 血이 되게 하고, 腰脊으로 쏟아넣어 血이 엉키게 하니,
거듭거듭 쌓이면 血海가 된다. 입은 廣博地方하는 味力으로 液海
의 淸氣를 끌어내어 下焦에 충만하게 하여 精이 되게 하고, 膀胱

---

163) 최한기, 『神氣通』, 「神氣通序」. "天民形體 乃備諸用 通神氣之器械也 目爲顯色之鏡 耳爲聽音之管
鼻爲嗅香之筒 口爲出納之門 手爲執持之器 足爲推運之輪 總載於一身 而神氣爲主宰 從諸竅諸觸 而
收聚人情物理 習染於神氣 及其發用 積中之人情物理 從諸竅諸觸而施行 卽踐形之大道也……捨此耳
目口鼻諸觸 有何一毫可得之理可驗之事乎"

으로 쏟아 넣어 엉키게 하니, 거듭거듭 쌓이면 精海가 된다.[164]

라 하였으니 이는 장부기능을 생리적인데 그치게 한 것이 아니라 천기(天機)・인사(人事)에 관여하고 있음을 보여 주고 있다. 그러므로 진고유액(津膏油液)의 사해청기(四海淸氣)는 이목구비의 광박천기(廣博天機)하는 청시후미지력(聽視嗅味之力)에 의하여 제출됨으로써 사초(四焦)에 충만하게 되어 신기혈정(神氣血精)이 되고, 신기혈정이 두(頭, 頭腦)・견(肩, 背膂)・요(腰, 腰脊)・신(腎, 膀胱)으로 주입되면 니막혈정(膩膜血精)의 사해(四海)가 조성된다는 것이다. 이를 표시하면 다음과 같다.

區分	前四海		四官	提出力	造爲	注入處	後四海	
淸氣	津	海	耳	天時之聽力	神	頭腦	膩	海
	膏		目	世會之視力	氣	背膂	膜	
	油		鼻	人倫之嗅力	血	腰脊	血	
	液		口	地方之味力	精	膀胱	精	

여기서는 동무 사상설을 자세히 논할 겨를이 없거니와, 여기서 필자는 혜강의 경험론적 신기설이 과연 동무의 사상설과 어떻게 관계되어 있는가를 알아내는 일은 오늘에 있어서의 우리들의 하나의 과제로 남는다는 사실만을 지적하는 데 그친다.

---

164) 『東醫壽世保元』 卷1. "耳以廣博天時之聽力 提出津海之淸氣 充滿於上焦爲神 而注之頭腦爲膩 積果爲膩海 目以廣博世會之視力 提出膏海之淸氣 充滿於中上焦爲氣 而注之背膂爲膜 積果爲膜海 鼻以農博人倫之嗅力 提出油海之淸氣 充滿於中下焦爲血 而注之腰脊爲凝血 積果爲血海 口以廣博地方之味力 提出液海之淸氣 充滿於下焦爲精 而注之膀胱爲凝精 積果爲精海"

3)

　프라그마티즘과 실학사상을 견주어 보기 위하여 주로 기철학적 입장에서 혜강과 듀우이를 비교해 보았거니와 이 양자의 유사성을 좀더 살펴보자면 먼저 성백지설을 들 수가 있다. 대체로 경험주의자들은 가치의 생성과정(행동)이나 그의 결과를 중요시하기 때문에 원천적인 고유개념에 대하여는 부정적인 것이 통례이다. 그러한 입장에 있어서는 혜강도 예외가 아니다.

　본시 유가의 전통적 성설은 공자의 성상근설(性相近說)에서 비롯하였고, 그것이 맹자의 양지양능설(良知良能說)에 의하여 성선설로 굳어진 데다가 그로부터 훨씬 뒤에 와서 송유들에 의하여 천리설(天理說)로 굳어졌으니 천리야말로 성(性)이 구유한 선천지(先天知)로 간주된다.

　이러한 전통적 성설을 배경으로 하여 혜강은 그의 『신기통』에서,

　　침이나 송곳이 곁에 있으면 찔릴까 겁내는 것은 예전에 보고 들었거나 겪어보았기 때문이다. 만일 예전에 보고 듣지도 겪어본 적도 없다면 비록 곁에 침이나 송곳이 있는 것을 본들 처음 마주하고서는 어떤 물건인지, 어디에 쓰는 것인지도 모를 것이다. 또한 그것으로 찌르면 피부가 상한다는 것도 모를 것이다. 그러나 한 번이라고 보고 듣고 겪었다면 침이나 송곳에 찔릴까 겁낼 뿐만 아니라, 가시나무나 까끄라기, 가시와 같은 것에 대해서도 모두 삼가면서 피할 것이다.[165]

---

165) 『神氣通』 권3, 「觸通」, 「觸待見聞」. "針錐在傍而畏刺者 以有前日見聞閱歷也 若無前日見聞閱歷 雖見在傍之針錐 初當而不知爲何物而何所用 又不知刺膚有傷也 一有見聞閱歷 則非惟畏針 錐之見刺 亦能於荊棘芒刺之類 皆得謹避之矣"

라 하여 경험에 의하지 않고서는 침추류(針錐類)가 상인(傷人)하는지
의 여부를 알 길이 없으니 사람들의 견문이란 다 일상적 습관에 의
하여 얻어짐을 다음과 같이 말하고 있다.

> 사람이 강보에 쌓여 있을 때는 어머니가 품에 안고 거느리며 사
> 랑하는 줄을 모른다. 오랜 시간이 흐르고서야 눈으로 익숙하게
> 보고 귀로 익숙하게 듣고서는 점점 어머니가 기뻐하고 웃고, 가
> 르치고 꾸짖는 것을 알게 된다. 이것을 미루어서 다른 사람들이
> 기뻐하고 화내는 것을 알게 되고, 또한 이것을 미루어서 다른
> 사람들이 기뻐하지 않고 화내지 않는 것을 알게 된다. 기쁨과
> 화를 멈추게도 하고, 일으키기도 하는 방법을 알게 된다.[166]

라 하였으니, 이러한 혜강의 견해를 박종홍은 전기 논문에서 다음과
같이 논평하고 있다.

> 영국의 근대 경험론자 로크(1632~1704)는 경험 이전의 상태를
> 백지(Tabula rasa)에 비하여 대륙의 데카르트나 라이프니쯔 등
> 이성론자들의 본유관념설을 배격하였거니와 혜강도 그 순담한
> 백지상태를 여러 가지 비유로써 형용하면서 本具見先天知의 부
> 인을 더욱 강조하고 있다.

이렇듯 혜강의 경험론은 선천지의 부인에서 비롯하여 그의 독자
적 학문체계를 갖추고 있어서 여기서는 이에 대한 상론은 피하거니
와 혜강에 이르기 이전에 있어서 실학자로 지목받는 다산 정약용의
성론은 어쩌면 송유에서 혜강에 이르는 중간자로서 여기서 일별하
고 넘어가야 하지 않을까 한다. 다시 말하면 다산 성설의 기본입장

---

166) 최한기, 『推測錄』 권1, 「推測提綱」, 「推測即是知」. "人在褓襁 不知其母之抱挈慈愛 及其日久 日習
見 耳習聞 漸知其母之嬉笑誨責 推此而知人之喜怒 又推此而知人之不喜怒 息喜怒起喜怒之方"

은 혜강처럼 일단 천리설의 부정에 있었고, 그에 가름하여 선악 미분의 성기호설을 내세웠기 때문이다.

다산은 무엇보다도 먼저 천리설을 부인하여 말하기를,

> 이제 명(命)·성(性)·도(道)·교(敎)를 모두 하나의 리(理)로 돌려 버린다면 리란 본래 지각도 없고 위엄도 능력도 없는 것인데, 무엇을 경계하고 삼갈 것이며, 무엇을 두려워할 것인가?[167]

라 하였는데, 이는 무지(無知)·무능(無能)한 리를 천리라 하여 계신(戒愼)·공구(恐懼)할 수 있겠느냐는 것이다. 다시 말하면 이는 천리라는 선험적 존재를 단적으로 부정하는 것이 아닐 수 없다. 그러므로 이는 천리라는 선천지의 부인이라는 중요한 의미를 가짐과 동시에 멀리 혜강과도 상응하는 입장이 아닐 수 없다.

그러면 다산이 이해하고 있는 리는 어떠한가? 그는 『맹자요의』에서

> 리(理)자의 뜻을 이에 강론하기로 한다. 리란 본디 옥이나 돌의 결[脈理]이다.……고요히 글자의 뜻을 고찰해 보면 모두 맥리(脈理), 다스림[治理], 법을 다스림[法理]이라는 가차한 글자이지, 다만 성을 리라고 말한 옛 근거가 어디에 있는가?[168]

라 하였음을 보면, 리란 하나의 조리이기 때문에 혜강이 말하는 기에 따른 소이연의 리에 지나지 않음을 알 수 있다. 이러한 점에서도 다산은 송유와 혜강 사이에서 중간자적 위치에 서 있음을 알 수 있다.

---

167) 『中庸自箴』, Ⅱ~3, 5쪽(4-183). "今以命性道敎 悉歸之於一理 則理本無知 亦無威能 何所戒而愼之 何所恐而懼之乎"

168) 『孟子要義』卷2, Ⅱ~6, 26쪽(4-543). "理字之義 因可講也 理字本是玉石之脈理……靜究字義 皆脈理治理法理之假借爲文者 直以性爲理 有古據乎"

다산의 성기호설은 그러한 천리설의 부정적 입장에서 새로운 의미를 갖는 인성론이요, 이는 인심도심내자송설(人心道心內自訟說)로 발전하여 극기의 과정을 중요시한다는 점에 있어서도 경험론적인 것이다. 인심도심의 내자송(內自訟)의 과정에 있어서는 선악미판(善惡未判)의 단계로서 시행착오를 거듭하면서 인격은 다듬어지고 상달되는 것으로 본다. 인격이란 한 인간의 자율적 노력의 성과로써 이루어지는 것이 아닐 수 없다는 점에서 다산은 인의예지의 선천설을 다음과 같이 부정하고 있다.

> 인의예지라는 이름은 일을 행한 후에 이루어지기 때문에 사람을 사랑한 후에 인(仁)이라 하니, 사람을 사랑하기 전에는 인이라는 이름이 성립될 수 없다. 내가 선한 후에 의(義)라 하니, 내가 선하기 전에는 의란 이름이 성립될 수 없다. 주인이 손님을 맞이한 후에 예(禮)라는 이름이 성립되고, 사물을 명백히 분변한 후에 지(智)라는 이름이 형성되는 것이지, 어찌 인의예지라는 4개가 알알이 열려 있어 마치 복숭아씨앗, 살구씨앗처럼. 사람의 마음에 잠복되어 있다 할 수 있겠는가.[169]

여기서 우리는 다산의 철저한 성과주의 곧 결과주의에서 경험론자들의 체취를 느낄 수가 있다.

조성술 교수는 그의 「죤 듀우이의 교육이론의 철학적 기저」라는 논문에서 다음과 같이 말했다.

실용주의사상을 간추려 본다면 첫째, 경험주의적이요 상대주의

---

169) 『孟子要義』卷1, Ⅱ~5, 22쪽(4-413). "仁義禮智之名 成於行事之後 故愛人而後謂之仁 愛人之先仁之名未立也 善我而後謂之義 善我之先義之名未立也 賓主拜揖而後 禮之名立焉 事物辨明而後智之名立焉 豈有仁義禮智四顆 磊磊落落 如桃仁杏仁 伏於人心之中者乎"

적이며, 둘째, 실생활에 중점을 두고 지식도구설을 주장하고 있으며, 셋째, 이들은 사실상 결과주의의 견지에 서 있다고 할 수 있을 것이다.170)

이로써 다산의 성과주의는 그것이 바로 프래그마티즘의 결과주의와도 맥이 통하는 것으로서 송유들의 선지후행주의와의 결별이 아닐 수 없다.

성과 및 결과주의에 의하여 다산―혜강은 서로 연맥(連脈)이 되거니와 혜강에 이르러 이는 증험(證驗)과 체인(體認)이라는 사상으로 심화되었음을 볼 수 있다. 그것은 결과의 확인이라는 의미를 가짐으로써 과학에로의 통로가 열린 것이다.

혜강은 그의 『신기통』 권3에서

얻었노라고만 말하면 그 우열을 알기 어렵고, 쓰고 증험해 본 다음에야 그 얻은 것을 믿을 수 있다.171)

라 하고, 그의 권1에서는

무릇 기는 통했다고 하고 증험할 수 있는 것은 통했다고 인정할 수 있지만, 비록 통했다고 하지만 증험할 것이 없다면 통했다고 인정해서는 안 된다.172)

라 한 것을 보면, 그의 결과주의는 증험주의(證驗主義)로까지 더욱 깊

---

170) 『철학연구』 22집(1976).

171) 『神氣通』 권3, 「周通」, 「周通源委」. "惟言其得 則難知其優劣 用驗以後 方信所得也"

172) 『神氣通』 권1, 「體通」, 「通有相應」. "夫氣 通之而可以證驗者 方許其通 雖謂通之而無所證驗 不可許其通也"

이 전개되고 있음을 볼 수 있다.

혜강은 증험의 방법과 효과를 다음과 같이 더욱 상세하게 논술하고 있다.

신기가 여러 기관[竅]과 감각[觸]과 소통하면서 인정과 물리를 거두어 모으고, 한두 가지 일에서 우열을 비교하고, 두 번 세 번 헤아리며 성공과 실패를 시험해보면 신기의 밝은 지혜가 점점 열리게 된다. 되풀이하여 내면을 물들이는 것도 이렇게 하면 뛰어나고 이렇게 하면 못나게 된다는 것이며, 이렇게 하면 선하고 이렇게 하면 악하며, 이렇게 하면 이롭고 이렇게 하면 해로우며, 이렇게 하면 어렵고 이렇게 하면 쉽다는 것일 뿐, 다른 것이라고는 하나도 쌓이는 것이 없게 된다. 그것이 바깥으로 발용할 때에는 지혜가 밝은 곳에서는 힘이 생기고, 힘이 전일한 곳에서는 지혜가 통달하니, 통달한 것의 크고 작고 멀고 가까운 것을 따라서 공부와 사업 또한 크고 작거나, 멀고 가깝게 되는 것이다. 처음부터 끝까지 이렇게 하면 하늘과 사람의 위대한 도에 모자람이 없을 것이다. 이 도를 버리고 따로 신기한 것을 찾는다면 엉뚱한 샛길이나 사특한 속임수에서 벗어나기 어려울 것이다.[173]

라 하였고 『인정』권1에서는

선비·농사꾼·기술자·장사치·장군·병사 등의 부류는 모두 학문의 실제 자취이다. 그들의 행사와 조치를 살펴보면 그들의 학문의 성패와 우열과 점칠 수 있다. 하릴없이 헛된 일이나 익히고 고담준론을 하면서 문자나 짓는 것을 사업이라 하고, 문호

---

173) 『神氣通』권1, 「體通」, 「知覺優劣從神氣而生」. "從神氣之通於諸竅諸觸 而收聚人情物理 一事二事 比較優劣 再度三度 試驗成敗 神氣之明知漸闢 而習染于內者 只有如是則優 如是則劣 若此則善 若此 則惡 如彼則利 如彼則害 如斯則難 如斯則易 更無他一毫積累 及其發用于外 知明處力生 力專處知達 隨其通之大小遠近 而功夫事業亦有大小遠近矣 以此終始 無欠於天人之大道矣 若捨此道 而別求神奇 難免盤蹊曲逕 詭譎邪惡"

나 지키는 것을 서로 주고받으며, 일을 맡기면 온당하게 처리할 줄 모르고, 사람을 가르치도록 하면 조리있게 문호를 개척하지도 못하며, 비록 학문이라 부르지만 사무를 처리하는 데는 어둡다면 또한 사람들에게 보탬이 되는 경우가 드물 것이다.[174]

라 하였는데, 이러한 증험의 치밀성과 학문의 일상성에 대하여 박종홍은 그의 전기 논문에서 다음과 같이 논평하고 있다.

과연 혜강은 종래의 실학사상을 철저화하였다고 하겠거니와 현대의 논리적 실증주의 내지 논리적 경험주의가 검증 불가능한 문장을 무의미한 것이라 하여 일축하는 태도와 그 근본적인 요구에 있어서 일맥상통한다고 하겠다. 특히 事務上 훈련을 강조하였음은 오늘의 근로적인 교육사상의 더 나아가 직업교육에 관한 선각자적 탁견으로 높이 평가하여도 당연할 것이다.

라 하였으니, 이는 조성술 교수가 그의 「존 듀우이의 교육이론의 철학적 기저」에서 '끊임없는 경험의 재구성과정'이 곧 교육이요, 다시 말해서 '교육과정 그 자체가 곧 교육목표'라고 지적한 듀우이의 교육관을 상기하게 하는 것이 아닐 수 없다.
혜강의 경험론이 증험에서 진일보하여 체인의 경지까지 들어가게 되었음을 박종홍은 높이 평가하여 다음과 같이 언급하고 있다.

혜강의 사색은 실로 강인하다고 하겠다. 존 듀우이가 지적이며 행동적인 To Try와 동시에 그의 누적에 의하여 생기는 Habit에 관심을 기울였음이 연상된다.

---

174) 『人政』 권11, 「教人門」 4, 「事務眞學問」. "士農工商將兵之類 皆是學問之實跡 觀其行事措施 可占其學問成否優劣 至若徒智虛套高談峻論 以文字爲事業 以門戶爲傳受 使之任事 未見安穩區處 使之敎人 不能開闢條理 名雖學問 固昧事務措畫 亦鮮補益於人"

고 하여 듀우이에 견주어 놓았거니와 혜강의 체인은 다음 『신기통』
권1에서 그의 심도를 헤아릴 수가 있다.

> 사물에 대한 체인(體認)은 반드시 오랜 동안 길러야만 한다.……
> 사물을 체인하는 방법은 마치 초목의 씨앗을 뿌리는 것과 같다.
> 그 씨앗에 마땅한 것을 따라서 배양하면서 잊지도 말고 조장하
> 지도 말아야 한다. 그것이 성장하기를 기다리면 뿌리와 밑동,
> 가지와 이파리에서 꽃과 열매 그림자와 향기에 이르기까지 일
> 일이 다 셀 수 있는 것들이 드러나지 않는 것이 없다. 이것이
> 어떻게 씨앗을 뿌릴 때 다 볼 수 있는 것이겠는가? 한 달을 자
> 라면 한 달 동안 자란 형태를 알 수 있고, 한 해를 자라면 한 해
> 동안 자란 형태를 알 수 있으며, 10년을 자라면 10년 동안 자란
> 형태를 알 수 있다. 하루에 알 수 있는 것을 다 아는 것은 설령
> 상세하게 알았다고 하더라도 체인했다고 말할 수는 없다. 몇 십
> 년 동안 쌓인 견해라야 체인했다고 말할 수 있을 것이다.……체
> 인하지도 못하고서 단지 이미 익힌 숫자나 법칙에만 의존하는
> 것은 변통하지도 못하고 쉽사리 어두워지고 잊어버린다. 체인한
> 것은 변통할 수도 있고 미래의 학문[來學]을 개척할 수도 있다.
> 심지어 인정에 통달하는 것과 사태의 기미를 참작하는 것도 체
> 인의 공효이다. 한 모퉁이의 체인은 반드시 네 모퉁이의 체인으
> 로 나아가야 하며, 네 모퉁이의 체인은 반드시 전체의 체인으로
> 나아가야 한다. 전체에 대해서라도 어렴풋한 체인은 반드시 완
> 전한 체인으로 나아가야 한다. 만일 완숙한 경지에 이른 체인이
> 아니라면 어떻게 추측(推測)의 기준을 알겠는가?[175]

이렇듯 끈질긴 체인의 경지는 자강불식(自强不息, 천도)하는 무한

---

175) 『神氣通』 권1, 「體通」, 「體認事物」. "事物體認 須待年久就養……體認事物之方 如種草木之核實 隨
宜培養 勿忘勿助 待其成長 根株枝葉 以至花實影香 歷歷可數 無不呈露 是豈種核初所可盡睹哉 一月
之長 有一月見得之形 一年之長 有一年見得之形 十年之長 有十年見得之形 盡一日之見 縱得詳細 未
可謂體認 及到數十年積累之見得 方可謂體認也……未得體認 而只依數法軌轍者 無變通而易昏忘 得
其體認者 有變通而開來學 至於人情之通達 事機之參酌 亦係體認之功 一隅之認 須進於四隅之認 四
隅之認 須進於全體之認 全體依俙之認 須進於完形之認 若非體認之熟 何以識推測之準的"

대의 과정이요, 학이시습지(學而時習之, 인도)하는 부단의 노력이 아닐 수 없다. 이는 곧 한 인간의 지속적인 성장을 확인한다는 점에서 듀우이의 점진적 발전을 조장하는 철학과도 일맥상통하는 것이 아닐 수 없다. 어쨌든 혜강과 듀우이는 비록 동서이역(東西異域)으로 나누어졌고 반세기의 시차를 두고 태어났지만, 경험론이라는 대국적 입장에서 볼 때에는 아마도 이란성 쌍둥이로 간주할 수밖에 없지 않나 싶은 것이다.

4)

이제 우리가 혜강이나 듀우이라는 개인 중심의 입장에서 벗어나 좀더 넓은 시야에서 프래그마티즘과 한국 실학을 생각해 본다면 몇 가지 특성을 뽑아낼 수가 있을 것이다.

첫째, 실사구시의 과학정신을 문제 삼을 수 있을 것이다. 실사구시란 본래 한대에 쓰여진 단어이기는 하지만 조선조 후기 실학의 구체적 개념으로 사용되었고, 과학정신이란 본래 프래그마티즘이 지닌 과학지상주의를 가리킨 것이 된다. 이 두 개념은 서로 상응하여 하나로 묶어질 수 있는 단어가 된 것이다.

한국 실학이 영·정조 시대에는 실사구시의 학풍[實事求是之學風]이라 불린 것으로 보아서 이는 이미 관념철학으로서의 성리학의 허구성-비실용성에 대한 반성의 결과로 싹트게 되었거니와 이는 프래그마티즘이 대륙의 절대정신과 같은 권위주의-주지주의에 대한 반성의 결과로 이루어진 것과도 일맥상통하고 있다.

그러나 반면에 한국 실학은 중원의 청조문물의 도입과 뗄 수 없는

맥이 통하고 있는 것과 같이 프래그마티즘도 또한 대륙, 특히 영국의 경험론을 토대로 하여 전개되었다는 점에서 엇비슷한 근사치를 발견하게 된다.

이러한 두 조류의 상응이 급기야 다 같이 동·서 두 지역에 있어서 새로운 자연과학적 기술문명을 선도한 사실은 진실로 우리들의 흥미를 돋우어 주는 과제의 하나가 아닐 수 없다.

이 점을 좀 더 밝히기 위하여 실사구시의 개념을 분석해 본다면 대체로 실증·실용·실천 등으로 나눌 수가 있다. 실증은 과학이고, 실용은 생활이요, 실천은 행동이란 사실을 이해한다면, 그것이 바로 프래그마티즘의 내실과도 다르지 않음을 알게 될 것이다. 그러므로 한국 실학자들은 청조문물의 도입을 계기로 하여 새로운 과학적 기술을 배워야 한다고 주장한다. 그리하여 그들의 일파를 일러 북학파라 하였으니, 북학이란 '북쪽으로 중국에 가서 배움[北學於中國]'을 의미하고, 북쪽으로 중국에 가서 배움은 곧 '북쪽으로 (중국에 가서) 청조의 문물을 배움[北學于淸朝文物]'을 뜻하고, 북쪽으로 중국에 가서 청조의 문물을 배움은 곧 '북쪽으로 (중국에 가서) 자연과학을 배움[北學于自然科學]'으로 풀이가 된다. 이 점을 뒷받침하는 뜻에서 『철학사전』의 「프래그마티즘」절을 보면 다음과 같은 구절이 눈에 뜨인다.

> 제임스가 주장하는 프래그마틱한 태도는 원리·범주·필연성보다도 결과·성과·사실 등에 치중하는 태도이다. 따라서 진리도 선험적 보편타당성을 띤 것이 아니라 증명이 되는 것이어야 하며, 이론의 실천이나 실험을 통해서 검증되는 것이어야만 된다. 이러한 입장은 물리학상의 상대주의, 생물학상의 진화론, 심리

학상의 행동주의와 일맥상통하는 입장이며 과학지상주의의 입
장이다.

라고 하였다. 이는 바로 한국의 실학자들의 사상 가운데에서도 고스
란히 그의 묘맥을 찾아낼 수 있음은 매우 흥미 있는 사실이 아닐 수
없다.

　단적으로 말해서 위에서도 이미 언급한 바 있듯이 정다산의 천리
설 비판이나 성과주의는 다 같이 이러한 범주 안에 드는 것이다. 동
시에 여기서 우리는 혜강의 수리사상(數理思想)과 동무의 진화론적
사상을 잠시 살펴보지 않을 수 없다.

　혜강은 그의 『신기통』 권1에서

　　　천지와 인물의 신기는 그 자체로 쌓이고 흩어지는 것이 있어서,
　　　많고 적거나 크고 작으며, 멀고 가깝거나 두텁고 엷은 차이가
　　　있는 등 각각 한계가 정해져 있다. 또한 때에 따라 변환하는 것
　　　이 있어 한계를 정하기도 힘들다. 신기에 나아가려 하면서 서로
　　　같지 않은 정도를 비교하고, 차이를 헤아리며, 그 회전을 표시
　　　하고, 앞뒤를 추측하려면 어쩔 수 없이 산수를 확립해서 분기하
　　　는 조리를 정해야 한다. 한계의 처음과 끝은 예나 지금이나 천
　　　하에 공통적이요, 인물과 사태의 형세에 고유한 것이다. 이런
　　　까닭으로 신기의 소통은 크게는 천지를 규찰하고 작게는 아주
　　　작은 것까지도 분석할 수 있는 것이다.[176]

라 하여 산술로써 천지인물의 조리를 밝히고자 하였으며, 『인정』 권
8에서는

---

176) 『神氣通』 권1, 「體通」, 「數學生於氣」. "天地人物之神氣 自有積累聚散 多寡大小 遠近厚薄 各定界限
　　又有隨時變幻 難定界限 欲就神氣 而比較其不等 商度其差異 表識其斡運 推測其前後 則不可不設爲
　　算數 以定分開之條理 界限之始終 古今天下之所同然 人物事勢之所固有也 是以神氣之通 大而揆天察
　　地 細而毫分縷析"

수학(數學)은 신기의 쇳돌을 단련하고 사물의 감춰진 면을 제재
한다.……그 숫자를 익히고 그 이치를 탐구해서 반드시 숫자와
이치가 함께 나아가도록 해야 한다. 이치가 밝아지면 숫자도 밝
아지고, 숫자가 익숙해지면 이치도 익숙해진다.[177]

라 하여 수학의 목적하는 바를 밝힘과 동시에 『신기통』 권1에서는 또

기수(氣數)의 학문은 바로 물리의 오묘한 요체[要妙]를 탐구해서
통하는 것이다.[178]

라 하여 기수(氣數)로써 물리의 요묘(要妙)를 밝히려고 한 그의 과학
적 수리사상이 깃들어 있음을 볼 수 있다.

혜강의 몰년(1839)보다도 2년 앞서 태어난(1837) 동무의 사상 중
에서도 진화론적 요소가 함축되어 있다는 사실만을 다음에 지적함
에 그치고자 한다. 필자는 일찍이 「이동무 사상설 논고」[179]에서

동무의 사상설에 의하면 인간존재는 진화론적 존재다. 이러한
사실은 음양설적 사원구조설을 뒷받침하는 것이라는 점에 주목
할 만하다. 인간이란 생물적 존재인 동시에 문화적 존재인 것이
다. 따라서 인간의 생물적 진화과정은 그것이 바로 그 인간의
문화적 진화과정과도 긴밀한 연계를 맺고 있다는 사실을 동무
는 깊이 인식하고 있다.

고 한 것은 모든 사물을 진화과정으로 인식하고 있다는 점만을 지적

---

177) 『人政』 권8, 「敎人門」 1, 「數學」. "數學 爲鍛鍊神氣之鑛 制裁事物之藏……習其數究其理 必使數理
相進 理明則數明 數熟則理熟"
178) 『神氣通』 권1, 「體通」, 「氣數之學」. "氣數之學 乃究通物理之要妙也"
179) 『철학연구』 7집(1972).

한 것이니, 이는 조성술 교수가 그의 「존 듀우이의 도덕관」이라는 논문에서 "듀우이의 인간관은 생물진화론적 입장에서 시작한다고 볼 수 있다"고 한 말을 상기하게 한다.

어쨌든 동무의 인간은 유동적 변화 속에서 완전에로 향한 진화과 정의 인격으로 이해된다는 사실만은 확실하다고 하지 않을 수 없다.

둘째, 이용후생이라는 생활철학을 들 수가 있다. 이용후생이란 단어는 본시 『서경』「대우모」에서 "우(禹)가 말했다. '아! 제(帝)께서는 생각하소서. 덕은 정사를 선하게 하고, 정사는 백성을 기르는 데 있으니, 물·불·쇠·나무·흙과 곡식이 잘 닦이고, 덕을 바르게 하고[正德], 씀을 이롭게 하며[利用], 삶을 도탑게 하는 것이 조화를 이루어……[禹曰於帝 念哉 德惟善政 政在養民 水火金木土穀 惟修 正德利用厚生 惟和]"라 한 데에서 유래한 것으로서 유가의 고전적 제왕학의 요체인 것이다. 요즈음 말로 고쳐 쓴다면 정치경제학의 기본이념이라고 할 수 있다.

실사구시의 구체적 내용이 다름 아닌 이용후생이라 해야 할는지 모른다. 다시 말하면 이용(利用)이란 실용의 이해에 즉하여 가치의 기준이 설정됨을 의미하며, 일상적 민생의 생활을 풍요롭게 돕는 것이 다름 아닌 후생(厚生)이 되기 때문이다.

한국 실학사상이 싹트던 영·정조 시대를 전후로 한 내외정세는 새로운 변화를 갈구하였으니, 대내적으로는 저 멀리 임진·병자의 양난을 치른 후로 줄곧 삼정의 문란은 가속화되어 민생고는 그 극에 달하였음에도 불구하고, 왈리왈기(曰理曰氣)만을 공염불처럼 외우며 당쟁만을 일삼던 위정자의 귀에는 이용후생을 희구하는 민성이 들릴 리가 없었다. 때마침 소위 실학자들에 의하여 이용후생의 일환책으로 주장되기 시작한 것이 바로 토지개혁 정책이었으니 균전(均田)·한전(限田)·여전(閭田) 등의 시책이 제창된 것이 바로 그러한 새로운 혁신과 개혁을 요구하는 시대적 갈망 때문이었음은 다시 말할 나위도 없다.

그와 때를 같이하여 대외적으로는 연경을 중심으로 하는 청조문물이 눈부신 발전을 기약하고 있었으며, 연경을 다녀온 연행사(燕行使)들은 한결같이 신문화의 수용으로 기술을 향상시키며 생활을 개선할 것을 말로 글로 발표하기에 이르렀으니, 박제가의 『북학의』나 박연암의 『열하일기』 속에 담겨진 정신은 바로 한국 실학에 있어서의 이용후생책의 정화라 일러도 좋을 것이다.

한국 실학사상의 특성 중의 하나인 이용후생의 정신을 미국의 프라그마티즘에서도 찾아볼 수 있는지의 여부를 알아보기로 한다면, 먼저 그들의 실용주의적 가치관을 알아보는 것이 가장 가까운 지름길이 될 것임은 다시 말할 나위도 없다 『철학대사전』의 프래그마티즘절에서 한 구절을 적기하여 보면

> 프래그마티즘은……순수이론적 흥미로부터 출발하였다기보다는 생활 자체에서 나온 생활철학이다. 학문도 생활에 도움이 되는 것이어야 하고 사유보다는 생활자체를 중요시하는 사상 태도여야 한다.

라 하였고, 또 절을 달리하여

> 그들은 교육을 정적인 것으로 보지 않고 오히려 동적인 것으로 보았고 생명을 이미 잃은 지식보다는 그날그날 생활을 풍부하게 해 나가는 데에 필요한 산지식을 가치가 있는 것으로 보았으며, 교사가 교육내용을 학생에게 전수하는 것보다는 학생이 교

> 사의 도움을 받아가며 당면한 문제를 스스로 해결해 나가는 것
> 이 중요하다.

고 한 말들을 종합해 본다면, 이는 미국에 있어서의 이용후생의 전
개라 하지 않을 수 없다. 곧 이용후생이란 생활철학의 궁극적 목표
가 아닐 수 없기 때문이다.

셋째, 경국제세의 이상국가론을 들 수가 있다.

한국 실학사상의 저변에는 이상국가의 경륜이 깔려 있으므로 해
서 이것은 또한 프래그마티즘의 뉴프론티어 정신과도 일맥상통하는
진취적 일면이라 해야 할는지 모른다.

근세사가들 중에는 한국 실학사상이 비록 개신유학적이라 하더라
도 그의 이면에는 근대지향의식과 민족자주의식이 짙게 스며 있다
고 주장하는 이들이 있다. 이는 정체된 전통에서 벗어나 새로운 형
태의 국가를 구상하고 경륜하는 입장인 것이다. 이를 이들은 경국제
세라 이르고, 저들은 신개척정신이라 이른다고 볼 수도 있을 것이다.

그러나 이를 실현하는 방법에 있어서는 크게 다른 점을 발견하게
된다. 한국에 있어서는 정치 및 경제적 개혁에 치중하였고, 미국에
있어서는 국민교육에 의한 개혁을 시도하였다는 점에서 양자의 차
이를 발견하게 된다. 한국 실학사상의 주축을 이루고 있는 반계−성
호−다산의 계보에 있어서 다산의 일표이서가 그의 대표적 저술로 손
꼽히는 것도 그러한 개혁 정신을 우리들에게 보여주는 것이기 때문이
요, 듀우이의 프래그마티즘이 급기야 새로운 진보주의 교육에 의하여
국민정신의 개조를 시도한 것도 따지고 보면 국민정신의 개혁을 시도
한 저간의 소식을 우리들에게 일깨워 주는 것이 아닐 수 없다.

5)

　지금까지의 논조는 주로 혜강과 듀우이를 양대 지주로 하여 프래
그마티즘과 실학정신의 근사치를 찾는 데 주력하였으나 이제 결론
을 맺을 단계에 이르러서는 오히려 프래그마티즘과 한국의 실학정
신은 엉뚱하게 다른 것임을 지적해 두지 않을 수 없다. 그의 다른 점
들을 열거해 본다면,

　첫째, 프래그마티즘의 개념은 그의 창시자들에 의하여 확실하게
정립이 되어 있지만, 한국 실학사상은 그의 개념 논쟁에서 빚어진
바와 같이 아직도 그의 개연성에서 벗어나지 못하고 있는 실정이다.

　프래그마티즘은 이미 잘 알려진 바와 같이 퍼어스(1839~1914), 제
임스(1843~1916), 듀우이(1859~1952)라는 계보에 의하여 Pragmatism
에서 Instrumentalism 또는 Experimentalism으로 발전한 과정에서 그의
개념이 정립되었지만, 한국의 실학사상은 그의 경세학적 측면에서는
비록 반계 유형원(1623~1673), 성호 이익(1681~1763), 다산 정약용
(1762~1836)을 주축으로 하는 계보가 성립된다 하더라도 그들의 선
구자로서 지봉 이수광(1563~1627), 잠곡 김육(1580~1658) 등을 비롯
하여 담헌 홍대용(1731~1783), 연암 박지원(1737~1805), 초정 박제
가(1750~1805), 여암 신경준(1712-1781), 아정 이덕무(1741~1793),
존재 위백규(1727~1798), 추사 김정희(1786-1856) 등 제제다사(濟濟
多士)를 어떻게 분류해야 할 것인지가 문제로 남는다. 그러므로 이들
을 하나의 개념 - 실학개념 - 으로 묶는다는 것은 어렵다기보다는 차
라리 불가능한 형편인 데다가 더욱이 그들은 자기의 학문에 대하여
어떠한 파니 주의니 하는 규정을 내리지 않고 있기 때문에 그들을

하나로 묶을 수가 없다. 다만 그들에 공통된 점이 있다면 허상에 대한 실상을 추구하고 있다는 사실뿐일는지 모른다.

둘째, 프래그마티즘의 집대성자인 듀우이와 한국 실학의 집대성자인 정다산을 비교할 때, 듀우이의 프래그마티즘은 미국민의 생활철학으로서 깊이 뿌리를 내렸고, 그와 동시에 19세기 후반에서 20세기 전반에 걸친 듀우이의 생년대(生年代)에 이미 미국의 번영과 더불어 실용화되었으나, 다산의 실학은 하나의 저술로서 오늘에 전해질 뿐 그의 독백에 그치고 말았던 것이다. 다시 말하면 듀우이의 프래그마티즘은 기구주의 또는 실험주의로 발전하여 교육철학의 기초를 마련함으로써 미국민의 의식구조를 근본적으로 개조하는 데 성공하였고, 그것은 나아가 미국민들의 개척정신에 활력소를 안겨주었던 것이다. 그러는 동안 듀우이는 남북전쟁과 세계 1·2차대전을 미국민과 더불어 치르면서 후진에서 선진에로의 길을 터놓았던 것이다. 그러나 한국에 있어서는 다산의 정치적 몰락(1801년의 신유교옥사건) 이후 조선조의 쇠망은 걷잡을 길이 없었고, 듀우이의 생년대인 19세기 후반에서 20세기 전반기는 그야말로 내우외환이 극에 달하였던 시기로서 소위 새로운 입장에서의 실학정신은 겨우 도산 안창호의 무실역행의 슬로건이 한민족에 정신적 지표를 안겨준 한 가닥의 불빛이었다고 해야 할는지 모른다. 그럼으로써 듀우이의 프래그마티즘이 역사적 성공사례에 속한다면, 다산의 실학사상은 불발탄의 이상론에 머물렀던 사례로서 기록될 따름이다. 그러므로 프래그마티즘은 민중과 더불어 성장한 반면에 실학사상은 학자들의 저술로 남았을 따름이다.

마지막 셋째로 이야기하고자 하는 것은 프래그마티즘과 실학 사상이 비록 그것이 발생한 그들의 나라에서 역사현상으로서 설령 흥패(興敗)를 달리하였다 하더라도 그들이 지니고 있는 사상적 본질은 또한 그런대로 의의가 있을 것으로 여겨지기 때문에 좀더 거시적인 입장에서 이를 살펴보고자 한다. 지금까지 혜강과 듀우이라는 미시적 입장에서는 거의 동질적인 요소만이 현현(顯現)되었지만 듀우이와 다산과의 관계로 옮겨지자 오히려 이질적인 요소들이 더욱 크게 부각됨을 보아 왔다. 여기서 더욱 확대하여 본다면 그것은 아마 서로 비교할 수도 없으리만큼 서로 다른 것들이라는 사실을 깨닫게 될는지도 모른다.

프래그마티즘이 사실상 미국철학으로 정립되면서 미국교육에 중대한 변화를 안겨준 사실은 아무도 부인하지 못할 것이다. 그러나 한국의 실학사상은 그러한 교육환경이나 배경을 갖지 못한 채 곧장 민생문제에 직면하였던 것이다. 그러므로 한국의 실학사상은 국민을 어떻게 계도하여 새 시대의 역군으로 길러내느냐의 문제보다도 토지제도를 어떻게 개선하여 그들의 생산수단 및 수입증대를 꾀하느냐 아니면 어떤 기술을 도입하여 국부민유(國富民裕)에 도움을 주도록 할 것이냐에 제1차적 관심을 기울였다고 보아야 한다.

그러기 때문에 전기한 많은 실학자들을 대체로 분류한다면 실사구시파·이용후생파·경세치용파의 세 갈래로 나누는 것을 하나의 항례(恒例)로 치고 있다. 실사구시파는 실증파라고도 이르기 때문에 자연 과학적 기술의 도입 및 향상을 꾀하는 데 기여하였고, 이용후생파는 민력을 조장하는 방법으로서의 상공업의 발달에 크게 관심을 기울인 바 있으며, 경세치용파는 국가의 제도를 개혁하고 행정을 일신하는 주장과 대안을 내세웠던 것이다.

이러한 실사구시・이용후생・경세치용 등의 학파에서는 프래그마티즘의 기본성격의 하나인 인문주의적 교육이론 같은 것은 아예 그의 편린조차도 찾아볼 수가 없다. 그것은 그들의 사상적 배경이 유가의 제왕학적 정치이념을 근간으로 하였기 때문임은 다시 말할 나위도 없다. 그러나 유가의 제왕학은 치국평천하의 학이기는 하지만 그의 군자학으로서의 면모는 수기치인에 있다고 본 다산은 그의 목자론(牧者論)에서 군자는

군자의 학문은 수기(修己)가 절반이고, 나머지 절반이 목민(牧民)이다.[180]

라는 전인적 인격으로 파악한 점을 주목하지 않을 수 없다. 다시 말하면 치인지학으로서의 한국 실학은 결국 송학의 지나친 수기지학으로서의 성리학에 대한 보완적 의미를 갖는 것으로 다산은 파악했던 것임을 알 수 있다. 그러므로 다산은 자기의 학을 이르기를

육경과 사서로 자신을 수양하고, 일표(一表)와 이서(二書)로 천하 국가를 경영한다.[181]

라 하였던 것이다. 여기서 우리는 비로소 다산실학의 인격주의를 읽어야 한다. 그럼으로써 비로소 사상적인 측면에서 듀우이의 인문주의와 접근할 수 있는 길이 트일는지 모른다.

다산실학에 있어서 전인적 인격으로서의 수기치인의 인간상은 유

---

180) 『牧民心書』序, Ⅰ~12, 42쪽(2-358). "君子之學 修己爲半 其半牧民也"
181) 「自撰墓誌銘(集中本)」, Ⅰ~16, 18쪽(2-663). "六經四書 以之修己 一表二書 以之爲天下國家"

가에 있어서의 인간교육의 원리로서도 중요한 의미를 갖는다.

전인적 인격은 수기와 치인이 분리될 수 없고, 수기와 치인은 한 '손'의 등과 바닥과 같이 '하나'라는 총체로서만이 이해될 수 있으며, 거기에서 비로소 한 '사람'은 한 인격을 갖추었다고 볼 수 있다는 것이다. 이러한 인격을 공자는 군자, 맹자는 현인, 다산은 목자라 이른다.

균형 잡힌 전인적 인간교육은 동서고금을 통한 절대적 교육이념이요, 목표일 것이다. 전인적 인격의 균형이 깨질 때, 그 인간교육은 파행적인 것이 되고 말 것은 다시 말할 나위도 없다. 다산은 조선조 후기로 접어들자 성리학적 인간교육이 지나치게 주지주의적이요, 비생산적임을 자각하고 목민지도(牧民之道)를 지상목표로 삼음과 동시에 수기치인의 대도를 천명하기에 이른 것이다. 그가 행동주의에 입각한 실천윤리학을 정립한 것도 전인적 교육의 보완적 의미를 갖는다는 것은 다시 말할 나위도 없다.

이로부터 2세기 후에 듀우이의 교육이념이 부딪친 벽도 이와 유사한 점이 있음을 다음과 같은 글에서 간취할 수가 있다.

> 진보주의파의 입장이 전통적인 권위주의, 형식주의에 반기를 들었다는 점에서 큰 의의를 가지고 있음은 의심할 여지도 없다. 그러나 일면 극단적인 아동중심주의적 경향의 위험이 내포되어 있음은 순조로운 번영 일로를 달리고 있었던 미국적인 생활의식의 외부에 서서 본다면 쉽게 발견할 수 있는 일이지만 1920년대에 진보주의교육의 전성기가 도래함에 따라 그러한 맹점이 일반화되었고, 1929년의 경제공황 후 미국사회의 근본적 동요를 계기로 이 점에 대한 진보주의파의 자기반성이 이루어졌다. 이때부터 교육이 사회의 개조에 참가하지 않으면 안 된다는 것

이 강조되었고, 아동의 개성을 존중함과 동시에 아동은 오늘과 내일의 미국시민으로서의 공통적인 관심사와 그 과제를 해결할 수 있는 능력을 기르는 것이 요구되었다.[182]

에서 보는 바와 같이 프래그마티즘의 교육이 당면한 개성의 존중과 미국시민으로서의 공통적 관심사와의 조화는 미국인에게 요구되는 전인교육의 목표이기도 함을 알 수 있다.

여기서 필자는 맹자의 다음과 같은 일구를 인용하고자 한다.

맹자가 말했다. "증자와 자사는 도가 같았다.……증자와 자사가 처지가 바뀌었다면 다 그렇게 했을 것이다."[183]

이 글에서 다산과 듀우이로 바꾸어 본다. 듀우이가 2세기 앞서 한국에 태어나고, 다산이 2세기 후에 미국에 태어났더라면 어떻게 되었을까! 역지즉개연(易地則皆然)하지 않았을까!

역사과정에서 가정은 금물이지만 여기서 우리는 다산과 듀우이의 관계를 통하여 무한한 흥미를 느끼면서 이 글을 맺고자 한다.[184]

---

182) 『철학대사전』, 「프래그마티즘의 교육」 조에서.

183) 『孟子』, 「離婁 下」. "孟子曰 曾子子思同道……曾子子思易地 則皆然"

184) 이 글은 필자가 『광장』 101호(1882년 1월호)에 「한국의 실학주의와 미국의 프라그마티즘」이란 산문을 발표한 지 석 달이 지난 후 갑작스런 청탁으로 엮어본 글이다. 본문 중에서도 밝힌 바 있는 몇 분의 논문과 필자의 평소의 견해를 뒤섞어서 줄글로 써내려 갔을 따름이요, 필자가 미국의 프라그마티즘이나 듀우이를 잘 알고 쓴 글이 아니다. 대충 그러한 사정이라도 밝혀놓지 않고서는 붓을 놓는 심정이 개운치 않아서 사족은 붙인 것이니, 讀者 諸賢은 諒燎하라.(1882. 4. 12.)

제 3 편

실학사상의 발전과
그 과제

1. 우계사상의 실학적 측면

1) 서설

1960년대 이후 한국실학개념 정립을 위한 논쟁 과정에서 두드러지게 나타난 상반된 두 가지 견해 중, 하나는 성리학 자체가 지니고 있는 공리공론성을 비판하는 반성리학적 입장이요. 또 다른 하나는 설령 성리학이란 철학적 관념론의 테두리를 벗어날 수 없다손 치더라도 그것이 지닌바 본연의 실학정신을 간과해서는 안 된다는 입장이라고 할 수 있다. 그러한 의미에서 우계의 실학정신은 애오라지 후자의 입장에서 이를 관조하지 않을 수 없다.

대체로 성리학을 긍정적으로 받아들이는 실학은 모름지기 광의의 송학, 다시 말하면 신유학이라는 새로운 유학개념의 테두리 안에서의 성리학을 이해하고자 하는 입장이라고 할 수 있다. 그러므로 우계만 하더라도 그가 비록 율곡과의 관계에서 이기논쟁에 빠져들기는 하였지만, 당대에서 모든 성리학자들이 다 그러했듯이 우계도 광의의 송학자로서의 품격을 갖추고 있었다는 사실을 우리는 간과해서는 안 될 것이다. 그러므로 우계의 실학 정신은 어디까지나 신유학이라는 송대유학의 세계 안에서의 실학이라는 성격을 벗어날 수 없음은 너무도 당연한 일이 아닐 수 없다.

그렇다면 우리는 송대 신유학을 어떻게 이해하여야 할 것인가. 송학에서의 성리학은 사서 중『중용』에 근거를 두고 있다고 한다면 그의 경세천리의 학문[經世踐履之學]은『대학』에 근거를 두고 있음을 우리는 잘 알고 있다. 『대학』은 그것이 곧바로 격치성정(格致誠正)의 수기와 수제치평(修齊治平)의 치인으로서의 수기안민의 학문[修己安民之學]으로 평가되기 때문이다. 그러므로 우계의 실학정신도 이 범위를 떠나서는 존립할 수 없음은 너무도 당연한 것이 아닐 수 없다.

그러나 우리들이 여기서 주목하고자 하는 것은 이러한 원칙론보다도 차라리 그가 율곡과 더불어 선조를 모시고 임란을 겪는 과정에서 얼마만큼이나 시국을 이해하고, 그에 따른 경세적 경륜을 폈느냐 하는 문제가 아닐 수 없다. 그가 율곡과 더불어 사칠이기설을 토론한 학적업적과는 달리 경세천리적(經世踐履的) 측면에서의 공적이야말로 그의 실학 정신의 발로라 이르지 않을 수 없다.

우계(1535~1598)는 율곡(1536~1584)보다 1년 수상(手上)으로서 그의 사칠논쟁에서는 퇴계설을 업고 새로운 학설을 내세움으로써 우·율을 병칭하는 석유(碩儒)의 위치를 확보하였지만 그의 관로는 율곡에 비하여 그다지 순탄하거나 혁혁한 것은 아니었다. 율곡은 13세 때 진사초시에 합격한 후 22세 때 별시에 장원하여 줄곧 과거 때마다 수석하여 구도장원(九度壯元)의 행운을 안은 반면에, 우계는 17세 때 감시초시(監試初試)에 합격하였으나 병으로 복시(覆試)를 치르지 못하게 되자 과거를 포기하는 비운이 그의 앞길을 가로막았던 것이다. 이렇듯 대조적인 우·율 양현의 환로 역정을 대략 살펴보면 율곡은 승승장구, 호조좌랑을 시초로 하여 청주목사, 황해감사를 거쳐 대사간, 대사헌, 대제학과 병조, 호조, 이조판서를 역임한 반면, 우계는 윤현학(尹炫學), 율곡 등의 추천으로 누차 참봉, 현감 등을 위시로 하여 공조좌랑, 지평, 주부 등에 임명되었다가 스스로 병약함을 내세워 이를 사퇴하였으니, 그의 문집이 해명소(解命疏)로 점철된 것은 이 까닭이 아닐 수 없다. 그러므로 우계의 벼슬이라고는 이조참의를 거쳐 이조참판에 이른 적이 있으나 그것도 오래지 않아 그만두었으니, 그의 관운은 결코 율곡의 비(比)가 아님은 다시 말할 나위가 없다. 그러나 누차 부름을 받는 사이에 올린 몇 차례 시무에 관한 상소가 있었으니, 그것이 다름 아닌 기묘, 신사, 경인의 삼봉사(三封事)인 것이다. 그러므로 우리는 이러한 시무에 관한 우계의 장소(章疏)를 통하여 그의 경세사상의 일면을 헤아려 보아야 할 것이다.

2) 수성지학

우리들이 조선 후기 실학 사상을 이해하는 과정에서 초기에는 경세적 제도론─예컨대 전제개혁이나 부국강병책 등을 주로 하여 이를 이해하려 하였으나, 이는 애오라지 관념론적 성리학의 결점을 보완하는 처지에서 이를 수용하였지만, 다산의 목민론을 주목하기에 이르자 진정한 유학의 군자학은 수기치인의 전인적 인간학으로 이를 이해하지 않을 수 없게 되었다. 다산은 그의 『목민심서』 서에서 "군자의 학문[君子之學]은 수기가 반이요 다른 반이 목민인 것이다" 하여, 목민에 앞서 수기가 또한 군자의 기본책무임을 분명히 제시하고 있다. 한때 경세론에 눌린 실학개념의 이해도 이제는 수기의 천리 또한 저버릴 수 없는 실학의 요인임을 깨닫게 되었다. 이에 군자의 수성지학(修省之學)이 실학의 한 과목으로 각광받게 되는 소이가 여기에 있다.

그러한 의미에서 우계의 경세학도 그것을 수기안민(修己安民)의 인간학으로 이해하고 있음을 볼 수가 있다. 그중에서도 특히 허심종선

(虛心從善)의 수성(修省)을 강조하고 있는 점이 돋보인다. 그는 「기묘
봉사」에서 다음과 같이 서술하고 있다.

　　신이 듣기로, 마음을 비우고 선을 좇는 것은 인군의 큰 덕이요,
　　나라를 다스리는 요체가 되는 도입니다.[1]

　소위 「기묘봉사」의 기묘년(1579)은 조광조 일파가 몰락한 기묘사
화(1519) 후 일주갑(一周甲)이 되는 해로서, 선조 12년, 동서분당의
논란이 한창 무르익어 정정(政情)이 몹시 불안한 시기였으므로 우계
는 비록 벼슬자리는 사양했을 망정 이 봉사(밀봉한 상소문)를 통하
여 스스로의 우국충정을 토로하고 있다.

　그러나 그는 무엇보다도 먼저, 선조에게 제왕으로서의 정신적 자
세의 중요성을 강조하여 허심종선설(虛心從善說)을 내세우고 있다.
이는 왕자에게 직간을 서슴치 않는 맹자류의 태도로서, 허심종선은
임금에게 주는 직언의 제일탄이라 할 수 있다. 그러나 맹자는 임금
에게 "사람은 모두 남에게 차마 하지 못하는 마음을 갖고 있다[人皆
有不忍人之心]"[2], "대인은 어린아이의 마음을 잃지 않는다[大人者 不
失赤子之心]"[3]라 하였는데, 우계는 허심(虛心)을 요구하고 있다. 이는
물욕이 없는 적자지심(赤子之心)에 가까운 것으로서, 인간의 심성을
우계는 또 다음과 같이 서술하고 있다.

　　신이 듣기로, 마음이란 신명(神明)의 거처로서 텅 비고 신령하며

---

1) 『牛溪集』, 「己卯封事」 卷2, 10쪽. "臣聞 虛心從善 人君之大德 而有國之要道也"
2) 『孟子』, 「公孫丑 上」.
3) 같은 책, 「離婁 下」.

환히 밝아 온갖 이치를 다 갖추었으되, 하나라도 사의(私意)가 그 사이에서 생기면 어두워지고 밝지 못하게 되어 선한 말을 해 주어도 좇아서 들어가지도 못하게 됩니다.[4]

사의(私意)가 낀 심성은 허령통철(虛靈洞徹)할 수 없음을 밝힌 후 이어 이렇게 주장하였다.

이 때문에 인군이 선을 따르는 데 인색한 것은 어떤 경우에는 기쁨이나 노여움 때문이고, 어떤 경우에는 이익과 해로움 때문이며, 어떤 경우에는 높은 자질을 갖고서 엄격하게 판단해서 홀로 세상을 주관하려 하며, 선비는 경시하고 스스로의 (생각만을) 쓰느라 군주의 위세는 고립되고, 인심은 고개를 조아리지 못하도록 만들기 때문입니다. 또는 혹은 사의를 따르면서 물아(物我)를 나누어 마치 외정(外廷)에 논쟁하며 승부를 다투는 이가 있는 듯이 하기 때문입니다. 또는 남의 말을 존중하고 따르는 것에 의심을 품고서 군주의 위세를 아랫사람에게 뺏길까 걱정하느라 얼굴빛과 말을 너그럽게 하지 못하기 때문입니다. 이것은 모두 사사로움이 가린 것이어서 선이 파고 들어가기가 힘듭니다.[5]

이 서술을 통하여 볼 때 우계의 허심은 멸사(滅私)의 경지에 이른 듯하다. 이는 사사로운 감정(喜怒)이나 이해득실에 사로잡히지 않는 공명정대한 마음가짐을 의미하고 있음이 분명하다. 그러한 자세야말로 종선의 기본 요건이라 하지 않을 수 없을 것이다.

그렇다면 선이란 과연 무엇을 의미하는 것일까.

---

4) 『牛溪集』, 「己卯封事」卷2, 13쪽. "臣聞 心者神明之舍也 虛靈洞徹 萬理咸備 一有私意生乎其間 則昏而不明 實而不虛 善言無從而入也"

5) 같은 책, 같은 곳. "是以人君之短於從善也 或以喜怒 或以利害 或有高才嚴斷 獨馭一世 而輕士自用 使主勢孤立而人心不附者焉 或有徇私意分物我 若與外廷之論爭勝負者然 或有疑於崇信人言 恐士威下奪而不以假色辭者焉 此皆私之所蔽而善之難入也"

선(善)이란 (천지의) 중(中)을 받아 태어난 본래 그러한 것으로
천하의 공리(公理)입니다. 나에게 있거나 남에게 있거나 애초부
터 피차의 차이가 없습니다. 내게 있는 사사로움을 힘껏 물리
치고 마음을 비우고 즐거이 취하기만 한다면[虛心樂取] 천하의
선은 모두 내 한 몸의 쓰임이 되어 그 선은 무궁하게 될 것입
니다.6)

선이란 본시 만인이 피차 공유한 본연의 공리(公理)로서, 허심으로
이를 취하면 만선이 다 한결같이 나의 것이 되어 이의 소용(所用)이
무궁하리라는 것이다.

그러므로 우계는 이렇듯 허심종선한 역사적 인물로서 순제(舜帝)
와 중유(仲由, 자로), 한고조를 예시하고 있다.

신이 듣기로, 우순(虞舜)의 나면서부터 지혜로운 성인으로 지혜
는 만물을 두루 포괄했고 성스러운 신령함은 헤아릴 수 없었습
니다. 자기에게 버릴 만한 어떤 허물이 있었을 것이며, 남을 따
를 말한 어떤 선한 것이 있었겠습니까? 그러나 조금도 스스로
만족한 마음이 없었고, 자기가 선하지 못하면 아까지 않고 버리
고서 남을 좇았으며, 남에게 선한 점이 있으면 억지로 힘쓰기를
기다릴 것도 없이 자기에게 취하였으니, 지극한 정성으로 선을
즐기면서 이처럼 자기를 버리고 남을 좇았습니다. 신이 바라건
대 전하께서는 위대한 순을 스승으로 여기십시오.7)

이에 허심종선한 성왕으로서 순제(舜帝)를 들고, 그의 사기종인(舍
己從人)한 태도를 스승으로 삼으라고 하였다. 다음으로는, 공자의 제

---

6) 같은 책, 10~11쪽. "夫善者 受中以生之本然 而天下之公理也 在己在人 初無彼此 但能力去有我之私而
虛心樂取 則天下之善 皆爲一己之用 而善無窮矣"

7) 같은 책, 12쪽. "臣聞 虞舜生知之聖也 智周萬物 聖神莫測 有何己過之可舍而人善之可從乎 然而未嘗少
有自足之心 己未善則無所系吝而舍以從人 人有善則不待勉强而取之於己 至誠樂善 而舍己從人如此 臣
願殿下之以大舜爲師也"

자인 자로의 인격을 다음과 같이 서술하면서 그를 본보기로 삼게 하였다.

> 중유(仲由)는 남이 잘못을 일러주면 기뻐했으니, 잘못을 듣고서 고칠 수 있는 것을 기뻐했던 것입니다. 자신을 반성해서 스스로를 극복하면서 늘 미치지 못하는 것처럼 여기면서 조금이라고 사의(私意)가 내면에서 교전하지 못하도록 했습니다. 마음이 툭 트였고 천리가 환하고 분명했으며, 선으로 옮기려는 정성에도 애초부터 나와 외물의 간격이 없이 스스로를 수양하는 데 이처럼 용감했습니다. 신이 바라건대 전하께서는 중유를 법도로 삼으십시오.8)

그는 일호의 사의도 없이 "남이 허물이 있다고 알려주면 기뻐했다[人告之以有過則喜]"9) 하며 극기자성(克己自省)하는 중유를 본보기로 삼도록 하였다. 그리고 또 한고조의 영명한 통찰력을 본받도록 다음과 같이 이르고 있다.

> 한나라 고조(高帝)는 타고난 자질이 밝고 통달하여 사물의 이치를 꿰뚫어 보았습니다. 물욕(物欲)의 사사로움은 늘 경국제세의 지략에 무릎을 꿇었습니다. 이런 까닭에 선을 보면 마치 미지치 못한 듯이 하였고, 인재를 등용하는 것은 마치 자기에게서 말미암은 것처럼 했으며, 간언을 좇는 것은 물결을 따르듯이 하였고, 때맞춰 나아가는 것은 메아리가 (소리를) 따르는 것 같았습니다. 인재가 임무를 훌륭히 할 것이라는 것을 알고서 좋은 계획을 정성스레 믿었기 때문에 결국 대업을 이룰 수 있었습니다. 신이 바라건대, 전하께서는 마치 고제가 밝게 했던 것처럼 (남의 말

---

8) 같은 책, 같은 곳. "仲由 人告之以有過則喜 喜其得聞而改之也 省身克己 常若不及 不使一毫私意交戰 於內 胸中沛然 天理昭晢 遷善之誠 初無物我之間 而勇於自修如此 臣願殿下之以仲由爲法也"

9) 『孟子』, 「公孫丑 上」.

을) 듣고 수용하시는 데 통달하시기 바랍니다.[10]

우계는 여기에서 허심종선하는 사례로 순제, 중유(자로), 한고조 3
인을 들고 있는데 유자로서 순제와 자로를 내세우는 것은 당연하지
만, 굳이 한고조를 내세운 데에는 우계의 남다른 미의(微意)가 거기
에 깃들어 있음을 느끼게 한다. 왜냐하면 사서의 기록에 따르면 우
계의 말대로 비록 한고조가 천자명달(天資明達) 통견사리(洞見事理)하
는 천품을 타고났다 하더라도 일자무식하여 도리어 유자를 모욕하
는 행동을 서슴지 않았는데, 어찌 그를 높이 받들 수 있었겠는가. 그
러나 우계는 이러한 사실을 덮어두고 굳이 한고조의 장점인 달어청
수(達於聽受)를 본받게 한 것은 선조로 하여금 모든 쟁신들의 간언을
수렴하게 하고자 하는 미충(微衷)이 거기에 감추어져 있음을 느끼게
한다. 그것은 바로 제왕의 도는 학식보다도 허심종선하는 마음가짐
에 있다고 함을 보여 준 것이다. 그러므로 우계는 한고조처럼 왕업
을 성취해야 하는 왕자의 영상을 다음과 같이 이상화해 놓고 있다.

> 인군은 사목(司牧)의 책임을 받아, 억조창생의 위에 머물면서,
> 천하의 책무 가운데 정수를 한 사람의 몸에 부여받았습니다. 하
> 늘의 지위는 지극히 크고, 온갖 일의 기틀은 지극이 번거로우니,
> (인군이) 머무는 지위도 지극히 크고, 필요한 선도 지극히 넓기
> 만 합니다. 그러므로 반드시 자기를 굽히고 천하의 선을 받아들
> 일 수 있은 뒤에야 여유가 있게 될 것입니다. 천하의 의리는 무
> 궁하고, 한 사람의 총명함은 한계가 있습니다. 한계가 있는 재
> 주와 지혜로 무궁한 사물을 응접한다면 어떻게 일마다 그 알맞

---

10) 『牛溪集』, 「己卯封事」 卷2, 12~13쪽. "漢高帝 天資明達 洞見事理 物欲之私 常屈於經濟之略 是故見
善如不及 用人如由己 從諫如順流 趨時如響赴 知人善任而誠信好謀 卒成大業 臣願殿下之達於聽受 如
高帝之明也"

음[中]을 얻을 수 있겠습니까? 이런 까닭에 반드시 많은 사람들의 귀를 취해서 자신의 귀로 삼아야 하고, 많은 사람들의 눈을 취해서 나의 눈으로 삼은 뒤에야 총명함이 사방으로 통하고, 물리를 다 비춰볼 수 있는 것이며, 덕은 이루지 못함이 없고, 다스림은 미치지 못하는 곳이 없게 되는 것입니다. 사람의 한 마음은 본래 사물에 응접하는 것이니, 사물이 다가오는데 마음을 비우고 따르면서 응접하지 못해서, 향하는 것에 어쩌다 작은 치우침이라도 있으면 허공을 비춰보고 평평함을 저울질하는 본체가 이미 가리워 선입견에서 벗어나지 못하게 됩니다. 선입견이 조금 구체화되면 본래의 밝음은 조금 어두워지니, 헤아림은 어긋나고 물리는 숨어 버립니다. 일을 담당한 이가 여기에 국한되어 더 살피지를 못한다면 마음의 작용은 막혀버리고 그 올바름을 잃을 것입니다.[11]

이렇듯 임금의 지위는 지대한 것이지만 그 종선의 길은 이미 사서(四書)에 있으니 이를 따르도록 한 우계는, 어디까지나 순유(醇儒)의 처지에서 한 걸음도 빗나가지 않고 있음을 이에서 확인하게 된다.

신이 듣기로, 선을 좇는 요체는 선을 택하는 데 달려 있고, 선을 택하는 방법은 선을 밝히는 데 달려 있습니다. 선을 밝히는 노력을 격물치지의 방이자 배움의 시작입니다. 배움의 도는 사자서(四子書)에 갖춰졌습니다. 옛 성현들이 이것을 강론하면서 주고받은 것이 있었으니, 순임금과 우임금의 정일(精一)과 집중(執中), 공자와 안자의 극기복례(克己復禮)가 이것입니다. 애공(哀公)이 정사를 묻고, 공자가 대답하면서 삼덕(三德)과 구경(九經)을 말한 것에 선을 밝히고 몸을 성실히 하는 가르침이 갖춰지지 않

11) 같은 책, 11쪽. "人君受司牧之任 處億兆之上 華天下之責 而付之一人之身 天位至大也 萬機至繁也 所居之位至大 而所需之善至廣 故必能屈己以受天下之善 然後可以有裕也 蓋天下之義理無窮 一人之聰明有限 以有限之才智 接無窮之事物 則安得事事而得其中哉 是故 必取衆人之耳爲我耳 取衆人之目爲我目 然後聰明四達而物理畢照 德無不成而治無不及也 夫人之一心 本以應物 而事物之來 不能虛心順應 所向或有少偏 則鑑空衡平之體已爲所蔽 而未免有先入之物矣 先入稍形而本明稍晦 則權度差而物理隱矣 當事者局於此而不加察焉 心之用有所窒窒而失其正矣……"

은 것이 없으며, 결국에는 궁극의 경지에서 요약하는 데까지 이르렀습니다. 덕에 들어가는 문을 가리킨 것으로는 '널리 배운다[博學之]'는 구절 이하의 다섯 가지가 이것이요, 남이 한 번에 능하면 나는 천 번을 하며, 얻지 못하거든 놓지 말아야 한다는 것이 이것입니다. 천고의 성현들이 서로 전한 심법(心法)의 오묘함은 천리의 전체를 극진히 하고, 인욕의 모든 것을 살피려는 것이니, 다만 이 방법이 있을 뿐 다시 다른 방법이라고는 없습니다.[12]

여기서 우리는 우계의 허심종선의 도가 유가의 논(論)·맹(孟)·용(庸)·학(學)의 도임을 알게 되었다. 그가 비록 한고조의 대업을 내세웠다 하더라도 그것은 하나의 방편일 뿐 정도는 아닌 것이다.

그러나 이「기묘봉사」의 말미에서 허심종선은 급기야 용인지실(用人之實)을 거둘 전제로서의 허심종선이었다는 사실을 우리는 주목하지 않을 수 없다.

무릇 신이 진달한 것은 마음을 비우고 선을 따르려는 경지에서 돌이켜 보신다면 매우 다행일 것입니다. 만일 신의 말에 취할 만한 것이 있으며, 전하께서 조금이나마 유념해 주십시오. 먼저 조정의 선한 말을 거둬 순서대로 시행하시고, 먼저 온갖 변화의 근원을 바르게 하여 크게 비우고 밝히십시오. 극기를 인을 추구하는 실제 노력으로 여기시고, 선을 좇는 것을 인재를 등용하는 실제 일로 여기신다면 기를 닦고 백성을 편하게 하는 근본과 말단이 함께 갖춰질 것입니다. 선을 좇고 인재를 등용하는 것이 합쳐서 하나가 된다면 신은 비록 동굴에서 말라 죽더라도 뜻과 소원을 다 이루었다 할 것입니다.[13]

---

12) 같은 책, 13~14쪽. "臣聞 從善之要在乎擇善 擇善之法在乎明善 明善之功 則后謂格致之方而學之始也 學之之道 四子之書備矣 古之聖賢有講此而傳受之者 舜禹之精一執中 孔顏之克己復禮是也 至於哀公問政 而孔子對言三德九經 明善誠身之旨無不備具 卒至究極要約 指示入德之門 則博學之以下五者是也 人一己千 不得不惜是也 千聖相傳心法之妙 所以極夫天理之全而察乎人欲之盡者 只有此法 更無餘法也"

13) 같은 책, 16쪽. "凡臣所陳 無不反之於虛心從善之地則幸甚 若使臣言有可取者 而少留聖意 先收在廷之

이렇듯 우계가 제시해 준 왕자의 수기안민의 대도는 바로 종선(從善)·용인(用人)에 달려 있고. 종선은 곧 용인의 방편임을 여기서 알 수 있다. 그러므로 종선이 수성지도(修省之道)라 한다면 용인은 치인지방(治人之方)이었으니, 우리는 우계의 종선용인이야말로 수기치인의 인간학이라 하겠다. 수기치인의 수사학적 실학의 맹아가 여기에 잠재함을 우리는 간과해서는 안 될 것이다.

3) 안민지도

우계는 「기묘봉사」를 선조에게 올린 후 2년 만인 신사년에 또다시 봉사를 올렸으니 이해는 임란 발발 10년 전으로서 동서분당으로 인한 군자·소인의 논쟁은 날로 심각한 양상을 띠어가고 있을 뿐 아니라, 이로 인한 국정의 불안은 그야말로 현군·양신의 출현을 절실하게 대망(待望)하지 않을 수 없는 실정이었다. 시쳇말로, 아마도 위기의식이 조야간에 팽배한 시기였으므로 우계의 봉사도 이에 부응하여 언언구구 솔직한 충간으로 받아들여진다. 신사봉사가 기묘봉사에 비하여 더욱 구체적이요 또 비판적인 소이는 여기에 있다고 보아야 할 것이다.

자고로 용인(用人, 用賢)은 유가에 있어서의 왕도정치의 요체로서, 우계는 이를 다음과 같이 서술하고 있다.

신이 생각건대, 고금 이래로 한 번의 다스림과 한 번의 어지러

善言 次第行之 先正萬化之原 廓然虛明 以克己爲求仁之實功 以從善爲用人之實事 修己安民 本末俱擧 從善用人 合爲一途 則臣雖枯死巖穴 志願畢矣"

움이 반복되는 일이 오래되었습니다. 다스림과 어지러움은 기미의 나뉨에서 생기고, 기미는 인주의 마음에 달려 있습니다. 한 마음의 밝고 어두움에서 인재를 등용하는 잘잘못이 말미암고, 인재를 등용하는 잘잘못이 천하의 안위를 판가름합니다. 무릇 세도의 소장은 쉬이 볼 수 있지만, 지극히 은미한 본심은 지키기가 힘듭니다. 민정의 향배는 알 수 있지만 한 생각의 호오는 한결같지 않으니, 매우 두려워할 만한 것입니다. 이런 까닭으로 나라 일에 수고로우면서도 스스로 만족하거나 여기지 않았으니, 이것이 우임금이 스스로를 다스린 것이요, 현자에게 임무를 주고서 의심하지 않으며 사특한 것을 물리치며 의심하지 않았으니, 이것인 순임금이 인재를 등용하는 방법입니다.[14]

이로써 우계의 왕도론은 우지자치(禹之自治)와 순지용인(舜之用人)으로 요약할 수 있다. 그러므로 기묘봉사에서의 허심종선에 비하여 신사봉사에서는 소위 용인론을 더욱 구체적으로 강조하여 기묘봉사의 미비점을 더욱 보완하고 있음을 볼 수 있다.

현자를 등용하는 것은 인주의 직책입니다. 현명하고 재주 있는 이는 나라의 그릇입니다. 훌륭한 장인은 둔한 그릇으로 그의 일을 잘 해내지 못하고, 명철한 왕은 못난 재주를 가진 사람으로 그의 공적을 이루지 못합니다. 이런 까닭으로 인재를 등용할 수 있으면 인군이 어쩌다 범용하더라도 충분히 그 나라를 유지할 수 있지만, 인재를 등용하지 못하면 인군이 비록 덕을 잃는 일이 없더라도 위험이나 멸망에서 벗어나지 못하는 것입니다.[15]

---

14) 『牛溪集』, 「辛己封事」 卷2, 26쪽. "臣惟古今以來 一治一亂久矣 治亂出幾微之分 幾微係於人主之心 以一心之明晤 而用人之邪正由焉 以用人之邪正 而天下之安危判焉 夫世道之消長易見 而至微之本心難 守 民情之向背可知 而一念之好惡靡常 甚可畏也 是以克勤于邦 不自滿假者 禹之所以自治也 任賢勿貳 去邪勿疑者 舜之所以用人也"

15) 같은 책, 26~27쪽. "盖用賢 人主之職也 賢才 有國之器也 良工不能以鈍器善其事 哲王不能以駑才成 其績 是故 能用人則人君或凡庸 亦足以維持其國 不能用人則人君雖無失德 未免危亡"

현신을 얻지 못한다면 비록 명철한 군왕이라 하더라도 나라를 다스릴 수 없으리 만큼 용현은 요순 이래 현주(賢主)의 주요한 직책에 속하는 것으로 이해하고 있음을 볼 수 있다. 그러므로 우계는 이 점을 다음과 같이 더욱 간명하게 요약하고 있다.

> 군자에게 맡기면 다스려지고, 소인에게 맡기면 어지러워지는 것은 천하 고금의 변하지 않는 정해진 이치입니다. 그리고 군자와 소인이 나아가고 물러가며, 사라지고 자라는 구분은 또한 세도의 오르내림에 달려 있습니다.[16]

「등문공 상」에서 맹자는 "요는 순을 얻지 못한 것을 자신의 근심으로 여겼고, 순은 우와 고요를 얻지 못한 것을 자기의 근심으로 여겼다[堯不得舜爲己憂 舜不得禹皐陶爲己憂]"라 하였는데, 우계는 이를 인용, 부연하여 말하고 있다.

> 요가 천하를 다스리면서 순을 얻지 못한 것을 자신의 근심으로 여겼고, 순이 천하를 다스리면서는 우와 고요를 얻지 못한 것을 자신의 근심으로 여겼습니다. 그런데 지금 전하께서는 인재를 얻는 것을 근심하지 않고, 다만 시국의 일이 다스려지지 않는 것만을 근심하시니, 근심은 비록 깊다지만 그 근심을 풀지는 못하는 것입니다.[17]

이에 우계는 원칙론에서 진일보하여 선조의 잘못을 직간하고 있음을 볼 수 있다. 임금 자신이 이미 맹자가 제시한 득인론(得人論)을

---

16) 같은 책, 27쪽. "任君子則治 任小人則亂者 古今天下不易之定理 而君子小人進退消長之分 又係於世道之升降焉"

17) 같은 책, 31쪽. "堯之治天下 以不得舜爲己憂 舜之治天下 以不得禹皐陶爲己憂 今殿下不憂得人 而但憂時事之不治 則憂雖深而無以解其憂矣"

이해하지 못하고, 그저 시사의 불치(不治)만을 걱정하는 잘못을 깨닫지 못하고 있다고 하였다. 그러므로 당시 선조는 유생보다도 비유생인 세속적 인물을 등용하기를 좋아했기 때문에 우계는 이 점을 다음과 같이 직언하고 있다.

> 전하의 뜻은 유사(儒士)라는 자들은 반드시 이상한 것이나 좋아하고, 과격하고 물정에 어두운 병폐가 있어서 등용하면 반드시 안정시키지 못할 것이라고 여깁니다. 그래서 부리기도 쉽고 관행이나 따르는 세속적인 인물들을 등용하는 것만 못하다고 여기십니다. (그들을 등용하면) 스스로는 일을 이룰 수도 있고 (유사들이) 과격하게 구는 근심도 없을 것이라고 여기십니다.[18]

이렇듯 선조의 용인정책은 근본적으로 잘못되어 있음을 지적하고 있다. 그러면 우계는 유사(儒士)와 유속지인(流俗之人)의 구별을 어떻게 규정하고 있는 것일까.

> 부귀에 뜻을 두는 자는 세속의 무리이고, 도의에 뜻을 두는 자는 군자의 무리다. 순과 도척은 매우 큰 차이가 나지만, 그들의 나뉨은 바로 선과 이익의 간격에 달려 있는 것일 뿐이어서 많은 논쟁이 필요 없다.[19]

여기서 군자는 사유를, 유속지인은 소인을 뜻하고 있음은 의심의 여지가 없다. 그러나 우계의 인물론, 곧 군자소인론에서 흥미 있는 사실의 하나는 군자라고 해서 절대적 완인(完人)이 아니요, 소인이라

---

18) 같은 책, 29쪽. "殿下之意 必以爲儒士好異 有過激迂疏之病 用之則必不安靖 不如流俗之人循塗守轍 可以易使 自可集事而無矯激之患也"

19) 같은 책, 29쪽. "大抵志於富貴者 流俗之徒也 志於道義者 君子之徒也 舜跖之相去甚遠 而其分乃在善利之間 不多爭也"

고 해서 그의 재질을 전적으로 버려서는 안 된다는 것이다. 다시 말하면 군자에게서는 그가 지닌 잘못도 살피도록 하고, 소인에게서는 그가 지닌 장점을 골라 쓰도록 해야 한다는 주장이다.

> 군자의 무리라고 해서 꼭 병통이 없을 수는 없습니다. 어떤 이는 우활하기도 하도 어떤 이는 과격하기도 합니다. 비록 이런 병통이 있다지만 끝내는 선한 부류이니 각각 장점을 갖고 있습니다. 전하께서 진정으로 나라를 다스리는 데 뜻을 두고 계시다면 마땅히 군자의 무리에 나아가서 그들의 병통을 살피고 그들의 재주를 상주면서, 허물을 깎아내고 광택을 가다듬어, 그들의 높고 낮음에 따라 등용하면 될 것입니다.[20]

군자에게서 다소 우활(비현실적)하거나 과격(비판적)한 점이 있다 하더라도 그 등용을 주저해서는 안 된다고 이르고 있다. 뿐만 아니라 소인이라 할지라도 이를 버리지 말고 그 재질을 보아 골라 쓰도록 해야 한다고 주장한다.

> 아! 예부터 나라를 다스리는 이가 어찌 소인을 반드시 물리치려고만 한 적이 있었습니까? 소인 또한 재주를 가지고 있는 이들입니다. 현명한 재상을 골라 맡기기만 한다면 물과 고기가 서로 친하게 지내듯이 소인도 자신의 재주, 기예 한 가지로 그 능력을 다 펼치려 할 것입니다. 오늘날의 쓸모없는 신하들을 어떻게 하나하나 물리칠 수 있겠습니까? 다만 군자에게 위임해서 국론을 주재하게 한다면 재주 있는 이들 또한 각각 유능한 신하가 될 것이요, 그들로 하여금 조금이나마 예법을 따르게 만든다면 맑은 조정의 사대부가 될 뿐인 것입니다.[21]

---

20) 같은 책, 29쪽. "君子之徒 未必無病痛 或有迂闊者 或有過激者 雖有此病 終是善類而各有長處 殿下誠
有志於治國 則當就君子之徒 察其病而賞其才 刮垢磨光 隨其高下而用之可也"

21) 같은 책, 30쪽. "嗚呼 自古爲國者 豈必盡去小人乎 小人亦有才者也 只是擇任賢相 魚水相歡 而小人亦

이렇듯 소인이라도 그가 지닌 재예에 따라서 기용해야 하고 결코 버려서는 안 된다는 것이다. 그러므로 우계의 용인론이야말로 군자·소인을 가릴 것 없이 그들이 지닌 장점을 취하여 등용해야 한다는 인재등용론이라 일러야 할 것이다. 그리고 또, 선조에게는 다음과 같은 결점이 있음을 직간한다.

> 신이 가만히 살펴보건대, 전하께서는 타고난 자질이 뛰어나고 굳세지만, 함양은 순수하지 못하십니다. 선한 단서들이 간간히 나타나지만 견고하게 붙잡아 지키지도 못하십니다. 이런 까닭에 선을 수용하는 도량이 넓지 못하시고, 충성스런 말도 계합하지 못하는 것입니다. 다스림을 도모하려는 뜻은 확립되지 못했고, 선한 정사도 거론할 수 없으며, 현자를 좋아하려는 뜻도 전일하지 못해서, 내심을 의탁하지도 못하는 것입니다. 이 세 가지는 전하의 병폐입니다. 이것들이 군주는 위에서 명철한데도 정사는 아래에서 어지러운 이유인 것입니다.[22]

이렇게 한 뒤 그 이유를 구체적으로 예거(例擧)하였으니, 그의 일단을 적기하면 다음과 같다.

> 어떻게 그런 줄을 알겠습니까? 전하께서는 남다른 총명함으로 뛰어난 기운을 드러내시면서 홀로 한 시대를 좌우하려는 뜻을 가지고 계시며, 선비를 경시하고 자기만을 믿으려는 뜻을 가지고 계십니다. 이런 까닭에 진언하려는 신하가 온순하고 삼가는 태도를 보이면 어쩌다 받아들이기도 하시지만, 눈앞에서 막아서면서 논쟁을 벌이기라도 하면 결국 어기고 거스리고 마는 것입

各以一才一藝展效其能也 今之具臣 豈可一一斥去乎 只可委任君子 使主國論 而有才者亦各爲能臣 使之稱尊禮法 爲淸朝之士夫大耳"

22) 같은 책, 36쪽. "臣竊覵殿下天資英毅 而涵養未純 善端間發 而持守不固 是以受善之量未弘 而忠言不契 圖治之志未立 而善政不擧 好賢之意不專 而腹心無寄 此三者爲殿下之病 此所以君明乎上而政紊于下者也"

니다. 시사를 논하는 즈음에도 말이 전하의 생각과 합치하면 반드시 의견을 주고받지만, 조금이라도 전하의 내심과 어긋나기라도 하면 반드시 불쾌한 지경에 이르고 맙니다. 이런 까닭에 여러 신하들은 폐하의 은밀한 뜻이 어디에 있는지를 엿보면서 이해가 걸린 일에 대해서는 대부분 피하고 말하지도 않습니다. 어쩌다 폐하께서 지향하시는 것을 움직일 수 없는 일이라도 있으면 유신들과 선비들조차 말해보았자 무익할 뿐 쓸데없이 거스르거나 할 뿐이라고 하면서, 다른 일을 말한들 또한 채용되지 않을 것이라고 하는 것입니다. 어떤 경우에는 전하께서 눈에 띄게 화를 내시고, 크게 전하의 뜻을 해칠까 두려워하기 때문에, 두려움에 떨기만 하면서 직언을 하지 못하고, 이리저리 말을 돌리기만 하느라 심력을 다 낭비하고 결국은 그들의 충성을 다하지 못하게 되는 것입니다.[23]

이러한 장황한 설명을 통하여 선조가 거느린 신하들의 우유부단하는 태도를 명확하게 묘사함으로써 선조의 자성을 촉구하는 충정을 토로하고 있다. 여기서 우리는 맹자가 양혜왕 또는 제선왕과 더불어 대화를 통하여 그들을 자성케 하는 맹자의 직언을 방불하게 하는 것이 아닐 수 없다. 그러므로 우계는 또다시 직언을 받아들일 줄 모르는 왕자의 잘못을 다음과 같이 지적하고 있다.

인군이 덕을 잃는 것이 한 가지가 아니지만, 가장 심한 것은 그 잘못에 대해 듣기를 싫어한다는 것입니다. 잘못에 대해 듣기를 싫어하면 충성스런 말은 날마다 물러가고 아첨하는 말은 날마다 나아오게 됩니다. 그 정사는 반드시 어지러워져 선한 정사를 하지 못하는 데서 그치는 것뿐만이 아니라, 그 나라가 반드시

23) 같은 책, 36~37쪽. "何以知其然也 殿下聰明絕人 英氣發露 有獨駁一世之志 有輕士自信之意 是以進言之臣溫謹謹慎 則或見探納 面折延爭 則必致違忤 論事之際 言合乎聖慮 則必見酬酌 稍拂乎淵衷 則必至不悅 是以 群臣伺候微意之所在 凡有利害 多避不言 或有聖意所向 不可動搖 則雖儒臣拂士 以爲言之無益 徒取乖忤 以致所言他事亦不見用 或懼聖怒赫然 重傷大體 故悚仄危怖 不敢直截 周旋回互 費盡心機 而卒亦不能盡其忠也"

망하게 되는 것입니다.[24]

이리하여 "그 나라가 반드시 망한다[其國必亡]"는 극단적 위기의
식마저 제고시키고 있다. 그렇다면 당시의 위기를 우계는 어느 정도
로 파악하고 있었을까.

백성들이 병들고 괴로워하는 것에 대해서는 신이 몸소 겪었고,
괴로움을 빠짐없이 맛보았기에 잘 알고 있습니다. 생각건대, 우
리나라의 영토에서 열에 일곱은 산천과 숲이고, 토지는 척박해
서 물산이 많지도 못합니다. 반면에 백성들은 적어서 살아가는
것이 쓸쓸하기만 하니 진실로 천하의 가난한 나라입니다. 그런
데 근년 이래로 풍속이 사치스러워져 공사의 비용이 날마다 화
려한 풍습에 새어나가는 것이 이미 생산의 한도를 넘어선 지 오
래입니다. 게다가 부역(賦役)은 옛날과 비교할 수 없을 정도로
무거워 네 백성 가운데 농민들이 가장 곤궁한 지경입니다. 또한
여러 명목의 군역(軍役)은 고달픔과 수월함이 균형이 맞지 않습
니다. 근년에 정사가 편의를 잃은 것으로 인해서 백성들은 일정
한 생산이 없고, 부역이 수월한 이는 겨우 살고 있지만, 부담이
괴로운 이들은 떠돌아다니게 되어, 친족과 이웃에게 점점 영향
을 끼쳐 독이 점점 주변으로 전파됩니다. 그래서 한 사람이 도
망을 치면 온 고을이 다 비게 되어버려 근본이 날로 상하고, 원
기는 날로 줄어들어 이보다 더한 근심이 없는 지경입니다. 차역
과 부세가 내려오고, (어기는 이들을) 체포하는 즈음에 단속하
고 재촉하는 것은 더욱 심하고 더욱 가혹해져 깊은 산속의 궁벽
한 계곡까지 두루 미칩니다. 슬프게도 우리들의 백성들은 가난
과 굶주림의 물과 불길 속에서 초췌하게 되는 것을 슬퍼하면서
고통스러운 시름과 원망을 차마 말로 할 수 없습니다. 어찌 감
문(監門) 정협(鄭俠)의 유민도(流民圖)만이 눈물을 흘릴 만한 것이
겠습니까? 신은 늘 이웃의 밥 짓는 연기가 끊긴 지 오래인데도

---

24) 같은 책, 35~36쪽. "夫人君之失德非一 而莫甚於惡聞其過 蓋惡聞其過 則忠言日退而諛佞日進 其政
必亂而其國必亡 非但不能爲善而已"

관리들의 꾸짖는 소리를 들을 때마다 불쌍한 마음에 방황하며
크게 한숨을 짓지 않을 수 없었습니다.[25]

이상과 같은 생민곤췌(生民困瘁)의 설(說)은 선조 14년 당시의 국
정을 현실적으로 분석 서술한 것으로서, 조선조 후기 실학자들이 당
시의 실정을 부역이 지나치게 무거운 것[賦役煩重]으로 표현한 것과
조금도 다르지 않다. 우계 또한 이 글에서 "부역은 옛날과 비교할
수 없을 정도로 무겁다[賦役之重 在古無比]"라 하고, 또 "슬프게도 우
리들의 백성들은 가난과 굶주림의 물과 불길 속에서 초췌하게 되는
것을 슬퍼하면서 고통스러운 시름과 원망을 차마 말로 할 수 없습니
다[哀我赤子憔悴於窮餓之水火 愁冤痛苦 有不忍言]"라 한 것 등을 보면,
조선조 후기 삼정문란 때의 정정과 방불하다. 여기서 우리는 우계의
실학자적 감각이 그 누구보다도 뒤떨어지지 않는다는 사실을 역력
하게 엿볼 수 있다.

그러므로 이러한 정정불안의 제일차적 책임은 임금인 선조 자신
에게 있음은 다시 말할 나위도 없지만, 이를 바로잡기 위해서는 첫
째, 현인을 찾아서 그를 기용함과 동시에, 둘째, 구습을 혁신하여 새
로운 시의에 맞는 정법을 실시해야 한다는 것이다. 용현에 관해서
우계는 거듭 다음과 같이 피력하고 있다.

---

25) 같은 책, 31~32쪽. "臣惟生民困瘁之說 則臣親經歷 備嘗疾苦 其所以知之者深矣 竊以我東之域 山川
林藪十分而七 土地疠薄 物産不興 人民稀少 生理蕭條 誠天下之貧國也 近年以來 風俗奢侈 公私之費
日洩於華靡之習者 固已太渝其物力之分矣 而況賦役之重 在古無比 四民之中 農爲最困 且諸色軍役 苦
歇不均 近緣政失便宜 民無恒産 歠者僅存 苦者流離 侵及族鄰 展轉蔓毒 一人逃役 閭里盡空 根本日傷
元氣日耗 有不勝其憂者矣 差科之下 逮捕之際 驅催程督 愈深愈酷 遍及於深山窮谷之中 哀我赤子憔悴
於窮餓之水火 愁冤痛苦 有不忍言 豈但監門嫠婦之圖 爲可流涕而已哉 臣每聞比隣烟火久絶 追呼旁午
未嘗不憮然動心而彷徨太息也"

천하의 정사가 (인군) 한 사람에게서 나온다지만, 천하의 일은 한 사람이 홀로 맡아 볼 수 있는 것이 아닙니다. 전하께서 총명과 예지가 여타의 왕들보다 뛰어나다고 해도 또한 어떻게 혼자 나랏일을 다스릴 수 있겠습니까? 옛말에 '인재는 다른 시대에서 빌리는 것이 아니라, 하늘이 한 시대의 인재를 낳아 한 시대의 일을 충분히 담당하도록 한다'고 했습니다. 오늘날 인물이 없다고 하지만 진심으로 찾고자 한다면 천 리의 나라에서 어떻게 한 시대에 쓰일 만한 인재가 없겠습니까? 오직 그 가운데 뛰어난 인물을 발탁해 쓰면 될 뿐입니다. 예나 지금이나 천하에 재주를 품고 덕을 지녔던 인물이 몇이나 되겠습니까? 하늘이 현명한 인재를 낳는 것은 그들을 세상에 쓰려는 때문입니다. 그러므로 명철한 인군은 반드시 그들을 알아보고 등용해서 천위(天位)를 함께하고, 천직(天職)을 다스리는 것이니, 서로 부절이 합치듯이 신뢰하고, 어버이와 자식처럼 친하게 된 다음에야 정사와 교화를 밝게 닦아 백성을 편안케 하는 교화가 이루어졌던 것입니다.[26]

이렇듯 수명정교(修明政敎)하여 안민지화(安民之化)를 이룩하기 위해서는 현재(賢才)를 구하여 천직(天職)을 함께함에 있음을 강조하고 있다고 볼 수 있다. 그럼에도 불구하고 선조의 용인이 상규에서 빗나가고 있음을 우계는 다음과 같이 직언한다.

오늘날 전하께서 발탁하시고 상주는 이들은 언제나 사람들의 기대에서 벗어나는데, 인심이 어떻게 복종할 것이며, 많은 공적들이 어떻게 무너지지 않을 수 있겠습니까?[27]

이를 보면 당시 선조의 용인정책은 실로 인심을 수렴하기에는 너

---

26) 같은 책, 28~29쪽. "天下之治 固出於一人 而天下之事 則非一人所能獨任也 殿下雖聰明睿智 卓冠百王 亦安能獨治國事乎 古語曰 才不借於異代 天地生一世人 自足于一世事 今之時 雖人物少然 若以誠求 則千里之國 豈無一世之才乎 唯當就其中拔扶其尤者而用之耳 古今天下 懷才抱道者有幾人乎 天生賢才 使之有用 故明君必知而擧之 與之共天位治天職 相信如契符 相親如父子 然後修明政敎 以爲安民之化焉"

27) 같은 책, 29쪽. "今殿下所賞拔者 每出人望之外 人心何由而可服 庶績安得而不墮哉"

무나 거리가 멀었다. 그러므로 수기안민의 도[修己安民之道]는 용현에서 비롯하는 것으로 본 우계의 견해야말로 맹자류의 존현사상에 연유하고 있음을 짐작하게 하는 바가 아닐 수 없다.

4) 혁폐의 변

「신사봉사」에서 우계는 선조의 우유부단을 지적하면서 용현정책을 촉구함과 동시에, 세정에 눈을 돌려 연산(1476~1506) 이후 당시(1581)에 이르는 약 70여 년의 실정을 다음과 같이 비판하고 있다.

> 신은 노인들에게 이렇게 들었습니다. '조종조의 세법은 간단하고 번거롭지 않았다. 그런데 황음무도한 연산군의 시대에 몽매한 내시들의 세력이 크게 일어나, 흉포한 기세를 일으켜 수탈하면서 조종조의 세법은 훼손시키면서도 사람들의 입에 재갈을 물렸다.' 이때 이후로 70여 년 동안 서로 이어오기만 하면서 감히 의논하는 이가 없이 (이것을) 선왕의 법제로만 인식했습니다. 그래서 당시에 총애받던 자들이 백성들에게 해독을 끼친 것이 오늘까지도 그치지 않고 있으니 어찌 애통한 일이 아니겠습니까?[28]

라 하여, 연산 이전의 조공법(朝貢法)은 "간단하고 번거롭지 않다[簡而不煩]" 하였는데, 연산군 시절에 (내시들의 세력이) "크게 일어나고 흉포한 기세를 일으켜 수탈[大張暴斂]"하여 그것이 변질됨으로써 그것이 백성에게 끼친 유독(流毒)이 70여 년 동안 흐르고 있음을 통탄

---

28) 같은 책, 32쪽. "臣聞故老之言 祖宗朝貢法 簡而不煩 至燕山荒淫 昏椓大張 暴斂斯作 乃取祖宗時貢案 而毀之以箝人口 自是之後相承七十餘年 莫之敢議 認爲先王之典 使當時嬖倖流毒百姓者 迄丁今而未已 豈不痛哉"

하였다. 이어 말한다.

요즘 신료들 가운데 이 점에 대해 언급하고 논하는 이가 있습니
다만, 전하께서는 이미 제정된 법만을 살피면서 새로운 법을 만
드는 것은 삼가십니다. 또한 제도를 고쳐 나가는 즈음에 못난
사람들이 다시 어지럽힐까 염려하여 늘 논하는 이들의 말을 좋
게 여기지 않는 것 같습니다. 직무를 맡은 신하들도 심원한 계
획이 없이 구습만을 따르기 좋아하여 어떤 건의가 있어도 으레
그만두게 하라고 아뢰기만 합니다. 그 사이에 다행히 실시하기
를 명하는 일이 있더라도 유능한 사람을 뽑지 못하고 적임자가
아닌 사람에게 맡기기 때문에 옛 법제만 뒤흔들 뿐 새로운 이익
이라고는 없습니다. 전하의 마음은 더욱 막히고 큰일을 하시려
는 소망을 가지지도 못하게 만듭니다. 그래서 우리 백성들의 고
난을 그냥 앉아서 보기만 할 뿐 구제하지 못하는 것입니다. 서
리들은 이로 인하여 멋대로 이익을 챙기는 간사한 짓을 하면서
백성의 고혈을 그지없이 짜내고 있습니다. 아, 오늘날의 제도대
로 할 뿐 오늘의 법을 변경하지 않는다면 공자나 맹자가 조정에
서 도를 강론하더라도 시대를 바로잡고 백성을 구제할 정책을
강구할 수 없을 것이요, 공수(龔遂)나 황패(黃霸) 같은 이가 잇따
라 외지에서 수령 노릇을 하더라도 (전하의 뜻을) 받들어 교화
가 펼쳐지는 곳이라고는 없을 것입니다.[29]

이에 혁폐의 뜻을 비치기 시작한다. 그러므로 우계의 개혁정신은
이로부터 도도히 그칠 줄 모른다.

예부터 제도의 경장(更張)이란 늘 잘된 적은 적었고, 잘못된 적
은 많았으니, 본래 천하에서 가장 어려운 일입니다. 전하께서

---

29) 같은 책, 32~33쪽. "近來臣僚或有論及於此者 則殿下監于成憲 愼於改作 又慮更張之際 重爲庸人所擾
常若不喜其說者 任事之臣 無深謀遠慮 樂於因循 凡有建白 例必報罷 其間幸有或命設施者 而不擇能手
委之非人 徒憂舊章 未獲新益 聖心益沮 尤無有爲之望 以致坐視吾民之困而莫之救 胥吏因之 恣其奸利
竭生靈之膏血 無有紀極 嗚呼 由今之道 無變今之法 則雖使孔孟論道於內 亦無匡時救民之術 龔黃接武
於外 亦無承流宣化之矣"

삼가시면서 사람들마다 함부로 논하지 못하게 하시는 것도 당연합니다. 그러나 제도를 손익(損益)한 연혁(沿革)을 역사서에서 찾아보면 저절로 줄이고 늘리는 형세는 어느 시대나 있었습니다. 마치 천지가 운행하면서 추위와 더위, 낮과 밤이 순서에 따라 왕복하면서 옛것이 밀려나고 새것이 이루어진 뒤에 생의(生意)가 이어져 화육(化育)이 유행하는 것과 같습니다. 성왕(聖王)들의 법은 진선진미한 데다가 시대에 따라 알맞게 하였으므로 더할 나위가 없이 훌륭하지만, 오래되면 폐단이 생기는 것도 이치의 상례입니다. 반드시 후대에서 줄일 것은 줄이고 보탤 것은 보태어서 이어받아야 하는 것입니다. 이런 뒤에야 성인의 마음이 항상 보존되어 사라지지 않고, 영원토록 인애(仁愛)의 은택을 입을 수 있게 되는 것입니다. 조종의 마음은 곧 성왕의 마음입니다. 어떻게 오랫동안 피폐한 법제에 시달리는 백성들을 구제하고 싶지 않겠습니까?[30]

제아무리 진선진미(盡善盡美)한 선왕의 법도 오래되면 시폐가 생기게 마련이므로 저절로 추구이치신(推舊而致新)하지 않을 수 없다 하고 그 개혁의 필연성을 강조한다.

그러므로 우계는 이러한 개혁정신을 구체화하기 위하여 혁폐도감(革弊都監) 제도의 설치를 권장한다.

신은 어리석과 외람되지만 감히 바라건대, 전하께서는 먼저 옳다거나 그르다는 마음을 갖지 마시고 오직 사리에 맞는 것만을 취하여 한결같이 백성을 편안하게 만들겠다는 것만을 의도하십시오. 대신들에게 자문하시어 타당한 조치를 취하시되, 따로 국(局) 하나를 설치하여 혁폐도감(革弊都監)이라고 이름을 붙여 대

30) 같은 책, 33쪽. "自古更張 變而之善者常少 變而之不善者常多 固天下之至難也 殿下慎重其事 不欲人人輕有論說亦宜也 雖然損益沿革之理 求之史傳 有自然乘除之勢 無世無之 正如天地之運 寒暑晝夜代序往復 推舊而致新 然後生意按續而化育流行焉 夫聖王之法 盡善至美 因時制中 無以加矣 而久則弊生者 亦理之常也 必有損益變通以繼其後 然後聖人之心 長存不死 仁愛之澤 萬世賴之 若夫祖宗之心 卽聖王之心也 豈欲使斯民久困於法弊之中 而莫之救耶"

신이 주관하게 하고 그 밑의 소속 관원들도 당대의 인재들 가운
데서 뽑으십시오. 조종의 훌륭한 법 가운데 폐지되어 시행되지
않았던 것을 다시 거행하고 오래되어 폐단이 생긴 것은 덜거나
보태는 등 손을 보십시오. 무거운 수탈로 백성에게 해를 끼치는
것은 없애고 새로운 법이지만 백성들에게 이로운 것은 시행하
십시오.[31]

여기서 우계의 개혁정신은 제도개혁으로 이어지며, 그가 제도적
장치로 설치를 주장한 혁폐도감은 적어도 대신급 인사가 이를 영도
해야 할 뿐 아니라, 그 요속(僚屬)들도 일세의 엘리트가 이를 담당하
도록 주장한다. 특히 중렴(重斂)함으로써 민해(民害)를 끼치는 법은
버리고 신법(新法)으로써 민리(民利)를 가져오는 것은 이를 시행토록
하는 것이 바로 혁폐도감의 주무임을 밝히고 있다.

우계의 혁폐지변(革弊之辯)은 그의 이민정책(利民政策)의 구현을 위
한 실학정신의 절규라 하지 않을 수 없다.

여기서 개혁정신이야말로 조선조 후기 실학의 기본적 요체로서
우계의 혁폐의 변이야말로 그의 선하를 이루고 있다는 사실을, 다음
다산의 『방례초본』 서에서 이를 살펴보기로 한다.

우리 효종대왕께서 공법(貢法)을 대동법으로 바꾸시고, 또한 우
리 영종대왕(英宗大王: 영조)께서 노비법과 군포법 및 한림(翰林)
에서 천거하는 법을 바꾸셨는데, 이들은 모두 천리에 합당하고
인정에 조화로운 것으로 마치 네 계절이 변화하지 않을 수 없는
것과 같았다. 그러나 당시에 논의하던 신하들의 말이 뜰에 가득
찼고, 기세를 높이며 힘껏 간언하면서 심지어는 임금의 소매를

---

31) 같은 책, 33쪽. "臣愚狂僭 敢願聖朝毋先有適莫之心 唯取事理之十 一以安民爲義 詢訪大臣 極加稱停
別立一局 名之曰革弊都監 以大臣領之 其僚屬極一時之選 凡祖宗良法廢而不行者修擧之 久而弊生者損
益之 重斂之害民者去之 新法之利民者行之"

끌고 대궐 난간을 부러뜨린 고사처럼 하려던 이까지 있었다. 하
지만 법을 시행한 지 수백 년이 지나 그 낙을 누리고 그 은혜를
받고 난 뒤에야 백성들의 뜻이 조금 안정되었다. 만일 두 임금
께서 떠도는 논의에 미혹되어, 시간만 보내면서 고치지 않았더
라면 그 이해득실은 영원에 밝혀지지 않았을 것이다.[32]

그는 효종·영조의 개혁정신을 높이 평가한 후 이어서 말한다.

영종이 균역법을 세우려고 할 때 이를 저지하려고 하는 자가 있
거늘 영종은 말하기를 "나라가 비록 망하더라도 이 법은 고치
지 않을 수 없다"고 하였으니 이야말로 대성인의 위대한 말로
서 시속의 군주로서는 힘써 입 밖에 내지도 못할 말이다.[33]

이를 보더라도 시의에 따르는 개혁정신이야말로 소위 위민정치의
요체라 이르지 않을 수 없다는 점에서, 우계의 혁폐의 변을 우리는
높이 평가하지 않을 수 없다.

5) 목민정신

우계는 「신사봉사」 후 10년 만인 선조 23년(1590) 경인에 또다시
봉사를 올렸으니 이해는 임진왜란(1592) 2년 전으로서 국가존망의
위기가 목첩지간(目睫之間)에 다다르고 있을 때였다. 그러므로 우계
는 「경인봉사」의 서두에서 선조에게 다음과 같이 위기의식을 솔직

---

32) 『邦禮草本(經世遺表)』 序, 1~12, 40~41쪽(2-354~355). "我孝宗大王改貢法爲大同 亦唯我英宗大王
改奴婢法 改軍布法 改翰林薦法 斯皆合天理而協人情 如四時之不能不變 然而當時集議之臣 發言盈庭
盛氣力諫 至有以牽裾折檻自居者 及行之數百年 享其樂受其賜而後 民志少定 若使二祖惑於浮議 荏苒
而莫之改 則其利害得失 終亦不白於千古矣"

33) 같은 책, 41쪽(2-355). "英宗之立均役也 有沮之者 英宗曰國雖亡此法不可以不改 於乎此 大聖人之大
言 時君世主所不能唾勉出口者也"

하게 토로하고 있다.

　　가만히 오늘날의 시사를 살펴보니, 편당(偏黨)이 앞에서 무너뜨
리고 변고(變故)가 뒤에서 이어져 국가의 기강과 조정의 법도가
모두 없어져서 하나도 믿을 만한 것이 없습니다. 만일 큰 계책
을 깊이 연구하고 천하의 지극한 생각을 다하여 허물을 고치기
를 꺼리지 않고 제때 바로잡지 않는다면 여러 해 동안 쌓여 온
상패(傷敗)의 형세를 어찌 한때나 한 달 사이에 수습할 수 있겠
습니까. 신은 세상을 구제하는 급선무를 가지고 아뢰겠습니다.
생각건대, 하늘을 대신하여 백성을 기르는 것은 인주(人主)의 직
책입니다. 하늘은 만물을 낳는 마음을 원후(元后)에게 맡겨 백성
들의 부모가 되어 인류(人類)의 위에 군림하면서 백성들을 비호
해 주고 자식처럼 길러 주게 했습니다. 군주가 만일 그 직책을
다하지 못한다면 자식들이 부모에게서 밥을 얻어먹지 못하는
것처럼 되어서 천지가 만물을 내는 마음이 막히고 행해지지 못
하게 되므로 모든 인류가 곤궁하고 고초를 겪어 천하에 큰 난리
가 일어날 것입니다. 두려워하지 않고 경계하지 않을 수 있겠습
니까?[34]

　　여기서 우리는 천하대란을 예견한 우계의 시국관은 실로 정곡을
뚫은 것으로서, 양민지도(養民之道)야말로 인주(군왕)의 직무임을 강
조하고 있음을 볼 수 있다. 이러한 양민지도는 곧 목민지도(牧民之道)
로서 다산은 그의『목민심서』서에서 다음과 같이 밝혀놓고 있다.

　　옛날 순임금은 요임금의 뒤를 이어 12목(牧)에게 자문하고, 그들
이 백성을 다스리게 하였다. 문왕은 정사를 하면서 사목(司牧)을

---

34)『牛溪集』,「庚寅封事」卷3, 23~24쪽. "竊觀今日之事 偏黨壞之於前 變故連仍於後 國紀朝經 蕩然無
一可恃 苟不深探大計 極天下之至慮 不憚攺過 及時正救 則積年傷敗之勢 何能收合於時月之間乎 臣請
以救時之急務者而陳之 竊惟爲天養民者 人主之職也 盖天以生物之心付之元后 使之作民父母 臨乎人類
之上 覆冒而子畜之 苟失其職 則子而不得食於父母 使天地生物之心遏而不行 生人之類 困苦焦滅 而天
下之大亂作矣 可不懼哉 可不戒哉"

세워 수령으로 삼았고, 맹자는 평륙(平陸)에 가서 가축의 꼴을 먹이는 것으로 백성을 다스리는 것을 비유했으니, 백성을 다스리는 것을 목(牧)이라고 하는 것은 성현이 남기신 뜻이다.[35]

이를 보면 「경인봉사」에 나타난 우계의 양민지도는 어쩌면 다산의 목민지도의 맹아로서 그의 선하를 이루고 있다는 사실에 주목하지 않을 수 없다. 이에 우계의 양민론은 더욱 핍진(逼眞)하게 전개된다.

가만히 생각건대, 오늘날은 백성들이 부양(扶養)되지 못한 지가 오래입니다. 추위와 굶주림에 떨며 헐벗으며 괴로워하느라 시름에 겨워 원망하는 고통에 가득찬 소리를 차마 들을 수가 없습니다. 전하의 지극한 사랑이 온 나라를 덮고 불쌍히 여겨 은혜를 베푸시는 정성이 위아래를 감동시킬 수 있는데, 백성들이 그 혜택을 입지 못하는 것은 무슨 까닭입니까? 은혜를 미루어 가는 것이 백성들에게 미치지 못하고 백성을 부양하는 방법이 그 도리를 다하지 못했기 때문입니다.[36]

여기서 우계는 민생고의 원인은 양민정책(목민지도)의 미흡에 있다고 지적하면서 선조의 각성을 촉구한다. 그러한 점이 「기묘봉사」의 허심종선(虛心從善)이나 「신사봉사」의 혁폐의 변보다도 더욱 절실하고 또 구체적이라 이를 수 있다.

그러한 의미에서 다음과 같은 보다 더 구체적인 지적에 귀를 기울여 보자.

---

35) 『牧民心書』序, Ⅰ~12, 42쪽(2-358). "昔舜紹堯 咨十有二牧 俾之牧民 文王立政 乃立司牧 以爲牧夫 孟子之平陸 以芻牧喩牧民 養民之謂牧者 聖賢之遺義也"

36) 『牛溪集』, 「京人封事」卷3, 24쪽. "竊惟今日民失其養久矣 飢寒困苦愁冤痛楚之聲 有不忍聞者矣 殿下至仁覆幬 惻怛惠愛 足以孚感于上下 而顧民不蒙其澤者 其故何哉 盖以推恩不及於民 而養民之方 未盡其道故也"

오늘의 급선무로는 백성을 부양하는 것보다 더 좋은 것이 없고, 백성을 부양하는 요체는 부역을 가볍게 하는 것보다 더 간절한 것이 없습니다. 옛날 곽광(霍光)은 시무(時務)의 요체를 알고는 부역을 가볍게 하고 세금을 적게 거두어 백성들과 함께 휴식한 결과 한나라 황실이 다시 융성해졌습니다. 송나라에서는 경총제전(經摠制錢)을 줄이자 동남 지방의 백성들이 다소 소생할 수 있었으니, 예로부터 변통의 타당함이란 위를 덜어 아래에 보태 주는 것이라는 사례를 명백하게 알 수 있습니다. 더구나 지금처럼 밝은 세상에 어찌 바닷가의 약한 백성들을 포악하게 수탈하고 무겁게 징수하는 고통에 시달리게 하면서 구제하지 않을 수 있겠습니까. 지금은 시름에 겨워 원망하는 기운이 천지에 가득 차서 위로는 하늘의 화기(和氣)를 넘보고 사방에서 재앙의 기운을 불러들여, 물난리와 가뭄, 그리고 질병이 해마다 계속되고 있으니, 옛부터 백성들이 이처럼 곤궁하고서 나라를 보전한 경우는 일찍이 없었습니다.[37]

여기서 우리는 우계의 양민지도는 경요박부(輕徭薄賦)하여 손상익하(損上益下)하는 데에 있음을 알 수 있다. 그럼에도 불구하고 당시의 국정은 어떠했던가. 몇 가지 사례를 열거해 보면 다음과 같다.

신은 들건대, 국초(國初)에는 닥나무와 옻나무, 닭과 돼지, 채소와 과일 등 땅에서 나는 물건을 모두 주현(州縣)의 관원들이 스스로 심고 길러서 진상하게 했습니다. 그러므로 백성들이 내놓아야 하는 법전에 올린 공물(貢物)의 조목이 많지 않았습니다. 지금은 그렇지 않은데도 여러 도(道)의 각 읍에는 남아 있는 옛 규례(規例)가 없습니다. 하찮은 채소 하나 과일 하나까지 모두 전결(田結)에 부과하고, 전결이 있는 백성들은 비록 바칠 만한 토산품이 있더라도 일체 방납(防納)하는 관리들에게 저지당하느

37) 같은 책, 28쪽. "爲今之務 莫善於養民 養民之要 莫切於輕徭賦役 昔者霍光知時務之要 輕徭薄賦 與民休息而漢室復盛 宋朝減經總制錢 而東南之民少得蘇息 自古變通之宜 損上益下 班班可見 況今聖明之世 豈可使海隅殘民 久困於暴斂重征之中 而莫之抹耶 當今愁怨之氣流滿寰宇 上干天和 旁召沴氣 水旱癘疫 仍歲荐臻 自古民困如此 而能保其國者未之有也"

라, 그 본래 물건을 바치지 못하고 도리어 10배의 값을 치르고 있습니다. 또 (진상하지 않고) 주현(州縣)에서 쓰는 물건도 모두 전결에 부과하는 바람에 전결에 매겨지는 부세(賦稅)의 조목이 끝도 없이 많기만 합니다. 국초에 백성들에게 부과한 것은 일용에 쓰는 물건을 진상하라는 것일 뿐이었는데, 해가 오래되자 소비하는 물건이 점점 많아졌습니다. 그래서 옛날과 지금의 기습(氣習)에 따른 사치와 검소함의 차이가 거의 몇 배에 이르고 있으니, 국가의 비용이 많아졌다는 것도 따라서 따라서 알 수 있습니다. 이것이 바로 오늘날 백성들이 부세가 무거워서 그 고통을 이겨내지 못하는 이유입니다.[38]

뿐만 아니라 우계는 그가 거처한 황해도 일대의 참상을 다음과 같이 기술하고 있다.

신이 거주하는 지역이 황해도와 이어져 있기 때문에 백성들의 고통을 자세히 들어 알고 있습니다. 이 도는 경진년 이래로 해마다 흉년이 들지 않은 적이 없어서 백성들이 살 곳을 잃은 것이 다른 도보다 심합니다. 특히 평안도는 수자리의 파견[赴防]을 둘러싼 폐해가 한 도의 가장 큰 고통이 되고 있으니, 이것은 변방의 장수들이 끝없이 탐욕스럽고 포악하기 때문입니다. 그리하여 한번 수자리를 나가게 되면 천리 먼 길에 모이느라 면포(綿布) 3, 4십 필을 싸 가지고 가도 오히려 그들의 끝없는 욕심을 채울 수가 없습니다. 3, 4십 필의 면포는 바로 중인(中人) 한 집안의 전 재산인데, 해마다 이것을 싸 가지고 갑니다. 가난한 이들은 떠돌다 굶어 죽은 시체가 되고 부유한 이들은 전택(田宅)을 모두 팔아먹게 됩니다. 본래의 인호[本戶]가 파산하면 일족(一族)과 가까운 이웃에게 책임 지워 머릿수를 헤아려가며 가렴주구하면서 남을 강제해서 대신 세웁니다. 일족과 이웃에게 끼치는

---

38) 같은 책, 24~25쪽. "臣聞國初 楷漆鷄豚蔬果地産之類 皆令州縣緦官自時養而上供 故法典所載貢物之出於民者 其引不多 今則不然 諸道列邑 蕩無舊規 凡一蔬一果之細 皆賦之於田結 田結之民 雖有土産之可供者 一切爲防納吏所遏 不敢納其本色 而輪以十倍之直焉 又州縣所自用者 亦皆賦之於田結 故田結之賦其曰繁多 而無有紀極焉 大抵國初賦民 足以供奉日用而已 歷年旣久 所費漸廣 古今氣習 奢儉之異幾於倍蓰 則國用之多 從可知矣 此今民之所以賦重而不勝其苦者也"

병폐가 가까운 곳으로부터 먼 곳에 이르도록 백성들을 구렁텅이로 몰아넣어서 시끄럽게 서로 원망하고 해독(害毒)으로 여기는 것이 적의 침략과 난리보다도 더 참혹합니다. 그 말류의 병폐가 이처럼 심한 것이 어찌 하루아침에 생긴 문제이겠습니까. ……뇌물 꾸러미를 가득 싣고 가서 사문(私門)은 날로 부유해지지만 백성들은 떠돌며 흩어져 천 리나 되는 넓은 지역이 쓸쓸합니다. 아! 조정의 신하들이 나라의 근본인 백성을 해치고 변방을 무너뜨리는 것이 이와 같으니, 애통함을 이기지 못할 것입니다![39]

이렇듯 우계는 임란 직전 국정의 불안을 신랄하게 분석 비판하고 있다.

이는 오로지 선조로 하여금 왕정의 정도로 돌아오게 하는 우계의 충정의 발로였다.

전하께서는 여기에 대해 살피려고 생각지 않으시고, 임시방편으로 시간만 보내시면서 구차하게 일이 없기만을 바라십니까?[40]

이렇게 경성(驚省)을 촉구하였지만, 끝내 왜구의 침략을 막아내지 못하고 국파민산(國破民散)의 환난을 겪게 되었던 것이다.

어쨌든 우계의 충정은 이에 그치지 않고 「경인봉사」의 전편을 통하여 도도히 전개되고 있으니 그중 현실비판의 일단을 예시하면 다음과 같다.

---

39) 같은 책, 26쪽. "臣所居地連黃海 民之疾苦 聞之熟矣 此道自庚辰年以來無歲不歉 民之失所 甚於他道 而平安道赴防 最爲一道之苦 蓋由俇帥旁午 貪虐無厭 一番赴防 千里期會 齎綿布三四十匹 猶不能充其 溪壑之欲 三四十匹綿布 即中人一家之産 而歲歲行齎 貧者流爲餓莩 富者賣盡田宅 本戶旣破 則州縣責 辦於一族切隣 頭會箕斂 勒人代立 隣族之弊 由近及遠 歐民而納之溝壑之中 嗷嗷怨毒 慘於寇亂 其流 之弊 至於此極 豈一朝一夕之故哉……苞苴稇載而私門日富 生民流散而千里蕭條 嗚呼 朝臣之所以椓 喪邦本 破毀殘邊者有如此 可勝痛哉"

40) 같은 곳. "殿下於此而猶且不思驚省 姑息時日 以苟冀無事耶"

바라건대, 전하께서는 흉악하고 패역한 짓을 한 완악한 백성들에게만 쓸데없이 죄를 돌리지 마시고, 자신을 반성하고 사욕을 이기려는 진실한 마음[實心]에 미진함이 없지 않나 살피십시오. 『서경』의 「주서(周書)」「태서(泰誓)」에서는 "백성들의 잘못은 나한 사람에게 있다"고 했습니다. 부디 전하께서는 여기에 유념하십시오. 신이 말하고자 하는 것은 이에 그치지 않고 오직 백성을 부양해서 나라를 보전하는 방법과 탐욕스러운 자를 다스리고 어진 이를 등용하는 내용을 반복하여 아룁니다. 오늘날 진실로 백성들의 마음에는 원망이 맺혀 있고 여염(閭閻)에는 이미 재산이 고갈되어 백성들은 흩어지고 풍속은 나빠졌습니다. 백성들이 윗사람을 범하고 도둑질하는 일이 서로 계속되고 노여워하는 마음과 윗사람을 원망하는 말이 날로 더욱 심해지는 것이 마치 쇠퇴하여 멸망하는 세태와 비슷합니다. 예악(禮樂)이 무너지고 백성의 윤리가 쓰러지는데도 막을 수가 없습니다. 엄한 형벌로도 간사함을 억제할 수가 없고 법률로도 악을 징계할 수가 없습니다. 오직 급하게 관대(寬大)한 정사를 베풀어 실제로 은혜를 더하시어, 백성들로 하여금 따뜻하게 옷을 입고 배불리 밥을 먹으며 편안하게 지내느라 원망하고 불평하는 기운을 점점 사라지게 하는 것이 실로 오늘날의 급선무이자, 백성을 부양하는 요체로서 먼저 실행하지 않을 수 없는 것입니다.[41]

이로써 우리는 당시 우계의 예리한 시국관을 살필 수가 있다.

다산은 그의 『목민심서』 「병전(兵典)」 응변조(應變條)에 이렇게 말하였다.

근년 이래로 부역이 복잡하고 무거운데 관리들이 멋대로 학정을 일삼아 백성들이 삶을 영위하지 못한다. 일어나는 일이라고

---

41) 같은 책, 33쪽. "伏願殿下毋徒歸咎於頑民之惡逆 而有未盡省身克己之實心也 周書曰 百姓有過 在子一人 惟殿下留神焉 臣之所欲言者不止於此 而惟以養民保邦之道 律貪進賢之說 爲之反覆者 誠以今日怨已結於民心 財已盡於閭閻 百姓離散 風俗澆漓 小民犯上 侵盜之事 相繼而起 敢怒之心 怨上之言 日以滋甚 恰如衰亡之世 禮樂之崩毁 民彝之潰決 將不可以隄防 嚴刑不足以戢姦 法律不可以懲惡 惟有急施寬大之政 加以惠愛之實 使人人自安於溫飽之域 潛消其怨毒不平之氣者 此實時務之大 養民之要 而不可不先者也"

는 모두 난리를 생각하는 것인지라 요언과 망설이 동쪽에서 창
도하면 서쪽에서 화답하니, 형법에 비춰 처벌한다면 백성들은
한 사람도 살아남지 못할 것이다.[42]

그로부터 거슬러 200여 년 전에 이미 토설(吐說)한 우계의 시국관
과 여합부절, 조금도 다르지 않음을 엿보게 한다. 그럼에도 불구하
고 성호는 그의 『사설』에서

국조(國朝) 이래로 시무에 능숙한 이로는 이율곡과 유반계 두 분
이 있을 뿐이다.[43]

라 하여, 우계는 거론조차 하지 않았을까. 이를 한스럽게 여기기나
한듯이 성교진 박사는 그의 『성우계의 철학사상과 유학사상』이라는
역저에서 다음과 같이 말하였다.

이상에서 보듯이 우계의 時務論과 變法更張思想은 율곡의 이른바
革弊論과 時務論과도 同途一致함을 볼 수 있거니와, 그의 선조에
게 올린 상소의 구구절절이 유학사상에 기인한 수기안민의 사
상을 잘 드러내고 있음을 알 수 있다.[44]

이는 실로 정곡을 찌른 정론이라 할 수 있다.
이로써 우계는 율곡과 더불어 성리학에서 병칭될 뿐 아니라 시무
에 투철한 점에서도 율곡과 더불어 조선조 후기 실학의 선구자로서
병칭되어야 마땅할 것이다.

---

42) 『牧民心書』 「兵典」, 應變條, V~23, 44쪽(17-90). "近年以來 賦役煩重 官吏肆虐 民不聊生 擧皆思亂
妖言妄說 東唱西和 照法誅之 民無一生"

43) 이익, 『星湖僿說』 권11, 「變法」. "國朝以來識務者 惟李栗谷柳磻溪 二公在"

44) 「우계의 경세사상」절, 172쪽.

6) 결론

필자는 이 글의 서설에서 우계의 실학정신은 광의의 송학(宋學) 안에서의 경세실학으로 간주하였으나 본론을 논술하는 과정에서 우계의 실학 정신은 그의 시국관에서 보다 더 핍진한 비판정신이 약동하고 있을 뿐만 아니라, 그러한 비판적 개혁정신은 어쩌면 근세실학정신의 선구적 구실을 한 것으로서, 평가하기에 따라 결코 율곡에 불하(不下)하리라고 생각하기에 이르렀던 것이다. 그러한 의미에서 우계의 실학정신을 몇 가지 간추려 보면 다음과 같다.

첫째, 우계의 허심종선론(虛心從善論)에서 우리는 두 가지 사실을 발견하게 된다. 하나는 우계의 허심(虛心)은 그것이 글자 그대로의 허심이 아니라, 사실인즉 그것은 실심(實心)이라 해야 마땅할 것이다. 왜냐하면 본시 '심'에는 두 가지가 있으니 하나는 불가적 심성으로서 담연공명(湛然空明)한 것이요. 다른 하나는 유가적 심성으로서 주자가 이른바 "사람이 하늘에서 얻은 것으로 허령불매하고 온갖 이치를 갖춘 것[人之所得乎天 而虛靈不昧 以具衆理]"이라 한 것으로서 허령하지만 중리(衆理)를 갖춘 실심(實心)인 것이다. 그러므로 우계는 이렇게 말하였다.

> 마음이란 신명(神明)의 거처로서 텅 비고 신령하며 환히 밝아 온
> 갖 이치를 다 갖추었다.[45]

여기서 한걸음 더 나아가 주목하고자 하는 것은, 우계는 허심은

---

45) 『牛溪集』, 「己卯封事」 卷2, 13쪽. "心者 神明之舍也 虛靈洞徹 萬理咸備"

곧 종선(從善)의 전제요 수단이란 점이다. 그는 불가의 향벽관심(向壁觀心)의 심이 아니라 종선을 위한 준비로서의 허심인 것이다. 그러므로 필자는 우계의 허심종선에서 실로 실천윤리를 위한 자성지학(自省之學)의 면모를 읽을 수가 있었던 것이다.

둘째, 우계의 용현론이야말로 치국 안민의 도[治國安民之道]의 대강임을 간과해서는 안 될 것이다. 우계는 3봉사를 통하여 선조 자신의 경각심을 일깨우는 데에 직언을 서슴지 않았을 뿐 아니라, 용현의 중요성을 입술이 닳도록 되풀이하였다. 당시의 붕당은 군자와 소인을 준별(峻別)하였으므로, 현인의 면모가 흐려질 것을 염려하여, 비록 소인이라도 그 재질을 보아서 기용하라고까지 권하고 있다. 이에 필자는 다산의 『대학공의』에서 다음의 일구를 상기하고자 한다.

> 나라를 다스리는 큰 정책에는 두 가지가 있다. 하나는 '사람을 쓰는 일'이오 다른 하나는 '재물을 다루는 일'이다. 사람이 이 세상에 태어나 두 가지 큰 욕심을 가지는데, 하나는 높은 지위를 갖는 것이요 둘은 재물을 갖는 것이다. 위에 있는 사람의 욕심은 높은 지위를 갖는 데 있고 아래에 있는 사람의 욕심은 재물을 갖는 데 있다. 사람을 천거하여 쓸 때에는 현우(賢愚)와 사정(邪正)을 가려서 승강(升降), 출척(黜陟)하면서 백성들의 마음에 어긋나지 않도록 하고, 세금을 징수하여 거두어들일 때는 부세와 재물의 출납(出納)과 수발(收發) 과정에서 백성들의 마음에 어긋나지 않도록 한다면, 물정(物情)이 고르고 진실하게 되어 나라가 안정될 것이다. 그렇지 않으면 재화가 함께 이를 것이다. 그러므로 예로부터 오늘에 이르기까지 조정의 치란과 득실은 늘 현자를 세우는 문제에서 생기며 야인(野人)의 고락과 은원은 항상 재물을 거둬들이는 문제에서 생기는 것이다. 모든 제도나 온갖 관원들의 일이 천만가지로 얽혀 있다 하더라도 그 귀결을 조용히 살펴보면 조정에서나 민간에서나 그들이 다투는 것은 오직 이것뿐이다.46)

여기서 우리는 우계의 3봉사에서 역설한 용인론과 경부론(輕賦論)의 정취를 그대로 느끼게 한다. 그의 소론이 바로 조선조 후기 실학의 묘맥이라 이르는 소이가 여기에 있다.

셋째, 우계의 허심종선론(虛心從善論)과 용인경부론(用人輕賦論)을 하나로 묶으면 그것이 곧 바로 수기치인의 도가 성립됨을 볼 수가 있다. 이는 후기실학을 개신유학적 측면에서 관조하는 기초개념으로 우계의 송학적 이해도 결국 수기치인의 대도 안에서의 이해임을 여기서 발견하게 된다. 그러므로 우계는 단순한 성리학자가 아니라 선진유학의 기초개념인 수기치인의 대도를 밝힌 유자로서 재평가되어야 할 것이다. 이는 후기실학, 그중에서도 다산의 수사학적 개신유학과도 맥을 이어야 하는 중요한 관건이 되기 때문이다.

넷째, 그의 비판적 개혁정신를 들 수 있다. 일찍이 홍이섭 박사는 그의 『정약용의 정치경제사상연구』라는 저술의 말미에서 일절을 마련하여 다산의 비판정신을 높이 평가한 바 있거니와, 그 뒤를 이어 필자도 졸저 『다산경학사상연구』의 말미에서 다음과 같이 지적한 바 있다.

> 이제 우리는 다산의 국가경륜을 살펴봄에 있어서, 그의 개혁정신이 얼마나 줄기찬 것이었으며 또 그 정신의 연원은 어디로부터 온 것인가를 캐볼 단계에 이른 것 같다. 다산은 영종의 균역법을 마련할 때 좌우에 있던 수구파들의 저지를 물리치고 단행한 사실을 기록하여 이를 칭송하였으니 영종의 개혁정신은 바

---

46) 『大學公議』 Ⅱ~1, 41~42쪽(4-84~85). "爲國者其大政有二. 一曰用人 二曰理財 大凡人生斯世 其大欲有二 一曰貴 二曰富 在上者其所欲在貴 在下者其所欲在富 惟其擧用之際 其賢愚邪正之升降齓陟 不遺於衆心 其徵斂之日 賦稅財稅之出納收發 不遺終衆心 則物情平允 邦國以安 如其不然 菑禍立至 故自古以來 朝庭之治亂得失 恒起於立賢 野人之苦樂恩怨 恒起於斂財 雖百度庶工 千頭萬緒 而靜究厥趣 則朝野所爭 唯此而已"

로 다산의 그것이기도 함을 알 수 있다. 낡은 것의 개혁이 없는
곳에 발전이 없음은 너무도 뻔한 사실이다.

여기서 다시금 우계의 다음과 같은 지적을 상기해 보자.

> 아, 오늘날의 제도대로 할 뿐 오늘의 법을 변경하지 않는다면
> 공자나 맹자가 조정에서 도를 강론하더라도 시대를 바로잡고
> 백성을 구제할 정책을 강구할 수 없을 것이다.[47]

이러한 그의 지적이 다산의 그것과 조금도 다르지 않음을 발견하
게 된다. 이로써 우계의 개혁정신이 또한 근세실학의 집대성자인 다
산의 개혁정신과도 그 맥락을 같이하고 있음을 알 수가 있다.

다섯째, 우계의 모든 경륜은 그의 양민사상으로 직결되고 있음을 지적
하지 않을 수 없다. 소위 양민은 곧 목민이라 할진대, 여기서 우리는 다
산의 『목민심서』 서 중에서 다음과 같은 일구를 인용하지 않을 수 없다.

> 백성을 다스린다는 것은 백성을 기르는[牧民] 것이다. 그러므로
> 군자의 학문은 수신이 절반이요, 나머지 절반은 목민이다.[48]

이와 같이 우계는 다산보다도 200년 앞서 허심종선으로 수신하고
양민으로 치민하였으니, 이 어찌 그를 일러 목민지도의 선구자라 이
르지 않을 수 있겠는가. 이에 우계는 선조에게 봉사를 올려 누천언
을 반복하면서도 오직 목민의 대도를 이렇게 설하였다.

---

47) 『牛溪集』, 「辛巳封事」 卷2, 32쪽. "鳴呼 由今之道 無變今之法 則雖使孔孟論道於內 亦無匡時救民之術"
48) 『牧民心書』 序, Ⅰ~12, 42쪽(2-358). "治民者牧民也 然則君子之學 修身爲牛 其牛牧民也"

[당강(唐羌)과 공규(孔戣) 두 사람을] 충신이라 하는 것은 진실로 군주를 섬기는 도리는 (음식물이나) 받들어 올리는 데 있는 것이 아니라, 백성을 편안히 하는 데에 있기 때문입니다.[49]

이와 같이 그의 충절이 오로지 안민을 위한 목민지도의 실천에 있음을 지적하지 않을 수 없다.

이로써 우계의 실학정신은 애오라지 한국실학정신의 묘맥이라 이르지 않을 수 없다.

2. 삼강오륜론

1)

공자학이 인(仁)에 근거한 사실 그 자체는, 바로 유교가 윤리적 특징을 갖추게 될 소인을 이미 그 안에 내포한 것으로 보아야 할 것이다. 인이란 『설문』에 나타난 고전적 해석에서 이미 이인(二人)을 의미하는 것이고 보면, 이는 이인(二人)의 윤리적 인간관계를 문제 삼은 것임이 분명하다. 이렇듯 공자의 인에서 비롯한 유교의 윤리사상은 맹자의 오륜사상에서 보다 더 구체화되었고, 그것이 진한시대로 넘어와서는 동중서(董仲舒)의 삼강오상설(三綱五常說)로 변모하였다.

그후에 오상(五常)이 오륜(五倫)으로 전와(轉訛)되어 삼강오륜이라는 복합 술어가 형성되기에 이르렀으나, 이로써 삼강오륜은 근세 유

---

49) 『牛溪集』, 「庚寅封事」 卷3, 25~26쪽. "(以二臣)爲忠者 誠以事君之道 不在於奉承而在於安民故也"

교윤리로 굳어졌을 뿐만 아니라, 오히려 삼강에 기초를 둔 충(忠)·효(孝)·열(烈)이 마치 유교윤리의 정수인 양 잘못 전승되어 오고 있는 것이다.

그러나 인에서 삼강에 이르기까지의 유교윤리의 변이과정을 더듬어 본다면, 실로 기이한 사실에 부딪치게 될 것이다. 유교란 다름 아닌 공자사상을 바탕으로 한 교리임은 다시 말할 나위도 없다. 그럼에도 불구하고 본래적인 공자사상을 논하는 자는 누구나 그 핵심을 인에 두고 이야기하지만, 근세 유교정신의 근본을 따질 때에는 선뜻 충·효·열의 삼강설을 내세운다는 사실을 주목하지 않을 수 없다. 따라서 공자사상이 유교의 기반을 이루고 있듯이, 인이 또한 삼강사상의 바탕이 되어 있다면 문제는 간단하다. 다시 말하면, 삼강사상이 인사상의 실질적 발전이라면 다시 거론할 여지가 없을 것이다. 그러나 만일 인과 삼강사상의 바닥에 이질적 요소가 도사리고 있다면, 문제는 역설적 방향으로 전개될 가능성이 많다. 여기에 우리들이 밝혀내야 할 유교논리의 한 문제점이 숨어 있다.

왜 새삼스럽게 이러한 문제를 들추어보려고 하는가. 적어도 조선왕조 500년의 정신세계는 그 윤리적 입장에서뿐만 아니라, 철학·종교·정치·문화 등 어느 분야에 있어서나, 유교가 그 중추적 역할을 담당하였고, 따라서 오늘의 시비곡직에 대한 공죄도 또한 유교가 그 책임을 지지 않을 수 없게 된 것이다. 그러므로 오늘의 우리 생활전통의 근거를 이루고 있는 모든 요인의 대부분이 유교적이라는 명분 아래, 비판의 대상이 되어 있다는 사실은 그리 괴이할 것이 없을 것이다. 따라서 삼강오륜이 또한 비판의 표적이 되어 있음도 이 까닭임은 물론이다.

이에 1945년 8월 15일 해방과 더불어 민주주의의 조류에 부딪친 지난날의 유교적 전통사상은, 그것이 비록 예교적 의식이거나 도덕적 규범이거나 간에, 온통 하나의 봉건적 요소로 간주, 제거되어야 할 입장에 놓인 것이다. 그처럼 봉건적 요소로 인정된 것들이, 인에 근거한 공자교 자체의 본질에 기인한 것인지, 아니면 그것의 변이된 요인에 의한 것인지의 여부도 가릴 겨를이 없이, 일단 유교는 그 책임의 태반을 걸머지지 않을 수 없게 되었다.

이와 똑같은 논의가 한국 근대화의 이념과 방향을 모색하는 1960년대에 접어들면서 더욱 심각하게 문제 삼아지고 있음을 본다. 그들이 서두르고 있는 근대화의 정지 작업은, 유교라는 하나의 전근대적 우상을 파괴하려는 데 집중되고 있음을 볼 수 있다. 그러나 그 내용에 있어서는 1945년대의 양상에서 일보 전진한 흔적이 있음을 간과해서는 안 될 것이다. 1945년대는 일제의 질곡에서 벗어난 직후이기 때문에, 일제 지배의 잔재와 일제 침략을 불러들인 유교적 병폐들이 얽혀 있었던 것이다. 그때의 봉건적 소인들은 모름지기 정치적 군림과, 경제적 예속과, 관료적 독선과, 반상의 존비 등으로 나타났다고 볼 수 있다.

그러나 1960년대의 소위 전통 사회의 유교적 요인은, 이미 1945년대의 여러 요인들이 민주주의의 성장 과정 속에서 점차로 매몰되어 가고 있기 때문, 그러한 것들보다는 차라리 전근대적 사고방식에서 오는 비합리적이요, 비과학적인 생활양식을 위시로 한 소위 대가족제도라든지, 또는 가족지향적인 데서 오는 비사회성 등을 문제 삼고 있는 것이다. 그러한 대가족제도 및 가족 지향적 개념이 근대화의 저해요인이라고 한다면, 유교의 본질과 아울러 소위 유교윤리의 기틀이라 여겨지는, 삼강오륜사상도 재검토되어야 할 시점에 이르렀다고 해야 할 것이다.

이제 공자교를 기반으로 한 유교는 물밀듯 쏟아지는 서구사조의 급류와 맞서서, 제 나름대로의 자세를 가누어야 할 절실한 요구에 부딪치고 있다. 어쨌든 동양적 정체니, 봉건사회의 고질이니, 전 근대적 생활 양식이니의 책임을, 유교 자신의 잘잘못간에 스스로 지지 않을 수 없는 운명을 지니고 있는 이상, 이제 자아각성에 의한 자기혁신이라는 불가피한 과제에 봉착하고 있는 셈이다. 오늘에 있어서의 유교의 입장은, 마치 심판대에 오른 죄수와도 같이, 지난날의 모든 책임을 홀로 져야 할는지 모른다. 그러나 이 심판은 결코 서구 문물에 의한 일방적 판결이 되어서는 안 되리라는 것쯤은, 다른 모든 재판이 일방적이어서는 안 된다는 것과 조금도 다를 바 없을 것이다. 유교는 비록 피고의 위치에 서 있을망정 그 자신의 변론이 없을 수 없을 것이다. 여기에 근세 유교윤리의 기간이 되어 있는 삼강오륜을 검토해 보고자 하는 또 하나의 이유가 있다.

그러나 유교를 변론하기 위한 본론의 전개에 있어서, 우리는 적어도 다음과 같은 사실을 시인하지 않을 수 없을 것이다. 유교가 공자 이후에 비록 변이된 모습일망정, 동양사회의 개인 또는 집단의 생활 양식과 의례를 규제하여 온 것임에는 이의가 없을 것이다. 이는 마치 서구 사회에 있어서, 기독(基督) 이후 그것이 종교개혁 직전의 상황에 놓이기까지의 그릇된 변화를 겪은 기독교의 입장과도 비슷할는지 모른다. 중세의 기독교적 세계가 그들의 봉건사회의 붕괴와 더불어 교황권이 쇠퇴되었고, 아울러 면죄부의 발매로 인한 교회의 부패가 근인(近因)이 되어 이루어진 종교개혁으로 말미암아 신구 양교로 분리되었거니와, 이러한 역사적 사실은 오늘의 종교의 세계에 있어서도 그와 비슷한 개혁이 요구되고 있음에는 의심할 나위가 없다. 그러므로 유교세계에 있어서도 오늘의 전통 사회와 더불어 운명을 같이할 요소들이 적지 않지만, 그것은 이미 기독교 세계의 개혁에서 경험한 바 있는 그것과 조금도 다를 바 없을 것이다. 그러나 기독교에 있어서는 신구 두 파로 갈리게 되었다 하더라도, 기독교 그 자체는 말살되지 않고 엄연히 존재했다는 사실을 상기할 필요가 있다. 뿐만 아니라, 도리어 신교 또는 현세적 청교도들에 의하여 서구의 근대사회의 기틀마저 구축되었던 것이다. 이와 비교해 볼 때 유교의 일면이 되어 있는 공자의 경세적 실용주의가, 동양사회의 근대화 과정에 있어서도 또 하나의 정신적 양식이 되지 말라는 이유는 없을는지 모른다. 그러므로 이때야말로 유교의 개혁론이 시기에 알맞는 과제가 되지 않을까 하는 점에서, 유교윤리로서의 삼강오륜사상의 형성 과정과 아울러 그 본질을 한 번 따져 보려는 것이다. 이제 유교는 그의 옛 껍질에서 벗어남으로써 실로 인간 본연의 르네상스적 면모를 다시 찾아야 하지 않을까 여겨진다. 이를 좀더 구체적인 분석에 의하여 이 문제의 핵심을 캐보고자 한다.

2)

공자의 인은 중국 고대에 있어서의 최초의 인간발견이라는 점에서 그 의의가 크거니와, 보다 더 주목할 만한 점은 인간을 윤리적 존재로 파악한 데에 있다. 인간은 비록 천의 앞에서는 경외(敬畏)의 염(念)을 간직하는 존재이지만, 스스로의 위치에서는 '사람구실'을 실천해야 하며 '사람으로서의 값'을 지녀야 할 것이다.

이처럼 공자의 인은 윤리적이기 때문에 오히려 현세적인 것이다. 그러나 인이라 한다면 이는 전인적 인간 자질을 범칭한 것이기 때문에 구체적인 인간 모습이 아니다. 인간의 구체적 상황은 "군(君)은 군다워야 하고, 신(臣)은 신다워야 하며, 부(父)는 부다워야 하고, 자(子)는 자다워야 한다[君君臣臣父父子子]"에 나타나 있는 것처럼, 군신부자(君臣父子)의 윤리적 관계에 있어서는 군·신·부·자가 제각기 독자적 위치에서 '자기다움'을 갖추기를 요구하고 있는 것이다. 이를 공자의 정명론(正名論)이라 이르거니와, 군(君)은 군다웁고 신(臣)은 신다워야 하며, 부(父)는 부답고 자(子)는 자다워야 하는 것이다. 군은 군답지 않더라도 신만은 신다워야 하며, 부는 부답지 않아도 자만은 자다워야 함을 요구하고 있는 것이 아니다. 군·신·부·자는 각자의 구실을 각자의 위치에서 충실히 이행하여야 함을 요구하고 있다.

이를 단적으로 나타낸 것이 『서경』의 오교(五教) – 오전사상(五典思想)이다. 오교는 부의(父義)·모자(母慈)·형우(兄友)·제공(弟恭)·자효(子孝)로서, 자효(子孝)에 대하여는 부의모자(父義母慈)가 따르고 제공(弟恭)에는 형우(兄友)가 반드시 따라야 하는 것이다. 우리는 여기서 공자의 인은 오교에서 연원하였기 때문에, 오교사상이야말로 공자의 인에 앞선 것임을 알아야 할 것이다. 그런 의미에서 공자의 인사상은 상대적인 것이지, 결코 일방적이요 종속적인 것이 아님을 알 수 있다. 다시 말하면 인간의 쌍무적 윤리 관계를 천명한 것이 바로 인이다.

그러나 이때에 노자는 "천지불인(天地不仁)"의 구(句)로써 인간관계를 부정하려 하였고, 오로지 무위자연의 도로써 천하에 임하였다. 공노(孔老)와 더불어 선진 삼대가(三大家)의 하나인 묵자도 만물겸애(萬物兼愛)를 설하여 군신·부자의 윤리관계를 흐리게 하였다. 이때를 당하여 공자를 사숙한 맹자는 공자의 인을 보다 더 구체화하였으니, 그것이 다름 아닌 그의 오륜사상인 것이다. 공자가 중히 여긴 부자·형제의 인륜에 군신(君臣)·붕우(朋友)·부부(夫婦)의 삼륜을 더하여 오륜을 설정하였으니, 인간의 인간관계가 어찌 오륜에 그치랴마는 5라는 숫자는 당시 유행하던 추연의 오행사상의 간접적 영향이 없었다고 보기도 어렵지만, 어쨌든 인간을 윤류(倫類)로 규정한 맹자로서는 당연히 인간의 윤리적 관계를 보다 더 구체적으로 규명해야만 했던 것임에 틀림없다. 그러나 오륜의 근본정신은 그의 스승인 공자의 인사상을 부연, 확충한 것이기 때문에 인간의 윤리적 평등관에 입각했다는 사실을 여기서 지적하지 않을 수 없다.

맹자의 오륜은 부자·군신·부부·장유·붕우인데 그들의 관계는 친(親)·의(義)·별(別)·서(序)·신(信)으로 맺어진 것이다. 좀 더 따지자면 부자유친은 '부자자효(父慈子孝)'의 호혜적 결과인 것이요, 군신유의는 실로 '군의신충(君義臣忠)'에 의해야 함을 보인 것이다. 장유유서는 '형우제공(兄友弟恭)'에서 오는 아름다운 모습인 것이요, 부부유별은 '음양유별(陰陽有別)'의 별(別)에 지나지 않는 것이다. 붕우유신에는 차별적인 것이 낄 수 없음은 물론이다. 그러므로 맹자의 오륜이 공자의 인처럼 평등적 상관관계를 보여 준 것이라고 한 것은 이를 두고 이른 말이 아닐 수 없다.

흔히 공자의 인은 효제(孝弟)를 그의 근본으로 삼는다는 점에 있어서 이를 상향윤리-수직윤리라 부를는지 모른다. 이는 『중용』에서 순(舜)을 대효(大孝)라 부르고 무왕·주공을 달효(達孝)라 칭송하는 공자의 태도에서 간취할 수 있다. 그러나 공자의 인은 충서의 방법에 의하여 실천된다는 것을 안다면, 그것은 호혜적이지 결코 종속적 인과관계가 아님을 알 수 있다. 공자가 비록 효제의 도에 역점을 두었다손 치더라도 "자기를 닦고 백성을 편케[修己而安百姓]" 하는 자(慈)의 도는 순도 이를 안타깝게 여겼음을 역설하고 있는 것이다. 맹자는 "요·순의 도는 효제일 뿐이다[堯舜之道孝弟已矣]"라 하여 순의 대효(大孝)를 칭송하였으나, 동시에 그의 아우 상(象)에게 베푼 "상이 근심하면 또한 근심했고, 상이 기뻐하면 같이 기뻐했다[象憂亦憂 象喜亦象]" 한 그의 우애를 간과하지 않았다. 그러나 이때의 효는 요즈음 효와는 다소 다른 데가 있다. "어버이를 가장 높이는 것은 천하로써 모시는 것이다[尊親之至 莫大乎以天下養]"에서 보는 바와 같이 다분히 정치적임을 알 수 있다. 무왕·주공의 효도 역시 '천하로써 모시는[以天下養]' 효이기 때문에 주공과 같은 현인도 그의 아우 관숙(管叔)·채숙(蔡叔) 두 사람의 난을 평정함에 있어서는 조금도 거기에 사정(私情)을 두지 않았던 것은 순의 경우와 비교해서 대조적인 것이다. 이는 당시의 주나라의 봉건적 국가제도가 혈연적 대가족제에 의하여 지탱되었기 때문에 존주(尊周)·보수(保守)를 대의(大義)로 삼았던 공자로서는 인의 근본을 효제에 두지 않을 수 없었던 것으로 이해할 수밖에 없다. 그러나 공자의 효제는 천하의 효제인 만큼 국가 경륜의 기저를 이루고 있었던 것이요, 따라서 오늘에 있어서의 한 가정 안에서의 효와는 달리 구분되는 것이 아닐 수 없다. 다시 말하면 천자의 효는 서민의 효와는 다르기 때문에 "어버이를 친애하는 것이 인이요, 어른을 공경하는 것이 의이니, 다른 것 때문이 아니라,

천하에 공통적이기 때문이다[親親仁也 敬長義也 無他 達之天下]"라거나 "요·순의 도는 효제일 뿐이다[堯舜之道孝弟而已矣]"는 다분히 천하의 정치적 효제라 할 수 있다.

그러나 공자나 맹자의 쌍무적 윤리 관념을 살리기 위하여, 『대학』의 저자는 고전적 오교 정신에 입각한 보다 더 구체적인 내용을 전개한 점에 주목하지 않을 수 없다. 『대학』은 흔히 그의 삼강령 팔조목이라거나 수제치평(修齊治平)의 도라거나를 말하지만, 보다 더 중요한 사실은 다름이 아니라 『대학』은 주로 효(孝)·제(弟)·자(慈) 삼덕을 대강령으로 삼고 이를 천하의 도로 삼는 데 큰 안목이 있는 점이다. 명덕(明德)을 효·제·자 삼덕으로 설명한 다산은 "효란 임금을 섬기는 것이요, 제란 어른을 섬기는 것이며, 자란 백성을 부리는 것이다[孝者所以事君 弟者所以事長 慈者所以使衆]"의 도를 명백히 하고 있음을 본다.

여기서 우리는 한 인간상을 보기로 하자. 승상접하(承上接下)해야 하는 한 인간은 결코 일방적인 윤리관계에 치우쳐서는 안 될 것이다. 설사 그가 붕우나 부부에서처럼 평등적 인관관계가 아니요, 군신 부자의 존비 상하관계로 맺어진 인간관계에서 일망정, 윤리적 의무는 결코 일방적이어서는 안 된다. 그러므로 『대학』에서 효제의 종속적 윤리규범만을 강조하지 않고, 거기에 자(慈)의 덕을 첨가하여 효·제·자 삼덕을 역설한 소이는 바로 고전적 오교사상을 그대로 부연하였기 때문임을 알 수 있을 것이다.

여기서 우리는 공자-맹자-대학을 일관한 윤리관을 그 당시의 세정(世情)이 비록 군주 중심의 봉건 사회가 그대로 존재하고 있었기는 하지만, 적어도 인간 중심의 평등관에 입각하여 '인-오륜-삼덕'

이 그의 중추를 이루고 있음을 간과해서는 안 될 것이다. 그중에서도 맹자의 오륜은 선진시대의 윤리사조를 단적으로 대표한 것이 아닐 수 없다.

이미 알려진 바와 같이 맹자는 전국시대에 있어서의 민본주의자이다. 그가 "백성이 가장 귀하고, 사직이 다음이며, 임금이 가장 가볍다[民爲貴 社稷次之 君爲輕]"라 부르짖었고, 보다 더 구체적으로 극렬한 어조로 제선왕에게 고하기를 "임금이 신하를 수족과 같이 보면 신하는 임금을 복심(腹心)과 같이 보고, 임금이 신하를 개나 말처럼 보면 신하는 임금을 국인(國人)처럼 보며, 임금이 신하를 토개(土芥)와 같이 보면 신하는 임금을 원수처럼 본다[君之視臣如手足 則臣視君如腹心 君之視臣如犬馬 則臣視君如國人 君之視臣如土芥 則臣視君如寇讎]"라 한 것을 보면, 그의 군신관계는 오로지 상관적이지 조금도 군존민비(君尊民卑)의 흔적이 없음은 너무도 명백하다. 그러므로 그는 군(君)답지 않은 걸주(桀紂)를 일개 필부라 지칭할 수 있는 신념을 가지기에 이르렀다고 볼 수 있는 것이다. 그러기에 맹자가 군신유의라 하여 군의(君義)를 오히려 신충(臣忠)에 앞서는 윤리규범으로 설정하였음을 볼 때, 맹자의 오륜은 결코 수직윤리가 아님이 너무도 자명하다 하지 않을 수 없다.

더욱이 공맹의 윤리관은 극기복례의 주체적 노력과 존심양성의 자수(自修)의 공을 중요시하기 때문에, 이를 주관주의의 윤리설이라 부르기도 하지만, 이는 인간의 각성에 의한 자율적 행동에 보다 더 큰 비중을 두었음을 알 수 있다. 효제의 행동이 비록 상향적이라 하더라도 이는 결코 타율적 강요에 의한 위선이 아니라, 스스로의 도덕의식에 의한 자발적 행위이어야 함을 강조하고 있는 것이다. 그러므로 그는 성선(性善)이라 주장하였다고 보아야 할 것이다.

그러나 전국시대가 막바지에 이를 무렵의 사회상은 실로 험난했고 인심은 더욱 각박해지고 있음을 본 순자는 개인의 주관적 윤리의식에만 기대할 수 없다고 생각하고 맹자와는 엇나갈지언정 사회전체를 하나로 묶을 수 있는 객관적 윤리규범을 생각하게 되었다. 그것이 다름 아닌 그의 예중론(禮重論)인 것이다. 그리하여 그의 예론은 급기야 법제면으로 발전하였고 그의 제자 중에서는 한비자나 이사와 같은 쟁쟁한 법의 대가가 배출하게 된 것이다. 이는 주관주의의 윤리관에서 객관주의의 윤리관으로 근본적 전환이 이루어진 것을 의미하며, 동시에 후자들의 손에 의하여 진시황의 통일왕업이 성취되었고, 그 뒤를 이어 한고조가 일어나자 중국의 정치적 양상은 일변했다. 그러나 그들의 변화는 거기에 그친 것이 아니라 윤리사상면에 있어서도 하나의 크나큰 전기를 가져오기에 이르렀던 것이다. 다음에 그의 일단을 살펴보기로 하자.

3)

전국시대의 오륜사상은 진한시대의 삼강사상에 의하여 크게 변질되었다. 삼강사상은 위에서도 논한 바와 같이 동중서에 의하여 삼강오상설로 나타났고 특히 삼강설은 『예기』나 반고(班固)의 『백호통(白虎通)』 등에서도 설명되고 있음을 볼 수 있거니와, 이로 미루어 보더라도 삼강설은 진한시대의 산물인 만큼, 오륜사상이 선진시대 사조를 배경으로 했다고 한다면 삼강사상은 진한시대 사조를 기반으로 했음은 다시 말할 나위도 없을 것이다.

그렇다면 선진후진의 사조는 어떻게 다른가. 그 차이점은 그들의 건국방법과 중앙집권제의 운영면에서 설명할 수 있겠지만, 특히 진시황이 전국통일의 큰 과업을 수행하면서부터 싹튼 왕권절대론, 또는 왕위신성관을 여기서 간과할 수 없다. 『중용』에 "천하의 지극한 성인이라야……성명이 중국에 넘치고……모든 혈기를 가진 것들이 존경하고 친애하지 않음이 없기 때문에 '하늘에 짝한다[配天]'고 하는 것이다[天下至聖……聲名 洋溢乎中國……凡有血氣者莫不尊親 故曰配天]"라 한 것은 아무래도 진한시대의 구문(口吻)이 낀 구절이고 보면, 맹자의 경군사상(輕君思想)에서는 볼 수 없었던 존군사상(尊君思想)을 여기서 볼 수 있는 것이다. 맹자는 존현(尊賢)했지 결코 존군(尊君)하지 않았다.

그러나 진한시대로 접어들면서 선진시대의 인간중심 또는 민생위주의 풍조는 가시고 소위 천존지비·관존민비 등의 상하존비사상이 왕권절대를 위하여 싹트기 시작했던 것이다. 『역』의 「계사전」이 공자(孔子) 십익설(十翼說)을 뒤엎고 한대의 작품임이 밝혀짐으로써 "하늘은 높고 땅은 낮으니 건·곤이 정해지고, 높고 낮은 것이 진열되니 귀·천이 자리를 잡는다[天尊地卑 乾坤定矣 卑高以陳 貴賤位矣]"의 존비귀천의 상하관이 한대에 있어서의 모든 부면의 정석이 되기에 이르렀던 것이다. 선진시대에는 군신마저도 귀민경군(貴民輕君)하리만큼, 호상평등(互相平等) 사상이 소위 횡적 윤리의 기초를 이루고 있었던 것과는 대조적으로 "높고 낮은 것이 진열되니 귀·천이 자리를 잡는다"의 위존(位尊)사상이 인민의 상위에 군림한 것이 바로 진한시대의 사조였던 것이다. 이를 배경으로 하여 삼강사상이 오륜사상에 갈음하게 된 것은 세의 어찌할 수 없는 결과가 아닐 수 없다.

인간의 윤리적 관계가 어찌 부자·군신·부부·장유·붕우 등의 오륜에 그치랴. 사회구조가 복잡화할수록 그 관계는 더욱 넓어질 것임에도 불구하고, 오륜관계에서 장유·붕우의 이륜을 제외하고 군신·부자·부부의 삼륜만을 문제 삼고, 더욱이 군신관계를 부자관계의 앞으로 가져온 데에는 필시 진한시대의 어떠한 영향이 있었을 것으로 생각하지 않을 수 없다. 군신·부자·부부는 존비를 논할 수 있고 군존(君尊)의 권위가 부존(父尊)이나 부존(夫尊)으로 연쇄관계를 이룰 수 있으나, 장유·붕우는 결코 존비의 권위주의로 임할 수 없는 인간관계이기 때문은 아닐까. 사실상 형제·붕우의 이륜에서는 부가장적(父家長的) 권위를 인정할 수 없음은 물론, 일반적 종속관계가 성립될 수 없기 때문이었다고 볼 수는 없는 것일까. 이러한 추리는 자칫하면 억측이 될 우려도 없지 않으나 삼강을 근거로 하여 충·효·열의 종속윤리만이 강조된 것을 보면 이러한 추리도 결코 이유 없는 것은 아님을 짐작하게 한다.

삼강이란 "군은 신의 강령이 되고, 부는 자의 강령이 되며, 부(夫)는 부(婦)의 강령이 된다[君爲臣之綱 父爲子之綱 夫爲婦之綱]"로서, 이는 군주전제를 합리화하고 부가장제를 굳게 확립하는 데 기여한 윤리사상인 것이다. 부부관계도 호애상경(互愛相敬)의 평등관계로 보려하지 않고, 주양종음(主陽從陰)의 주종관계로써 그의 윤리관계를 설명하려 한 데에 진한시대 정치관의 영향을 엿볼 수 있는 것이다. 부창부수도 이때의 산물이요 칠거지악도 이에 연유한 것이다.

유교의 입장에서 볼 때 동중서의 공과는 반반이라 해야 할는지 모른다. 그의 「현양대책(賢良對策)」이 한무제에 의하여 가납(嘉納)된 것을 계기로 하여 이후 2000년의 경학시대의 문호가 열렸고, 이는 그가 예기했든 안 했든 간에 유교재흥을 위하여 바람직한 공로를 세운 것이기는 하지만, 반면에 동씨의 사상은 항상 한대의 사조 속에서 맴돌았기 때문에 그의 재이설적 측면은 못내 유교를 그릇된 방향으로 이끄는 데 조력한 단점을 면치 못할 것이다.

그의 삼강설이 군주전제를 이론체계화하는 데 도움을 준 사실은 위에서도 이미 논급한 바 있거니와, 이제 그의 오상설을 따져보면 실로 맹랑한 점이 없지 않음을 발견하게 될 것이다. 소위 씨(氏)의 오상지도(五常之道)는 인·의·예·지·신의 오자를 말하거니와, 이는 맹자의 사단설에 신을 더한 것임을 얼른 알 수 있다. 신을 더하여 오상이라 한 것은 바로 한대에 성행한 오행설의 영향을 받았음을 입증하고도 남음이 있다. 그리하여 인목(仁木)·지화(智火)·신토(信土)·의금(義金)·예수설(禮水說)을 주장하기까지에 이르렀으니, 이러한 오행설적 인의예지신의 오상지도는 측은(惻隱)·수오(羞惡)·사양(辭讓)·시비지심(是非之心)을 근거로 하여 인간내재심의 발로로 보는 맹자의 사단과는 근본적으로 다르다 하지 않을 수 없다. 맹자의 인의예지는 사단지심의 성과로 얻어지는 자이므로 그가 지닌 도덕심의 발현에 의한 자이거늘, 이를 목화토금수의 오행으로 설명한들 그것이 무엇을 의미하는 것인지 모를 일이다. 거기에는 천인제회(天人際會)를 문제 삼는 한대 도참재이설의 영향이 있음을 엿볼 수 있거니와, 그렇기 때문에 그의 오상론은 윤리적이라기보다는 차라리 우주론적인 것이라 해야 할는지 모른다. 선진시대의 인성론적 사단설을 우주론적 오상설로 바꾸어 놓은 동씨의 윤리관은 실천윤리학을 신비적 도학으로 변모시켰다고 해야 할 것이다.

여기서 또 달리 동씨의 삼강오상설이 지닌 그 내용을 분석해 본다면, 삼강사상과 오상설은 그들의 성격을 서로 달리하고 있음을 발견하게 될 것이다. 삼강은 군신·부자·부부의 인륜관계를 설정한 후 거기에 주종적 상하관념에 의한 도덕관을 세운 것이요, 인의예지신의 오상지도는 인륜관계의 도덕원리라기보다는 형이상학적 천도로서 이는 노자의 도처럼 근원적인 것으로 설정한 것이다. 따라서 삼강은 인생론적이요 오상은 우주론적인 성격을 지닌 것이기 때문에 삼강과 오상은 결코 동일개념으로 묶을 수 없는 것인 것이다. 결국 이 두 개념은 서로 섞일 수 없기 때문에 그 뒤에 점차로 분리하게 된 사실만을 보더라도 짐작할 수 있지 않을까 한다.

오상지도는 그것이 오행론적 천도에 근거한 도리이기 때문에 송대 이학(理學)의 선구적 위치에 서 있다고 함 직하다. 그러나 삼강은 윤리적 현세 안에서 충·효·열의 윤리규범으로 정초됨으로써 그 후의 유교윤리를 규제하였던 것이니, 동씨의 삼강오상설은 비록 한 사람의 손에서 마련되었지만, 삼강과 오상은 결코 한 길을 걸었거나 한 터에서 성장·발전한 것은 아니다. 이는 그들이 운명을 서로 달리한 쌍동아이기 때문에 우리들의 입에서 오늘도 회자되고 있는 것은 삼강오상이 아니고 삼강오륜이라는 엉뚱한 복합술어가 구성된 것만 보더라도 알 수 있는 것이다. 이렇게 볼 때 삼강오륜이란 실로 유교 발원 2000년래의 기형아인 셈이다.

4)

흔히 전근대적 유교윤리는 수직윤리(vertical ethics)라 하고, 서구적 시민윤리는 수평윤리(horizontal ethics)라 말하고 있다. 수직윤리는 종적 또는 종속윤리라 하기도 하고, 수평윤리는 횡적 또는 평등윤리라 하기도 한다. 이러한 관점에서 전통적 유교윤리는 근대적 시민윤리와는, 아마도 빙탄불상용(氷炭不相容)이란 말로 표현하지 않을 수 없는 상극관계에 놓여 있다고도 할 수 있는 것이다. 그러기 때문에 유교적 가치세계에서 벗어나지 않은 한, 새로운 시민사회의 문호는 열리지 않는다고 주장하는 여론이 분분하리라.

평등 윤리로서의 시민윤리는 민주사회의 기반이 되어 있다는 점에서 봉건적 종속윤리는 반드시 제거되어야 할는지 모른다. 그러나 소위 유교는 과연 오로지 봉건적 종속윤리만이 그의 전부였던가 하는 문제는 이미 위에서 논급한 바 있거니와, 유교윤리의 본연의 모습은 결코 종속윤리가 아니었음을 여기서 다시금 상기할 필요가 있다.

적어도 선진시대의 유교윤리는 오행인-오륜-명덕에서 일관된 체계를 이루고 있다. 여기서 문제 삼아지는 인륜관계는 공자의 충서(忠恕)사상에 의하여 쌍무적 상관관계로 맺어져 있음도 이미 밝힌 바 있거니와 이는 적어도 상대주의 윤리관에 입각해 있는 만큼, 현대 시민윤리가 요구하고 있는 평등윤리관에 접근하고 있음을 엿볼 수 있다.

서구적 시민윤리는 인간의 자유와 평등을 바탕으로 하고 있음은 다시 말할 나위도 없다. 인간의 자유를 크게 둘로 나눈다면 행동의 자유와 의지의 자유로 나눌 수도 있을 것이다. 행동의 자유는 정치적 예속 또는 사회적 구속에서의 해방을 의미하거니와-개인 행동의 방종이어서는 안 된다-의지적 자유는 사상의 자유 또는 도덕적 판단의 자유를 의미한다고 할 수 있다. 그런 의미에서 선진시대는 제자백가 시대를 이루어 자유로운 사상의 발표가 허용되었고, 성선·

성악의 논쟁을 통하여 인간 내재의 도덕의식이 크게 계발되었다.

이상의 관점에서 볼 때 선진시대, 곧 오륜시대는 윤리적으로 인간의 자유의지에 의한 이성이 크게 발현되던 시대였던 만큼, 오늘의 시민사회에서 요구되는 인간이성 또는 양식의 발현과 조금도 다를 바 없는 것이다. 그러므로 선진사상은 그것이 인간이성의 발현이라는 점에서 현대사상과도 일맥상통함은 물론이거니와, 동시에 인간(민생)을 존중하고 인륜관계를 호상윤리(互相倫理)로 파악한 점에서, 그것이 현대적 평등윤리와도 밀착되어 있음을 발견하게 된다.

그러나 삼강사상에서는 오륜사상에서 볼 수 있는 호상윤리로서의 아취(雅趣)를 찾아볼 수 없다 하겠다. 충·효·열은 곧 삼강사상의 사생아인 것이다. 군에 대한 충, 부에 대한 효, 부에 대한 열은 신·자·부에 대한 절대적 요구로 나타날 때 그것은 바로 질식에 가까우리만큼 도덕적 구속력을 갖기에 이른 것이다. 더욱 놀라운 사실은 이 구속력은 결코 자의에 의한 것이라고는 보기 어렵다는 데에 있다. 이는 오히려 사회와 전통의 속박으로 세세손손 우리들을 묶어 내려오는 것들이기 때문에, 거기서는 인간의 자유사상에 의한 도덕적 선악의 판단이 제대로 허용되었다고 볼 수는 없다.

충·효·열 그 자체가 인간의 도덕적 규범으로서 필요선임에는 이론이 있을 수 없지만, 그것이 강요된 일방적 종속윤리일 때에는 인간은 하나의 도덕적 노예로 전락되어 버리는 결과가 되는 것이다. 도덕적 선행위라 하더라도 결코 인간의 기본권을 유린하거나 박탈해서는 안 될 것임은 물론이다. 충·효·열이 인간의 도덕적 자유의지에 의하여 이루어지는 선행위라 한다면 무엇이 나쁘랴. 그러나 그것이 군주전제나 부가장제나 부권신장(夫權伸張)을 위해서 강요되는

충·효·열이기 때문에, 이는 하나의 노예도덕으로 변질해 버리고
말았던 것이 아닌가 한다. 이로써 유교는 한나라의 국학이 되자 간
쟁의 충신이 된 것이 아니라, 아유(阿諛)만을 일삼는 시녀가 되었다
고 할 수도 있을 것이다.

이제 우리는 삼강오륜이라는 복합 술어를 놓고 이를 투시한다면
시대적으로 이미 선·후진이라는 뛰어넘을 수 없는 사상적 상벽이
가로놓여 있을 뿐만 아니라, 그 윤리적 가치관으로 말하더라도 종과
횡의 엇갈림에서 도저히 서로 융합할 수 없는 이질적 요소를 토대로
하고 있음을 발견하게 될 것이다. 유교논리는 만일 종적 삼강윤리가
횡적 오륜사상으로 발전했다면 오늘과 같은 유교의 전근대적 전통
의 비극이 일어나지 않았을는지 모른다. 그러나 유교논리는 그것이
거꾸로 왔던 것이다. 서구적 시민윤리는 그가 중세기적 암흑에서 깨
어날 무렵에 이미 오늘의 인간평등과 자유가 쟁취되기 시작했지만,
유교논리는 오히려 인간 중심의 오륜에서 권위 중심의 삼강에로 후
퇴함으로써 질식된 폐쇄사회로 낙후되어 버렸던 것이다.

이제 우리는 유교의 전근대적 요소로서, 또는 근대화의 저해요인
으로서 문제 삼아지는 것은 횡적 논리로서의 오륜사상이 아니라, 종
적 논리인 삼강사상임을 명백히 한 것 같다. 삼강사상이야말로 우리
들에게 충·효·열의 일반적 윤리관을 강요하고, 그중에서도 효는
더욱 악센트를 찍어 지상목표로 삼는 소위 전근대적 전통윤리가 형
성됨으로써, 유교는 본래적인 면모를 상실하기에 이르렀다고 보아야
할 것이다.

삼강과 오륜은 결코 서로 융합할 수 있는 윤리사상이 아닌 것이
다. 어느 한쪽의 포기 또는 희생 없이 다른 한쪽이 성립할 수 없는

성질의 것임은 너무도 명백하다. 그러므로 이제는 오륜의 희생에 의하여 삼강사상이 군림하던 시기는 이미 지난 것으로 보아야 할는지 모른다. 시민윤리 사상이 크게 부각되는 현대에 있어서는 삼강사상보다는 차라리 오륜사상만이 그와 융합될 수 있는 소인을 간직하고 있다는 사실은, 두말할 것도 없이 오륜사상이 지닌 횡적 상호윤리관에 입각했다는 그 고전적 의의 때문임은 다시 말할 나위도 없다.

자못 고전적 오륜사상은 인류사회의 발전과 더불어 날로 복잡성을 더해가는 인간관계에 있어서, 부자·군신 등의 오륜에 그치지 않고, 육·칠·팔·구륜으로 더욱 확대될 것임에 틀림이 없다. 이제 오륜사상이 그처럼 확대된 모든 인간관계에 있어서 그의 중추적 핵심이 될 수 있느냐 없느냐에 대해서는 여러 가지의 논란이 없을 수 없겠지만 가장 중요한 인륜관계를 뽑아낸 것으로 볼 수는 없는 것일까. 그리하여 오륜의 현대적 의의를 재음미할 때, 비로소 유교윤리는 그의 생기를 다시 찾게 될 계기가 마련될 것임에 이론의 여지가 없을 것이다.

실로 삼강오륜이라는 복합 술어는 역설적임에도 불구하고, 이에 대한 분석적 비판 없이 그대로 받아들이거나 전적으로 배격하거나의 두 갈래의 태도만이 존재하거나 허용되어 오고 있는 데에 애오라지 유교윤리의 현대적 문제점이 있는 것이다. 유교윤리는 이제 삼강오륜이라는 술어 그 자체가 지닌 모순 때문에 이를 분리해서 생각하지 않는 한, 유교윤리의 본래적 면모가 밝혀지지 않기 때문이다.

유교논리는 삼강의 세계에서 벗어나 오륜의 세계로 복원한 후, 현대적 시민윤리와 서로 융합할 때 비로소 본래적인 제구실을 다하게 될 것이다.

3. 운암의 『명선록』고

1) 서언

운암(芸菴) 한석지(韓錫地, 1709~1790?)의 『명선록(明善錄)』은 1941년에 함남(咸南) 함흥(咸興)에서 그 초판이 간행되었는데 이는 소위 문외불출(門外不出)의 가전본(家傳本)으로서 세칭 희귀본 가운데 하나였던 것이다. 뿐만 아니라 그 후 5년도 채 못 되어 1945년 8·15 해방으로 말미암아 남북으로 갈리게 되자 이『명선록』이 남한에 남아 있을 확률은 극히 희박해짐으로써 학계의 관심을 끌 수 있는 기회를 갖지 못하고 오늘에 이른 것이다. 그러나 이제야말로 그 '때'가 되었음인지 평소에 『명선록』의 학문적 성가(聲價)를 들어 알고 있던 몇몇 교수들의 주선으로 서둘러 간행하게 된(民族文化社刊) 것을 계기로 하여 필자에게는 이 책의 해제를 써야 할 행운(?)이 돌아왔다. 필자로서는 거의 유일본에 가까운 『명선록』 영인본의 저본을 제공한 인연 때문이기는 하지만 어쨌든 이를 한번 통독하고 싶었던 숙제도 풀겸 이를 수락하고 이제 겨우 그 해제 초고를 막 끝내 놓았다.

그러나 필자는 『명선록』의 해제를 집필하는 과정에서 지금으로부터 20년 전(1966)에 발표한 이병도 박사의 「박서계와 반주자학적 사상」(『대동문화연구』 제3집, 성균관대)이라는 논문이 머리를 스치고 지나갔다. 당시만 하더라도 '반주자학'이라는 단어를 쓰기를 꺼리던 시절에 서계 박세당(1629~1703)의 『사변록』(당시는 미발간의 희귀본이었고 곧이어 민족문화추진회에서 역간되었다)을 토대로 하여 이병도 박사는 위의 논문을 발표하였던 것이다. 그렇다면 뒤늦게나마 운암 한석지의 『명선록』도 「운암의 반주자학적 사상」이라는 제하의 한 편의 논문을 만들기에 충분한 내용을 갖추고 있음을 필자는 확신하고 본론을 초하기로 결심한 것이다. 그러므로 본 소론은 앞으로 운암의 『명선록』이 박서계의 『사변록』과 더불어 한국유학사상 소위 반주자학파의 계보에 속해 있다는 사실을 밝히려는 데 그 목적이 있다. 속해 있을 뿐만 아니라 반주자학의 가장 뚜렷한 별의 하나라는 사실을 우리는 밝혀놓음으로써 운암의 한국유학사에서의 위치를 확인해 놓아야 할 것이다.

2) 그의 생애

운암의 80평생은 한 마디로 말해서 기구한 일생이었고 어쩌면 기구하다고 하기보다는 차라리 냉혹하리만큼 처절한 그것이었다고 해야 할는지 모른다. 그는 그의 「동인록(動忍錄)」에서 다음과 같이 자술하고 있다.

> 나는 낳자마자 頭瘡을 앓았고 3년 辛苦 후에 또다시 泄痢로 3년 신고를 겪었다. 9세 때부터 12세까지 毒瘴를 7차 치르었다.……
> 19세에 成婚하여 生子하였으나 行年 14세에 그의 아우 四歲兒와 함께 요절하였고 그 전에 또 一子를 얻었으나 그도 또한 數月 만에 夭死하였다. 27세 때(1735) 司馬試에 합격하였으나 흉년으로 遊街가 금지되었고 겨울에 겨우 상경하여 入大學하였으나 數月 만에 與同伴不悅로 下來하고 말았다.
> 33세에(1743) 母喪, 그후 3년 후에(1766) 繼母喪, 그 후 4년 만에 (1747) 부친상을 당하고 나니 自存할 길이 없어 생계가 막연한

지라 文川 雲林山中으로 遊離의 길을 떠났다가 약 5년 만에(1753) 다시 영흥으로 나와 더부살이를 하였다. 그 후 또 3년 만에(1759) 다시 雲林中德山으로 들어갔다가 4년 만에(1763) 또다시 영흥으로 나왔고 그후 3년 만에(1766) 宣德西湖로 옮겨 살 집을 마련하였다. 거기서 살다가 10년 만에(1777) 晩得한 독자가 죽으니 그의 나이는 30이요 그때 내 나이는 68이었다. 이제 남은 두 늙은 내외는 西邊 馬場터로 옮겨 살다가 내 나이 75에(1784) 喪配하니 이제 할 일 없는 외톨이가 되고 말았다.

이해 겨울에 병을 얻어 수 3년 후에 겨우 기거는 하지만 아직도 문지방을 넘어 행보하지 못한다. 평생에 농사 한 톨 지어본 적이 없고 일찍이 반년 양식을 쌓아본 적도 없으며 한 사람의 일꾼이나 한 필의 우마도 거느려본 적이 없다.……외로운 처지에 뉘라서 더불어 이야기를 나눌 자 없으니 다못 以命處義하고 以義安命이니 命임을 어찌하랴라고 기록할 따름이라 실로 飢寒이 尤甚하니 나의 動忍도 이만저만 오래된 게 아니로구나!(原文意譯)

이상의 기록을 통하여 운옹(芸翁)의 일생을 평하라 한다면 그야말로 단 한번도 햇볕을 보지 못한 고난 바로 그것의 화신이었다고 이르지 않을 수 없다. 그럼에도 불구하고 그는 『명선록』과 같은 명저를 어떻게 하여 후세에 남길 수가 있었던가. 그는 그의 「자서부(自敍賦)」에서 다음과 같이 기록하고 있다.

나는 처음 한씨 집안[韓閭]에서 태어나 이미 다섯, 여섯 살이 되자 마음으로 늘 성현과 철인을 흠모했다.[50]

라 자술한 것을 보면 이미 5, 6세의 유년기에 모성(慕聖)의 정이 두터웠던 것을 알 수 있고

50) 한석지, 『明善錄』, 「自敍賦」 下, 96쪽. "余始生於韓閭 旣行年之五六 心常慕乎聖哲"

조금 자라서는 경서를 배우기를 좋아했다. 문자의 뜻을 점점 깨닫는 것은 기뻤으나 끝내 이해하기 힘든 곳에서는 예전과 같아서, 마음속은 시름에 겨워 마치 목이 메이는 듯했다. 자못 수고는 더욱 많아졌지만, 어둡고 망망하고 황홀하기만 할 뿐이었다. 높고 견고한 것은 더욱 심해만졌기에 어쩌다 먹고 자는 것조차 잊기도 하는 지경인지라 그만두고자 하였으나 차마 그럴 수 없었다.[51]

라 술회한 것을 보면 경의(經義)를 터득하기 위하여 모든 정력을 경주하였음을 알 수 있다. 그러나 그것은 그의 일생의 기록에서도 알 수 있듯이 독학에 의한 독각(獨覺)의 길이 아닐 수 없다.

계해년(1743) 초겨울이 되었을 때, 우연히 정신이 열리고 발명되어 (경서를) 이해하는 데에도 생각이 트이게 되었고, 오랜 동안의 의문이 깨트려져 환하게 되었으며, 이에 주변의 것에도 두루 통하면서 널리 통달하게 되었다.[52]

라 하여 그의 나이 34세 때에 비로소 각(覺)의 실마리를 잡았음을 고백하고 있다. 이 나이는 그가 계모상(繼母喪)을 당한 해에 해당하고 그 후 4년 만에 부친상을 당한 후로서 "궁핍해서 스스로 생계를 유지할 수 없었다[以窮不自存]"라는 극히 곤궁한 생활고의 시절로 접어들 무렵에 해당한다. 그러나 그는 그의 각의 단계를 다음과 같이 서술하고 있다.

3년이 되자 융화 관통하게 되었고, 이미 원류를 모두 탐색했으

---

51) 같은 책, 96~97쪽. "及稍長而學經 喜文義之漸覺 終難曉者依舊 中心愁而如噎 頗勤苦之愈奏 杳茫茫而恍惚 由高堅之彌劇 或寢食之忘却 雖欲罷而不忍……"

52) 같은 책, 97쪽. "迨癸亥之孟冬 偶神精之開發 思有睿於理會 破久疑於昭釋 爰旁通而博達"

며, 거의 근본과 말단에 미혹되지 않게 되었다. 크게 노래 부르며 채찍질했고, 말을 타고 내달리듯 일일이 다 살펴보았다. 태화(太和)의 장구한 봄기운에 모든 변화는 아홉 땅[九域]에서 펼쳐지누나. 어찌 우물 안 개구리처럼 비루하리오. 작은 눈일 망정 허공에 크게 뜨도다. 분분한 잘못을 판결하고 난잡한 미혹을 타파했네. 못난 식견 서술하여 정성을 세웠고, 쌓아서는 권질을 이루었네. 요지를 순서대로 상세히 서술하노니 어찌 번잡함을 꺼리고 피하리오! 그 의리를 바로잡아 도를 밝히는데, 알아주지 않는 것이 무슨 근심이랴! 천 장이나 되는 혼탁함을 탄식하며 일만 칸 집 퇴락함을 한탄하도다. 하늘은 치세를 원치 않으시는가, 성학(聖學)의 어긋남은 그치지 않는구나. 아 이런 시대에 무엇을 할 것인가! 괴로움과 위험 속에서 위태로울 뿐이구나. 오직 조심하며 근심치 말 것이니, 내 위에 임하신 것 찬란하게 빛나도다. 함께 돌아갈 숙원을 외우고, 원기를 향유하며 태연자약하다가 마침내 스스로를 위로하며 되풀이하여 이렇게 읊조리네: 못난 사람 생도(生道)를 얻은 것이 얼마나 다행인지, 가난(艱難)과 궁액(窮阨) 속에 80년을 지냈네. 그래서는 안 되는 것 조금이라도 안일했다면 어떻게 지금까지 학업을 닦을 수 있었으리!53)

이렇듯 오득(悟得)한 후로 "작년 무신년(1788)에 다 썼는데, 이것이 가전본(家傳本) 세 편이다"54)라 한 때까지 약 50년 동안에 걸쳐서 "추부자(鄒夫子)의 성선의 가르침을 이어받아 서술하고, 사설(邪說)을 물리치고 음사(淫辭)를 추방하면서 터득한 대로 기록"55)한 것이 바로 『명선록』 상·중·하 3편인 것이다. 이 시기는 거듭 말하거니와 그의 생활고가 극심하여 "다섯 번이나 막을 쳤지만, 다섯 번 모두

---

53) 같은 책, 같은 곳. "迄三年而融徹 旣源流之悉探 庶不迷於本末 歌浩浩而着鞭 驟駸駸而歷覽 一太和之長春 萬化暢於九域 何井蛙之陋覷 眇眼孔於大廓 決訟繆於紛紜 打歧惑於亂雜 書庸識而立誠 積而成夫卷軸 敍其旨而詳述 豈嫌避乎繁複 正其義而明道 人知不亐奚恤 嗟千丈之溷濁 喟萬間之頹落 天未欲亐平治 靡止戾亐聖學 噫何爲於此也 維其棘兮困阨 尙愼旃哉無處 臨在上亐孔赫 誦同歸之宿願 享元氣而自若 遂自慰而重吟曰 小子何幸得生道 艱難窮阨度八十 向非其然少安逸 焉能迄今仍修業"

54) 「自敍賦」末 小註 『明善錄』 下, 97쪽. "去年戊申全書 此家傳三篇矣"

55) 『明善錄』 上, 1쪽. "紹述鄒夫子性善之訓 而辟邪說放淫辭 隨得而隨錄"

무너지곤[五摧幕 旋五破]" 하던 시절이요 "혈혈단신으로 더불어 얘기
할 사람조차 없었던[孑孑孤蹤 無與共談者]" 시절이었음을 상기하지
않을 수 없다. 어쩌면 운암의 80평생은 극히 단조로운 생애였다고
해야 할는지 모른다. 그에게는 가산도 없고 자손도 없고 관작도 없
고 오로지 기한과 고독으로 일생을 마쳤던 것이다. 그럼에도 불구하
고 어찌하여 그는 『명선록』과 같은 저술을 후세에 남기기 위하여 그
처럼 심혈을 기울였을까. 흔히 세칭 안(顔)·증(曾)·사(思)·맹(孟)의 사
현(四賢)을 놓고 안연(顔淵)을 아성(亞聖)으로 예우함에도 불구하고 그는
안연을 맹·증·사의 뒤로 미룬 이유를 다음과 같이 말하고 있다.

> 물었다. "안자는 성인이 은둔한 것이라 할 수 있으니, 큰일을 담
> 당할 수 있었던 사람인데, 그대가 증자와 자사 다음이라고 치는
> 것은 어째서인가?" 말했다. "증자와 자사는 형통(亨通)하고서 그
> 도를 후세에 전달했다. 안자는 스스로야 형통했다지만 불행히도
> 그 도를 전달하지 못했기 때문에 증자와 자사 다음이라고 하는
> 것이다. 은둔해서 형통했다는 점에서는 크게 같지만 큰일에 대
> 해서는 등급이 있으니, 맹자는 부자의 다음이요, 증자와 자사는
> 맹자의 다음이며, 안자는 증자와 자사 다음이라는 것은 분명해
> 서 의심할 것이 없다."[56]

공자의 『논어』, 맹자의 7편, 증자의 『대학』, 자사의 『중용』은 '그
도를 후세에 영원히 전달'하였지만 안자는 '불행하게도 단명'하여 후
세에 저술을 남기지 못한 관계로 '증자의 다음이라고' 할 수밖에 없
다고 본 것이다. 그리하여 그는 "추부자의 성선의 가르침을 이어받아

---

56) 『明善錄』 下, 74쪽. "問顔子以聖人之遯 能當大事則子之爲次於曾思 何也 曰曾思亨通而達其道於萬世
顔子雖自亨通 而不幸未達其道 則所以次於曾思也 盖遯亨則大同 而大事則有等 孟子次於夫子 曾思次
於孟子 顔子次於曾思 昭然無疑也"

서술하는 것[紹述鄒夫子性善之訓]"으로 자임하고 "그 도를 영원한 후세에 전달[達其道於萬世]"하고자 80평생의 정혼(精魂)을 오직 이 한 권『명선록』의 저술을 위하여 쏟은 것으로 이해하지 않을 수 없다.

3) 사상적 배경

『명선록』상·중·하 3편 속에 담겨 있는 운암의 유학사상과 그의 유학사적 위치를 확인하기 위해서는 무엇보다도 먼저 그의 사상을 낳게 한 시대적 배경을 잠시 살펴보지 않을 수 없다.

우리나라에 유술(儒術)이 전래한 연원은 요원하여 그 단서를 찾아내기란 그리 쉬운 일은 아니나, 고려 초기에 문헌공 최충이 해동공자(海東孔子)의 칭을 얻어 순정유학(醇正儒學)의 정신이 발흥하였고 그 후 말기로 접어들면서 문성공 안유 등에 의하여 송학·정주학이 진작되었고 여말선초에 이르러 조선조유학의 근기를 다져놓기에 이르렀다.

그러나 계곡(谿谷) 장유(張維, 1587~1638)는 그의 『만필(漫筆)』에서

중국은 학술이 다양해서 정학(正學)이 있고, 선학(禪學)이 있으며, 단학(丹學)이 있다. 정주(程朱)를 배우는 이가 있고, 육왕(陸王)을 배우는 이가 있는 등, 문호가 한 가지가 아니다. 그런데 우리나라는 유식하거나 무식하거나 막론하고 책을 끼고 읽는 이들은 모두 정주만을 일컬을 뿐, 다른 학문에 대해서는 들어 보지 못했다.[57]

---

57) 『谿谷集』,「漫筆」卷1, 24쪽. "中國學術多岐 有正學焉 有禪學焉 有丹學焉 有學程朱者 有學陸王者 門徑不一 我國則無論有識無識 挾冊讀書 皆稱程朱 未聞他學焉"

라 하여 정주학 일색인 당시의 학풍을 개탄하였는데, 다산 정약용도
그의 「맹자책」에서

> 칠서(七書)의 『대전』만이 홀로 세상에 유행하면서부터, 이 세상
> 에 태어난 이는 어려서부터 그것만 익히느라 50책의 책표지 안
> 에서 벗어날 줄을 모른다. 하나의 점이나 절반의 획조차도 하늘
> 이 만든 것이라 여기고, 글자 하나 구절의 부분조차도 만고의
> 진리라고 여긴다. 그 자체로 영명하다고 족쇄를 채우고는 감히
> 생각조차 하지 않는다. 선유들의 주소가 이미 기벽을 이루었는
> 데, 후유들의 변론과 반박은 모두가 어지럽게 해치기만 할 뿐
> 이다.58)

라 한 것을 보면 주자의 칠서대전(七書大全)만이 당시에 절대적인 철
안(鐵案)이었음을 우리들에게 말해 주고 있다.

그런 가운데에서도 서계 박세당과 백호 윤휴(1617~1680)는 그들
이 비록 사문난적으로 몰려 정치적으로는 치명적인 상처를 입었다
하더라도, 학문적으로는 특이한 학자로 우리는 그들을 명기(銘記)하
지 않으면 안 될 것이다. 왜냐하면 그들이야말로 한국유학사상 반주
자학파로서의 새로운 장을 열어놓았기 때문이다. 그러나 이들의 입
장은 결코 주자학과는 정면으로 대결하지 않고 각자 이색적 견해만
을 고수했을 따름이다. 이병도 저 『한국유학사초고』에

> 박세당(朴世堂)은……『도덕경』과 『남화경(南華經)』을 주해했다. 이
> 때문에 노봉(老峰) 민정중(閔鼎重)─노론─은 그를 배척했다. 서계
> (朴世堂)는 또한 일명 『통설(通說)』이라고 불린 『사변록(思辨錄)』을

---

58) 「孟子策」, Ⅰ~8, 26쪽(1-654). "自夫七書大全之單行獨賣 生斯世者 童習自粉 不出乎五十册圈套之中
一點半畵 認爲天造 隻字片句 看作鐵案 自鎖靈明 不敢思議 先儒註疏 已成奇僻 後儒譸駁 咸驅亂賊"

저술했는데, 주자의 사서장구(四書章句)와 상당한 차이가 있다. 스스로는 널리 중론의 장점을 모으고 사소한 좋은 것도 버리지 않고 견해를 확립하는 데 힘썼다고 했다. 또한 실사구시(實事求是)와 이용후생(利用厚生)의 학문을 했기 때문에 저술 가운데는 『색경(穡經)』-농사에 관한 책-과 같은 것도 있다.[59]

라 하였으니 그가 비록 반주자학적 입장을 『시변록』에서 서슴지 않고 강조하였다 하더라도 그에게는 도가서인 『도덕경』과 『남화경』의 주해가 있는 것으로 보아서 그를 일러 순유(醇儒)라 이르기는 어렵지 않나 싶다. 그러므로 서계는 겨우 "『사변록』이 주자의 사서 장구와 상당히 차이점이 있다[思辨錄 與朱子四書章句 頗有異同]"고 했다는 사실 때문에 그를 일러 반주자학적이라 이르게 된 것에 지나지 않은 것이다.

백호 윤휴만 하더라도 위의 책에서

윤휴(尹鑴)는 『독서기』를 저술했는데, 이 책에서 그는 『중용』·『대학』·『효경』·『시경』·『상서』·『주례』·『예기』·『춘추』 등을 주해하며 혹은 차례를 분석하고, 혹은 장구를 주해했으며, 혹은 오류를 고증했으니, 그의 견해는 자못 탁월한 점이 있었다. 그 가운데 『중용』·『대학』 두 책에 가장 힘을 기울여서 스스로의 생각대로 장을 나누고. 주해를 했는데, 당시에 윤휴의 『중용개주(中庸改註)』 일명 『중용설(中庸說)』이라고 불린 것이 바로 그것이다. 나중에 우암 송시열에 의해 이단으로 배척을 받은 책도 이것이다. 백호는 이에 대해 이렇게 반박했다. "내 저술의 의도는 주자의 해석과 다른 이설을 제기하려는 것이 아니라, 의문점 몇 가지를 기록했을 뿐이다. 만약 내가 주자 당시에 태어나 제

---

59) 李丙燾, 『韓國儒學史草稿』, 268쪽. "朴世堂……嘗註解道德經 及南華經 是以老峰閔鼎重(老論)斥之 西溪又著思辨錄 一名通說 與朱子四書章句 頗有異同 自謂其著 博集衆長 不棄小善 而務立見 且爲實 事求是 利用厚生之學 故所著有如穡經(農書)者也"

자의 예를 갖추었더라도 감히 구차하게 부화뇌동하면서 전혀
의문을 해소하기를 추구하지 않고 찬탄만 하고 앉아 있지는 못
했을 것이다. 반드시 반복해서 질문하고, 생각해서 분명하게 이
해하기를 기대했을 것이다. 만일 전혀 의심하지 않고 애매한 점
을 놓아둔 채 부화뇌동하기만 했다면 그 믿고 따른다는 것은 허
위로 귀착될 뿐인데, 주자가 어찌 이와 같았겠는가?[60]

라 한 내용을 음미해 보면 백호는 비교적 온건한 태도로 주자장구에
대한 뇌동(雷同)을 피하고 기의(起疑) 문난(問難)의 태도로 임했을 따
름이라 한 것을 보면 백호는 결코 스스로 반주자학적 입장을 취하지
않았음이 분명하다. 그러므로 우암 송시열(1607~1689) 등에 의하여
비록 사문난적이라는 낙인이 찍혔다 하더라도 백호의 경전 주해는
주자장구의 세계에서 벗어나려는 시도가 아니라 이에 대한 자유스
런 비판을 시도한 자로 평가하지 않을 수 없다. 그러나 다산 정약용
의 육경사서학은 이들(서계와 백호)과는 또 다른 면모를 우리들에게
보여주고 있다. 다산의 경학은 주자의 칠서학(七書學)에서 멀리 탈출
하고 있을 뿐만 아니라 그의 경학의 근기(根基)가 어디에 뿌리박고
있는가를 우리들에게 분명히 제시해 주고 있다. 그것이 다름 아닌
수사학적 공자학임은 다시 말할 나위도 없다.

　백호보다도 약 1세기 후에 낳고 다산보다는 약 반세기 뒤에 난 운
암의 학은 비록 유학에 깊이 그의 뿌리를 내리고 있음에도 불구하고
칠서니 육경사서니 하는 경전의 체계를 무시하고 오로지 유학의 본

---

60) 같은 책, 291쪽. "鑴……嘗著讀書記 包括中庸 大學 孝經 詩 書 周禮 禮記 春秋等書 或分析序次 或
註解章句 或考證失誤 其見解稍有發越於人意者 就中於庸學二書 特爲用力 自爲分章註說 世所稱尹鑴
中庸改註 一云中庸說者是也 而後乃以異端見斥於宋尤菴者亦是書也 白湖自辯曰 吾之所著 非欲與朱訓
立異 乃記疑耳 設使我生朱子之時 執弟子之禮 亦不敢苟且雷同 都不求 而只加贊歎而已 必且反復問
難 思之又思 期於爛熳同歸矣 若都不起疑 含糊雷同 則其所尊信者歸於虛僞 朱子豈如是也"

질 속 깊숙이 파고들면서 좌충우돌 문제의 핵심을 파헤쳐 놓고 있는 것이다. 그의 말을 빌리자면

(1) ……소득이 있으면 그에 따라 기록했기 때문에 하나가 여러 번 나오는 경우가 많고, 한 가지 의미인데도 거듭 설명한 경우도 많지만, 각각 밝힌 내용이 나름대로 있다.……[61]

(2) 이 책은 처음에는 모두 소득이 있으면 그에 따라 기록한 것이었다. 재전(再傳)할 때에도 정밀하게 탐구해서 상세히 살피고, 각각 종류별로 분류할 겨를이 없었다. 그러나 익숙해진다면 회통하게 될 것이다.[62]

라 했듯이 이는 체재를 갖춘 경전학이 아니라 수상록에 담겨진 공맹학의 정수라 일러야 할는지 모른다. 그러면서도 운암의 반주자학적 입론은 그 누구보다도 가장 강렬한 어조로 전개되고 있음을 볼 수가 있다.

이제 그의 사상적 배경을 헤아리기 위하여 그의 말을 인용하면 다음과 같다.

물었다. "성인들에게도 등급이 있는가?" 말했다. "나면서부터 지혜로운 것[生知]과 배워서 지혜로운 것[學知]이 그 등급이다." "나면서 지혜로운 것과 배워서 지혜로운 것 사이에 다른 등급은 없는가?" "요·순·설·문왕·주공·공자는 나면서부터 지혜로운 성인이다. 그러나 공자의 배움은 그 가운데 가장 뛰어나고, 그의 덕은 천지와 시종을 같이하면서 사람과 사물에게 미쳤기에, 요·순보다 현명하신 것이다. 우·직·탕·무왕·안자·증자·자사·맹자는 배워서 지혜로운 성인이다. 그러나 맹자의 학문은 그 가운데 가장 두드러졌고, 그의 덕은 천지와 시종을 같이하면서 사람과 사물에 미쳤기에 우·탕보다 현명한 것이다."[63]

---

61) 『明善錄』 上, 1쪽. "隨得而隨錄 故一彙而散出者多矣 一義而屢申者多矣 而各有所明"

62) 『明善錄』 中, 1쪽. "此書 初皆隨得輒錄 而再傳之時 未遑精探詳閱而各以類相從 然而旣熟則會通矣"

이라 한 것을 보면 운암의 학은 원시유학적 공맹학에 깊이 뿌리를
내리고 있음을 알 수 있다. 그러나 우리는 공자의 학은 『논어』뿐만
아니라 『역』·『예』·『춘추』·『시』·『서』 등에까지 넓혀진 대개념으
로 이해하여야 하며 맹자의 학은 7편뿐만 아니라 『대학』이나 『중용』
의 학까지를 포괄한 대개념으로 이해되어야 할 것이다. 그러므로 공
맹학만이 원시유학의 진수로 운암은 이해하고 있음을 알 수가 있다.
그러므로 운암은 한송 이후의 경학의 내용을 다음과 같이 이해하고
있음을 우리는 주목하지 않을 수 없다.

> 한나라 이래의 문장가로서 삼경의 의소(義疏)를 짓고, 사서를 주
> 해한 이들은 한둘이 아니다. 그러므로 『주역』의 경우에는 정자
> 가 제가들의 학설을 손익해서 전달한 것으로 자신의 공적을 삼
> 았고, 『시경』과 사서는 주자가 그렇게 했으며, 『상서』는 채자(蔡
> 子)가 그렇게 했다. 많은 학설을 살폈기 때문에 그들이 전한 것
> 은 자못 모두가 상세한 듯 하지만 그 가운데는 억측으로 미칠
> 수 없는 부분이 있음에도 제가들이 말 한 마디 붙이지 못한 것
> 이 있었으니, 이런 경우에는 종지로 삼는 불교에서 인용해서 그
> 르치고 말았다.[64]

라 한 것을 보면 한송 이래의 경학은 정주에 의하여 그르치게 되었
으며 그것은 곧바로 불학으로 물들게 되었음을 의미한다.

　　우리나라에는 '열 번을 씻어도 한 번 물든 것을 깨끗하게 하기

---

63) 『明善錄』 中, 72쪽. "問聖人有等乎 曰生知學知 是其也 曰生知學知之中 更無等與 曰堯舜契文王周
　　公孔子 生知之聖也 而孔子之學 最優於其中 其德直與天地相終始而被於人物 故賢於堯舜 禹稷湯武顏
　　曾思孟 學知之聖也 而孟子之學 最著於其中 其德亦與天地相終始 而及於人物 故賢於禹湯"

64) 『明善錄』 下, 2쪽. "自漢以後文章之家 疏義三經者 註解四書者 不一而足也 故易則程子 損益諸家之說
　　而專之爲己功 詩及四書則朱子爾之 書則蔡子爾之 由監於諸說 故其所專之者 雖頗詳悉 然其有不可以
　　臆揣所及 而諸家莫能措一辭者 則乃牽援於佛宗而繆誘之"

는 힘들다'는 말이 있는데, 믿을 만하다. 불학(佛學)이 중국에 넘치게 되자, 뛰어난 인재라는 사람들이 더욱 깊이 물들었다. 주자(周子)·정자·장자·주자는 모두 불교에서 도망쳐 돌아왔으니, 스스로는 이단을 물리친다고 하면서도 스스로 '도망쳐서 변했다'고 하는 것이 국면을 전환하지 못하고, 속마음은 예전대로인지를 깨닫지 못했다. 이것이 어찌 이미 물든 것을 깨끗하게 만들기 어려워서 그런 것이 아니겠는가! 하물며 거듭해서 물들고서도 한 번 씻기만 했을 뿐 두 번 씻으려고 하지 않는 경우에야 더 말할 나위가 있겠는가?[65]

라 한 것은 이를 두고 이른 말이 아닐 수 없다. 그리하여 운암은 『명선록』 상·중·하 전편을 통하여 언언구구 송학, 곧 정주학은 그의 핵심이 불학에 근거하고 있음을 정면으로 통박하고 있다. 이에 몇 구절의 사례를 열거하면 다음과 같다.

(1) 송대 사람들은 약이 아찔하지 못했기에, 결국 겉으로는 불교를 배척하면서 속으로는 불교를 종지로 삼았다.[66]

(2) 송대 사람들은 공자·맹자의 가르침을 독실하게 믿지 않았기에 도가와 불교에 패한 것이다.[67]

(3) 송대 사람들은 성이 선함과 도가 하나임을 알지 못하고, 또한 공자·맹자의 가르침을 믿지 않았기에 멋대로 사설을 만들면서 거리낌이 없었다.[68]

(4) 주자는 곡(曲)을 한편으로 치우침[一偏]으로 주해했고, 치(致)는 추치(推致)로 주해했다. 그 아래 형(形)·저(著)·명(明)·동(動)·변(變)·화(化)를 주해하면서는 모두 표주박으로 물대기 같은

---

65) 같은 책, 2~3쪽. "東人有言 曰十灌難素一染 信夫 唐宋以來 佛學遍滿於中國 所謂奇俊者 尤深染之 周程張朱 皆逃佛而歸 自謂之拒異端 而不悟自家之云逃變者 有未能改頭換面 而復心如故 兹豈非已染 難素之致與 況染之重重 而一濯濯不再者乎"

66) 『明善錄』上, 6쪽. "宋人藥不暝眩 所以卒至於陽斥佛而陰宗佛也"

67) 같은 책, 같은 곳. "宋人不篤信孔孟之訓 故敗於老佛"

68) 같은 책, 7쪽. "宋人不知性善道一 而又不信孔孟之訓 故恣爲邪說而無忌憚"

식이었다. 그러나 이것은 작은 잘못이었으니 중용의 의미에
대해서는 종지로 삼는 불교 때문에 완전히 어지럽히고 말았
다.[69]

(5) 공자·맹자의 가르침을 업신여기고 공자·맹자의 도를 반대
한 이로 송대 사람보다 심한 이들이 없었지만, 겉으로는 공
업에 힘쓴다는 것을 핑계삼아 명예와 이익을 도모했다.[70]

(6) 송대 사람들은 도가와 불교의 허무에 젖어 들어 그것을 믿
었기에 공자·맹자의 가르침은 깔보면서 낮게 보았다.[71]

이로써 운암의 학은 공맹지훈(孔孟之訓) 또는 공맹지도(孔孟之道)를
근거로 하여 노불지도(老佛之道)에 근원한 송학, 곧 정주학을 배격하
는 데 주안점을 두고 있음이 분명하다. 그러한 의미에서 우리는 운
암의 학은 반주자학적이라 이르지 않을 수 없다.

4) 송학의 비판

운암은 송학을 비판하되 주로 다음과 같은 점을 지적하고 있다.
첫째, 송학에서의 허무사상(虛無思想)이 지적되고 있다. 몇 구절을 인
용하면 다음과 같다.

정자(程子)는 불교에는 체(體)는 있으나 용(用)은 없다고 했고, 주
자(朱子)는 중(中)은 일정한 체가 없다고 했으니, 모두 체와 용을
두 가지로 여긴 것이다. 무릇 체란 용이 없는 체가 없고, 용이란
체가 없는 용이란 없다. 불교는 허무를 체로 삼기 때문에 그들

---

69) 같은 책, 9쪽. "朱子註曲以一偏 註致以推致 其下形著明動變化之解 無不如飄背之注水 然此則小失也 中庸之義 全亂以佛宗"

70) 같은 책, 12~13쪽. "侮孔孟之訓而反孔孟之道者 莫甚於宋人 而但外藉務功以圖名利"

71) 같은 책, 21쪽. "宋人洽信老佛之虛無 而孔孟之訓 則傲視低看也"

의 용 또한 허무한 것이다. 군자는 미발(未發)한 중을 체로 삼기 때문에 시중(時中)이라고 할 때의 중이 용이 되는 것이다. 용의 온갖 단서가 체에서 나오니 정말로 체가 있다면 어떻게 용이 없겠으며, 정말로 일정한 체가 없다면 어떻게 시중을 할 수 있겠는가? 이기와 성정, 체용을 두 가지로 여기는 것은 참으로 (싹을) 뽑는 것과 싹을 두 가지로 여기는 것과 같다. 송대 사람들의 학문은 안으로는 불교를 종지로 삼아 체로 여기면서 밖으로는 유학을 장식해서 용으로 삼았다. 그들이 일원(一原)이라고 여기는 것은 무극(無極)의 참됨인데, 그들은 그것이 완전히 텅 빈 것임을 몰랐다.[72]

여기서 운암은 송학에서의 무사상(無思想)의 허구성을 통감함과 동시에 체용(體用)·이기(理氣)·성정(性情)의 이원적 사유양식의 잘못을 지적하고 있다. 그러므로 그는 이어서 다음과 같이 말한다.

체에 용이 없다면 기가 없는 리요, 정이 없는 성이다. 용에 체가 없다면 리가 없는 기요 성이 없는 정이다. 이런 것이 있는가? 아! 나는 들어본 적이 없다.[73]

그러므로 그는 다시 송학은 노불의 무사상으로 일관되어 있음을 다음과 같이 지적한다.

(1) 물었다. "불교의 속내는 어떠한가?" 말했다. "무위(無爲)를 근본이라고 여기면서 성현의 가르침을 믿지 않는다."[74]

---

72) 『明善錄』 中, 4쪽. "程子謂佛氏有體無用 朱子謂中無定體 皆以體用爲二段也 夫體無無用之體 用無無體之用 佛氏之體虛無 故用亦虛無 君子未發之中爲體 故時中之中爲用 用之萬端出於一體 果有其體 豈無其用 果無定體 安能時中 以理氣性情體用爲二段者 誠是撅苗爲二段也 宋人之學 內宗佛體而外飾儒用 其以爲一原者 則無極之眞而不知其全虛"

73) 같은 책, 같은 곳. "體無用則無氣之理無情之性也 用無體則無理之氣無性之情也 有是哉 噫 吾未之聞也"

74) 『明善錄』 下, 3쪽. "問佛之腹心何如 曰以無爲本而不信聖訓"

(2) 노자는 무극(無極)을 되돌아가는 끝[返終]이라 여겼기에, '무
극으로 다시 되돌아간다'고 했다. 주자(周子)는 이를 이어받
아 무극을 '시원의 근본[原始]'이라 여겼기에 '무극이면서 태
극이다'고 했다. 이것은 처음부터 끝까지 무극이라는 뜻이
다. 송대 사람들은 도를 모두들 무극의 참됨이라고 보았기
때문에 정자는 '그 근본은 참되고 고요하다'고 했고, 주자(朱
子)는 '고요함이 위주가 된다'고 했으며, 소옹(邵雍)은 '고요
한 가운데 생겨났다 고요한 가운데 사라진다'고 했으니, 모
두 무극을 가리킨다.[75]

그러므로 또 그는 무극설에서 파생한 송인의 주정설(主靜說)도 다
음과 같이 비판한다.

송대 사람들은 성인과 하늘의 하고자 하려는 것에 대해 몰랐기
에, 하늘은 무심(無心)하고 성인은 무욕(無欲)하다고 여겼다. 그
러므로 고요함을 주장하고, 무극을 주장해서 불교와 함께 흘러
갔던 것이다.[76]

둘째, 송학에서의 기품설에 대한 반박을 들 수가 있다.

배움의 깊고 얕음과 정밀하고 거침에는 상·중·하의 차이가
있다. 그러므로 아래에서 그치지 않고 배운다면 중·상에 이를
수 있는 것이다. 그러나 송대 사람들은 (사람의) 기품은 맑고 탁
한 차이가 있고, 기질은 고르지 않다고 여겼다.[77]

---

75) 『明善錄』 中, 25쪽. "老子以無極爲返終 故曰復歸無極 周承之而以無極爲原始 故曰無極而太極 此始終
無極也 宋人之見道 都是無極眞 故程子云其本眞而靜 朱子云靜爲主 邵雍云靜中起靜中消 皆指無極也"

76) 같은 책, 같은 곳 "宋人不知聖與天之欲 而爲天無心聖無欲 故土靜主無極 而同流於佛學"

77) 『明善錄』 上, 3쪽. "學之淺深精粗 有上中下 故下學之不已 則可至於中上 而宋人則以爲氣稟淸濁氣質
不齊焉"

이는 운암의 이른바 하학이상달하는 호학설(好學說)과 반대되는 선천적 기질설로서 운암의 입장에서는 도무지 인정할 수 없음은 너무도 당연하다 이르지 않을 수 없다.

> 기에 맑고 탁한 차이가 있고, 기질은 고르지 않다는 주장은 학문을 하면서 지극한 성실함이 부족한 데서 나온 것으로, 변하여 좀이 되어버린 것이다. 그러나 좀이 어떻게 스스로가 좀인 줄을 알겠는가?78)

이는 학문에 대한 치성(致誠)이 부족한 자가 빠지기 쉬운 핑계요 함정으로 지적되고 있다.

기품설에 대한 운암의 반론을 간추려보면 다음과 같다.

(1) 사람이 덕을 이루는 것은 자질에 달려 있는 것이 아니라 학문에 달려 있을 뿐이요, 배움이 밝고 밝지 못한 것은 성실함과 불성실함에 달려 있을 뿐이다.79)
(2) 송대 사람들이 배우지 않고, 성실하게 배우지 못하는 것을 기품 탓으로 돌리기 때문에, 나는 그 잘못을 심하게 말하는 것이다.80)
(3) 마음가짐이 남들만 못한 사람은 스스로 (마음을) 놓치고서 배우지 않았기 때문일 뿐이지, 기품 때문이 아니다.81)
(4) 명(命)이 아닌 것이 없으되 명에는 정(正)·부정(不正)이 있고, 도(道)가 아닌 것이 없으되, 도에는 인(仁)·불인(不仁)이 있으니, 정명(正命)·인도(仁道)는 본연의 명과 도이다. 그렇지 않은 것은 사람이 스스로 무너뜨린 것이니 기품과 무슨 상관이

---

78) 같은 책, 5~6쪽. "氣有淸濁氣質不齊之說 出於致誠之薄於學問而變敗爲蠹 然而蠹豈能自知其爲蠹哉"
79) 같은 책, 6쪽. "人之成德 不在資質 只在學問 學之明不明 只在誠不誠已"
80) 같은 책, 42쪽. " 宋人 以不學及不誠之學 歸之氣稟 吾所以極言其繆也"
81) 같은 책, 86쪽. "心不若人 由自放而不學爾 非氣稟也"

있겠는가?[82]

(5) 사람들은 모두 사물에 가리거나 사욕에 얽매여 본심을 잃는
데, 이것은 처음에 품부받은 것을 잃은 것이다. 그러나 송대
사람들은 처음의 품부란 고정된 것이라고 여기기 때문에
'기품'이네 '기질'이네 하고 말하는 것이다.[83]

(6) 장난치지 않고 게으르지 않으면서 삼가고 부지런한 것은 명
을 세우는 방법이다. 장난치고 게으르며 천리를 따르지 않고,
기품을 쓰지 않는 것은 스스로 독을 만들어 내는 것이다. 스
스로 독을 만들어 내면서 기품을 탓하는 것이 가당키나 하겠
는가?[84]

(7) 아! 나면서부터 지혜로운 이들도 배우지 않은 적이 없는데,
배우지 않고서 기품을 꾸짖는 것은 무엇이란 말인가? 배운
다 배운다고 하는 것이 성실하지 못한 배움을 말하는 것이
란 말인가? 아! 밝은 명(命)과 밝은 덕으로서 순수하고 잡되
지 않은 것은 성실함인데, 탁한 기운을 무엇 하러 논할 것인
가?[85]

(8) 성(性)과 정(情)이 본래 선하지 않음이 없는데, 성이 악하다고
여기는 이가 무너뜨렸고, 선악이 혼재한다고 여기는 이가 무
너뜨렸으며, 세 등급[三品]이 있다고 여기는 이가 무너뜨렸고,
맑고 탁함이 차이가 있다고 여기는 이가 무너뜨렸으니, 모두
선을 밝히지 못하고 작은 지혜를 써서 스스로 무너뜨린 것이
다. 그런데 송대 사람들은 스스로 무너뜨린 것을 기품의 탓이
라고 여겼다.[86]

이상과 같이 주자의 기품기질설에 대하여 여러 가지로 반론 비판

---

82) 『明善錄』 中, 7쪽. "莫非命也 命有正不正 莫非道也 道有仁不仁 正命仁道 本然之命道也 不然者 人自
壞之也 氣稟何尤"

83) 같은 책, 32쪽. "人皆爲物所蔽 爲私所梏 而失其本心 是失其初稟也 而末人以爲初稟固然 故謂之氣稟氣質"

84) 같은 책, 67쪽. "無戲怠謹謹勤 立命之道也 戲怠而不循天理 不用稟氣者 是自生毒者也 自生毒而咎氣稟
可乎"

85) 『明善錄』 下, 4쪽. "噫 生知未嘗不學 不學而責氣稟 何哉 學云學云 不誠之學云乎哉 吁 明命明德而純
粹無雜者 誠也 濁氣 焉可論也"

86) 같은 책, 59~60쪽. "性情本無不善 而認爲性惡者壞之 認爲善惡混者壞之 認有三品者壞之 認有淸濁者
壞之 皆不明善而用小智自壞也 宋人以自壞爲氣稟"

하면서 호학상달론(好學上達論)을 제시함으로써 공맹학에의 복고를 강력하게 역설하고 있거니와 이러한 운암의 학적 입장은 후일 다산에 의하여 다음과 같이 정리되어 있음을 볼 수가 있다.

> 기질의 성은 요·순이라고 해서 맑고 밝은 것을 치우치게 타고 나지 않았고, 걸·주라고 해서 탁하고 더러운 것을 치우치게 타고나지 않았다. 그것은 본성의 선악과는 애오라지 상관이 없는 것이니, 선유들이 늘 기질의 맑고 탁한 차이로 선악의 근본을 삼으려는 것은 아마도 잘못이 없지 않을 것이다. 정말로 기질 때문에 선악이 나뉜다면 요·순이 저절로 선한 것은 내가 사모하기에 충분치 못하고, 걸·주가 저절로 악한 것도 내가 경계로 삼기에 충분치 못할 것이니, 오직 부여받은 기질의 행운과 불운에 달려 있기 때문일 뿐이다.[87]

이렇듯 다산의 기질설도 운암의 기질설과 상응하고 있음을 볼 수가 있다. 이러한 기질설에 대한 반주자학적 입장은 운암이 다산보다도 적어도 약 반세기 앞서 있음을 우리는 주목해야 할 것이다.

5) 운암학의 본질

운암의 학은 공맹증사에 근원하고 있으니 그는 이를 다음과 같이 표현하고 있다.

> 내 생각에 성인은 해와 달 같아서 온 땅을 두루 비추신다. 공자·맹자·증자·자사는 영원한 해와 달이기 때문에 은둔해도 형통

---

87) 『論語古今註』 卷9, II~15, 12쪽(6-107~108). "氣質之性 堯舜未嘗偏受其淸明 桀紂未嘗偏受其濁穢 其于本性之善惡了無關焉 先儒每以氣質淸濁爲善惡之本 恐不無差舛也 苟以氣質之故善惡以分 則堯舜自善 吾不足慕 桀紂自惡 吾不足戒 惟所受氣質有幸不幸"

해서 반드시 통달하는 것은 만고의 위대한 일이다. 그러나 안자는 불행히도 그렇지 못했으니 마치 해와 달이 빛이 없는 것과 같다. 그러므로 쓰임이 통달하지 못해서 성인에게 짝지우기에 미흡한 것이다.[88]

공·맹·증·사의 사성론(四聖論)에서 안자를 제외한 이유를 다음과 같이 설명하고 있다.

안자·맹자는 둘 다 위대한 교화를 할 만한 성인이었으나, 안자는 불행히도 단명했기에 도를 넓히는 공업을 펼치지 못했다. 맹자는 우뚝하게 공업을 이루었고 찬란하게 문장을 영원한 시대의 해와 달처럼 게시했고, 영원한 시대의 성학을 표방했다.[89]

그 이유로는 단명하여 저술(문장)을 남기지 못함으로써 홍도지공(弘道之功)이 널리 퍼지지 못했다는 사실을 지적하고 있다. 그러므로 운암의 학은 공자의 『논어』와 그의 위편(韋編)이 삼절(三絶)한 『역』학과 『시』·『서』 등과 『맹자』·『중용』(자사)·『대학』(증자) 등을 기초로 하여 전개되고 있다. 그러므로 운암의 학에서는 전적으로 정주의 송학은 편린 잔영도 찾아볼 수가 없다. 그러한 의미에서 운암의 학은 순정공맹학(醇正孔孟學)이라 일러야 할는지 모른다. 후일 다산은 이를 일러 '수사지구(洙泗之舊)'라 이르고 있다. 그의 본질적인 몇 가지 사항을 적기하면 다음과 같다. 첫째, 운암은 송인의 선천적 기품설에 반대하면서 후천적 호학론을 전개하고 있다. 그러므로 인간의

---

88) 『明善錄』 下, 74쪽. "余謂聖人日月也 遍照八荒 孔孟曾思 萬世之日月 故日遯亨必達 萬古之大事 顔子不幸而未然 則如日月之無光也 故日用不達而洽於配聖也"

89) 같은 책, 81쪽. "夫顏孟俱爲大化之聖 而顏子不幸短命 故弘道之功未敷 孟子則巍巍其成功 煥乎其文章于以揭萬古之日月 標萬古之聖學也"

최고지선의 목표인 성현도 결국에 가서는 인간의 노력에 의하여 도달할 수 있는 경지에 지나지 않는 것이다. 그러므로 운암은

성인이 되고 현인이 되는 것은 오로지 배움에 달려 있다.[90]

라 이르고 있다.

공자도 "열다섯에 배움에 뜻을 두었다"[91]라 하고 "배우고 때로 익힌다"[92]라 하고 "배우면서 싫증내지 않는다"[93]라 하였으니 공자와 같은 대성(大聖)도 호학하지 않고서는 성현의 영역으로 들어설 수 없다. 그러므로 운암은 또

배움을 좋아하는 이는 오직 성현이시다.[94]

라 이르고 있다. 그러면 여기서 호학(好學)이란 무엇을 의미하는 것일까.

배움을 좋아한다는 것은 다른 것이 아니요, 성현을 배우기를 좋아한다는 것이다.[95]

하였으니 호학이란 다름 아니라 성현의 도를 즐겨 배우기를 좋아

---

90) 『明善錄』 上, 1쪽. "夫作聖作賢 專在於學矣"
91) 『論語』, 「爲政」. "有十五而志于學"
92) 『論語』, 「學而」. "學而時習之"
93) 『論語』, 「述而」. "學而不厭"
94) 『明善錄』 上, 1쪽. "好學 惟聖賢"
95) 같은 책, 6쪽. "好學者 無他 好學聖賢也"

하는 것을 의미한다고 할 수 있다. 그런데 학에는 심학(心學)과 경학(經學)이 있음을 우리는 잘 알고 있다. 이 점에 대하여 운암은 어떻게 생각하고 있는 것일까.

심학에도 두 갈래의 입장이 있는데 하나는 유가적 심학이요, 다른 하나는 선가의 심학임은 다시 말할 나위도 없는 동시에 송유의 심학은 선가(禪家)의 심학으로 기울었음을 운암은 비판하고 있다.

운암의 심학은 맹자의 구기방심설(求其放心說)에 근거하여 다음과 같이 말하고 있다.

> 인에 힘쓰는 것은 성학(性學)일 뿐이다. 덕성(德性)을 높이고 문학(問學)에서 말미암는다는 것은 말하자면 성학일 뿐이다. 맹자는 '학문의 도는 다른 것이 아니요 그 놓친 마음을 찾는 것일 뿐이다'고 했다. 심학(心學)이 곧 성학(性學)이라면 놓친 마음을 찾는 것은 바로 덕성을 높이는 것이니, 학문과 놓친 마음을 찾는 것이 과연 두 가지 단계의 공부란 말인가?[96]

이렇듯 학문공부와 존양심학(存養心學)과는 불가분리의 관계로 되어 있음에도 구하고 이를 분위양단(分爲兩段)하면 고혹노불(蠱惑老佛)하게 됨을 다음과 같이 지적하고 있다.

> 아! 배움이 오염된 무리들은 덕성을 높이고 문학(問學)에서 말미암는 것을 나누어 두 단계로 여기고 경중과 선후가 있다는 주장을 편다. 이런 까닭에 치지(致知)와 명덕(明德)을 두 단계로 여기는 것이다. 문학은 치지이고, 치지는 명덕이며, 명덕은 덕성을 높이는 것인데, 나누어 두 단계의 공부로 여길 수 있겠는가? 문

---

96) 같은 책, 66쪽. "用其力於仁 性學是己 尊德性道問學 約言則只是性學也 孟子曰學問之道 無他 求其放心而已 心學是性學則求放心 乃尊德性性也 學問求放心 果爲兩段工夫乎"

학이란 성실함과 공경함을 보존하고, 성실함과 공경함을 쓰려는 것이니, 문학에 성실하고 공경해서 그 놓친 마음을 거둬들이는, 이것이 덕성을 높이고 문학에서 말미암는다는 것이다. 문학에 성실하고 공경하지 않으면서 노장의 학설에 고혹된 이는 선자(禪子)의 기교를 헛되이 만들 뿐이니 높일 수 있겠는가?[97]

분위양단(分爲兩段)하면 노장의 설에 고혹(蠱惑)되거나 아니면 신가(禪家)의 공(工)을 허주(虛做)하게 될 것이니 그 결과는 다음과 같이 나타난다고 하였다.

만일 백 일 동안 정말로 정자가 말한 대로 주경(主敬)을 했다면 그의 정신은 점점 혼미해지고 쓸쓸해지다가 사라져버릴 것이다. 당·송 이래로 우리나라에도 또한 공부하는 승려라는 이들이 있어서, 평생 동안 벽을 보고 앉아서 눈을 감고 마음을 관찰하느라, 그들의 주경과 함양이 정자보다 백 배나 더 뛰어났지만, 수많은 그런 사람들 가운데 한 사람이라도 총명해진 이가 나왔다는 말은 듣지 못했다. 그들의 어둡고 쓸쓸함을 돌이켜보면 평범한 승려들보다 몇 배나 더 심했다. 아! 송대 사람들의 조행을 충족시키려면 진실로 철로 만든 여래나, 돌로 만든 보살과 같은 뒤라야 가능할 것이다.[98]

다시 말하면 송인의 알인욕(遏人欲)의 결과는 철여래(鐵如來)나 석보살(石菩薩)의 경지에서 비로소 이루어질 것이니 그것은 진실로 인간의 본성에 어긋나는 것이 아닐 수 없다. "성·정의 본래 그러한

97) 같은 책, 65쪽. "噫 染學之流 以尊德性道問學 分爲兩段 而有輕重先後之說 是以致知明德爲二段也 問學是致知 致知是明德 明德是尊德性 其可分爲兩段工夫乎 夫問學 乃所以存誠敬用誠敬 誠敬於問學而收其放心 此尊德性道問學者也 不誠敬於問學而蠱惑老莊之說 虛做禪子之工而可尊得乎"

98) 『明善錄』 下, 65쪽. "若百日果如程子之主敬 則其精神漸昏寢寞而消亡矣 唐宋以來 吾東亦有所謂工夫僧者 一生向壁危坐 閉目觀心 而主敬涵養 百勝於程子 千百其衆 未聞一有得聰明者 顧其昏昏寞寞 倍甚於凡僧已 吁 充宋人之操 正作鐵如來石菩薩而後可也"

욕구는 하늘이 명한 성"[99]으로서

예를 들어 굶주리는데 먹고 싶은 생각이 들지 않고, 목마른데
마시고 싶은 생각이 들지 않으며, 추운데 옷 입고 싶은 생각이
들지 않고, 피곤한데 쉬고 싶은 생각이 들지 않으며, 병들었는
데 치료하고 싶은 생각이 들지 않는다는 것 등은 일생동안 주경
(主敬)을 하더라도 결국 이런 이치라고는 없을 것이니, 허위가
아니라면 무엇이란 말인가?[100]

라 하여 정자(程子)의 주경설(主敬說)을 반박하고 있다. 그러므로 학
문의 도(道)는

분발해서 스스로 애쓰고 문을 걸어 잠그고 독실하게 공을 들인
다면 백 일 사이에 반드시 전심으로 학문을 외우는 공을 들여
얼핏 그 효과를 보게 될 것이다.[101]

라 하고

오직 반복해서 사서와 삼경의 글을 외우고 완숙하게 익히며 눈
에 분명하고, 입에 넘치며, 마음에 환하게 만들어야 한다. 고요
한 생각이나 움직일 때의 마음이나 어쩌다 미혹되고 막히는 일
이 없게 만들어야 한다. 은미한 뜻을 그치지 않고 이해하면서
천천히 탐구하되, 잠심해서 풀어보고, 근심하며 늦추지 말고, 분
발해서 버리지도 말아야 한다. 느긋하게 하지도 말고 재빨리 하
려고도 말며 쉬지 않고 노력을 쌓아가되 송대 사람들의 어지러
운 학설에 오도되지 않는다면 저절로 점점 깨닫게 되어 결국에

---

99) 같은 책, 같은 곳. "性情本然之欲 天所命之性也"

100) 같은 책, 같은 곳. "如飢不萌欲食 渴不萌欲飲 寒不萌欲衣 困不萌欲休 病不萌欲瘳之類 雖一生主敬
終無此理也 非爲僞而何"

101) 같은 책, 같은 곳. "發憤自强 閉門篤工 則百日之間 必也專心誦念於學問之工 而乍見其效也"

는 관통하게 될 것이다. 그런 뒤에야 즐거움이 내게 있고, 행실
이 이로워져 날로 정밀하고 밝아지고 순수해질 것이다.[102)

라 하여 성실한 심학이야말로 경학의 기초가 됨을 우리들에게 일깨
워 주고 있다. 그러므로 운암의 호학설은 성(誠)의 실학(實學)으로 이
어짐을 볼 수가 있다.

둘째, 운암은 송인의 허(虛)·무(無)·공(空)·정(靜)의 사상을 반박
하면서 이에 가름하여 학(學)·성(誠)·실(實)의 사상을 강조하고 있
다. 이를 일러 우리는 운암의 성실론(誠實論)이라 이르는 것이 좋을
것이다.

사람이 덕을 이루는 것은 자질에 달려 있는 것이 아니라 학문에
달려 있을 뿐이요, 배움이 밝고 밝지 못한 것은 성실함과 불성
실함에 달려 있을 뿐이다.[103)

라 함은 운암의 학이 성불성(誠不誠)에 있음을 단적으로 표현한 것이
아닐 수 없다. 이 성(誠)이야말로 심학에서 독행(篤行)의 학(學)으로
이어지는 열쇠로써 운암은 또 이를 다음과 같이 지적하고 있다.

널리 성현의 글을 배우되 정밀하고 완숙하게 읽고 외우는 것은
실제로 묻고, 생각하고, 변별하고, 행하는 기본이다. 만일 넓지
못해서 고루하고, 완숙하지 못해서 거칠고 난삽하다면 물으려
해도 거론할 것이 없어지고, 생각하려고 해도 근거할 것이 없어
지며, 변별하려고 해도 증거할 것이 없게 된다. 이렇게 하고서

---

102) 『明善錄』 中, 41쪽. "惟是誦復蹈熱乎四書三經之文 炯於日 澤於口 瑩於心 靜思動念 無或有迷疑 而
微奧之旨 理會不己 舒而究之 潛而繹之 惕而不池 愼而不捨 匪徐匪亟 積功不息. 而不被末人亂說所誤
則自然漸吾 終至貫通 然後則樂在我而利於行 日精明而純粹矣"

103) 『明善錄』 上, 6쪽. "人之成德 不在資質 只在學問 學之明不明 只在誠不誠己"

또한 어떻게 융화시켜 이해하고, 깨달음이 관통해서 순순히 좌우에 이르러 근원에서 만나 행실로 이어갈 수 있겠는가? 또한 경서를 외우되 한결같이 지향이 없는 이라면 더불어 말할 수 있겠는가? 그러므로 널리 배운다는 것은 반드시 독실한 지향을 앞세워야 하니, 독실한 지향이란 행실의 독실함을 지향하는 것이다. 처음 배우면서 이미 독실한 행실을 지향하기 때문에 그 배움이 넓되 성글지 않고, 바닥에서부터 살피고 삼가면서 밝아지는 것이다. 만일 헛되이 넓은 데에만 힘쓰고 정밀하고 완숙하지 못하거나, 비록 읽고 외우는 데 정밀하고 완숙하다고 한들 지향하는 것이 몸소 행하는 데 독실하지 못하다면 똑같이 성실함이 없으면 사물도 없는 지경으로 돌아갈 것이다.[104]

여기서 우리는 운암의 학은 독지(篤志)-독송(讀誦)-체행(體行)-성(誠)으로 일관하는 실천윤리의 학임을 알 수가 있다. 그러므로 여기서 운암의 성론(誠論)을 몇 구절 적기하면 다음과 같다.

그 성실함을 세우는 것이 곧 그 명을 세우는 것이요, 그 성실함을 다하는 것이 곧 그 성을 다하는 것이다. 성실함이란 하늘의 도이다. 하늘은 이 도로 사람에게 명하고, 사람은 이 도로 하늘에게 순종하니, 위대하도다 성실함이여! 하늘과 사람이 시종을 한결같이 하는 것이다. 하늘과 사람의 도는 성실함 이외에 처음부터 다른 기미라고는 없지만, 스스로 성실함 이외의 기미를 만드는 것이 사람인 것이다.[105]

이는 성(誠)이야말로 천인을 일관하는 도임을 밝히었고

---

104) 같은 책, 4쪽. "博學聖賢書而讀誦精熟 實爲問思辨行之基本 若不博而孤陋 不熟而疏漏 則問無可擧 思無可據 辨無可證 若爾則又何以理會融暢 契吾左右逢原而可續於行邪 又有誦了經書而 一向無志者 可與言哉 故博學者 必先篤志 篤志者 志於行之篤也 於始學而已志於篤行 故其學博而不 疏 自底審愼而明矣 若徒博之務而不精熟 雖精熟於讀誦而志不篤於體行 則同歸於不誠而無物也"

105) 같은 책, 10쪽. "立其誠 卽是立其命也 盡其誠 卽是盡其性也 誠者 天之道也 天以是道命之於人 而人 以是道順之于天也 大哉誠也 天人之與一於始終者也 天人之道 誠外初無他幾也 而自作誠外之幾者人也"

선을 좋아하고 악을 미워하는 것은 인의예지의 성실한 마음이다. 이 때문에 태극의 실상도 성실함이란 한 글자에서 벗어나지 않는 것이다. 음양이란 이 성실함이 위아래를 통하고, 사방에 드러나면, 온갖 일에 통달하는 것이다. 사람이 선을 좋아하고 악을 미워하는 것도 통달하고 드러나는 성실함이기 때문에 덕을 좋아하는 성정이 없을 수 없으니, 이것을 밝히는 것을 명선(明善)이라고 한다.[106]

이는 성(誠)이야말로 윤리적 성선의 원천임을 밝혔고

성실함과 믿음은 하나이다. 그러나 성실함은 천도(天道)이고, 믿음은 성실하게 하는 것이니 인도(人道)이다. 나는 그러므로 성실함에 마음에 있는 것을 충(忠)이라 하고, 성정에 있는 것을 믿음이라 하는 것이다. 성인은 하늘과 덕을 같이하니 마음과 성이 혼연한 지극한 성실함이요, 배우는 이는 충심과 믿음으로부터 넓혀나가서 성실함을 밝히는 데 이르는 것이다. 이 때문에 하늘의 네 가지 덕과 사람의 오상은 하나이지만, 네 가지 덕 가운데 성(誠)자를 말해서 사람의 오상과 구색을 맞춰 호응하도록 하지 않은 것은 하늘의 원(元)이 저절로 지극한 성실함이기 때문이요, 사람의 인(仁)이라면 반드시 성실하게 하는 것을 기다려야 하기 때문이다.[107]

여기서 성(誠)은 만덕을 포괄한 것이요, 동시에 만덕의 기초가 되는 것으로 이해하고 있는 것이다. 그러므로

인(仁)은 성실함이다. 예의의 성실함과 효제의 성실함, 권경(權經)

---

106) 같은 책, 44쪽. "善善惡惡 仁義禮智之誠心也 所以太極之實 亦不外於誠之一字也 陰陽則是誠之通于上下 著於四方 達乎萬事者也 人之好善惡惡 亦通達著見之誠 故無不好德之性情也 明此之謂明善也"

107) 『明善錄』中, 12쪽. "誠信一也 然而誠天道也 信誠之者人道也 吾故曰誠之在心曰忠 在性情曰信 聖人與天同德 而心性渾是至誠也 學者自忠信而弘之 以至明誠也 所以天四德人五常一也 而四德不言誠字 備應人五常者 天之元自是至誠也 人之仁則必待誠之故也"

의 성실함, 중용의 성실함이 인이 아님이 없다. 그대가 말하는 앎
이란 인 가운데의 이치라는 것이 잘못인가? 그러므로 흙으로 인
해 물이 나오고, 성실함으로 인해 앎이 나오는 것이니, 산과 물을
겸하는 것은 흙이요, 인과 앎을 겸하는 것은 성실함이다.[108]

라 한 것은 성(誠)이야말로 포괄자요 근원자임을 더욱 분명히 해주고
있는 것이 아닐 수 없다. 운암은 또 다음과 같이 성(誠)은 심으로서
주재자요 선은 성(誠)의 윤리적 행동자로 간주하고 있다.

『중용』의 지극한 성실함과 『대학』의 지극한 선은 하나이다. 지
극히 성실하면서 지극히 선하지 않은 경우는 없고, 또한 지극히
선하지 못하면서 지극히 성실한 경우도 없다. 그러나 반드시 지
극히 성실한 뒤에야 지극히 선할 수 있으니, 지극한 선은 행실
이요, 지극한 성실함은 마음이기 때문이다.[109]

그러므로 성(誠)은 선행의 지상명령자요, 선은 성(誠)의 실천궁행
이 아닐 수 없다. 그리고 우리는 운암의 성설(誠說)에서 송인의 주정
설적(主靜說的) 태극리설(太極理說)을 부정하고 태극성설(太極誠說)로
이를 대체한 점을 주목해야 할 것이다.

(1) 성실함은 실한 이치이다. 그러므로 태극의 실제도 성실함이
란 한 글자를 벗어나지 않는다고 하는 것이다. 혹은 움직이
고 혹은 고요하며, 혹은 왕성하고 혹은 쇠퇴하는 경우 반드
시 감응하지 않는다고 한다면 그침이 없는 지극한 성실함이
라고 할 수 있겠는가? 사사로움이 없는 지극한 성실함이라

---

108) 같은 책, 11~12쪽. "仁者誠也 凡禮義之誠 孝弟之誠 權經之誠 中庸之誠 莫非仁也 伊所謂知是仁中
之理者 非邪 故因土而水出 因誠而知出 兼山水者土也 兼仁知者誠也"
109) 같은 책, 14쪽. "中庸之至誠 大學之至善 一也 未有至誠而未至善者 亦未有未有至善爲至誠者也 然必
至誠而後 乃能至善 至善行也 至誠心也"

고 하겠는가? 방소도 본체도 없다고 하겠는가?[110]

(2) 태극의 본체는 움직인다거나 고요하다고 말할 수 없고, 움직임도 고요함도 없으되 움직일 수 있고 고요할 수 있다고 말하는 것은 괜찮다. 나는 그러므로 이치는 움직임과 고요함도, 왕성함과 쇠퇴함도 없이 오직 지극한 성실함이 감응할 뿐이라고 하는 것이다.[111]

그리고 이어서

움직인다고 하면 양이요, 고요하다고 하면 음이다. 오직 음양이 하나의 본체에 온전히 쌓여 혼연일체를 이루어 환하게 화합하고, 환하게 화합한 것이 혼연일체를 이루어 담백하게 자재하면서 생동하는 것은 태극의 이치이니, 지극한 성실함이 그렇게 하는 것이다.[112]

라 하였으니 태극이란 천리(天理)가 아니라 지성(至誠)으로써 감응하여 가이동가이정(可以動可以靜)함으로써 동정이 자재(自在)한 것으로 이해되는 것이다.

그러므로 동정이 자재한 지성(至誠)의 인성을 적연부동한 상태로 놓아두지 않고 활성적인 상태로 이해한다는 점에서 후일 다산 정약용이나 동무 이제마의 성정론으로 이어지게 된다. 이 점에 대하여는 후일 더욱 깊이 다루어야 할 하나의 과제로 남겨둘 따름이다.

셋째, 운암의 인성론은 활성론적이라는 사실을 주목해야 할 것이

---

110) 같은 책, 20쪽. " 誠是實理也 故曰太極之實 不外乎誠之一字也 若或動或靜 或盛或衰 而不須感應 則 其可曰至誠無息與 其可曰至誠無私與 其可曰无方无體與"

111) 같은 책, 18쪽. "太極之體 不可謂之動靜 謂之無動無靜 可以動可以靜可矣 吾故曰理無動靜盛衰 惟至 誠感應而已"

112) 같은 책, 19쪽. "謂之動則陽也 謂之靜則陰也 惟陰陽蘊全於一體 而渾然而扁蝴蝶 融蹦而渾然 湛乎自在 而活者 太極之理也 至誠然"

다. 그것은 성(誠)이란 가이동가이정(可以動可以靜)하여 동정불식(動靜不息)하는 것이기 때문에 운암은 다음과 같이 말하고 있다.

> 마음은 본래 생동하는 것으로 움직이면 움직이고, 고요하게 하면 고요하다. 태극 또한 그러하니 마음과 태극은 바로 혼연일체가 되어 환하게 회통하는 것으로, 이치와 기를 통솔하고, 본체와 작용을 온전히 하고, 비은을 겸하고, 대소를 포괄하는 것이 하늘의 태극과 사람의 마음인 것이다. 그러므로 태극과 심체(心體)는 생동한다고 말할 수는 있지만, 움직이고 고요하다고 말할 수는 없다.[113]

소위 활(活)이란 묘리(妙理)를 함축(含蓄)하고 있는 글자로서

> 무릇 움직임과 고요함이란 태극과 심성의 작용이다. 그 본체는 움직임과 고요함이 없다. 오직 생동한다[活]는 한 글자는 진실로 본체와 작용을 겸하여 총괄하는 오묘함을 얻은 것이니, 활(活)이란 글자는 움직임이라고 말해도 안 되고, 고요함이라고 말해도 안 된다.[114]

라 한 것은 활(活)이란 동정·체용을 겸총(兼總)한 상태, 곧 성격을 표현한 것이라 할 수 있다. 그러므로 운암은 또다시 활(活)의 의미를 다음과 같이 설명하고 있다.

> 생동한다[活]는 것은 본래 움직이지 않는다는 호칭이다. 생동하면서 움직이고 생동하면서 고요한 것은 그 자체로 태극의 움직

---

113) 같은 책, 20쪽. "心本活 而可以動則也靜則靜 太極亦然 心也太極也 乃是渾然燦然會通者也 所以統理氣全體用兼費隱包大小者 天之太極與人之心也 故太極與心體 可謂之活 而不可謂之動靜也"

114) 같은 책, 21쪽. "夫動靜者 太極心性之用也 其體則無動靜矣 惟活之一字 眞得體用兼總之妙 活字不可謂之動 不可謂之靜"

임과 고요함이다. 성의 고요함은 생동하는 고요함이므로 한갓
고요함이라고 말해서는 안 된다. 생동하지 못하면 기는 없으니,
기가 없으면 이치가 이뤄질 수 없다. 그러므로 무극의 참됨이라
는 학설은 (맹자가 말한) 피사·음사·사사·둔사임을 분명히
알 수 있다.[115]

라 한 것은 활(活)이란 동정이라는 현상이 아니라 원천적 활기(活氣)
를 가리키고 있음이 분명하다. 그러므로 그는 무활기(無活氣)한 송학
의 주정설(主靜說)을 다음과 같이 통박함으로써 그의 활성론의 입장
을 굳혀놓고 있다.

> 어떤 사람이 주정(主靜)에 종사하면서 사려도 하지 않고 행위도
> 하지 않는다면서 말하기를 "나는 욕망을 막고 세상일에 대한
> 생각을 끊어버리고서 그 본원을 기르는 것을 큰 일이라고 생각
> 한다"고 하기에 내가 물었다. "그대가 본원에서 기른다는 것이
> 란 무엇인가?" "허정(虛靜)과 무위(無爲)이다." "이것은 송대 사
> 람들이 말하는 무극이요 무위이며, 주정이다(주정은 송대 사람
> 들이 함양하면서 인욕을 막는다는 공부이다. 본래 노자의 무극
> 과 불교의 공으로부터 온 것이다). 그대는 어째서 재빨리 죽어
> 서 그 본원을 더욱더 크게 기르지 않는 것인가? 태극이 사람에
> 게 있는 것이 성명(性命)이 되니, 무극이란 성명이 없는 것이다.
> 성명을 없애는 술책으로는 죽는 것보다 좋은 것이 없다."[116]

이로써 우리는 운암의 활성론이야말로 송학에서의 주정설에 갈음
하는 독창적 인성론이라 이르지 않을 수 없다.

넷째, 운암은 송학에서의 이기이원론적 사유양식에 반대하여 체

---

115) 같은 책, 20쪽. "活者本非動之號也 活而動活而靜 自是太極之動庸也 性之靜 是活靜者 故不可謂徒靜
   也 不活則無氣 無氣則不成爲理矣 所以無極眞之說 灼知其爲詖淫邪遁也"
116) 『明善錄』 上, 14쪽.

용무간(體用無間)·성정일여(性情一如)·지행합일(知行合一) 등 묘합의 논리를 전개시키고 있다. 이는 운암의 학이 '하나', 곧 '일(一)'에의 지향성을 나타내고 있음을 의미한다.

운암은 송학에서의 무사상(無思想)과 이원론을 다음과 같이 반박하고 있다.

무릇 기는 이치의 기이고 정은 성의 정이다. 이치는 천리이고 성은 인성이다. 또한 성은 곧 이치이고, 정은 곧 기이다. 또한 성은 이치이고 본체이며 정은 기이고 작용이다. 그러나 송대 사람들이 말하는 천명지성(天命之性)은 기가 없는 성이고, 기질지성(氣質之性)은 이치가 없는 성이다. 도심의 정은 기가 없는 정이고, 인심의 정은 성이 없는 정이다. 혹은 이치는 있는데 기는 없다고 하고, 기는 있는데 이치는 없다고 하며, 혹은 성은 있는데 정은 없다고 하고, 혹은 본체는 있는데 작용은 없고, 작용은 있는데 본체는 없다고 한다. 또한 기에는 맑고 탁한 차이가 있다고 하고 정에는 선과 악의 기미가 있다고 한다. 그러다 결국에는 무를 근본으로 삼는다. 주나라가 쇠망한 이후로 사설이 비록 많았다지만 이렇게 심한 적은 없었다. 최종적으로 그들은 천명지성은 순수한 이치일 뿐 기가 없기 때문에 순수하게 선하고 악하지 않다고 하고, 기질지성은 기가 위주가 되고 이치가 어쩌다 타기도 하기 때문에 맑고 탁함이 복잡하게 뒤섞였다고 한다. 온갖 잘못된 것의 단서들은 모두 무극은 근본이라 여기고, 이치와 기를 둘이라고 여기는 데 근원을 두고 나온 것이니, 괴이하기도 하거니와 또한 슬프기도 하다.[117]

---

117) 같은 책, 같은 곳 "夫氣則理氣也 情則性情也 理則天理也 性則人性也 又性則理也 情則氣也 又性理體也 情氣用也 而末人所謂天命之性 無氣之性 而氣質之性 無理之性也 道心之情 無氣之情 而人心之情 無性之情也 或理有而氣無 氣有而理無 或性有而情無 或體有而用無 用有而體無 又氣則有淸濁之殊 情則有善惡之幾 又畢竟以無爲本 衰周以後 邪說雖多 而未有若茲之甚者也 其竟以爲天命之性 純理而無氣 故純善無惡 氣質之性 氣爲主而理或乘之 故淸濁騈雜 原其萬端之繆 皆出於以無極爲本理氣爲二也 可怪而亦可哀也"

이는 운암의 이이일원론(二而一元論)과 송인의 이원론과의 대립이라 이르지 않을 수 없다. 이러한 운암의 입장은 그의 태극음양설의 이해에서도 그대로 나타나 있음을 볼 수가 있다.

> 태극(太極)이란 도체(道體)의 중(中)이요 음양이 혼연일체를 이룬 것으로 마치 한 물건이 겉은 양이고, 속은 음이며, 위는 양이고 아래는 음이며, 남쪽은 양이고 북쪽은 음이어서 서로 떨어지지도 않으면서 각각의 영역을 갖는 것과 같다. 저절로 일체이면서 오묘함[妙]을 갖추고 있을 뿐인 것이다. 「역대전」에서 말하는 '한 번 양이 되고 한 번 음이 되는 것을 도라고 한다'는 것도 바로 이것이다. 음양이 덕을 합쳐 혼연한 전체를 이룬 것이 이와 같기 때문에 그것이 작용으로 발현하는 것 또한 저절로 서로 안팎을 이루어 병행하면서도 서로 어긋나지 않는 것이다. 그렇지 않다면 태극 본연의 음양이 아니다.[118]

그러므로 태극이란 음양이 혼전하여 일체를 이룬 자의 이름이므로 음양이 분리하여 독음(獨陰) 독양(獨陽)하게 되면 태극이란 성립될 수 없음이 분명하다. 그러므로 이 점을 그는 다음과 같이 비판한다.

> 본체 가운데 작용이 있고, 작용 가운데 본체가 있기 때문에 기가 없는 이치는 없고, 이치가 없는 기도 없다. 그러나 송대 사람들은 도체가 음양이 덕을 합친 혼연한 전체인 줄을 모르고, 작용으로 발현하는 것도 저절로 안팎을 이루어 병행하는 것도 몰랐다. 그래서 음양은 움직임과 고요함을 기다렸다 각각 생긴다고 했으니 가소로운 일이다. 음양이란 태극에서 생겨난 것이다. 음양이 생긴 뒤에 움직임과 고요함의 형상이 있는 것인데, 어떻게 한 번 움직이고 한 번 고요한 다음에 비로소 홀로인 음과 홀

---

118) 『明善錄』 中, 23쪽. "太極道體之中 而陰陽軍全 如一物表則陽裏則陰 上則陽下則陰 南則陽北則陰 未嘗相離而有各段也 自是一體而有妙已 大傳所謂 一陰一陽之謂道是也 陰陽合德而軍然於全體者已如是 故其發於用者 亦自相表裏而並行不悖矣 不然者 非太極本然之陰陽也"

로인 양을 생기게 한단 말인가? 움직임과 고요함은 음양의 형상
이지, 음양의 이치가 아니다.[119]

　그러므로 이에 입각하여 그는 다음과 같이 그의 논리를 전개하고
있다.

　　作用 가운데 본체가 있다는 말은 정에서 성을 말하는 것이요,
　　본체 가운데 작용이 있다는 말은 성에서 정을 말하는 것이다.
　　하나에서 말미암아 둘이 아니기 때문일 뿐이다.[120]

라 하기도 하고

　　인심(人心)과 도심(道心)은 일체이기 때문에 인심의 잘못은 도심
　　이 모자란 것이요, 도심의 잘못은 인심이 모자란 것이다. 하나
　　라도 지나치거나 모자람이 있으면 과실은 그 가운데 함께 있는
　　것이다.[121]
　　인심과 도심은 외물에 감응하는 것은 다르지만 성과 정은 하나
　　일 뿐이다.[122]

라 하기도 하였다. 성정일여론(性情一如論)을 좀 더 부연해서 설명하
면 다음과 같다.

---

119) 같은 책, 같은 곳. "體中有用 用中有體 故無無氣之理無理之氣 而末人不知道體之陰陽合德而軍全焉
　　其發於用者 亦自相表裏而並行焉 謂陰陽待動靜而各生 可笑哉 陰陽者太極之所生也 陰陽生而後 于以
　　有動靜之形 安有一動一靜而後始生獨陰獨陽哉 動靜 陰陽之形也 非陰陽之理也"

120) 같은 책, 46쪽. "用中有體 言性於情也 體中有用 言情於性也 由一而不貳故耳"

121) 『明善錄』 上, 58쪽. "人心道心一體 故人心之過 是道心之不及 道心之過 是人心之不及 一有過不及
　　則俱失其中矣"

122) 『明善錄』 中, 46쪽. "人心道心 感物雖殊 性情則一而已矣"

사단과 칠정의 근본은 모두 선하지만 오직 정이 내달리고 작용이 날뛰게 되면 지나치거나 모자라 본체와 작용이 하나가 되지 못한다(정이 지나치면 성이 모자라기 때문에 본체와 작용이 하나가 되지 못한다). 하나가 되지 못하면 중을 잃게 되고 밝은 명의 성과 정이 아니게 된다. 예를 들어 성내고 욕망하는 것의 근본은 칠정이지만, 처음에는 어떤 선하지 못함이 있었겠는가? 그러나 정이 내달리고 성내고 욕망하는 것에 방종하게 되어 본래의 성정을 잃는 것이다. 참으면서 중에 들어맞고 방종한 데로 내달리지 않는다면 이것은 성과 정이 일체를 이룬 지극한 선이 아니겠는가?[123]

성정뿐만 아니라 내외도 이단(二段)이 아니라 일체의 내외임을 다음과 같이 밝힌다.

무릇 안이란 한갓 안이 아니요, 밖의 안이고, 밖이란 한갓 밖이 아니요 안의 밖이다(안팎은 본체와 작용의 드러나고 숨은 것이다). 안팎이 두 영역이 아니고 일체(태극)의 안팎인 것이다. 안이 없으면 밖이 없고, 밖이 없으면 안이 없으니, 일체가 없으면 안팎도 없는 것이다. 무극이란 일체도 아니요 안팎도 없이 그치는 곳이 없으니, 이것은 바로 허무적멸일 뿐이다.[124]

성정 내외뿐만 아니라 지행도 일여임을 다음과 같이 서술하고 있다.

"공부와 공부의 효과를 어째서 하나라고 하는 것인가?" 하고 묻길래 이렇게 대답했다. "놓쳐버린 마음을 찾고 덕성을 높이는

---

123) 같은 책, 46쪽. "四端七情 本則皆善而性逸而用勝則過不及而體用不一(情過則性不及 故體用不一) 不一則失中 而非明命之性情也 如忿欲之本七情也 初何嘗不善 而性逸而放縱於忿欲者 失本性情也 忍節於中 而不逸於放縱 則此非性情一體之至善與"

124) 『明善錄』 上, 15쪽. "夫內非徒內 自外而內 外非徒外 自內而外(內外 謂體用之費隱) 內外非二段 一體(太極)之內外也 無內則無外 無外則無內 無一體則無內外 無極者 無一體無內外 靡有止戾也 此正虛無寂滅而已矣"

공부가 학문이요, 심성을 존양한 효과가 학문이니, 공부와 효과
가 하나의 학문이 아니겠는가? 치우침을 알아 치우침을 극복하
는 것은 지행(知行)의 공부이고, 반드시 밝아지고 반드시 강해지
는 것은 지행의 효과이니, 공부와 효과도 하나의 지행이 아니겠
는가? 또한 학문 바깥에 다른 지행의 공부가 있지 않고, 지행
바깥에 다른 학문의 효과가 있지 않으니 공부와 효과가 하나가
아니면 무엇이란 말인가?[125]

　이상에서 고찰한 점들을 묶어서 한마디로 말하라 한다면 운암학
의 본질은 모름지기 '학(學) − 성(誠) − 일(一)'로 요약할 수 있을 것이
다. 학은 공자의 하학상달(下學上達) 학이불염(學而不厭)의 학이요 성
(誠)은 맹자의 성자천도(誠者天道) 사성자인도(思誠者人道)의 성(誠)이
요 일(一)은 운암의 반주자학 또는 반이원론적 묘리로서의 일(一)인
것이다. 그러한 의미에서 운암학은 한마디로 말하라 한다면 반주자
학적 공맹학이라 이르지 않을 수 없다.

6) 결론

　운암의 『명선록』 상·중·하 3권은 그 자신의 말대로 수득수록(隨
得隨錄)한 수상록의 형태로 저술된 것이지만 그 내용은 반주자학적
공맹학으로 일관되어 있음을 보아왔다. 이러한 성격의 유학을 지금
까지 한국유학사에서는 어떻게 다루어왔던가. 그것은 장지연의 『유
교연원』에서 「윤백호의 독창적 경전주해」절로 다루어졌고 이병도의
『유학사초고』에서 「朴世堂學與其所作思辨錄」과 「尹白湖讀書記」와 「丁

---

125) 같은 책, 55쪽. "問凡工夫功效 何謂一而已也 日求放心尊德性之工夫 學問也 存養得心性之功效學問
也 此非工夫功效一學問乎 知偏克偏 知行之工夫也 必明必強 知行之功效也 此非工夫功效一知行乎
且學問外他無知行之工 知行外他無學問之效 工夫功效 非一而何"

茶山與其學術述署」을 다룸으로써 그 글이 "성리학파의 학설에 구애받지 않았음[不拘於性理學派之說]"을 밝혀놓고 있을 따름이다. 그러므로 적어도 한국유학사의 편술에서는 소위 '반주자학파'의 장절이 없기 때문에 운암과 같은 뚜렷한 반주자학의 주창자는 설 자리가 마련되어 있지 않은 것이다. 이상에서 보아온 바와 같이 운암유학은 분명히 반주자학적 선명(鮮明) 유학인 것이다. 왜냐하면 그는 결코 주자학과는 타협할 수 없는 절대적인 거점을 수사학적 공맹학에 두고 있다는 점에서 어쩌면 정다산의 경학과 그 궤를 같이하고 있다 해야할는지 모른다. 다못 운암이 다산과 다른 점이 있다면 그것은 다름 아니라 다산경학은 육경사서라는 경학의 틀을 흐트러뜨리지 않고 그의 경의를 천명하는 과정에서 반주자학적 스스로의 입장을 분명히 하였지만 운암은 그러한 거추장스런 경서의 틀을 무시한 채 수득수록(隨得隨錄)하는 방법으로 경의(經義)를 천명해 놓았던 것이다. 그러나 그도 또한 경서의 정독을 결코 소홀히 하고 있지 않았음을 다음과 같은 서술에서 엿볼 수가 있다.

(1) 배움에 뜻을 둔 사람은 사서와 삼경을 반드시 익숙하도록 반복하고 융회 관통해서 조금의 의심이나 어두움도 없도록 만들어야 하고, 늘 생각하고 풀이하고 늘 이해하려고 해야 하며, 참구하고 번갈아 증명을 해야 될 것이다. 정백자(程伯子)는 『논어』를 외우는 사람을 폄하하면서 '외물에 정신을 빼앗겨 본심을 잃었다'고 했으니, 너그럽지 못했다.[126]
(2) 오직 반복해서 사서와 삼경의 글을 외우고 완숙하게 익히며 눈에 분명하고, 입에 넘치며, 마음에 환하게 만들어야 한다.

---

126) 『明善錄』下, 1쪽. " 有志於學者 四書三經 必熟復融誦 少無疑晦 而常常思繹 常常理會 參究交證 可也 程伯子貶誦論語 曰玩物喪志 慘哉"

고요한 생각이나 움직일 때의 마음이나 어쩌다 미혹되고 막
히는 일이 없게 만들어야 한다. 은미한 뜻을 그치지 않고 이
해하면서 천천히 탐구하되, 잠심해서 풀어보고, 근심하며 늦
추지 말고, 분발해서 버리지도 말아야 한다. 느긋하게 하지
도 말고 재빨리 하려고도 말며 쉬지 않고 노력을 쌓아가되
송대 사람들의 어지러운 학설에 오도되지 않는다면 저절로
점점 깨닫게 되어 결국에는 관통하게 될 것이다. 그런 뒤에
야 즐거움이 내게 있고, 행실이 이로워져 날로 정밀하고 밝
아지고 순수해질 것이다.[127]

라 하여 그의 공부는 오로지 사서삼경에 근원하고 있음을 알 수 있
다. 그리고 동시에 『명선록』의 기록은 비록 경서적인 체제를 무시하
였다 하더라도 그의 내실은 오로지 사서삼경의 원전을 해독하는 것
으로 채워져 있다는 사실도 우리는 결코 간과해서는 안 될 것이다.

이제 우리 한국유학사의 측면에서 하나의 중요한 과제를 안고 있
음이 분명한 것은 다름 아니라 정주학의 수렁에서 벗어나려고 시도
한 서계나 백호뿐만 아니라 정주학의 수렁에서 벗어나 공맹학의 전
당으로 뛰어든 운암이나 다산의 위치를 분명하게 설정해 주어야 하
는 과제인 것이다. 그러한 의미에서도 서계-백호-운암-다산으로
이어지는 '반주자학파'의 장절은 한국유학사에서 새롭게 쓰여야 할
시급한 과제의 하나가 아닐 수 없다. 끝으로 운암의 '학(學)-성(誠)-
일(一)'의 사상체계는 동시에 한국사상사의 측면에도 중요한 의미를
간직하고 있다는 사실도 또한 여기에서 상기해 두지 않을 수 없다.

---

127) 『明善錄』中, 41쪽. "惟是誦復凞熟乎四書三經之文 炳於目 澤於口 瑩於心、靜思動念 無或有迷隖 而
微奧之旨 理會不已 舒而究之 潜而繹之 惕而不池 慎而不捨 匪徐匪亟 積功不息 而不被末人亂說所誤
則自然漸悟 終至貫通然後 則樂在我而利於行 日精明而純粹矣"

4. 현대실학의 과제
─신문화운동의 전제로서─

1)

  대체로 실학이라 하면 18~19세기 영·정 시대를 전후한 신학풍을 가리킨 것으로 되어 있지만 여말선초의 유학자들이 그들의 학을 실학으로 자처했음이 밝혀지자 전자를 후기실학, 후자를 전기실학이라 이르기도 한다.

  그러나 이렇듯 실학을 전후기로 나누어 그의 개념이 확산됨에 따라 실학개념을 한 마디로 정의 내리기는 더욱 어려워진다. 다시 말하면 전기 실학은 여말선초에 있어서의 불교─허무적멸지교(虛無寂滅之敎)─에 대한 유학─성리학까지 포함하여─자체를 실학이라 칭한 데 반하여, 후기실학은 유학 자체를 비판하는 새로운 실사구시의 학풍[實事求是之風]을 실학이라 칭한다는 점만으로도 실학개념의 유동성을 짐작할 수가 있다. 실학개념이란 한 마디로 정의할 수 있는 고정불변하는 것이 아니라 그의 시대적 배경에 따라서 자못 유동적이라는 사실에 우리는 주목하지 않을 수 없다. 그러므로 여말선초의 전기실학은 불교의 말폐(末弊)와 아울러 그의 교리의 출세간적인 비현실성에 대한 비판적 반작용에 의하여 대두된 것이라 한다면 후기실학은 성리학의 이기논쟁에 의한 관념철학에로의 발달은 도리어 경세학(經世學) 부재(不在)의 결과를 가져왔고 숭명멸청(崇明蔑淸)의 비현실적 모화의 폐단은 자아상실이라는 민족적 위기를 맞게 됨에 따라 이에 대한 자주적 반성에 의하여 대두된 것이라는 점에서도 실학이란 결국 그 시대의 산물임을 짐작하게 하는 것이다.

이러한 관점에서 본다면 실학이란 발생론적 입장에서는 그 시대의 가장 참신하고도 진보적─미래지향적─자각에 의하여 이루어졌다 하더라도 또다시 시대를 달리하면 전자는 고전적인 것이 되고 또 다른 새로운 실학이 발생하게 됨을 우리는 보게 된다. 다시 말하면 전기실학은 후기실학의 입장에서는 고전적 실학으로 간주되는 반면에 후기실학은 가장 참신한 실학 사상으로서 우리들 앞에 나타나는 것은 그것이 시대적으로 불과 1·2세기의 간격밖에 없을 뿐만이 아니라 시대적 배경의 전근대적 성격이 아직도 우리의 주변에 적잖게 잔존해 있기 때문인지도 모른다.

그러나 우리의 주변상황은 눈부시게 급변하고 있음을 우리는 잘 알고 있다. 그러한 의미로서도 이제는 후기실학도 오늘의 우리들 앞에서는 한낱 고전화되어가고 있는 실학이기 때문에 오늘에 있어서는 우리의 현실에 알맞은 새로운 실학의 대두를 생각해보는 것도 결코 헛된 노력이 아닐 것 같다. 여기에 본제를 내건 소이가 있다.

2)

현실에 알맞은 새로운 실학이라면 그것을 우리는 현대실학이라 불러야 할는지 모른다. 그러므로 현대실학은 회고적인 것이 아니라 그의 근원적인 뿌리는 옛것의 복원이어야 하지만 그것은 그 시대의 참신한 창조적 원동력이 되어야 함을 다산초당(茶山草堂) 복원기념호(復元記念號)인『다산학보』제1집 서문에서 백낙준(白樂濬) 박사는 다음과 같이 지적하고 있다.

> 한 시대의 刱新은 문화적 진화의 대원칙이요 사회적 발전의 원
> 동력이다. 그러므로 창신이 없는 시대나 사회에는 오직 침체와
> 쇠퇴가 있을 따름이다.
> 그러나 새 가지가 뿌리 없이 돋아날 수 없는 깃과 같이 창신도
> 또한 진공에서 출발하지 못한다. 그러므로 창신하려면 옛 뿌리
> 를 복원해야 하되 복원하더라도 새로운 창신이 있어야만 비로
> 소 진정한 복원이 될 것이다.……
> 복원은 물론 감상적 회고나 반동적 고대복귀를 의미하는 것이
> 아니다. 또한 아니어야 한다. 고대 성현이 새로운 학문의 원리
> 원칙을 탐색 체득하고 그 원리 원칙을 시대적 요청과 현대사상
> 적 조류에 의하여 새로운 해석과 의의를 구명하는 창신의 과업
> 이 되어야 한다. 그리하여야 古法도 살(生)고 新案도 정립될 수
> 있을 것이다.

이러한 입장에서 전후기실학을 잠시 살펴본다면 전기실학의 태동
기에 있어서는 삼봉 정도전과 포은 정몽주가 대표하는 유학의 양면
상을 고려하지 않을 수 없다. 다시 말하면 전자는 혁신적이요 후자
는 보수적이었던 것이다.

정삼봉은 그가 이성계를 보필하여 역성혁명을 이룩한 정치가로서
보다는 차라리 그가 「불씨잡변」을 저술하여 불폐를 광정(匡正)하려
고 한 비판정신을 높이 사야 할는지 모른다. 흔히 그의 「불씨잡변」
을 놓고 그의 내용이 오늘의 안목으로 볼 때 미흡한 점이 많음을 지
적하는 이도 없지 않으나 우리는 그것보다도 「불씨잡변」에 담긴 삼
봉의 비판정신을 더욱 존중해야 할 것이다. 비판정신이야말로 어느
시대에 있어서나 그것이 창신의 바탕이 되기 때문이다. 삼봉의 혁명
가적 실천도 이러한 그의 비판정신의 결실이 아닐 수 없다.

뿐만 아니라 그의 『경제문감(經濟文鑑)』 상·하와 『조선경국전(朝鮮經國典)』 상·하는 경세가로서의 면모를 여실히 나타냈다는 점에서 그의 업적을 높이 평가해야 할는지 모른다.

그러므로 삼봉은 여말선초에 있어서 실로 유가를 대표하는 전기 실학자로서의 구실을 다하였다는 사실만으로도 우리는 그에게서 고전적 실학의 의의를 부여하는 데 인색해서는 안 될 것이다.

그러나 정포은의 절의사상은 애오라지 여말선초에 있어서의 유학-성리학까지 포함해서-전체를 전기실학으로 간주하려는 입장에서 살펴볼 때 실학의 범주 안에서 이해할 수 있는 여지는 오직 그것이 충의로서의 실천 윤리라는 사실 때문일 것이다.

그러므로 전기실학은 오직 그의 경세적 측면과 윤리적 측면에서 현대와 이어질 수 있는 고전적 의미를 간직하고 있다고 해야 할 것이다.

그러나 여기서 우리의 관심사는 유가적 전기실학이 후기실학으로 옮겨지는 그 중간기에 있어서 어떠한 변화를 겪었는가 하는 문제인 것이다.

이러한 중간기에 있어서의 유학은 그의 성리학이 이기지학(理氣之學)으로 크게 발전하였고 반면에 지치주의적(至治主義的) 발전을 가져 왔던 절의존중(節義尊重)의 경세학은 거듭되는 사화와 전란으로 말미 암아 쇠퇴하였다는 사실을 상기하지 않을 수 없다. 그러므로 경세 실천과 학문연구는 분리됨으로써 학문은 점차로 관념화됨에 따라서 민생을 위한 이용후생(利用厚生)의 도(道)는 시들어버리게 되었던 것이다.

이러한 시대 풍조의 변천은 곧 후기실학이 배태하게 되는 배경을 이루었다고 하지 않을 수 없다.

중간기에 있어서의 유가의 비경세론 관념철학화는 이제 유학의 자가반성(自家反省)이 불가피한 상황으로 몰고 간 직접적인 원인이라 하지 않을 수 없다. 그러므로 다시금 경세치용학의 복원이 시도된 것이니 영·정 시대의 신학풍의 세 조건으로서 실사구시·경세치용·이용후생을 열거하게 되는 소이가 여기에 있는 것이다. 이것은 전기실학의 복원이라기보다는 중간기에 있어서 망각되려 하였던 전기실학의 경세실천 유학정신의 창신적 복원이라 해야 마땅할는지 모른다.

이제 우리는 현대실학으로 곧장 이어지는 후기실학의 특질을 잠시 살펴보아야 할 차례에 이르렀다. 여기서 우리는 전후기실학이 공유한 실학개념에 대하여는 재론하여 언급할 필요를 느끼지 않는다. 그러나 그것이 아닌 특성의 몇 가지는 여기서 지적하고 넘어가지 않을 수 없다.

그 첫째는 민족주체의식의 자각이다.

이는 국초 이래(國初以來) 형성된 숭명사상(崇明思想)과 호난 이후(胡亂以後) 조성된 멸청사상(蔑淸思想)에 기원한 모화사상은 발전을 저해하는 고질적인 요인이 되어 있던 당시에 있어서 싹튼 이 민족주체의식의 자각은 후기실학의 제일의적인 특성이 아닐 수 없다.

현상윤은 그의 『조선유학사』에서

> 조선의 실정연구, 경제학파는 樂土朝鮮을 만들기 위하여는 爲先 조선의 실정을 조사 연구하여야 된다고 생각하였다. 그리하야 저들은 조선의 역사와 지리와 물산 풍토를 연구의 제목으로 하였다. 이같이 내성적 자주적 연구의 출현은 조선학풍의 새로운 특색이라고 아니 할 수 없었다.[128)

라고 한 것은 이 점을 단적으로 지적한 것임은 다시 말할 나위도 없다. 천관우 씨는 이러한 입장을 보다 더 엄밀하게 분석하여 다음과 같이 논술하고 있다.

> 이제 실학사상은 현실의 대응책이라기보다는 학술사 사상사의 대상으로서 國故硏究者들에 의하여 점차 체계화되기 시작하였으며, 혹은 현실대응책과의 관련하에 실학사상을 추구하는 경우라 할지라도 그것은 실학사상 자체가 현실대응책이 된다는 것이라기보다 실학사상의 민족의식과 근대지향의식을 연면히 이어 그 정신을 현실대응책의 背柱로 삼는다는 전통과 현실과의 역사적 연결을 말하는 것이 되는 것이다.[129]

라 하고 이어서 조선광문회(朝鮮光文會)에서 발간된 서목의 분류를 시도하여 그것이 당시 주자 중심의 지식체계와 다름을 다음과 같이 보여 주고 있다.

> 역사·제도·지리·지도·子集·謠俗·어문·가사·戲玩·譯舌·경학·문학·병사·경제·紀行·釋家·傳紀·敎訓·소설·금석·서첩·彙纂·類書類로서 실로 朱子七書大全 중심의 단순성과는 크게 대조를 이루는 다양성을 엿볼 수 있는 것이다.

이러한 학문체계 및 분류는 이미 근대-현대에 이어지고 있음은 췌언(贅言)을 불요(不要)하는 것이 아닐 수 없다. 그러므로 전기실학이 후기실학으로 이어지는 과정에 있어서처럼 단절의 변화를 가져옴이 없이 이러한 학문의 다양성은 현대에 이어져 더욱 발전되고 있

---

128) 玄相允, 『朝鮮儒學史』, 323쪽.
129) 千寬宇, 「조선후기 실학의 개념 재론」, 『韓國史의 再發見』, 125쪽.

음을 본다. 그러나 소위 민족적 자각은 학문의 다양성과는 별도로 둔화되어버리고 말았다. 그것은 한말의 서구문화 도입과 일본 제국주의자들의 통치기에 있어서의 한문화의 말살은 민족의식의 상실이라는 역사적 비운을 우리들에게 안겨주었다는 사실을 우리는 상기하지 않을 수 없다. 그러므로 현실적 토태 위에서 논의되어야 하는 현대실학에 있어서도 민족주체의식의 문제는 재확인하고 넘어가야 할 과제가 아닐 수 없는 것이다.

둘째는 천씨의 다음의 일언을 간과할 수가 없다.

> 전통적인 사상 가운데서도 특히 조선후기실학이 후인의 관심을 集注시키게 된 것은 그 근대지향적인 성격 때문이었다. 이것을 조선후기실학의 첫째 특징으로 보고자 한다.[130]

고 한 후기실학의 근대지향성은 19세기 말에서 20세기 초에 걸친 거센 정치적 격변기에 있어서 우여곡절을 겪기는 하였지만 현대실학이 계승해야 하는 핵심적 과제가 아닐 수 없다.

이 점에 관한 한 천씨의 논술이 이미 상세하므로 더 이상 재론을 삼가려 하거니와 필자가 관심을 가지고 지적하려고 하는 것은 다산학을 중심으로 하는 다음의 제삼과제의 문제인 것이다.

셋째, 다산학은 실학이라 하기에 앞서 수사학이라 해야 한다고 필자는 다산을 사숙한 이래 누누이 주장해오는 바로서 이는 그의 학의 골격이 수기치인으로 구성되어 있기 때문이다.

사실상 수기치인의 원리는 원시유학, 곧 수사학의 원리임은 다시

---

130) 같은 책, 111쪽.

말할 나위도 없거니와 이는 내성적 수기와 경세적 치인으로 나누어 볼 수도 있지만, 이를 합하여 수기치인의 전인적 인간상으로 이해하려고 한 데서 다산학의 기본적인 입장이 있는 것이다.

이 수기치인의 원리에 입각하여 전후기실학을 대충 살펴본다면 전기실학에 있어서의 삼봉·양촌은 애오라지 경세적 치인파인 반면에 포은·야은은 수기적 절의파에 속하고 있음을 볼 수 있다. 그러나 그들에 의하여서는 다산이 지적한 수기치인의 전인적 일자상은 찾아볼 수가 없다.

후기실학에 있어서는 경세적 특성이 더욱 분화하여 반계 성호에 의하여 경세치용의 학이 발전하였고 연암·제가 등에 의하여 이용후생학이 대두하였으며 추사 등에 의하여 실사구시학이 발달하였으니 이상에 열거한 분들에 의하여는 바람직한 수기지학을 엿볼 수 없는 반면에 오직 다산에 의하여서는 육경사서학이 제대로 정립되어 있음을 볼 수 있다.

이러한 후기실학의 경세학적 경향이 현대실학으로 이어져야 하는 과정에 있어서 지적해야 할 몇 가지 사실은 다음과 같다.

첫째, 서구사조의 수용을 들 수가 있다. 서구사조는 크게 두 갈래로 나눌 수가 있는데 하나는 서교, 곧 천주교―기독교―요, 다른 하나는 서학, 곧 자연과학―이다. 그러나 이 둘을 합하여 서교 또는 서학이라 이르기도 한다. 어쨌든 이들은 외래사조로서 고유한 유학과는 상대적 길항작용에 의하여 융합하지 못하고 갈등을 일으켰으니 누차에 걸친 천주교도의 탄압은 이에 연유한 것이 아닐 수 없다.

그럼에도 불구하고 18세기 말에 있어서 다산 정약용은 그의 경학사상을 정립하는 과정에서 천주사상을 도입하여 그의 천명관을 확립하였으니 주자학적 천리를 배제하고 상제천으로 이에 대체하였던 것이다. 뿐만 아니라 서학에 대한 반서학의 입장에서 대두한 동학마저도 제폭구민(除暴救民)을 표방하며 제도창생(濟度蒼生)의 군건한 자주적 입장에서 외세를 막아내던 그들마저도 천도교에로의 전이과정에서 인내천사상을 확립하면서 시천주(侍天主)를 주장하였으니 그것이 비록 직접적인 것은 아니라 하더라도 간접적으로나마 서교―천주교―적 영향의 일면을 결코 간과할 수 없다는 일설―비록 속설일지라도―을 배제해서는 안 될 것이다.

이처럼 종교적 측면에서의 서교의 영향뿐만이 아니라 과학적 측면에서의 실증주의적 사조는 근세에 이르러 각 분야에 걸쳐서 깊은 영향을 미치고 있음은 불무(不誣)의 사실이 아닐 수 없다.

이상과 같은 서구사조는 청조문물을 도입한 북학파들의 숨은 공적이거니와 후기실학이 현대실학에 계승하여 준 귀중한 유산이 아닐 수 없다.

둘째로 지적해야 할 문제가 있다면 그것은 다름 아니라 후기실학자들의 거의가 유교의 새로운 재건에 대하여는 무관심하였다는 사실이다. 실로 다산 정약용의 육경사서학만은 이 시기에 있어서 가위(可謂) 특출한 예외가 아닐 수 없다.

사실상 한국에 있어서의 실학은 전후기의 그 어느 것이고 간에 유학 자체에 걸린 것에 지나지 않은 것이다. 전기실학은 불교에 대한 유학의 재발견이요 후기실학은 유학 자체의 자가반성에서 이루어진 경세학의 복원이었던 것이다. 그렇다면 현대실학은 유학의 입장에서는 어떠한 의미를 가지는 것일까! 그러므로 우리는 여기서 개신유학이라는 새로운 의미를 지닌 단어를 상기하지 않을 수 없다.[131]

3)

　개신유학의 개념은 여러 가지로 규정지을 수가 있지만 필자는 여기서 일단 이를 다음과 같이 설정하고 싶다.

　　　수기치인의 전인적 인간상을 추구하던 수사학적 원시유교

　그런데 왜 이를 새삼스럽게 '개신'이라는 수식어를 유교 위에 붙이려 하는가. 그것은 본래적인 원시유교가 송학—성리학—에 의하여 신유교라는 이름을 얻었기 때문에 이를 또다시 원시유교에로 복귀한다는 뜻에서 다시 한번 이를 개신하려 했기 때문이다. 그러나 그의 내용은 원시유교 그 자체에 지나지 않는 것이다. 수사학적 원시유교는 수기치인의 전인적 인간학으로 발전했어야 함에도 불구하고 때로는 수기지학에 때로는 치인지학에 치중되어 왔다. 조선조 전기에 있어서 성리학이 이기지학(理氣之學)으로 심화되고 인물성동이론(人物性同異論)으로 호락양론(湖洛兩論)이 갈린 것만으로도 소위 수기지학의 심성론의 깊이를 짐작하게 된다. 이에 대한 반동으로 조선조 후기의 경세학이 대두하였으니 이에 후기실학의 치인지학으로서의 터전이 마련되어 현대에 이른 것이다. 이러한 치인지학에의 편향은 수기지학의 후퇴를 의미하지만 반면에 자연과학적 서구사조의 수용에는 절호의 계기를 마련해 주었음에는 다시 말할 나위도 없다.

　그러므로 현대실학은 서구문물의 수용과 더불어 그 문호가 열린 반면에 인간상실 자아망각이라는 부산물을 남긴 사실을 또한 잊어

---

131) 졸저, 『韓國改新儒學史試論』(서울: 博英社, 1980) 참조.

서는 안 될 것이다. 그것은 바로 지나친 경세적 치인지학의 역작용
이 아닐 수 없다.

이러한 역작용의 결과를 흔히 물질주의·배금주의·개인주의 등
으로 말하고 있으나 이것은 곧 수기지학의 몰락을 의미한다. 여기에
새로운 의미의 자아각성이 현대실학의 새로운 과제로서 요청되는
소이가 있다.

실학도 급기야 시대적 산물이라 할진대 현대실학을 낳은 현대는
어떠한 시대라 해야 할 것인가. 한 마디로 말하라 한다면 그것은 서
구문물의 수용에 따른 전통문화의 퇴색을 말하지 않을 수 없다. 한
때 조선조시대에 있어서는 중국문물에 의하여 우리의 민족적 고유
문화가 상실되었거니와 이제 그 중국문물에 갈음하여 서구문물이
들어와서는 그 자리를 차지하려 하고 있으니 우리의 전통적 민족문
화는 어떻게 하여야 소생할 수 있을 것인가. 여기에 또한 현대실학
이 풀어주어야 할 또 하나의 과제가 놓여 있다.

지금은 분명히 동서가 서로 만나는 시기인 것이다. 그러나 그들은
결코 서로 조화를 이루지 못하고 있다. 오히려 상호 갈등의 요인으
로 남는다.

우리 한민족은 세 번 외래문물의 도래에 접하였다. 삼국시대에 있
어서는 유·불·선 삼교에 접하였으나 특히 불교를 수용하여 한국
불교로서 토착화하는 데 성공하였다.

삼국시대에서 고려시대로 넘어온 후 한국불교가 쇠퇴한 틈을 타
고 조선조 500년의 유교시대가 전개되었는데 이 시기에 있어서는
우리 민족의 고유문화는 점차 잠적하거나 후퇴했다는 비운의 시기
를 맞았던 것이다.

조선조 후기실학이 대두하고 말엽에 동학이 굴기한 소이는 바로 이러한 시대적 배경 때문이었음은 다시 말할 나위도 없다.

이러한 역사적 상황이 현대로 이어지는 과정에서 문제가 되는 몇 가지 과제를 간추려보면 다음과 같다.

첫째, 경제적 산업사회에서 상실된 인간회복의 과제를 안고 있다. 그것은 두 가지 측면에서 문제 삼아야 한다. 하나는 인간의 존엄성의 확인이요 하나는 인간성의 회복이 될 것이다. 인간은 사회적으로나 정치적으로나 경제적으로나 독립된 개체로서의 평등과 자유의 권위가 보장되어야 한다. 동시에 윤리적으로나 종교적으로나 기본적으로 갖추어야 하는 덕성이 함양되어야 한다.

이러한 점을 다른 말로 쓰자면 수기지학의 새로운 각성이 요청됨을 의미한다. 이는 유교적인 수기지학에 국한된 것이 아닌바 새로운 의미의 자아발견이 되어야 할는지 모른다. 그것은 발전하는 산업사회에 적응되는 사회윤리요 종교이어야 함을 의미한다. 그러한 의미에서 볼 때 근세에 창시된 신흥종교의 태반이 산업을 존중함으로써 소위 실학적인 체취를 나타내고 있는 것은 이 까닭인 것이다.

둘째는 조선조의 긴 유교문화의 성숙과정에서 상실된 민족문화의 재발견 또는 발굴을 지적하지 않을 수 없다. 모화의 악몽 속에서 상실된 민족문화에 대한 자아각성이 절실히 요망되는 것이다. 그것은 주체성의 재확립이라는 말로도 통하는 과제라 할 수 있다. 오랜 사대적 습성에 젖은 나머지 자기비하의 굴욕은 민족적 악덕이라는 사실을 자각해야 한다. 그러므로 민족문화의 시대적 가치가 재확인됨으로써 비로소 다음 과제가 풀리게 될 것이다.

셋째는 전통적 민족문화와 외래적 서구문화와의 창조적 조화의 과제라고 할 수 있다. 전통문화의 재정리라는 과제를 수행하는 것은 그 바탕 위에서 서구문화를 수용하자는 뜻에서인 것이다. 그러한 민족문화의 바탕이 없다면 그것은 양자의 창조적 조화가 아닌 일방적인 점거 또는 흡수에 지나지 않는다. 조선시대에 있어서의 유교는 그러한 일방적인 흡수를 감행하였기 때문에 자기상실이라는 비운을 감수하지 않을 수 없었던 것이다. 이제 또다시 서구문화에 의한 일방적 흡수를 우리는 좌시할 수가 없다. 현대실학에 부가된 막중한 과제로서 지적되는 소이가 여기에 있다.

우리는 여기서 후기실학이 대두되었던 영·정시대를 문예부흥기에 비견한 사학가가 있음을 알고 있다. 이 시기에 있어서의 새로운 자아각성은 곧장 서구적인 인간회복과도 맞먹고 있음을 의미하는지도 모른다. 그러한 의미에 있어서도 현대는 인간회복을 위한 새문화의 창조적 부흥이 기대되는 시기라 해야 할는지 모른다. 이러한 역사적 사명을 수행하기 위하여는 민족적 문화부흥운동으로 전개되어야 한다는 것이 우리의 당면과제임을 알아야 할 것이다.

소위 신문화운동은 면면히 계승되어 온 민족의 문화적 생명의 재발견이요 그것의 창달을 의미한다. 그것은 한민족문화의 총체적 재검토로부터 비롯해야 할 것이다. 종교, 철학, 윤리를 비롯하여 음악·미술·시가·언어· 문자 등 광범위한 분야에 걸쳐서 그것이 전통문화로서 형성, 유지, 승습(承襲)되어 온 경위를 따져가면서 새문화 창조의 터전으로 삼아야 한다. 이러한 과제를 완수함으로써 비로소 현대실학은 그의 역사적 의미를 갖게 될 것이다.

다산실학도 따지고 보면 당시의 현실적인 역사적 사명을 다한 것에 지나지 않았음을 알아야 할 것이다.

조사보고

1. 성호의 사상과 유적

1) 인물과 생애

조선조후기 실학(일명 한국실학)의 거성(巨星)인 성호(星湖) 이익(李瀷, 1681~1763)은 본래 전통적인 남인계통의 가문에서 태어났으나 모든 벼슬길은 포기하고 오로지 향리에서 일생을 마친 영조 때의 대학자다.

그의 조부인 이지안(李志安)은 사헌부(司憲府) 지평(持平: 정5품)을 지냈고 부친 이하진(李夏鎭)은 때마침 사헌부 대사헌(大司憲: 정2품)으로 있을 때 숙종 6년 경신대출척(庚申大黜陟)으로 인한 정변으로 말미암아 남인들의 세도가 무너지자 진주목사(晋州牧使: 정3품)의 외직으로 좌천되었고 나중에 평안도 운산군(雲山郡)으로 유배되었으며, 성호는 이러한 불운과 더불어 유배지에서 태어났으니 때는 숙종 7년(1681) 11월 17일(음 10월 18일)이었다. 그 이듬해에 부친마저 세상을 떠나니 편모슬하에서 자라면서 중형(仲兄)인 섬계(剡溪) 이잠(李潛)에게서 학문을 수업하였다.

그러나 그의 불운은 여기서 끝나지 않고 그를 총애하며 학문을 수업해 주던 중형 이잠이 노론의 횡포를 탄핵하는 상소를 올린 죄로 국문을 당하여 목숨을 잃고 말았으니(1705) 때는 그의 나이 25세로서 이래에 과거에 응시하여 겨우 증광초시(增廣初試)에는 합격하였으나 심기일전 과거에의 희망을 포기하고 평생 경기도 광주(廣州) 첨성리(瞻星里)에서 초야의 학자로 일생을 마치었다. 그의 '성호'라는 아호도 이에서 연유하였음은 다시 말할 나위도 없다.

그의 나이 47세 때(영조 3年) 선공감(繕工監) 가감역(假監役: 종9품)으로 불렸으나 사양하였고, 그의 나이 83세라는 고령으로 노인직(老人職)인 첨지중추부사(僉知中樞府事: 정3품)로 임명되었으나 그해 12월 19일에 세상을 떠나니 후에 이조판서(吏曹判書: 정2품)로 추증되었다.

이상과 같은 성호의 일생은 얼핏 보기에는 지극히 단조롭고도 평범한 것같이 보이지만 그런 중에서도 우리는 거기서 몇 가지 의미를 간추려볼 수가 있다.

첫째, 성호의 일생은 몰락한 남인일가를 대표하는 그것이었다. 엄친의 유배지에서 태어나 중형(仲兄)의 참변(慘變)으로 얼룩진 그의 신변은 과거마저 단념한 채 암담할 따름이었고 그의 나이 35세 때 모친상을 당하자 문중가장집기(門中家藏什器)를 모조리 종가(宗家)로 돌려보낸 후로는 점차 생계(生計)마저 곤궁하게 되자 후배의 교육으로 겨우 생계를 유지하였다.

그러므로 그의 생활은 근검절약이 몸에 배어 있었고 따라서 청렴과 결백은 그의 생활신조의 전부이었던 것이다.

둘째, 몰락을 극복해야 하는 과정에서 성숙된 성호학(星湖學)의 창의성은 연마되었던 것이다. 그가 겪은 정치적 및 경제적 몰락은 곧 송곳 꽂을 한 뙈기 땅도 없는 소농(小農)의 처지에로의 전락(轉落)을 의미하며 그러한 궁지를 극복하는 방안이 바로 그의 정치적 탁견이나 경제적 개혁안으로 표출되었던 것이다. 이러한 그의 역경은 오히려 그의 창의성이 번득일 수 있는 절호의 기회를 그에게 마련해 준 배경이 되었는지도 모른다.

셋째, 이렇듯 역경은 도리어 그의 학문의 대성을 위하여 다산이 일찍이 강진에서 술회한 말처럼 하늘이 준 기회라는 사실을 성호에게서도 발견할 수가 있다. 그는 오로지 첨성리라는 한 마을에서 반세기 이상을 머물렀고 그것은 곧 고적한 반세기가 아니라 성호학이 난숙하게 익는 기간이기도 하였던 것임을 우리는 알아야 한다.

그리하여 그의 학(星湖學)은 많은 후배들에게 깊은 영향을 미치었으니 이를 대충 추려보면 역사에는 순암(順菴) 안정복(安鼎福, 1712~91), 지리(地理)에는 소남(邵南) 윤동규(尹東奎, 1695~1773), 산학(筭學)에는 하빈(河濱) 신후담(愼後聃, 1702~61) 등의 문인들이 있고 그의 족인(族人)들 중에는 경학에 정산(貞山) 이병휴(李秉休, 兄의 아들), 만경(萬頃) 이맹휴(李孟休, 親子), 섬촌(剡村) 이구환(李九煥, 親孫子)이 있고 지리에는 청담(淸潭) 이중환(李重煥, 族孫 1690~?), 서학에는 금대(錦帶) 이가환(李家煥, 從孫 1736~1801) 등이 있으며 기타 광암(曠菴) 이벽(李蘗, 1754~86), 녹암(鹿菴) 권철신(權哲身, 1736~1801), 직암(稷菴) 권일신(權日身, ?~1791), 복암(茯菴) 이기양(李基讓, 1744~1802), 다산 정약용(1762~1836), 낙하(洛下) 이학규(李學逵, 1770~?) 등 실로 제제다사(濟濟多士), 많은 수를 헤아릴 수 있을 뿐만이 아니라, 소위 북학파라 불리는 연암(燕岩) 박지원(朴趾源, 1737~1805), 정유(貞㽔) 박제가(朴齊家, 1759~1805)에게도 깊은 영향을 미치었다.

이는 한줄기 성호학의 강하(江河)가 영·정 시대에 이르러 한국실학의 대해를 이룬 듯 하거니와 이를 간추려서 위당(爲堂) 정인보(鄭寅普)는 반계(磻溪) — 성호(星湖) — 다산의 삼인계보(三人系譜)로서 한국실학의 대통(大統)이라 하였으니 이렇듯 성호학은 한국실학을 집대성한 다산학의 선하를 이루었다는 점에서도 그의 학의 높은 수준을 헤아릴 수가 있다.

2) 시대적 배경

성호가 태어난 시대로 말하면 숙종에서 영조에 걸친 시대로서 국내적으로는 당쟁이 우심(尤甚)하여 영조의 탕평책(蕩平策)이 나오게 되었고 대외적으로는 청조(淸朝)를 통하여 서구문물이 도입됨으로써 새로운 변혁이 요청되는 새시대의 여명기로 간주된다. 그러한 의미에서 성호는 이 시대의 새로운 요청에 민감하였고 그리하여 그는 다산 시대를 낳게 한 메시아로서의 역할을 담당했다고도 할 수 있을 것이다.

그렇다면 성호는 그의 시대를 어떻게 이해하였을까. 그의 육두론(六蠹論, 『星湖僿說』)을 보면 역설적으로 그의 시대관을 알 수가 있다. 그것은 바로 그의 시대적 개혁론에 해당하기 때문이다.

첫째, 노비제도(奴婢制度)란 "고금 천하를 통틀어 없던 것[亙古今通四海 無有者也]"이라 하여 노비제도에 대해서는 부정적인 것이다. 그의 후배인 정다산은 오히려 노비제도에 대하여 그의 존속을 주장하리만큼 보존적인 데 반하여 성호는 오히려 그의 존립을 부정하리만큼 진보적이었던 것이다. 이러한 성호의 노비제도 철폐를 주장하는 사상은 곧 바로 계급제도 타파에로 연결되는 것이 아닐 수 없다.

둘째, 과거제도의 폐단을 역설하였으니 이는 사인계급(士人階級)의 과잉생산으로 말미암아 빚어진 붕당의 화를 자초하는 결과를 빚게 되었음을 통렬히 비판하고 있는 것이다.

그리하여 그는 그 수를 줄임과 동시에 과천합일제도(科薦合一制度)

에 의한 인물 선정(選定)을 주장함으로써 놀고먹는 사인(士人)이 없어야만 국부민유(國富民裕)의 세상이 되리라는 것이다. 당시에 있어서의 사유(士儒)들의 허장성세(虛張聲勢)를 꺾는 주장이 아닐 수 없다.

셋째, 벽파문벌(劈破門閥)을 주장하였으니 이는 또한 노비제도의 폐지론과 더불어 인권평등사상의 일단이 아닐 수 없다. 문벌(門閥)이란 하나의 허세에 지나지 않고 개개인의 역량이야말로 인존주의(人尊主義) 또는 인본주의(人本主義) 사회의 근간이 된다는 점에서도 그의 벽파문벌론(劈破門閥論)은 그의 사회개조론(社會改造論)의 하나로 받아들이지 않을 수 없다.

한마디로 말해서 그의 시대는 노비제도와 아울러 문벌을 숭상하는 귀족주의가 판을 치던 시대이니만큼 그의 새로운 실학사상의 맹아는 이러한 부조리의 삼제(芟除)로부터 비롯하고 있음을 우리는 여기서 볼 수가 있다.

3) 학문적 업적

다산은 목재(木齋) 이삼환(李森煥)에게 주는 서한에서 성호의 업적을 칭송하여 말하기를

지난번 무술년과 기해년 사이에 경락(京洛) 지방에서 노닐며 담소하던 선비들 가운데 공손하게 걷고 장중하게 읍양하며, 위의를 갖추며 검속하는 등 엄숙하게 삼대의 기상을 갖춘 이가 있었다. 이것은 누구의 노력 덕분이었을까 생각해보니 모두 성옹(星翁)이 기초를 닦고 문호를 세워 이 학문[斯道]을 중흥시키고 영원히 뽑히지 않을 사업을 뿌리내린 것이었다.[1]

라 하여 유도중흥(儒道中興)의 공(功)을 성호에게 돌리고 있거니와 그의 학풍을 계승한 친자흥질(親子興姪)만 하더라도 다음과 같이 융성함을 다산은 그의 「정헌묘지명」에서 다음과 같이 언급하고 있다.

우리 성호 선생은 하늘이 내신 호걸로서 도덕과 학문이 고금(古今)을 통하여 견줄 만한 사람이 없고, 자제들로서 직접 가르침을 받은 이들도 모두 큰 유학자가 되었다. 정산(貞山) 병휴(秉休)는 『역경』과 삼례(三禮)를 익혔고, 만경(萬頃) 맹휴(孟休)는 경제(經濟)와 실용(實用)을, 혜환(惠寰) 용휴(用休)는 문장을 익혔다. 장천(長川) 철환(嘉煥)은 풍부한 학식이 장화(張華)·간보(干寶)와 같았고, 목재(木齋) 삼환(森煥)은 예(禮)에 익숙한 것이 숭의(崇義)·계공(繼公)과 같았다. 염촌(剡村) 구환(九煥)도 조부의 뒤를 이어 무(武)로 이름을 떨쳤으니, 한 집안에서 유학(儒學)이 이처럼 융성했다.[2]

라 한 것을 보면 성호의 학문적 업적은 먼저 그의 가학으로서도 깊이 뿌리를 내리고 있음을 볼 수 있다. 뿐만 아니라 다산 자신도 그의 「자찬묘지명」에서

임시로 서울에 머물고 있었다. 이때 이공(李公) 가환(家煥)이 문학으로 당시에 명성을 떨치고 있었고, 자부(姊夫)인 이승훈(李承薰)은 몸을 삼가고 뜻을 다잡았는데, 모두 성호(星湖) 이익(李瀷) 선생의 학문을 조술했다. 나는 성호 선생이 남기신 책을 보고 흔쾌하게 학문을 하기로 마음먹었다.[3]

---

1) 「上木齋書」 406p. "往在戊戌己亥之間 京洛游談之士 恭趨長揖 揖以威義 儼然有三代氣象 是誰之力 皆星翁爲之拓基立門戶 以中興斯道而樹萬歲不拔之業也"

2) 「貞軒墓誌銘」 325p. "我星湖先生 天挺人豪 道德學問 超越古今 子弟親炙服習者 皆成大儒 貞山秉休治周易三禮 萬頃孟休治經濟實用 惠寰用休治文章 長川嘉煥博洽如長華干寶 木齋森煥習禮 若崇義繼公 剡村九煥亦 以繩祖武名 一門儒學之盛如此"

3) 「自撰墓誌銘(集中本)」 339p. "僑居京內 時李公家煥以文學聲振一世 姊夫李承薰又飭身勵志 皆祖述星

라 하였으니 때는 다산의 나이 16세 때의 일이다. 이로써 다산학의
방향도 성호에 의하여 잡힌 셈이니 한국실학을 집대성한 다산을 낳
게 한 그 대공도 어찌 성호의 업적으로 돌리지 않을 수 있겠는가.

성호학을 크게 나눈다면 셋으로 분류할 수가 있다. 그것은 곧 『제
경질서(諸經疾書)』와 『곽우록(藿憂錄)』과 『성호사설(星湖僿說)』로 삼분
(三分)된다.

성호의 『제경질서』는 사서(論孟庸學) 삼경(詩書易) 외에 『소학(小學)』·
『근사록(近思錄)』·『심경(心經)』 등이 덧붙어 있다.

성호의 경학은 『성호사설』의 「경사(經史)」편 경서문(經書門)에서 『역
(易)』·『시(詩)』·『서(書)』·『의례(儀禮)』·『주례(周禮)』·『예기(禮記)』·
『춘추(春秋)』·『좌전(左傳)』·『논어(論語)』·『맹자(孟子)』·『중용(中庸)』·
『대학(大學)』·『소학(小學)』·『가례(家禮)』·『제자(諸子)』·『잡서(雜書)』
중에서 단편적으로 언급한 바가 없지 않았으나 질서(疾書)의 형식으
로나마 정리된 것과는 구별된다.

성호의 질서학(疾書學)은 다산이 금정찰방(金井察訪)으로 좌천되었
을 무렵에(1797) 그곳에서 그리 멀지 않은 곳에 예산(禮山) 서암(西巖)
봉곡사(鳳谷寺)가 있었는데 거기에 "……목재가 도착했다. 이에 가까
운 고을에 있는 여러 사우(士友)들이 차례로 모여들어 사문(師門)의
유서(遺書)를 교정했는데, 먼저 『가례질서(家禮疾書)』를 가지고 그 범
례를 정했다[木翁來臨 於是近邑諸士友 次第來會 校師門遺書 先取家禮疾書
發凡起例 「西巖講學記」]"라 한 것을 보면 이때에 다산은 목재 이삼환
과 더불어 먼저 성호의 『가례질서』부터 정리하였던 것을 알 수 있

湖李先生(漢)之學 鋪得見其遺書 欣然以學問爲意"

다. 어쨌든 성호의 질서학(疾書學)은 그의 경학사상이 담겨 있는 한국 실학의 보고임에도 불구하고 그의 제경질서(諸經疾書)는 간행되지 않은 채 문중서고(門中書庫)안에 심장(深藏)되어 있음은 애석한 일이다.

『곽우록』은 그의 경세치용(經世致用)에 대한 저술로서 경연(經筵)·육재(育才)·입법(立法)·치민(治民)·생재(生財)·국용(國用)·한변(捍邊)·병제(兵制)·학교(學校)·숭례(崇禮)·식년시(式年試)·치군(治郡)·입사(入仕)·공거사의(貢擧私議)·천거사의(薦擧私議)·전론(錢論)·균전론(均田論)·논과거지폐(論科擧之弊)·붕당론(朋黨論) 등 19부문으로되어 있다. 여기에는 성호의 정치경제사상이 집중적으로 수록되어 있으며 정폐(政弊)와 민막(民瘼)에 대한 건설적인 개혁의지가 담겨 있는 그의 우국애민론(憂國愛民論)이라 할 수 있다.

『성호사설유선(星湖僿說類選)』은 그의 제자 순암(順菴) 안정복(安鼎福)이 편찬한 것으로서 그의 범례에서

> 이 책은 선생이 경서를 설강하는 여가에 혹은 조용히 지내면서 연구하거나, 혹은 아이를 가르치는 일로 인해서, 혹은 책을 보다가 얻은 것으로 인해서, 혹은 제자들이 질문한 것으로 인해 생각이 미친 것들을 손 가는 대로 따로 기록한 것으로, 절실하게 저술하려는 뜻을 품었던 것은 아니었다. 그러나 선생의 연세가 많아지자 편질을 이룬 분량이 많아졌기에 드디어 가져다『사설(僿說)』이라고 이름을 붙이게 되었으니, 잡저의 종류다. 주나라 사람들은 문(文)을 숭상했는데 숭문의 폐단을 사(僿)라고 했으니 사(僿)란 자질구레하다[細瑣]는 뜻이다. 선생께서 스스로를 낮추는 표현인 것이다.[4]

---

4) 安鼎福, 『星湖僿說類選』, 「凡例」. "是書 先生說經之暇 或靜居研究 或因課兒 或因觀書有得 或因門弟
   桌問而思慮所及者 隨手別錄 切非有著述之意而及其年歲之久 編帙浩穰 遂取而名之曰僿說 卽雜著之類
   也 周人尙文 其弊也僿 僿卽細瑣也 蓋自謙之辭也"

라 했듯이 그의 잡문(雜文)을 모은 것이기는 하지만 그의 내용은 천지(天地)·만물(萬物)·인사(人事)·경사(經史)·시문(詩文) 등 오편(五編)으로 분류되어 있다. 그 내용의 개략을 소개하면 다음과 같다.

1. 천지편(天地編)

(1) 천문문(天文門) – 천(天)·일월(日月)·성(星)·우뢰상로풍(雨雷霜露風)·부운한(附雲漢)·재이(災異)·절서(節序)·역상(曆象)·간지(干支)

(2) 지리문(地理門) – 지(地)·하강해조석천(河江海潮汐泉), 부염(附鹽)·중국지세(中國地勢), 부동국지리(附東國地理), 부여(附女)진(眞)·일본지리(日本地理)

(3) 부귀신문(附鬼神門) – 귀신(鬼神)·무(巫)·염라(閻羅)·관왕묘(關王廟)·유석이적(儒釋異迹)

2. 인사편(人事編)

(1) 인사문(人事門) – 신형(身形)·성행(性行)·성명(姓名)·칭호(稱號)부존호시호(附尊號諡號)·수요(壽夭)·질병(疾病)·화복(禍福)·치생(治生) 부근검접물(附勤儉接物)

(2) 논학문(論學門) – 심성(心性)·위학(爲學)·명(命)·경계(警戒)·교인(敎人)

(3) 논예문(論禮門) – 혼례(婚禮)·상례(喪禮)·조례(吊禮)·복제(服制)·장례(葬禮) 부담복(附禫服)·제례(祭禮) 부입후(附立後)·잡례(雜禮)·방례(邦禮)

(4) 친속문(親屬門) – 부자(父子)·부부(夫婦)·형제(兄弟)·붕우(朋友)·가족(家族)·사제(師弟)·노비(奴婢)

(5) 군신문(君臣門) 상(上)－군도(君道)・경연(經筵)・납간(納諫)

(6) 군신문(君臣門) 하(下)－신도(臣道)・사환(仕宦)・간신(奸臣)

(7) 치도문(治道門) 일(一)－총론(總論)・치검(侈儉) 부회유렴탐(附賄遺廉貪)・구현(求賢) 부천거(附薦擧)・용인(用人) 부상벌척리지폐(附尙罰戚里之弊)・붕당(朋黨)

(8) 치도문(治道門) 이(二)－관직(官職)・전주(銓注)・고과(考課)・천거(薦擧)

(9) 치도문(治道門) 삼(三)－예악(禮樂)・양노(養老)・학교(學校) 부사전(附祀典)・전제권농(田制勸農) 부수리(附水利)・부역(賦役) 부노비(附奴婢)・호적(戶籍)・화폐(貨幣)・이재(理財)・조적(糶糴)・진휼(賑恤)・조운(漕運)・(市)시

(10) 치도문(治道門) 사(四)－무비(武備)・택장(擇將)・병제(兵制)・전수(戰守)・교린(交隣)・마정(馬政)・치도(治盜) 부포호(附捕虎)・형법(刑法) 부사(附赦)・옥송(獄訟)

(11) 복식문(服食門)－관복(冠服)・부인복(婦人服)・포복(布服)・음식(飲食) 부궁실(附宮室)

(12) 기용문(器用門)－도량(度量)・잡기(雜器)・병기(兵器)

(13) 기예문(技藝門)－산수(算數)・의약(醫藥)・서법(書法)・서부(簽附) 부음양(附陰陽)・감여(堪輿)・잡희(雜戲)

3. 경사편(經史篇)

(1) 경서문(經書門) 일(一)－총론(總論)・역(易)・시(詩)

(2) 경서문(經書門) 이(二)－서(書)・의례(儀禮)・주례(周禮)・예기(禮記)・춘추(春秋)・좌전(左傳)

(3) 경서문(經書門) 삼(三) − 논어(論語)・맹자(孟子)・중용(中庸)・대학(大學)・소학(小學)・가례(家禮)・유가제서(儒家諸書)・제자(諸子)・잡서(雜書)

(4) 논사문(論史門) 일(一) − 총론(總論)・강목(綱目)・마사(馬史)・잡사소설(雜史小說)・역대(歷代) 일(一), 자상고지진초(自上古至秦楚)

(5) 논사문(論史門) 이(二) − 역대(歷代) 이(二), 자한지당(自漢至唐)

(6) 논사문(論史門) 삼(三) − 역대(歷代) 삼(三), 자송지청(自宋至淸) 부이적(附夷狄)

(7) 논사문(論史門) 사(四) − 동사기사(東事記事) 상(上)

(8) 논사문(論史門) 오(五) − 동사기사(東事記事) 하(下)・사대(事大)・법제(法制)・풍속(風俗)・인물(人物)

(9) 성현문(聖賢門) − 성현(聖賢)・제유(諸儒)・종사(從祀)

(10) 이단문(異端門)

4. 만물편(萬物篇)

(1) 금수문(禽獸門) − 물리(物理)・금(禽)・수(獸)・충어(蟲魚)

(2) 초목문(草木門)

5. 시문편(詩文篇)

(1) 논문문(論文門) − 자의(字義) 부방언(附方言)

(2) 논시문(論詩門) − 총론(總論)・도시(陶詩)・당시(唐詩)・이백시(李白詩)・두시(杜詩)・한시(韓詩)・동파시(東坡詩)・주자시(朱子詩)・동시(東詩)

이상과 같이 5편 30문(門)으로 분류된 내용은 각(各) 문(門)마다 약 50항목(項目)의 문제가 다루어졌으니 이는 곧 1,400항목(項目)의 문제집이라 해도 좋을 것이다. 다시 말하면 『성호사설』은 스스로 그것은 저술을 위한 기록이 아니었다고 자술하고 있더라도 이를 분류 정리한 결과는 가위 백과사전적 저술의 효시가 아니었나 싶은 것이다.

이 밖에도 성호에게는 백언해[百諺解, 다산의 이담속찬(耳談續纂)의 선하를 이루었다] 외에 사칠신편(四七新編)·상위전후록(喪威前後錄)·자복편(自卜編)·관물편(觀物編)·이자수어(李子粹語)·이선생예설(李先生禮說)이 있고 이 밖에 또 부(賦)·시(詩)·해동악부(海東樂府)·서(書)·잡저(雜著)·서(序)·사서설훈사(四序說訓辭)·기(記)·제(題)·발(跋)·논(論)·명(銘)·잠(箴)·찬(贊)·송(頌)·축문(祝文)·제문(祭文)·비문(碑文)·묘갈명(墓碣銘)·묘표(墓表)·묘지명(墓誌銘)·행장(行狀)·유사(遺事)·가전(家傳)·잡전(雜傳)·정문(呈文) 등을 모아놓은 『성호선생전집(星湖先生全集)』이 있다. 이들은 모두 80평생을 오로지 학문의 외길만을 걸어온 성호의 발자취라 해야 할 것이다.

4) 성호사상의 개요

성호는 그의 『사설』에서

국조(國朝) 이래로 시무에 능숙한 이로는 이율곡과 유반계 두 분이 있을 뿐이다.[5]

---

5) 이익, 『星湖僿說』 권11, 「變法」. "國朝以來識務者 惟李栗谷柳磻溪 二公在"

라 했듯이 이는 곧 성호학은 율곡과 반계가 개척한 직무(職務)의 실천유학(實踐儒學)을 개창확충(開創擴充)한 자임을 뜻한다. 다시 말하면 성호의 사상은 세무(世務)에 충실한 경국제세학(經國濟世學)에 기초한 것임을 의미한다. 이 점이 바로 한국실학의 근기이기도 한 것이다.

그러나 그것은 어디까지나 유가의 제왕학적(帝王學的) 애민사상(愛民思想)에서 나온 것임은 다시 말할 나위도 없다. 그러나 그것은 또한 당시에 있어서 성행했던 관념론적 유가철학에 대한 자성비판의 결과라는 사실도 우리는 잊어서는 안 될 것이다.

(1) 경학사상

성호는 『성호사설』「경사편(經史篇)」「경서문(經書門)」에서 『역』·『시』·『서』·『의례』·『주례』·『예기』·『춘추』·『좌전』·『논어』·『맹자』·『중용』·『대학』·『소학』·『가례(家禮)』 등에 언급하였고 사서삼경에 덧붙여서 『소학(小學)』·『심경(心經)』·『근사록(近思錄)』 등 10종의 유가서의 질서(疾書)를 저작하였음을 보더라도 그의 사상적 기초는 경학을 기반으로 하고 있음은 다시 말할 나위도 없다. 그러나 『사설』에 있어서의 경설은 단편적이어서 그의 전체적인 체계를 간추리기 어렵고 질서학(疾書學)은 아직도 미간행된 채 심장(深藏)되어 있기 때문에 학구적 모색이 거의 불가능한 상태인 것이다. 그러나 이를 촌탁(忖度)할 길이 묘연(杳然)하기는 하지만 한 가지 분명한 것은 당시에 있어서의 속유들의 경지에서는 멀리 초탈하여 새로운 경학이 모색되었다는 사실이다. 그는 『사설』「인사문(人事門)」이단(異端)에서 오늘날 글을 읽고 도를 논하는 선비들이 자구(字句)의 사이에 분쟁을 일으키고 아주 작은 차이를 분석하는 즈음에도 정자(程子)를 존경하고 주자(朱子)를 사모하지 않음이 없으니, 하나하나의 행동거지에 조그마한 잘못이 있더라도 이단에 미혹된 것은 조금도 발견할 수 없다. 또한 이를 좇아서 공경(公卿)의 반열에 올라 어려서 배운 바를 장성하여 실행한다. 그러나 백성은 소생하지 않고 나라는 다스려지지 않으니, 도(道)의 밝고 밝지 않음이 (이단과) 무슨 관계가 있단 말인가?[6]

라 하였고 동양묵승도조(소楊墨僧徒條)에서는

벼슬아치들과 학사들은 노닐면서 공맹의 도를 말하지만 실제로는 조금도 높이 받들려는 뜻은 없고, 사족들이 하는 짓도 명예와 벼슬을 추구하지 않는 것이 없다.[7]

라 한 것을 보면 저간의 소식은 짐작하고도 남음이 있다. 결국 그는 유담공맹(游談孔孟)하는 진신학사(搢紳學士)들이 온통 이명(利名) 이작(利爵)에 여념이 없는 세태를 비판하면서 진정한 공맹지도(孔孟之道)로서의 경세치용의 학을 정립하였다고 보아야 할 것이다.

(2) 경제사상

성호가 살았던 숙종 및 영조시대로 말하면 임란 후 일세기가 흐르는 동안 차츰차츰 임진·병자 양란의 피해도 회복세를 보이고 있던 시기이기는 하지만 농업기술의 발달은 도리어 농촌 내부에 있어서

---

6) 이익, 『성호사설』 권14, 「인사문」, 「이단」. "今讀書談道之士 紛爭於句字之門 辨析於毫芒之際 無非尊程慕朱 趨趨步步 雖或些些差誤 了不見異端之岐惑 從此而登公登卿 壯行其幼學 然民不蘇而國不治 何與道之明不明耶"

7) 같은 책 권16, 「인사문」, 「楊墨僧徒」. "搢紳學士游談孔孟 而其實斷無 一毫尊奉之意 冠紳起居 莫非利名利爵也"

분화작용을 일으킴으로써 대토지소유자의 증가와 아울러 임금노동자로의 이농현상(離農現象)이 가중하기에 이르렀던 것이다. 그리하여 나라 안의 토지는 거의 토호들에게 집중되어 그들의 독점이 되었고 따라서 토지의 소작마저도 뇌물을 주고서도 얻을 수가 없는 상황이었다. 그리하여 국토관리문제는 당시에 있어서의 가장 중요한 경제정책의 하나가 아닐 수 없었던 것이다. 여기에 성호의 영업전(永業田)에 의한 균전론(均田論)이 마련된 역사적 배경이 가로놓여 있다고 할 수 있다.

성호가 창안한 균전론(『곽우록』)은 대토지소유자는 물론 소토지소유자도 일가의 생활을 유지할 수 있는 데 필요한 최소한의 토지는 매매할 수 없음을 규정한 것으로서 이를 일러 영업전이라 이른다. 그러나 영업전 이외의 토지는 자유로운 매매를 허용하는 제도인 것이다. 이는 농민의 영세화 또는 몰락을 방지하자는 데 그 주안점이 두어져 있음은 다시 말할 나위도 없다.

이러한 영업전의 제도는 부익부 빈익빈하여 가는 사회발전에 제동을 걸고 토호들의 토지겸병과 빈농의 몰락을 방지할 수 있으며 나아가서는 매매의 제한과 자유로운 매매가 다 함께 운영의 묘를 거둠으로써 저절로 토지소유의 균일을 가져올 것을 기대하는 제도라 할 수 있다. 이는 토지국유론이라기보다는 토지사유제도하에서의 토지국가관리론이라 이를 수 있다. 아울러 이는 '경자유전(耕者有田)' 원칙의 맹아라고도 볼 수 있을 것이다.

영업전에 따른 경자유전의 정신은 농토에 깃들어 있는 농민들의 노동력의 재화가치(財貨價値)를 높이 평가한 결과라 할 수 있다. 그것은 성호의 화폐론(貨幣論)과도 중요한 함수관계가 있으며 당시에 발전한 상공업의 진흥과도 깊은 관련이 있음을 간과해서는 안 될 것이다.

당시에 있어서의 화폐의 유통에 의한 상품의 유통은 영리추구에 따른 인간의 욕심을 자극함으로써 근검절약보다도 사치안일의 풍조를 조성하여 노동력의 평가는 절하되어 점차 농민의 파산은 가속화할 따름이었다. 이에 성호의 화폐론은 모름지기 무용지기(無用之器)라는 점에서 부정론으로 흘렀다는 사실은 주목해야 할 점이 아닐 수 없다. 왜냐하면 당시에 있어서의 화폐의 유통은 필연적 당위성을 지니고 있었으며 그러한 사실은 성호 자신도 인정하지 않은 바는 아니지만 굳이 이에 대하여 시류역행하는 부정론의 근저에는 그 나름대로의 견해가 깔려 있기 때문이다.

성호의 경제사상의 근저에는 경자유전 근검절약이 깔려 있다고 한다면 당연히 화폐에 따른 모리작간(牟利作奸)은 방지되어야 함은 다시 말할 나위도 없다. 그리하여 성호는 화폐야말로 유통의 이(利)보다도 유통의 폐(弊)가 더욱 우심(尤甚)하기 때문에 그것은 무용지기(無用之器)라 이른 것이다.

그러므로 우리는 여기서 성호의 재화론(財貨論)을 정리할 필요가 있다. 그는 먼저 '재화는 농지에서 나온다[財出於田]'라 하여 토지야말로 재화의 근원임을 밝히었고 '재화는 생업을 좇아서 나오고 생업은 인력에 기인해서 일어난다[財從業出 業因力起]'라 하여 노력에 의한 생업에서 재는 형성된다고 하였다. 이러한 재화의 가치가 명목상의 화폐가치에 의하여 수탈되어서는 안 된다는 데에 화폐론의 요체가 깃들어 있는 것이다.

그러므로 그는 『곽우록』 생재조(生財條)에서

재화를 생산하는 데 방법이 있으니, (농사에 종사하는) 인구를 늘릴 것[生衆], 놀고먹는 이를 줄일 것[食寡], 생산을 빨리 할 것 [爲疾], 소비를 줄이는 것[用徐]일 뿐이다.[8]

라 하였다. 생중(生衆)이란 "놀고먹는 사람이 없는 것을 말한다[無游食之謂也]"라 하였으니 유민방지사상(游民防止思想)에 근거한 말이다. 비재비덕(非才非德)한 유민(游民)들뿐만이 아니라 사대부도 직업이 없으면 귀농(歸農)하게 함으로써 이루어지는 사농합일(士農合一)을 주장한다. 뿐만 아니라 유민(游民) 중에는 승도(僧徒) 창우(倡優)도 끼어 있음을 그는 간과하지 않았다. 이는 현직관료를 제외하고는 모든 계층을 모조리 귀농케 하는 중농사상에 근거하고 있음을 알 수 있다.

식과(食寡)란 "곧 아무런 일도 하지 않고 다만 먹기만 하는 것[卽無事而但食也]"이라 하였으니 이는 가구 수가 적은 것을 의미하는 것이 아니라 용관(冗官), 다시 말하면 할 일 없는 벼슬자리가 많기 때문에 이들을 정리하여 놀고먹는 벼슬아치는 없어야 함을 의미한다. 그러므로 성호는 "쓸모없는 벼슬아치를 없애는 것이 놀고먹는 이를 줄이는 요체[汰冗官爲食寡之要也]"라 하였다. 그러면 위질(爲疾) 용서(用徐)는 무엇일까. 위질(爲疾)이란 농경국가(農耕國家)의 입장에서 "이것은 농사철을 어기지 않는 것일 뿐[此不奪農時而已]"이라 하고 거꾸로 "산천의 자원을 다 내놓지 못하게 만드는 것이 생산을 빨리 하지 못하는 것이다[使山澤之利 不盡出 是爲爲之不疾矣]"라 한 것을 보면 이는 오늘에 있어서는 생산성의 제고를 의미한다고 볼 수가 있다. 그러므로 불탈농시(不奪農時)뿐만이 아니라 벽토치전(闢土治田)을 위하여 관

---

8) 이익, 『곽우록』, 「生財」. "生財有道 不過曰生衆 食寡 爲疾 用徐而已"

개수리(灌漑水利)에 진력하는 것도 위질(爲疾)의 일면이 아닐 수 없다.

용서(用徐)란 "검소함을 숭상하는 것을 말한다[尙儉之謂也]"라 하였으니 이는 사치의 반대개념이라 할 수 있다. 사치는 탕산(蕩産)으로 통하는 길이니 어찌 생재(生財)를 위하여 경계하지 않을 수 있겠는가. 그러므로 근검이야말로 생재(生財)의 근원이 아닐 수 없는 것이다.

그러므로 성호의 경제사상을 한 마디로 요약한다면 그것은 바로 중농주의 근검정신의 보전에 기초하고 있다 해야 할 것이다.

(3) 정치사상

성호의 정치사상은 그의 붕당론(朋黨論)과 과거론(科擧論)에서 살펴보아야 할 것이다. 성호의 생년대는 당쟁이 가장 우심(尤甚)했던 숙종시대에서 영조시대에 걸쳐 있고 아울러 용인(用人)을 위한 과거(科擧)의 폐단이 또한 극심했던 시기이었기 때문이다.

성호는 붕당의 원인을 다음과 같이 이해(利害)를 위한 투쟁에 두고 있다.

> 붕당(朋黨)은 투쟁에서 생기고, 투쟁은 이해관계에서 생긴다. 이해관계가 절실하면 붕당은 깊어지고, 이해관계가 오래 되면 붕당은 견고해지니, 이것은 형세가 그렇게 만드는 것이다.[9]

이해에 따른 쟁투는 어쩌면 개인관계인 것처럼 보이기도 하지만 성호는 대세론(大勢論) — 곧 시세론(時勢論) — 으로 풀이하고 있다. 그러므로 그는 시세를 좌우하는 원동력이 어디에 숨겨져 있느냐를 주

---

9) 이익, 『성호선생전집』 권45, 「붕당론」. "朋黨生於爭鬪 爭鬪生於利害 利害切 其黨深 利害久 其黨固 勢使然也"

목했던 것이다. 그것은 두 가지로 분석할 수가 있다. 하나는 인간 본연의 인욕(人欲)이요, 둘째는 당시의 과거제도를 들 수가 있을 것이다.

전자에 대하여 성호는 "붕당이란 부귀를 욕망하는 것이니, 붕당을 만들고도 이로움이 없다면 어떻게 붕당이 있겠는가?[朋黨者 欲富貴也 黨而無利 何朋之有]"라 하여 인간본연의 부귀욕이 곧 붕당의 근원임을 설파하였으니 달리 말하자면 부귀의 원천으로 간주되는 정권욕을 바로 붕당 형성의 요인으로 간주했던 것이다. 그러나 후자인 제도상의 문제도 우리는 간과해서는 안 될 것이다. 당시에 있어서 정규과시(正規科試)에 뽑힌 자는 평균 30년 사이에 2,330명이나 되는데 내·외직을 통틀어도 불과 500을 넘지 않으니 어찌 붕당쟁투가 일지 않을 수 있겠는가. 그러므로 그는 그의 과천합일론(科薦合一論)에서 다음과 같이 피력하고 있다.

> 지금 내직(內職)은 병조(兵曹)의 소관을 제외하고, 이조(吏曹)가 주망(注望)하는 것이 4백 자리가 못 되고, 외직(外職)도 이 정도인데 여기에 무과(武科)·선음(先蔭)·천문(薦聞)·유품(流品) 따위 3백 자리가 또 거기에 끼어 있고 보면, 나머지는 5백여 자리에 불과하다. 이 5백여 자리로 2천3백30명을 골고루 대우할 수 없다.[10]

이렇듯 과거 합격자로써 채용대기자의 수가 정원의 4배 반을 초과하는 현상은 곧 사활을 건 쟁투의 직접적인 원인이 아닐 수 없다고 성호는 당시의 정치현상을 분석했던 것이다.

---

10) 이익, 『성호사설』 권7, 「인사문」, 「科薦合一」. "今之內職 除西銓所掌 吏曹注望 不滿四百窠 外職亦稱是 而武科先蔭薦聞流品之類 又參在其間 則不過五百有餘窠 以五百有餘窠 待二千三百三十人 其勢有不能遍"

그러므로 이에 대한 해결책으로서는 무엇보다도 먼저 이 쟁투의 원인을 제거하는 데 쏟지 않을 수 없음은 너무도 당연한 논리적 귀결이 아닐 수 없다. 그러므로 그는 "사람을 등용하는 방법은 먼저 분경을 없애야 한다[用人之道 宜先熄奔競]"(『僿說』「人事」「治道」武弁注擬條)라 했던 것이다.

그러나 성호는 영조 초에 내세웠던 탕평책도 당쟁의 근본해결책은 되지 못할 뿐만이 아니라 도리어 새로이 소위 탕평당(蕩平黨)이라는 것이 생겨 중간당(中間黨)으로서 행세하기에 이르렀기 때문에 그들은 붕당해소에 아무런 도움도 주지 못했음을 지적하고 있다.

그리하여 성호는 이에 대한 해결책으로서 사농합일사상(士農合一思想)을 강조하면서 과거제도의 근본적 개혁을 주장한다.

성호는 사농합일사상은 전통적인 사민론(四民論)의 붕괴를 의미한다. 이는 민국개로사상(民國皆勞思想)과도 연계되는 사상이라 할 수 있다.

사농합일은 달리 말하자면 사인도 귀토무농(歸土務農)해야 하기 때문에 맹자가 이른바 "군자가 아니면 야인을 다스릴 수 없고, 야인이 아니면 군자를 기를 수 없다[非君子莫治野人 非野人莫養君子]"라는 치자로서의 사군자(士君子)와 피치자로서의 야농(野農)과의 계층한계가 불분명하게 되었음을 의미한다. 이는 유민(游民)으로서의 사군자(士君子), 다시 말하면 당시에 있어서 과시(科試)에 합격하고도 등용되지 못한 대다수의 생원(生員) 진사(進士)의 권위주의에 대한 도전이 아닐 수 없다. 여기서 사농합일에 따른 중농사상은 소위 육두론(六蠹論)으로까지 전개한다.

사람들 가운데 간사하고 함부로 넘보는 이가 없다면 천하가 왜 다스려지지 못하겠는가? 간사하고 넘보는 짓은 재화가 부족한 데서 생기고, 재화가 부족한 것은 농사에 힘쓰지 않는 데서 생긴다. 그 좀은 여섯 가지인데 장사치는 그 가운데 들어 있지 않다. 첫째는 노비, 둘째는 과업(科業), 셋째는 벌열(閥閱), 넷째는 기교(技巧), 다섯째는 승니(僧尼), 여섯째는 게으름뱅이[游惰]이다.……이 여섯 가지의 해로움은 도적보다 심하다.[11]

이러한 육두론은 항을 달리하여 고찰해보고자 하거니와 그중에서도 과거론만은 여기서 언급하고 넘어가지 않을 수 없다.

성호는 일찍이 술회하기를 "백세(百世)에 선치(善治)가 없는 것은 삼얼(三蘖)에 연유함이니 존군억신(尊君抑臣)은 영정(嬴政, 秦始皇)으로 비롯하였으되 한(漢)이 능히 혁신(革新)하지 못하였고, 사람을 등용함에 문벌을 숭상한 것은 위만(魏瞞, 曹魏)으로부터 비롯하였으되 진(晋)이 능히 고치지 못하였고, 문해(文解)로 과식(科式)을 정한 것은 양광(楊廣, 隋煬帝)으로부터 비롯하였으되 당(唐)이 능히 변혁하지 못하였다. 삼얼(三蘖)을 제거하지 못하면 족(足)히 치(治)를 말할 수 없는데 삼자중(三者中) 과거의 폐(弊)가 가장 우심(尤甚)하다"고 한 만큼 과거의 폐(弊)를 혁신하여야 한다는 성호의 의지는 지극히 강렬하다는 사실을 여기서 발견하게 된다.

그러므로 우리는 여기서 성호가 제시한 과거혁신론(科擧革新論)의 내용을 잠깐 일람할 필요가 있다.

그는 종래의 과거제를 전폐(全廢)하고 향거리선(鄕擧里選)의 제(制)를 채용하는 공거(貢擧)를 내세워 오년(五年) 대비지제(大比之制)를 창

---

11) 『성호사설』 권12, 「인사문」, 「六蠹」. "人無奸濫 天下何由以不治 奸濫生於財不足 財不足生於不務農 農之不務 其蠹有六 而逐末不與焉 一曰奴婢 二曰科業 三曰閥閱 四曰技巧 五曰僧尼 六曰游惰……六者之害 甚於盜賊"

안하였다.

그의 골자는 과거시를 삼 단계로 나누되

1. 먼저 서울과 지방에 시장(試場)을 개설하고

1) 시(詩)·론(論)·조(詔)·잠(箴)·송(頌)·주(奏)·격(檄)·유(諭)

2) 부(賦)·표(表)·낙(諾)·명(銘)·사(敕)·칙(勅)·서(敍)·기(記)·
노포(露布) 등 이과(二科)로 나누어 시험한다.

2. 다시 추말(秋末)에 서울 성균관(成均館) 사학(四學)에서 개장(開場)
하여 재시험하되 다음과 같이 경사과목별(經史科目別)로 나눈다.

1) 논어·대학·중용·맹자·근사록·소학

2) 시·서·역

3) 춘추·사전(四傳)·국어(國語)

4) 주례(周禮)·의례(儀禮)·소대기(小戴記)·가례(家禮)

5) 강목(綱目)·송원명사(宋元明史)·본조사(本朝史)

3. 오 년간(五年間)에 걸친 시험이 끝난 후에 합격자 수백인(數百人)을
취택(取擇)하여 전정(殿庭)에 인입(引入)하여 치도(治道)를 책문(策問)한다.

이 밖에 세부절차의 예시는 생략하고 넘어가지만 어쨌든 성호의,
개혁의지가 담긴 이 새로운 과거제도안과 종래의 과거제와 다른 점은
첫째, 종래의 식년제[式年制, (每 3年 1次)]를 폐(廢)하고 5개년에
걸쳐서 축년(逐年) 소정(所定) 과목별(科目別)로 응시케 하였으며
둘째, 경과(經科) 사과(詞科)의 구별과 소과(小科)·대과(大科)의 형
식상의 구별을 철폐하는 동시에 위에서 제시한 바와 같이 일(一), 이
(二), 삼항(三項)의 과정을 거치게 함으로써 종래의 초시(初試)·복시

(覆試)·전시(殿試)의 형식은 남겨놓고 삼항(三項)의 절차를 밝게 함으로써 종래의 소과(小科)·대과(大科)의 실질적 구분을 설정하였으니 이를 일러 성호의 오년대비제(五年大比制)라 이른다.

그러므로 성호는 여기에 그치지 않고 다시금 여기에 향거리선(鄕擧里選)의 법을 병용할 것을 주장한다. 그러하여 널리 인재를 시험에 의하지 않고 천거하게 하여 매 3년마다 경대부(卿大夫) 이상으로 각 1인을 천거하되 빈천을 가리지 않게 함은 물론이거니와 주군(州郡)으로 하여금 각 1인을 천거하게 하되 지역에 구애되지 않도록 하였다. 동시에 거주연좌법(擧主連坐法)을 유지하게 함으로써 사정(私情)을 배제하게 하였다. 이를 일러 우리는 성호의 과천합일사상(科薦合一思想)이라 이른다. 이는 그의 사농일여사상(士農一如思想)과 아울러 정다산에게도 깊은 영향을 끼친 흔적을 엿볼 수가 있다.

(4) 사회사상

사민계급(四民階級)이 엄존하고 반상의 구별이 엄격하며 문벌을 생명보다도 더 소중하게 여기던 시절에 한쪽에서는 영농기술의 발달과 더불어 야기된 호농의 토지겸병은 영세민의 급락을 촉진하였으며, 한편 화폐의 유통으로 말미암아 상공업의 진흥을 가져왔으니 이는 전통사회에 있어서 하나의 변화를 알리는 신호가 아닐 수 없다. 이러한 사회적 배경하에서 성호의 육두론(六蠹論)이 나온 것이니 이르되 노비(奴婢)·과업(科業)·벌열(閥閱)·기교(技巧)·승니(僧尼)·유타(游惰) 등 여섯 가지다.

성호의 육두론(六蠹論)의 기저에는 귀족주의적 특권을 배제하며 인도적 평등관에 입각하여 유민들의 불로소득을 방지하려는 정신이

그 안에 깔려 있음을 알 수가 있다. 그의 육두론 중에서도 첫째로 손
꼽히는 것이 노비이었으나 그는 노비제도에 대하여는 인도주의적
입장에서 다음과 같이 말하고 있다.

> 우리나라의 노비에 대한 법은 예나 지금이나 세상 어디에도 없
> 는 것이다. 한번 노비가 되면 한 백년 고생을 겪는 것만으로 이
> 미 불쌍한 일인데, 하물며 법이 반드시 어미의 종살이를 따르라
> 는 데야 더 말할 나위가 있겠는가? 어미의 어미와 그 어미의 어
> 미의 어미로부터 멀리는 10세·100세를 소급하여 어느 세대 어
> 떤 사람인 줄도 모르는데, 막연한 외손으로 하여금 하늘과 땅이
> 마르고 닳도록 끝없는 고뇌를 받으면서 벗어날 수가 없게 만든
> 다. 이런 지경에 빠진다면 안회(顔回)와 백기(伯奇)라고 한들 그
> 들의 행실을 가질 유지할 수 없을 것이고, 관중(管仲)과 안영(晏
> 嬰)이라고 한들 그들의 지혜를 쓸 수 없을 것이며, 맹분(孟賁)과
> 하육(夏育)이라고 한들 그들의 용맹을 쓸 수 없어서 마침내 어리
> 석고 천한 최하의 등급이 되고 말 것이다. 더구나 남의 집에서
> 우러르며 종살이 하는 이를 학대하고 괴롭혀 살아갈 수 없게 만
> 드니, 세상의 곤궁한 이 가운데 이와 같은 이는 다시없을 것이
> 다.……이것을 미루어 보면 불쌍하기만 할 뿐이다.[12]

노비란 천하의 궁민(窮民) 중에서도 최하에 속하는 가련한 사회계
층임을 설파하고 있다. 성호는 또 다른 글에서 다음과 같이 노비제
도의 모순된 점을 지적하고 있다.

우리나라에서 종과 주인의 관계는 비교하자면 임금과 신하의

---

12) 『성호사설』 권12, 「인사문」, 「奴婢」. "我國奴婢之法 天下古今之所無有也 一爲藏獲 百歲受苦 猶爲可
傷 況法必從母役 則母之母與夫母之母之母 推至于十世百世之遠 不知爲何世何人 而使其杏杏綿綿之外
裔 任受窮天極也無限苦惱而不得脫 苟入于此 顔回無以措其行 管晏無以施其智 賁育無以用其勇 卒爲
駑賤之下等而已 又況其仰役于家中者 其虐使勞困 將無以爲生 天下之窮民 莫有如此者也……推以究之
莫非可憐"

관계와 같다. 그러나 임금은 신하를 벼슬로 귀하게 만들어 주고 봉록으로 길러 주니 은혜가 이미 크므로, (신하로서) 그 은혜 갚기를 생각하지 않는 자는 잘못이라고 할 것이다. 그러나 주인은 종에게 잘 먹이고 잘 입히지는 못하면서 온갖 고역을 다 시키고 성을 내며 형벌을 주기는 해도 기뻐하며 상 주는 일은 없으며, 조금만 잘못이 있으면 충성스럽지 못하다고 꾸짖는 것은 어째서일까? (임금의) 신하가 된 이들은 마음으로 흠모하여 어깨를 비집고 뚫고 나가 구차하게 영화와 이익을 도모한다. 하지만, 종은 그렇지 않으니, 도망갈 땅마저 없어서 어쩔 수 없이 우러르며 매어 있기 때문이다. 또 신하가 윗사람을 섬기는 것은 명령을 받고서 계획을 짜내느라 바쁠 뿐이지만, 종이 주인을 섬기면서는 도탄(塗炭)에 드나들고 매를 맞거나 치욕을 당하는 것이 보통이고 보니 사실은 원수나 다름이 없다. 그런데도 임금의 상(喪)을 당하면 신하는 머리를 풀지 않는데, 종은 주인의 상에 머리를 풀고 꼭 처나 자식처럼 한다. 또 신하가 죽으면 임금이 조상을 하고 제물을 보내는 예가 있는데, 종이 죽으면 주인은 한 번이라도 슬퍼하는 기색도 없고 술 한 잔 붓는 일이 없다. 이것은 또 어째서인가?[13]

이는 성호 자신이 부리던 한 노비의 죽음을 애도하는 제문(祭文)으로서 극한적인 노비 신분제도의 모순을 척결하고 있다. 이러한 성호의 노비제도에 대한 부정적 태도는 인권의 평등을 지향하는 근대사상에 접근하고 있는 것임은 다시 말할 나위도 없다.

그러므로 성호는 그의 육두론에서 노비와의 상대적 위치에 선 귀족, 곧 벌열(閥閱)에 대하여서도 부정적 태도를 취하고 있다. 그는 상벌자망조(尚閥者亡條, 『僿說』「人事」「君臣門」下)에서

---

13) 『성호사설』권12,「인사문」,「祭奴文」. "我國奴主之分 與君臣之義 比而同之 然君之於臣 爵位而貴之 祿奉而養之 恩己大矣 其不思報效者罪也 主之於奴 寒餓不免 苦役偏重 怒有刑而喜無賞 少有愆違 責之以不忠 何也 人之爲臣 心實願慕 側媚鑽進 苟睒榮利 奴則不如是 逃遁無地 不得已而仰屬也 臣之事上 不過疆馳籌畫 而奴之事上 出沒塗炭 箠辱爲茶飯 其實仇讐也 然君喪臣不散髮 而奴必散髮 一如妻子也 臣亡而君有臨弔致祭之禮 奴沒則主不一哀而澆酹不及 何也"

문을 숭상하는 이는 창성하고, 무를 숭상하는 이는 강성하지만,
　　벌열을 숭상하면 망한다는 것은 이치상 당연한 일이다.14)

라 하였고 그 이유로서는 "결국 어떤 물건이든지 사사로운 것이 아
닌 것이 없다[遂至於無物非私]"라 하였으며 상벌조(尙閥條, 前全書)에
서는

　　벌열을 숭상하는 폐단이 오늘날보다 심한 적이 없었다.15)

라 개탄하고 있다. 이렇듯 그는 문벌주의를 타파하여 공정한 사회를
이룩해야 함을 주장한다. 이는 바로 사민평등사회(四民平等社會)의 구
현을 지향하는 것이 아닐 수 없다. 이리하여 성호의 사회사상은 불
로이득(不勞而得)하는 유민을 방지하는 방향으로 치닫는다. 그의 육
두론에서

　　덕도 없고 재주도 모자라 살아갈 계획을 생각지도 못해서 남의
　　종이 되어, 도망이라도 치면 사방으로 수색하고 멋대로 겁을 주
　　면서 가산을 탕진하고 살 곳조차 잃어버리게 하고 만다.16)

라 한 것은 무덕부재(無德不才)한 사인(士人)이 좌역(坐役) 노비(奴婢)
하는 그릇된 유민습성(游民習性)을 풍자한 것이다.
　　그러므로 그의 육두 중에 승니(僧尼)와 유타(游惰)가 낀 것은 애오라

---

14) 『성호사설』 권7, 「인사문」, 「尙閥」. "尙文者昌 尙武者强 尙閥者亡 其理自然"

15) 『성호사설』 권8, 「인사문」, 「尙閥」. "尙閥之弊 未有甚於今日也"

16) 『성호사설』 권12, 「인사문」, 「肉蠹」. "無德不才而不思獻爲 坐役藏獲 遍走推覓 猥劫順産 使之失所乃
　　已也"

지 그들의 비생산적 유민습성 때문인 것임은 다시 말할 나위도 없다.

(5) 윤리사상

지금까지 보아온 경로를 보더라도 성호는 모든 사물을 관찰함에 있어서 실리적인 각도에서 지극히 비판적이요 창의적인 면이 있음을 볼 수가 있다. 그러한 의미에서 그의 윤리사상(倫理思想)을 보더라도 똑같이 비판적인 안목으로, 이를 관찰하고 있음을 알 수가 있다. 그중에서 몇 가지 사례만을 여기서 간추려 보기로 하자.

첫째, 전통적 효도관에 있어서 증자(曾子)의 양지지효(養志之孝)를 그의 아들인 증원(曾元)의 양구체지효(養口體之孝)보다 우위에 있는 것으로 평가하였으나 성호는 그것이 실리에 맞지 않음을 다음과 같이 비판한다.

증자(曾子)가 증석(曾晳)을 받들 때 반드시 술과 고기를 마련했는데 상을 물리려 할 때면 늘 "누구에게 주시렵니까?" 하고 여쭈어 보았고, "남은 것이 있느냐?"고 물으면 매번 "있습니다"라고 대답했다. 효자가 부모가 원하시는 대로 받드는 도리는 마땅히 이렇게 해야 할 것이다. 그러나 가난한 선비가 부모를 섬기자면 어떻게 늘 술과 고기를 장만할 수 있겠는가? 그 부모를 받들면서 인색하게 굴지 않겠다는 이유로 비용을 지나치게 많이 들이다가 고갈이라도 된다면, 재물이란 하늘에서 떨어지는 것이 아니라서 죽조차도 여러 끼니를 굶는 지경이 될 것이니 옳다고 하겠는가? 생각건대 증자의 집은 아주 가난하지는 않아서 술과 고기를 마련할 힘이 넉넉히 있었을 것이다. 그렇지 않고 혹 앞에서는 뒷일을 생각할 겨를이 없고, 아침에 저녁 끼니를 준비할 여유가 없었다면 그 아버지도 끝내 굶주리게 만들었을 것이다. 어른을 섬기고 조상을 받드는 데도 또한 수입을 계산하여 지출을 해야 옳을 것이다.……(공자께서) "콩과 물만 갖고도 부모를 기쁘게 할 수 있다[菽水盡歡]"고 한 것은 성인(聖人)이 다만 자로 (子路)의 마음을 너그럽게 만들려고 했던 것이었을 뿐이다. 아버 지가 반드시 다 깨끗하고 고상한 조행이 있는 것은 아니다. 굶 주림과 추위가 몸에 닥치면 자식된 자로서 마음을 상하게 하지 않으려고 한들 할 수 있겠는가?17)

이를 요약해서 말한다면 부모의 봉양도 집안경제에 따라서 양입위 출(量入爲出)하도록 하여야 하지 부모의 양지(養志)만을 위하여 가계에 무리가 감으로써 도리어 조반석죽(朝飯夕粥)도 어렵게 된다면 오히려 봉양의 도에 어긋난 결과가 된다는 것이다. 이는 양지(養志)의 한계점 을 제시한 효양(孝養)의 실리론(實理論)이라 이를 수밖에 없다.

그러므로 성호는 양지지효(養志之孝)를 비판했을 뿐만이 아니라 오 륜행실도(五倫行實圖)에 있어서도 효열(孝烈)로 추앙(推仰)되는 규고 (刲股) 단지(斷指) 등의 행위에 대해서도 그의 비리를 척결하여 다음 과 같이 비판하고 있다.

[추연(秋淵) 우성전(禹性傳)은 이렇게 말했다.] "인육(人肉)을 써서 사람의 질병을 치료한다고 하는데 어떻게 이런 이치가 있겠는 가? 정말로 훌륭한 의사라면 반드시 이렇게 말하지 않았을 것이 다."……(추연은) '(주자의 말은) 성심으로 이렇게 한다면 이것으 로 명예를 추구하는 자보다는 낫다는 것일 뿐, 이것을 옳다고 한 것은 아니다'라고 했다.……만일 아들의 목숨을 버리면서 자기의 목숨을 살려야 한다면 아비된 자로서 차마 하겠는가? 골육의 사 이는 하늘이 정한 것인데, 서로 다리를 베어내야 한다면 하늘도

---

17) 『성호사설』 권21, 「경사문」, 「必有酒肉」. "曾子養曾晳 必有酒肉 將徹 必請所與 問有餘 曰有矣 孝子 養志之道 固合如此 然貧士就養 何可以恒有酒肉 若但以不儉親之故 而過費先竭 則財非天降 將不免饘 粥屢絕 可乎 意者曾子之家 不至窮乏 力足以辦此也 不然 或前不慮後 朝不謀夕 使父俄而餒飢也 凡事 上奉先 亦量入爲出 斯可矣……菽水盡歡之誨 聖人特寬子路之意耳 父未必皆有淸高之操 而飢寒逼身 則爲子者 雖欲無傷哉之歎 得乎"

반드시 싫어하실 것이다. 자식된 자의 도리로서도 차마 이렇게 해서 마련한 인육을 부모에게 올려서는 안 될 것이다.……요컨대 혈기 있는 것들을 차마 해치지 못하는데 하물며 아들의 살을 가지고 부모를 구하겠는가? 아들이 이로 인해 목숨을 잃기라도 한다면 아버지는 어떻게 할 것인가? 효자는 부모의 마음으로 자기의 마음을 삼는 것이니, 천리와 인정에 비춰 판단한다면 옳을 것이다. 주자는 "효도는 당연한 법칙이 있으니, 여기에 미치지 못한다면 진실로 잘못이지만, 지나친 경우에는 반드시 다리를 베어내는 폐단도 있을 것이다"라고 했는데, 이것이 정론일 뿐이다.[18]

라 하여 과격한 방법으로 부모에게 효도한다는 것은 천리 인정상 비리에 속한다는 사실을 분명하게 일깨워 주고 있다. 이러한 사상은 다산의 효자론에도 그대로 이어진다.

부부의 윤리에 대하여는 엄격한 부부유별(夫婦有別)의 도에서 벗어나 있지 않지만

우리 집안에서는 처음 들어오는 신부에게 이렇게 훈계한다. "효도와 공경은 가르치지 않아도 알 것이니, 내 말은 세 가지만 하겠다. 근면하고, 검소하며, 남녀 사이에는 분별이 있어야 한다."[19]

반드시 여필종부(女必從夫) 부창부수(夫唱婦隨)만이 부덕(婦德)이 아님을 다음 열부조씨(烈婦趙氏)의 예에서 볼 수 있다.

---

18) 『성호사설』 권15, 「인사문」, 「刲股」. "用人肉而治人病 寧有是理 苟有善醫者 必不爲此言……不過曰 若誠心爲之 猶勝於以此要譽者云爾 非以此爲是……若危其子而活己命 在父其可忍耶 骨肉天屬而刲股 相殘 天必贼之 人子之道 亦不可忍以此進於父也……要亦不忍於有血氣者殘害也 況子肉以救父耶 設或 子因此致命 父將奈何 孝子以父母之心爲心 天理人情 以此爲斷 斯得矣 朱子曰孝自有當然之則 不及固 不是 若過之則必有刲股之事 此爲正論耳"

19) 『성호사설』 권16, 「인사문」, 「婦女之敎」. "余家新婦入門之戒云 維孝與敬 不待訓而知 吾言止於三 勤 也 儉也 男女有別也"

조인필(趙仁弼)은 숙원(淑媛)조씨(趙氏)의 친족이다. 김자점(金自
點)이 역모를 꾀할 때에 인필도 참여했는데, 사위인 신아무개가
고발을 했고, 이 때문에 인필은 사형을 당했다. 신아무개의 아
내는 평생 남편과 말을 하지 않았고 문을 닫고 수절하였으나,
또한 신씨의 집안을 떠나지도 않았다. 남편이 잠자리를 들려고
하면 굳게 거절하고 받아들이지 않았으니, 또한 한 사람의 열녀
였다.[20]

라 한 것을 보면 부덕(婦德)이란 오로지 순종에만 있는 것이 아니라
비리(非理) 비의(非義)에 대하여는 항거불복(抗拒不服)하는 데에서도
찾아볼 수 있음을 성호는 여기서 우리들에게 일깨워 주고 있다.

이혼법에 대하여서도 시의에 맞는 윤리를 다음과 같이 제시하고
있다.

우리나라 법에는 출처(出妻)에 대한 규정이 없다. 유아무개가 그
아내의 음란한 행실을 관아에 고하고 두 번이나 소송을 제기했
으나 송사가 이루어지지 않았다. 아내 역시 성질이 도리에 어긋
나고 부부 사이의 예도 없었다. 그러나 중신(重臣)들은 모두 국
법에 출처에 대한 규정이 없다고 하면서 그들의 이혼을 허락하
지 않았다. 내 생각으로는, 출처의 규정이야 없다지만 출처하지
말아야 한다는 증거는 또 어디에 있는가? 출처하는 것에 진실로
폐단이 있기는 하지만, 부모에게 불효하고 음란한 행실이 있어
그대로 둘 수 없는 경우라면 오히려 국법에 의하여 쫓아내어야
하지 않겠는가?[21]

---

20) 『성호사설』 권15, 「인사문」, 「烈婦趙氏」. "趙仁弼者 淑媛趙氏之族黨也 方金自點之有逆謀也 仁弼與
焉 仁弼之女壻申某發告之 於是仁弼伏誅 申某之妻 終身不與其父言 閉門自守 亦不離申之門焉 申欲與
之寢處 則堅拒不納 亦一烈婦也"

21) 『성호사설』 권15, 「인사문」, 「離昏」. "國法無出妻之文 有俞某者告其妻亂行 兩造辨訟 獄不成 妻亦性
悖 無夫婦禮 重臣皆義 國無出妻之律 不許其離婚 余謂雖無出妻之文 其更有不出妻之證耶 出妻固有弊
然其不孝淫穢 有斷不可已者 則盍依國法而不出乎"

라 하여 전통적인 국법을 어기고서라도 시의에 맞는다면 이혼할 수 있도록 하여 법의 운용의 묘를 거두도록 한 데에 그의 실리적 윤리관이 깃들어 있음을 알 수가 있다.

(6) 과학사상

성호는 모든 자연현상으로서의 사물의 이해에 있어서도 관념론적 격물치지(格物致知)의 방법에서 벗어나 과학적이요 비판적인 태도로 이에 임하고 있다. 그가 천원지방설(天圓地方說)의 잘못된 점을 지적하면서 "지구는 하늘의 중심[天之心]으로서 위에 있지도 아래에 있지도 않으니, 그 주위가 90,000리라면 그 지름은 30,000리이다. 지구의 중심[地之心]은 곧 하늘의 중심인 것이다[地球在天之心 不上不下 其周九萬里則其徑三萬里 地之心卽天之心 『僿說』 「天地」 「天門」]"라 하여 지구가 둥근 구형임을 인정하였고 기타 자연현상으로서의 기온의 변화라거나 지진(地震)·조수(潮水)·우설(雨雪) 등에 대하여서도 비교적 실리에 접근하는 이해를 시도하고 있음을 볼 수가 있다. 그러나 그의 설명방법에 있어서는 아직도 음양설적(陰陽說的) 관념론의 세계에서 완전히 벗어나지 못한 아쉬움이 있다. 그는 비에 대하여 설명하기를

> 비가 내리는 것에 대한 이론은 충분히 연구하지는 못했다지만, 요컨대 추위와 더위가 서로 충돌하여 생긴다는 것에는 의심의 여지가 없다. 그렇지 않고서야 저 허공에서 어디로부터 이렇게 많은 물이 내려오겠는가? 술을 달이면 이슬이 생기는 것을 보아도 알 수 있다. 양은 덥고 음은 차며, 양은 부드럽고 음은 단단하며, 양은 퍼지고 음은 막힌다. 더운 습기가 올라가면 구름이

엉기고 그 기운은 반드시 차가워진다. 그러나 음이 극에 달하면 양이 생기기 때문에 냉기 가운데 열기가 있으니 이것을 가리켜 음양이 서로 균형을 이룬다고 하는 것이다.[22]

라 했고 뇌진(雷震)을 설명하기를

벼락이 생기는 이치도 쉽게 탐구할 수는 없다. 음이 왕성해서 양을 감싸고, 음이 닫히고 양이 솟아오르면 그 형세상 반드시 발동한다. 그렇다고 천둥이 반드시 벼락이 되는 것은 아니다. 높은 데 올라가서 멀리 바라보면 번개의 빛은 반드시 위로 솟아오른다. 번개는 불이다. 불이 솟아오르면 벼락도 따라서 치는 것이다. 벼락을 친 천둥의 빛이 아래로 흐르면 부딪치는 것을 모두 부셔버린다. 이것은 음이 응결되면 반드시 무거워지는데, 어쩌다 위가 두껍고 아래가 엷은 경우 기운이 맹렬하게 터지는 것이다. 엷기 때문에 그대로 뚫고나가서 아래로 터지면서 물건을 쳐부수면 벼락이 되는 것이다.[23]

라 했듯이 아직 음양설적 범주를 탈피하지 못했고 그의 말미에서

오늘날 산중에 용추(龍湫)가 매우 많은데, 모든 곳에 용이 있는 것이 아니라 괴상한 일을 일으키는 신물(神物)에 불과할 것이다. 천둥의 천둥신[雷神]이라는 것도 이치상 어쩌면 있을 것이다.[24]

라 함에 이르러서는 아직 완전히 신비주의적 관념론에서 벗어나지

---

22) 『성호사설』 권1, 「천지문」, 「雨」. "雨澤之說 雖曰未究 要是爲寒熱相射則無疑 不然 彼虛中何從而有 許多水來哉 觀炊庖西爲露可驗 蓋陽溫而陰冷 陽柔而陰堅 陽舒而陰翕 溫氣蒸上 陰雲凝結 其氣必冷 陰極 生陽 故冷中有熱 是謂陰陽互濟也"

23) 『성호사설』 권1, 「천지문」, 「雷震」. "震擊之理 亦不可易究 陰盛而包陽 陰翕而陽奮 其勢必發 然雷未 必皆震 登高而望遠 電光必上騰 電者火也 火之奮發 震必隨之也 震擊之雷 火光下流 所觸皆擊碎 是則 陰凝必重 或上厚下薄 氣烈而決 惟薄是透 下決蠢物 所以成震也"

24) 같은 책, 같은 곳. "今山中龍湫極多 未必皆龍 不過神物之興妖作異也 雷之雷神 理或有之矣"

못하고 있음이 분명하다.

그러나 성호는 한대(漢代) 이래의 재이설(災異說)에 대하여는 전적으로 부정적 태도를 굳히고 있다. 그의 외재이조(畏災異條, 上疏書)를 보면

> 임금은 지극히 존귀하지만 임금 위에는 하늘이 있다. 임금이 하늘을 두려워하지 않는 것은 백성이 임금을 두려워하지 않는 것과 같다. 백성이 나쁜 짓을 저지르면 거기에 적용되는 국가의 법이 있지만 임금이 임금의 도를 잃는다고 해서 하늘이 반드시 재앙을 내리지는 않는다. 그러므로 간혹 재이(災異)가 하늘에서 나타나더라도 임금은 두려워하지 않는 것이다. 『춘추(春秋)』이후로 재이가 있으면 반드시 인간 세상의 일을 가져다 부합시켰는데, 동중서(董仲舒)·유향(劉向)에 이르러 그런 논의가 극에 달했다. 그러나 우러러 보거나 굽어 살펴보아도 들어맞지 않는 것이 많기 때문에, 임금은 두려워하지 않는 것이다. 시골의 사나운 백성이 사특한 짓을 하고, 기강을 무너뜨리는데도 우연히 법망에 걸리지 않은 것을 가지고 아무런 문제될 것이 없다고 한다면 어떻게 되겠는가? 삼척(三尺)의 단서(丹書)는 왕부에 진실로 있어야 하는 것이다. 재이란 하늘에 속한 것, 땅에 속한 것, 사람에 속한 것이 있으니 구별하지 않으면 안 된다. 하늘은 쉬지 않고 움직이고 해와 달, 그리고 다섯 별이 모두 일정한 궤도가 있다. 그것이 얇아지고 침식되거나 능멸당하고 침범을 당하는 것 어떻게 한 국가의 작은 일 때문에 나타나는 변화이겠는가? 나는 '임금의 말 한 마디에 별이 3사(舍)를 물러났다'는 얘기를 믿을 수 없다.[25]

라 하여 재이인사상응설(災異人事相應說)을 부인하고 있다. 이러한 그

---

25) 『성호사설』 권1, 「천지문」, 「畏災異」. "人君至尊也 君之上有天 君不畏天 如民不畏君也 民之奸宄 國有定律 君之失道 天未必降禍 故雖或災異上見 君不畏懼也 自春秋以後 凡有災 必挽人事以符合之 至董仲舒劉向之論極矣 仰觀俯察 不應者蓋多 此君所以不畏也 閭井頑民 爲邪爲惡 妄干憲綱 偶逭刑章 而謂無患害則何如耶 三尺丹書 王府固有也 蓋災異有屬天者 有屬地者 有屬人者 不可不辨 天行不息 二曜五緯 厥有常度 其薄蝕矮犯 豈因一國之小一事之微而有所移易哉 如君一言星退三舍之類 吾未之信也"

의 입장은 기본적으로 과학적 이해에의 지름길이 되는 것이다.

그의 모든 사물에 대한 과학적 이해는 모름지기 송학(宋學)의 우주론이나 인성론(人性論)에 있어서도 새로운 입장을 취하고 있음을 엿볼 수가 있다. 우주론에서는 음양설을 근간으로 하는 고전적 대대원리(對待原理)에 입각한 이론체계를 견지함으로써 오행설(五行說)을 배제하였고 인성론(人性論)에 있어서도 성리설(性理說)을 멀리하면서 인성의 원초적 이해를 위하여 힘쓴 흔적이 짙다.

성호가 그의 우주론을 정립할 때 음양설을 취함으로써 "해와 별이 환히 밝은 것은 하늘의 기이고, 추위와 더위, 낮과 밤은 땅의 기이다. 떠도는 기가 중간에 머물면 맑고 흐리거나, 도탑고 엷기도 한다. 모였다 흩어지고 날아다니며 떠오르기도 한다. 김이 서리면 구름과 안개를 이루고, 서로 부딪치면 천둥과 번개를 만들며, 치솟으면 별이 되고 뭉치면 운석이 되는 등 순조로울 때도 있고 어긋나는 경우도 있다"[26]라 하여 자연현상의 이해를 통하여 주기론적(主氣論的) 입장을 굳히었고 인간의 정신을 설명함에 있어서도 "사람과 사물이 형체를 가지는 것은 기혈(氣血) 때문이다. 기혈의 가장 영화로운 것을 정신(精神)이라고 한다. 정(精)은 혈(血)에 속하고 신(神)은 기(氣)에 속한다. 혈이 아니면 기는 머물 곳이 없고, 기가 아니면 정을 발동할 수 없다. 정신의 움직임은 물과 불이 서로 관계하는 것과 같다. 혈은 물이고, 기는 혈을 운행할 수 있느니, 혈이 움직여 바깥으로 발동하는 것도 또한 기가 그렇게 하는 것이다"[27]라 하여 역시 주

26) 『성호사설』 권1, 「천지문」, 「畏災異」. "夫日星昭明 天之氣也 寒熱晝夜 地之氣也 浮氣在中 清濁淳澆 合散飛揚 蒸成雲霞 激作雷電 奮爲謍斗 結爲隕石 有順有逆"

27) 『성호사설』 권 15, 「인사문」, 「정신」 "人物之所以爲形者氣血 而氣血之英華謂之精神 精屬血神屬氣 非血則氣無所寓 非氣則精無所發 精神之動 水火之交濟也 血者水也 氣能運血 凡血動而發於外 亦氣之爲也"

기론적(主氣論的) 인간이해에 접근하고 있음을 볼 수가 있다.

그러므로 성호는 그의 인성론에 있어서도 송학(宋學)으로서의 성리학적 입장을 벗어나 선진유학의 입장에서 '성선(性善)', '동자론성(董子論性)', '생지위성(生之謂性)', '순자성악(荀子性惡)' 등을 논하되 정주(程朱)의 설을 묵수하지 않고 있음이 역연하다. 더욱이 '심체조(心體條)'에서는 성리설(性理說)과는 오히려 상반된 입장을 취하여 상제설(上帝說)을 내세우되 다음과 같이 서술하고 있다.

> 훗날 유가에서 마음의 본체[心體]를 논하는 것과 서로 부합되지 않은 듯한 것은 어째서인가? 내 생각에 이것은 바로 "상제(上帝)와 상대하듯 한다"는 뜻이다. 『시경』에서는 "하늘이 밝으시어 그대가 나가는 데에도 미치시며, 하늘이 훤하시어 그대가 노니는 데에도 미치신다"고 했다. 한번 나가고 한번 노니는 데 상제가 엄연히 임(臨)해 있다고 여기는 것은 마음을 다잡는 법칙이다. 그렇지 않으면 저 충신(忠信)과 독경(篤敬)을 얻더라도 반드시 잃을 것이다. 충신과 독경이란, 성(性) 가운데에 있는 일에 지나지 않는다. 성은 하늘에서 나오고 하늘의 주재는 상제(上帝)다. 사람은 천지의 중(中)을 받아 태어나는데, 사람의 동작(動作)과 위의(威儀)란 나무의 뿌리나 물의 근원과 같이 본체가 드러나는 것이다. 여기에 소홀히 한다면 한때의 노력은 결국 허사가 되고 만다. 그러므로 성인이 그 근본을 미루어 말한 것이니, '그[其]'라는 한 글자를 음미해보면, 충신과 독경의 앞에 있을 뿐만 아니라 충신과 독경이 나오는 출처까지 지적한 것이 바로 이 글자이다. 그들의 출처란 상제가 아니고 무엇이겠는가?[28]

---

28) 『성호사설』 권14, 「인사문」, 「심체」. "與儒門他日論心體者 似不相契何也 余謂此對越上帝之義也 詩曰昊天曰明 及爾出往 昊天曰朝 及爾遊衍 一往一衍 昭昭儼臨 是持心之軌則也 不然彼忠信篤敬 雖得之必失之 忠信篤敬者 不過性分內事 性出於天 天之主宰曰上帝 人受天地之中以生 凡動作威儀如枝流之於根源 本體呈露 少忽於此 則一時勉行 終非實有 故聖人推其本爲言 詳味其一字 非但帖在忠信篤敬上 卽指忠信篤敬之所從出是也 其所從出 非上帝而何"

라 하였으니 이를 자세히 음미하면 인성의 소종래(所從來)는 천리(天理)가 아니라 상제(上帝)임을 알 수가 있다. 이는 인성의 근원이 천리(天理)에서 상제에로 전이함으로써 후일 정다산의 상제천설(上帝天說)을 낳게 했다는 점에서도 성호사상의 창의성의 일면이 깃들어 있다고 하지 않을 수 없다.

(7) 주체적 역사의식

성호는 그의 천원지방조(天圓地方條『僿說』「天地篇」「天文門」)에서

> 지구는 하늘의 중심[天之心]으로서 위에 있지도 아래에 있지도 않으니, 그 주위가 90,000리라면 그 지름은 30,000리이다. 지구의 중심[地之心]은 곧 하늘의 중심인 것이다.[29]

라 하였고 분야조(分野條)에서는

> 오늘날 중국이란 대지 가운데 한 조각에 불과할 뿐이다.……대지 전체의 지도로 논하자면 북극은 중앙이 되고, 동양은 용(龍)이며 서양은 호랑이다. 이런 식으로 펼쳐 놓으면 중국은 새[鳥]이고 땅 밑은 무(武)에 해당한다.[30]

라 한 것을 보면 이미 그에게 있어서 소위 중국 대륙 중심의 중화론은 이미 무산되어 있음을 알 수 있다. 소위 중화론이란 중원대륙이 천하의 중심이라는 데에서 유래하기 때문이다.

---

29) 『성호사설』 권2, 「천지문」, 「天圓地方」. "地球在天之心 不上不下 其周九萬里則其徑三萬里 地之心 卽天之心"

30) 『성호사설』 권2, 「천지문」, 「分野」. "今中國者 不過大地中一片土……若以大地全圖論之 北極爲中 東洋爲龍 西洋爲虎 從此鋪排 則中國爲鳥 地底爲武也"

이렇듯 성호의 과학적 자연관은 그대로 그의 역사의식에 깊이 영향을 미치었음은 다시 말할 나위도 없다. 다시 말하면 중국 중심의 세계관 곧 역사의식에서 벗어나 자아(自我) 중심(中心)의 역사의식에로의 전기를 갖게 되었음을 의미한다. 이를 일러 우리는 성호의 주체적 역사의식이라 일러야 할는지 모른다. 그리하여 그는 실리적(實理的)이요 실증적(實證的)인 사학(史學)을 정립했던 것이다.

그는 그의 기화(氣化, 『僿說』「經史篇」「論史門」)에서

> 내 생각에 우리나라는 옛날부터 낙교(樂郊)라고 불려서, 난리를 피해 바다로 건너온 자는 반드시 귀의했던 곳인 것 같다. 인문(人文)은 미비하고 풍속은 귀신을 믿었기 때문에 지모가 있는 선비가 어리석은 백성을 우롱하려면 반드시 황홀한 어떤 것에 가탁해서 사람들이 숭배하도록 했을 것이다. 이렇게 해서 사람이 '알에서도 나고 궤에서도 난다'는 등 허황된 주장을 계속 이어가는데도, 백성들은 다 믿고 높였던 것이다. 그래서 나라를 세우고 임금을 정하면서도 자신의 손아귀에 있는 것처럼 마음대로 휘둘렀던 것이다. 이런 잠꼬대 같은 소리나 헛소리가 세상에 전해지자 역사서를 짓는 이는 아는 것도 없이 이런 말을 모아 기록해 두었으니, 어찌 잘못이 아니겠는가?[31]

라 하여 한국사에 있어서의 신화적 요소를 부정한 것은 그의 실증사관에 입각한 당연한 귀결이 아닐 수 없다. 그러므로 그가 단군(檀君)을 서술하되 그의 삼성사조(三聖祠條, 上疏書)에서 이르기를

역사에서는 '단군(檀君)이 아사달(阿斯達)에 들어가 신이 되었다'

---

31) 『성호사설』 권20, 「경사문」, 「氣化」. "愚意東方古稱樂郊 避地浮海者 必於是爲依歸 人文未備 俗信鬼神 知謀之士 愚弄癡民 必將假托怳惚 以圖崇奉 於是卵生櫃出 相繼現幻 衆俗翕然尊信 開國作主 倐辦於掌股之間 謳言稗說 讝囈流傳 作史者無識 取而記載 豈不謬乎"

고 하는데, 아사(阿斯)는 언어(諺語)로는 구(九)이고, 달(達)은 언어로는 월(月)이다. 오늘날의 말로는 구월산(九月山)이 이곳이다.……구월산에는 삼성사(三聖祠)가 있어서, 환인(桓因)·환웅(桓雄)·단군(檀君) 세 사람을 봄·가을에 향을 내려 제를 올린다. ……우리나라의 역사는 속된 풍속을 잡다하게 모아서 더욱 맹랑한데도 역사서를 짓는 이들은 이것을 채집해다 쓰고 있으니 이처럼 식견이 비루한 것이다.[32]

라 한 것도 신화론 부정의 일환이 아닐 수 없다. 그 대신 그의 사관은 오로지 실증적 인문주의에 입각하였으니 이는 그의 유가적 사관 정립의 배경이 아닐 수 없다.

그러한 의미에서 그의 중국사 이해는 요순론(堯舜論)에서 비롯하였고 한국사 이해는 기자론(箕子論)에서 비롯한 태도의 배경으로 짐작할 수가 있다. 그는 그의 기자론(箕子論 『僿說』 「經史篇」 「論史門」 四)을 다음과 같이 개진하고 있다.

맹자는 "기자(箕子)·교격(膠鬲)·미자(微子)·미중(微仲)·왕자 비간(王子比干)이다"라고 했다. 분명히 기(箕)·미(微)·왕(王)은 땅 이름이고, 자(子)는 작(爵)의 호칭이요, 교격·미중·비간은 이름일 것이다. 맹자는 또한 "교격은 고기 잡고 소금 굽는 사람들 틈에서 등용되었다"고 했으니, 바닷가에 살았다는 뜻이다. 『주례』 「직방씨(職方氏)」 "유주(幽州)는 고기잡이와 소금 굽기에 유리하다"고 했으니 곧 요해(遼海)를 가리킨다. 은나라의 제도는 왕의 아들일지라도 반드시 먼 지방으로 내보내어 가난(艱難) 고통을 알게 하였으니, 무정(武丁)의 경우에서 알 수 있다. 기라는 나라는 곧 우리나라를 가리킨다. 분야(分野)로 따져보아도 우리나라는 기(箕)와 미(尾)의 자리에 해당한다. 내 생각에는 기자는

---

32) 『성호사설』 권26, 「경사문」, 「三聖祠」. "史稱檀君入阿斯達山爲神 阿斯者 諺語九也 達者 諺語月也 今文化九月山是也……山有三聖祠 祀桓因桓雄檀君三人 春秋降香致祭……大抵東史 雜朶俚俗 尤甚孟浪 而作史者取焉 其見識之陋如此"

단군 조선의 말기에 기성의 자리 부분을 돌아다니다 이곳을 좋
아해서 결국 이 땅에서 봉호와 작위를 받은 것 같다.[33]

라 하여 기(箕)란 동방의 일지명(一地名)임을 밝히고 단군 말기에 그
지방의 자작(子爵)으로 봉(封)한 조선후(朝鮮侯)에 불과함을 밝혀놓고
있다. 뿐만 아니라 성호는 비록 동방에 있어서 신화적 요소는 부정
하는 입장을 취하고 있음에도 불구하고 인문(人文)의 교화는 동방에
서 이루어졌음을 동주조(東周條, 上疏書)에서 다음과 같이 서술하고
있다.

공자는 "만약에 나를 등용하는 이가 있다면 나는 그 나라를 동
주(東周)로 만들겠다"고 했다. 무왕(武王)이 봉건제를 시행하고서
주공(周公)은 노나라를, 소공(召公)은 연나라를, 태공(太公)은 제
나라를, 기자는 조선을 다스렸으니 당시의 뛰어난 성현들을 모
두 동방에 있었다는 것이다. 순(舜)은 본래 동이 사람이었으니,
조선은 반드시 남들보다 먼저 그의 교화를 입었을 것이고, 기자
는 이로 인해 교화를 더욱 도타이 했기에 인의(仁義)가 넘치는
지방이라는 호칭을 얻었던 것이다. 그의 후손에 이르러서 군사
를 일으켜 주나라를 높이고 천하에 대의를 떨치고자 했으나, 끝
내 뜻을 이루지는 못했다. 그러나 그 사실은 당시의 제후들이
감히 생각지도 못했던 것이다. 부자께서는 일찍이 "구이의 땅에
살고 싶다"고 했고, 또한 "뗏목을 타고 바다로 나가겠다"고도
했다. 그 바다는 동해(東海)이다. 뗏목이 멈추는 곳이 조선이 아
니면 어디겠는가? 성인의 역량은 지극히 크기 때문에, 제나라·
노나라의 임금이 등용해서 산동 지방의 의병을 일으키게 하고,
밖으로는 조선과 결연을 맺어 그 명분을 바로잡고 복종하지 않

---

33) 『성호사설』 권1, 「천지문」, 「箕指我東」. "孟子謂箕子膠鬲微子微仲 王子比干 分明是箕微王者 地也
子 爵也 膠鬲微仲比干 名也 孟子又云 膠鬲舉於魚鹽之中 謂居海濱也 周禮職方 幽州其利魚鹽 卽指遼
海也 殷制 雖王者之子 必使之遊歷遠近 俾知艱難 於武丁可見 箕之爲國 指我東也 以分野驗之 我東正
當箕尾之躔 意者箕子於檀君之末 遊行箕躔之分而悅 卒乃受封於此也"

는 이를 토벌했더라면 어떻게 주나라의 도가 동방에서 다시 밝아지지 못했겠는가?……(공자께서) 결국 가시지 않았던 것은 일이 제대로 이뤄지지 못했기 때문이었을 것이다. 진실로 조선의 제후가 큰 뜻을 품었다는 소식을 들었더라면 공자께서 빨리 갔을 것이라는 점에는 의심의 여지가 없다. 성인이 탄식했던 때도 이때가 아니었겠는가?[34]

라 한 것을 보더라도 순(舜)과 공자와 기자(箕子)의 문명(文明)이 여기 동방에 있음을 강조한 자취가 뚜렷함을 알 수가 있다. 동시에 성호는 중국의 문화도 순(舜)에서 비롯하였음을 그의 요순조(堯舜條, 「論史門」 一)에서 다음과 같이 서술하고 있다.

요와 순은 똑같은 성인이지만, 기상은 다르다. 『상서』의 「요전(堯典)」과 「순전(舜典)」을 보면 알 수 있다. 공자는 "오직 하늘만이 위대한데 요임금이 이를 본받았다. 그 드넓은 덕을 백성들이 형용할 수 없었다"고 했다. 이것은 '하는 것이 없이 말없이 공손한 태도로 바르게 남면했을 뿐이다'는 뜻이다. 어째서 '하는 것이 없었다'고 하는 것인가? 비와 바람, 서리와 이슬에 만물이 젖어 살지만 하늘이 언제 거기에 관여했던가? 어떤 이는 시대는 다 평화로울 수 없고, 사람은 모두 선할 수 없으니 아무리 하늘이라도 일일이 바로잡지는 못할 것이라고 의심하는데, 이것은 하늘을 알지 못한 것이다. 오직 요임금만이 이것을 본받아 다만 남면을 하고서 자기를 바르게 한 채로 만물이 제각각 그의 본성의 저절로 그러함을 따르도록 했으니, 그 위대한 교화 가운데 있는 것치고 어느 것이 따르지 않았겠는가? 그 가운데는 기품이 일정치 않아서 이치에 어긋나는 경우도 있지만 이것은 요임금

---

34) 『성호사설』 권23, 「경사문」, 「東周」. "子曰如有用我者 吾其爲東周乎……武王之封建也 周公治魯 召公治燕 太公治齊 箕子治朝鮮 當時傑鉅聖賢 都在東方 舜固東夷之人 朝鮮必先被其化 而箕子因以敦敎 號稱仁義之方 至後孫 乃欲興兵尊周 伸大義於天下 雖不能卒成其志 其事實當時諸侯所不敢萌於心者 夫子嘗欲居九夷 有乘桴浮海之語 海是東海 乘桴所止 非朝鮮而何 聖人力量極大 若使齊魯之君擧而用之 倡率山東義旅 外結朝鮮 正其名而討不庭 安知周道之不能後明於東耶……終不往者 以其無成也 苟聞朝鮮侯之大志 夫子之亟往無疑矣 亦安知聖人發歎 不在此時耶"

이 그렇게 만든 것이 아니다. 「요전」이란 책은 마땅히 천(天)이란 글자로 보아야 한다. 순임금에 대해서라면 공자는 그를 찬탄하면서 "임금답도다"라고 했다. 임금이란 제작하는 사람의 칭호이니, 인도(人道)이다. 요임금이 하늘을 본받으면서도 등용하지 못했던 이들은 순임금은 인도로서 제정하고 보필했다. 팔개(八凱)와 팔원(八元)은 요임금이 등용하지 못했지만, 순임금은 팔개를 등용해서 후토(后土)를 맡아 온갖 일을 다스리게 했다. 또한 팔원을 등용해서 사방에 오교(五敎)를 베풀었다. 또한 사흉(四凶)을 요임금은 내쫓지 못했지만, 순임금은 그들을 물리쳤다. 그러므로 순임금에게는 커다란 공적 20가지가 있어서 천자가 되었다고 하는 것이다. 요임금이 90, 100세 무렵이 되어 정사에 게으르게 되자 순임금이 그의 신하가 된 것인데, 오랑캐가 중국을 어지럽히기도 하고, 도둑들이 간사한 짓을 하는 일이 없지 않아서 요임금의 뜻을 이어 현자를 등용하고 흉악한 이를 물리쳤다. 이렇게 해서 천하가 다스려졌으니 이는 시기에 따른 형세가 그렇게 만든 것이다. 요임금이 순임금의 신하였더라도 이렇게 했을 것이다.[35]

라 하여 요(堯)의 천도와 순(舜)의 인도를 대비하여 인문의 발상을 요(堯) 아닌 순(舜)에게로 돌리고 순(舜)의 인문(人文)이 동이(東夷)에서 비롯하였음을 밝혔을 뿐만이 아니라, 공자의 욕거구이설(欲居九夷說)로서 동방이 문화의 중심지이었음을 확인하고 있는 것이다. 이를 달리 말한다면 소위 중화의 문화도 그의 중심이 동이에 있음을 밝힌 것이라 이르지 않을 수 없다. 여기서 우리는 성호의 주체적 역사의

---

35) 『성호사설』 권25, 「경사문」, 「堯舜」. "堯舜聖則同 而氣像不同 觀於二典可見 孔子曰惟天爲大 惟堯則之 蕩蕩乎民無能名 此無所爲 而恭黙正南面而已也 何謂無爲 風雨霜露 庶物露生 天何嘗與焉 或於時不能和 人不能盡善 天不能逐一正之 此不知天者也 惟堯則之 但南面正己 欲使萬物各徇其性之自然 其在大化之中者 孰敢不從 其或稟氣參差 不免有違理者 亦非堯之爲也 一部堯典 宜以天字看也 至於舜 孔子贊之曰君哉 君者 制作之稱 人道也 堯則天而所未能學者 舜却以人道哉戎輔相之 八凱八元 堯不能擧 而舜擧八凱土后土 以揆百事 擧八元 使布五敎於四方 又四凶 堯不能去之 舜去之 故曰舜有大功二十而爲天子也 堯老期倦勤而舜臣堯 不能無猾夏奸宄 則承堯之意 擧賢黜凶 天下亦理 此勢也時也 使堯臣舜 亦將如斯"

식의 단서를 엿보고도 남음이 있다.

5) 유적과 유물

성호의 유적은 그의 80평생(平生) 전 생애를 통하여 그가 출생한
평안도 운산(雲山)을 제외하고는 오직 한 군데 광주 첨성리가 있을
따름이다. 그가 과거와 벼슬을 멀리하고 오직 이곳에서 후학을 교도
하면서 저술을 일과로 삼다가 세상을 떠났고 그의 무덤마저도 여기
에 있으니 첨성리야말로 성호의 유일한 연고지요 동시에 유적지라
이르지 않을 수 없다.

현재 첨성리(瞻星里) 구지(舊址, 半月市 北端)에는 묘소(墓所)가 있고
묘역내(墓域內)에는 기염비 일기(一基)가 서 있다. 반월시(半月市)의 정
지(整地) 관계로 묘역이 침식되어 있다. 주변정비가 절실하게 요청되
는 실정이다.

생가(生家) 및 서재(書齋, 六楹齋)의 구지(舊址)는 그야말로 주초(柱
礎)의 흔적만 남아 있기 때문에 이의 완전 복원이 요망된다. 그것은
오간와가(五間瓦家)로 알려져 있고 이에 따른 부속건물도 함께 복원
되는 것이 바람직하다.

그의 생가 유적지에서는 멀리 떨어져 있는 경남 밀양군 부북면(府
北面) 퇴로리(退老里)에는 선생의 문집(文集) 장판각(藏板閣)이 있다.
오래된 건물이어서 이의 장기보존을 위한 보수 겸 단청이 필요하다.

6) 현창방안

이상에서 보아온 바를 토대로 하여 성호에게 있어서의 유일한 유적지라 할 수 있는 광주 첨성리 소재 육영재(六楹齋)와 묘역이 복원정화되어야 할 것이다. 성호는 학문적으로도 성호학파를 형성하리만큼 많은 제자와 후학들을 양육하였기 때문에 이러한 면모를 되살리기 위해서도 그의 80평생을 보낸, 첨성리에 그를 위한 기념관을 건립하여 그의 유풍을 길이 계승하도록 해야 할 것이다.

다음으로는 성호전집(星湖全集)의 간행이 서둘러져야 하며 아직 미간본(未刊本)으로 방치된 제경질서(諸經疾書)의 간행은 더욱 학계의 화급한 요청이 아닐 수 없다.

성호전서(星湖全書)의 내용을 약기(略記)하면 다음과 같다.

	書名	所藏	冊數	影印面數
1	文集	密陽退老藏本	27책	1,050
2	續集	〃	10책	350
3	僿說	李暾衡所藏(筆寫)	30책	1,175
4	藿憂錄	〃	1책	27
5	觀物篇	日本東洋文庫	1책	15
6	星湖禮式	李暾衡所藏(筆寫)	1책	40
7	禮說類編	國立圖書館所藏(筆寫)	7책	300
8	禮說	李暾衡所藏(筆寫)	5책	300
9	雜著 (喪威日錄등)	奎章閣	2책	120
10	四七新編	國立圖書館	1책	30
11	孟子疾書	國立圖書館(奎章閣)	3책	110
12	大學疾書	奎章閣	1책	35
13	小學疾書	〃	1책	37
14	論語疾書	國立圖書館	2책	37

15	中庸疾書	〃	1책	33
16	近思錄疾書	奎章閣	1책	45
17	心經疾書	國立圖書館	1책	15
18	易經疾書	奎章閣	2책	140
19	書經疾書	〃	1책	40
20	詩經疾書	國立圖書館	3책	110
21	家禮疾書	奎章閣	2책	100

2. 다산의 사상과 유적

1) 인물과 생애

다산(茶山) 정약용(丁若鏞, 1762~1836)은 그가 사숙한 스승 성호 이익(1681~1763)이 세상을 떠나기 1년 전에 태어났기 때문에 그에 게서 직접 수학한 바는 없지만 다산은 성호의 학문적 계보를 계승하 여 조선조 후기실학을 집대성하였다. 다산의 본명은 약용(若鏞), 소 자(小字)는 귀농(歸農), 자는 미용(美庸) 또는 송보(頌甫)요 호는 사암 (俟菴)인데 따로 다산·탁옹(籜翁, 籜史翁)·태수(苔叟, 苔上釣叟)·자 하도인(紫霞道人)·철마산인(鐵馬山人) 등으로 자호(自號)하였고 당호 (堂號)는 여유당(與猶堂)이라 하였는데 그 뜻은 노자(老子)의 "동섭외 린(冬涉畏隣)"에서 취하였다.

압해(押海, 羅州) 정씨로서 황해도(黃海道) 백천(白川)에서 세거(世居) 하다가 한양(漢陽)으로 옮긴 후 팔대(八代)에 걸쳐서 옥당(玉堂)에 들 었으나 당화의 시세가 남인에게 불리하여지자 고조(高祖)로부터 줄

곧 삼대는 포의(布衣)로 끝맺었다. 그는 진주목사(晋州牧使)로 순직한 재원(載遠)의 제4자(第四子)로서 윤고산(尹孤山)의 후예인 공재(恭齋) 윤두서(尹斗緖)의 외증손이기도 하다.

그는 영조 38년(1762) 6월 16일 사시(巳時)에 광주(廣州) 초부면(草阜面) 능내리(陵內里) 초천(苕川) 마현(馬峴)에서 낳고 헌종 2년(1836) 2월 22일(양 4월 8일) 진시(辰時)에 향리 구제에서 임종하니 수(壽)는 75세였다.

다산의 일생은 대체로 3기로 나누는 것이 하나의 통례로 되어 있다. 제1기는 22세 때 경의진사(經義進士)가 되어 18년간 정조의 총애를 받다가 40세(1801) 때를 신유옥사(辛酉獄事)로 강진(康津)에 유배될 때까지의 득의(得意) 시절이요, 제2기는 18년간의 적거(謫居) 시절로서 그의 나이 58세까지요, 제3기는 해배(解配) 후 임종까지의 18년간 유유자적하던 말년에 속한다.

다산이 맨 처음 일세를 풍미하던 성호의 학에 접한 것은 그의 나이 16세 때의 일로서 그로부터 흔연히 학문에 뜻을 두게 되었음을 그는 그의 「자찬묘지명(自撰墓誌銘)」에서 자술하고 있다.

다산의 관로는 정조의 권우(眷遇) 지극한 중에서도 암행어사로부터 비롯하여 참의(參議)와 좌우부승지(左右副承旨)로 끝났으니 정3품 이상은 오르지 못하였다. 오히려 금정찰방(金井察訪, 종6품), 곡산부사(谷山府使) 등의 외직으로 말미암아 그의 벼슬길은 세파 속에서 얼룩지기도 하였다.

그의 강진시절은 인생의 시련기였음에도 불구하고 그의 혁혁한 저술의 업적은 거의 이 시절에 이룩된 사실을 우리는 기억하여야 할 것이다. 장서(藏書) 천여 권(千餘卷) 속에 묻혀 제자 18인과 더불어 이 시절을 보낸 그는 육경사서와 일표이서의 저술에 전념하였던 것이다.

다산은 유가(儒家)의 집안에서 태어났고 유학으로 입신하였으며 유교경전의 대저술을 남겼음에도 불구하고 23세 때 천주교도였던 광암(曠菴) 이벽(李蘗, 1754~1786)에게서 처음으로 천주교 서적을 접하였고 그의 주변을 살펴보면 그의 큰 중형(仲兄) 약종(若鍾)은 순교하였고 또 다른 중형(仲兄)인 약전(若銓)은 흑산도로 유배되었으며 천주교의 최초의 세례교인이었던 이승훈은 그의 제부(娣夫)요 황사영백서(黃嗣永帛書, 辛酉敎獄의 密書)의 장본인인 황사영(黃嗣永)은 다산의 맏형인 약현(若鉉)의 사위요 광암 이벽 또한 약현(若鉉)의 처남이다. 이러한 다산의 주변상황은 바다 속의 물고기가 물을 떠나서 살 수 없듯이 그도 또한 천주교의 배경을 떠나서 존립할 수 없었을는지 모른다. 그리하여 그는 천주교도들의 모임에 참여한 경력이 있었던 관계로 다산은 숨김없이 자기 자신이 천주교와 무관하지 않음을 실토하기도 하였다. 그러나 그는 정조의 뜻을 저버릴 길이 없어 금정찰방과 곡산부사를 겪는 과정에서 천주교도들을 회유하지 않을 수 없는 숙명적인 처지에 놓였으니 그것은 비록 정조의 지엄한 뜻을 받들지 않을 수 없었기 때문이기는 하였지만 그로 인하여 그는 또한 배교자라는 불명예를 감수하지 않을 수 없는 처지가 되어 버리기도 하였던 것이다

그러나 현재 천주교 측의 기록에 의하면 다산은 강진 유적생활(流謫生活) 중에 이미 그의 천주(天主)에 대한 신심은 다시금 소생하였을 뿐만이 아니라 유배 후 임종 전년에 '요한'명으로 세례를 받아 다시금 천주교에 귀의하였음이 밝혀지고 있다.

그러므로 다산의 인물됨을 한 마디로 말하라 한다면 육경사서를 저술한 경사(經師)로서는 유교인(儒敎人)이지만 상제천(上帝天)을 신앙하는 종교인으로서는 천주교도이었다고 말할 수도 있다. 이를 흔히 외유내기(外儒內基)라 이르기도 한다.

2) 시대적 배경

다산시대로 말하면 18세기 후반에서 19세기 전반에 걸쳐 있으며 이 시기는 정순(正純) 양조(兩朝) 교체기에 일어났던 신유교옥(1801)의 격동기를 배경으로 하고 있다. 이 사건은 비록 천주교 탄압을 빙자하여 일어난 사건이라 하더라도 그의 본질을 따지고 본다면 정치, 경제, 사회, 문화 등에 걸쳐서 새로운 개혁을 갈망하는 신진사류들과 이를 못마땅하게 여기던 보수 세력과의 갈등에서 빚어진 사건이었던 것이다. 그의 이면에는 새 당쟁의 불씨였던 시(時)·벽(僻) 양파의 암투가 깊숙이 깔려 있었다는 사실도 배제할 수 없음은 다시 말할 나위도 없다.

그러므로 이러한 변혁기일수록 제제다사(濟濟多士) 백가쟁명(百家爭鳴) 많은 고론탁설(高論卓說)이 배출할 가능성은 얼마든지 있게 마련이다. 그런 까닭에 이 시기를 전후로 하여 소위 통칭 실학자로 손꼽히는 많은 개혁론자들이 나왔고 그들은 그들 나름대로의 일가견을 발표한 저술들이 기출(簇出)하여 그들의 학문적 유산으로서 오늘에 전해지고 있다.

다산의 학문적 업적도 말하자면 그러한 유산 중의 하나이기는 하지만 다산의 업적이야말로 이들의 모든 업적들을 하나로 집대성하였다는 점에서 보다 더 한 계단 높은 차원에서의 평가를 받고 있는 것이다.

대체로 이 시대의 특징을 실사구시(實事求是), 이용후생(利用厚生), 경세치용(經世致用) 등의 단어로 설명하려고 하지만 이러한 표현은 당시에 있어서의 하나의 역사적 현상을 묘사한 것에 지나지 않는다. 그러나 철학적 측면에서 이 시대의 역사현상을 관조해본다면 수사학적(洙泗學的) 수기치인(修己治人)의 군자지도(君子之道)에 있어서의 치인지도(治人之道)의 보완적 현상으로 이해하게 된다. 그러므로 전자는 실학의 역사적 이해인 것이요 후자는 실학의 철학적 이해라 해야 할 것이다.

그러므로 다산은 이 시대를 이해하되 역사적 이해를 결코 간과하지는 않았지만 보다 더 본질적인 면에서 이를 철학적으로 이해하였으니 그것이 다름 아닌 수사학적(洙泗學的) 개신유학(改新儒學)의 입장에서의 이해인 것이요 그것이 곧 수기치인(修己治人)의 전인적(全人的) 군자학(君子學) - 목자학(牧者學) - 으로서의 이해라고 해야 할 것이다. 그렇게 함으로써 비로소 이 시대의 종합적이고 총체적인 이해가 가능하였기 때문이다. 다산학이 당대실학의 집대성자가 된 소이도 바로 여기에 깃들어 있다고 보아야 할 것이다.

3) 학문적 업적

다산의 학문적 업적은 양적으로도 방대하거니와 질적으로도 다양하여 조선조 학술사상 일대위관을 이루고 있다. 그리하여 다산학은 철학·종교·윤리·의례(儀禮)·정치·경제·사회·과학·문학·언어·천문·지리·역사·의학·음악·서화(書畵) 등 다방면에 걸쳐 있기 때문에 그의 학은 가위 백과사전학적이라 이를 수 있지만 이를 대충 분류해본다면 크게 세 부문으로 나눌 수가 있다. 곧 경학(經學)·경세학(經世學) 그리고 기타 잡류(雜類)가 그것이다. 경학에서는 철학·종교·윤리·예학(禮學)·악리(樂理) 등이 다루어지고 경세학에서는 정치·경제·법률·사회 등이 주축을 이루고 있으며 기타 잡류에서는 지리·역사·과학·시문학·언어·의학 등이 광범위하게 다루어지고 있다. 이러한 학문의 다양성이 다산학의 특질을 이루고 있다는 점에 있어서도 다산학이야말로 만학(萬學)의 총괄적(總括的) 집대성자(集大成者)라 이르지 않을 수 없다.

이상과 같은 다산학의 업적은 크게는 육경사서의 경학과 일표이서의 경세학으로 분류되고 있거니와 거기에 기타의 잡류까지 합하여 『여유당전서(與猶堂全書)』 76책으로 편집 간행되었으며(1935) 해방 후 그에 이어 『여유당전서보유(與猶堂全書補遺)』 5책이 간행되었다(1973).

이에 다산학의 규모를 짐작하게 하기 위하여 그 저술의 구체적 내용을 적기(摘記)해보면 다음과 같다.

시경강의(詩經講義) 12권·시경강의보(詩經講義補) 3권·매씨상서평(梅氏尚書評) 9권·상서고훈(尚書古訓) 6권·상서지원록(尚書知遠錄) 7권·상례사전(喪禮四箋) 50권·상례외편(喪禮外篇) 12권·사례가식(四禮家式) 9권·악서고존(樂書孤存) 2권·주역사전(周易四箋) 24권·역학서언(易學緒言) 12권·춘추고징(春秋考徵) 12권·논어고금주(論語古今註) 40권·맹자요의(孟子要義) 9권·중용자잠(中庸自箴) 3권·중용강의보(中庸講義補) 36권·대학공의(大學公議) 3권·희정당대학강의

(熙政堂大學講義) 1권・소학보전(小學補箋) 1권・심경밀험(心經密驗) 1권・시문집(詩文集) 70권・경세유표(經世遺表) 32권・목민심서(牧民心書) 48권・흠흠심서(欽欽心書) 40권・아방비어고(我邦備禦考) 30권・강역고(彊域考) 10권・전례고(典禮考) 2권・대동수경(大東水經) 2권・소학주관(小學珠串) 3권・아인긱비(雅言覺非) 3권・미과회통(麻科會通) 12권

그리고 보유편(補遺篇)의 내용도 다음에 적기(摘記)하여 동호자(同好者)의 참고에 공(供)하고자 한다.

(제1책) 다암시첩(茶盦詩帖)・죽란유태집(竹欄遺蛻集)・진주선(眞珠船)・동수초(桐手鈔)・열수문황(洌水文簧)

(제2책) 1. 일기(日記)－금정일기(金井日記)・죽난일기(竹欄日記)・규영일기(奎瀛日記)・함주일록(含珠日錄) 2. 잡저(雜著)－다산만필(茶山漫筆)・아언지가(雅言指暇)・혼돈록(餛飩錄)・아언각비보유(雅言覺非補遺)・여유당잡고(與猶堂雜考)・청관물명고(青館物名考) 3. 교육(教育)－교치설(教穉說)・불가독설학편(不可讀說學篇) 4. 불교(佛教)－대동선교고(大東禪教考)・만일암지(挽日菴誌) 5. 역사(歷史)－동언잡지(東言雜識)・압해정씨가승(押海丁氏家乘)・동남소사(東南小史)

(제3책) 1. 정법편(政法編)－명청록(明清錄)・흠전(欽典)・산재냉화(山齋冷話) 2. 국방편(國防編)－민보의(民堡議)・상토지(桑土誌)・군제고(軍制考)・비어촬요(備禦撮要)・일본고(日本考)・한병(漢兵)・외이(外夷)・토적고(土賊考)

(제4책) 수학편(數學編)－구고소류(勾股蘇流)・잡찬편(雜纂編)－여범지남(儷範指南)・서의(書義)・역의(易義)・임자세제도태양(壬子歲諸道太陽)・출입주야시각(出入晝夜時刻)

(제5책) 경학편(經學編)－상서지원록(尙書知遠錄)・광효론(廣孝論)・

독례통고전주(讀禮通考箋註)·주역서언(周易緖言)·시경강의속집(詩經講義續集)

4) 다산사상의 개요

흔히 다산사상을 한 마디로 잘라 말하라 한다면 대체로 이를 일러 목민사상(牧民思想)이라 한다. 이는 곧 다름 아닌 애민사상(愛民思想)이라 이를 수도 있다. 그러므로 다산이 말하는 목자(牧者)는 바로 공자의 군자요 맹자의 현인에 해당되는 인격적 존재인 것이다.

따라서 다산은 이러한 인격적 존재로서의 목자상(牧者像)을 정립하기 위하여 원시유교인 수사학적(洙泗學的) 공자교(孔子敎)에로의 복귀를 주장하면서 훈고(訓詁)·술수(術數)·과거(科擧)·문장(文章)·성리(性理) 등 후세에 일어난 오학(五學)이 본래적인 유학의 순수성을 흐리게 한 부장(蔀障)이라고 주장한다. 이렇듯 수사학적 연원에서 얻어진 수기치인지도(修己治人之道)로서의 군자지도(君子之道)가 다름 아닌 다산의 이른바 목민지도(牧民之道)에 해당된다.

그러나 우리는 다산사상의 이러한 포괄적 이해에서 보다 더 구체적인 내용에의 접근이 시도되어야 할는지 모른다. 그것은 모름지기 다산학의 다양성에의 접근을 의미한다.

(1) 철학

철학적 측면에서는 근본적으로 탈주자학적(脫朱子學的) 입장을 취하고 있다. 그리하여 그는 주자(朱子)의 칠서대전(七書大全)의 세계에서 벗어나 육경사서(六經四書)의 경학을 확립하였다.

여기서 우리가 특기할 만한 사실은 다산이 주자의 천리설(天理說)에 대하여 부정적 태도를 취했다는 점이다. 그리하여 그는 주자의 천리설에 갈음하여 상제천(上帝天)의 윤리적 천명설(天命說)을 내세움으로써 인격신(人格神)으로서의 상제의 존재를 인정한 것이다. 이는 곧 주자의 무신론적 입장에서 유신론적 입장에로의 획기적 전환을 의미한다.

이로써 송대 철학의 주축이 되어 온 성리학적 인성론은 그의 근저로부터 변화를 가져온 셈이 된다. 윤리적 천명의 근원이 되는 인격신으로서의 상제는 인성내존재자(人性內存在者)로서 존재하기 때문에 인성(人性)과 천명(天命)은 둘이 아니라 일여(一如)인 것이다. 그러므로 이를 근거로 하여 천명기재도심설(天命寄在道心說)이 성립될 뿐만이 아니라 인심도심내자송설(人心道心內自訟說)이 전개됨으로써 주자의 주정설적(主靜說的) 인성론이 활성론적(活性論的) 인성론으로 바꾸어졌다고 보아야 할 것이다. 다산의 인성론을 일러 이성적이 아니라 감성적이라 이르는 소이도 바로 여기에 깃들어 있다.

이렇듯 주자의 성리학에 대한 부정적 태도는 주자의 이성적 인성을 성기호(性嗜好)라는 감성적 인성으로 탈바꿈해 놓았다. 그러므로 그는 인성을 성즉리(性卽理)가 아닌 성즉기호(性卽嗜好)로 이해함으로써 그러한 성의 감성적 기호는 호선오악(好善惡惡)하고 호덕치오(好德恥汚)하는 윤리적 기호로 간주하였으며 이로써 윤리적 존재로서의 인간의 본질을 설명하려고 한다. 그리하여 그는 급기야 주자의 본연(本然)·기질(氣質) 양성론(兩性論)에 갈음하여 도의(道義)·금수(禽獸) 양성론(兩性論)을 내세움으로써 주자학적 세계에서 초연히 탈출하고 말았던 것이다.

다산학에 있어서의 주자의 천리설(天理說)의 부정은 역리(易理)의 이해에서도 근본적인 변화를 가져왔다. 주자는 "태극이란 이치다[太極者理也]"라 한 데 반하여 다산은 "태극이란 옥극이다[太極者 屋極也]"라 하였으니 이는 곧 전자는 형이상학적 원리로서의 이해요 후자는 형이하학적 상징으로서의 이해인 것이다. 그러므로 옥극(屋極)으로 상징된 태극은 음양(陰陽) 양의(兩儀)의 태일지형(太一之形)으로서의 이해인 것이다.

다산의 음양(陰陽) 양의(兩儀)의 태일지형(太一之形)으로서의 이해는 이이일적(二而一的) 사유형식에 속한다는 점에서 주자의 이기이원론적 세계관과도 구별된다. 여기서도 다산의 탈주자학적 우주론의 일면이 엿보인다.

(2) 종교

윤리적 천명의 연원으로서의 상제설은 실천윤리학(實踐倫理學)의 범주로서의 범주를 벗어나지 못한 유학으로 하여금 신독군자(愼獨君子)의 신앙적 유교에로의 일대전환의 계기를 마련해 놓았다.

여기서 추출된 상제설적 유일신관은 그것이 곧바로 당시에 성행했던 천주교의 신관에서 유래한 것인지 아닌지의 여부는 얼른 가려내기는 어렵다손 치더라도 어쨌든 그것이 기독교적 유일신상에 접근해 있는 것이라는 사실만은 인정해도 좋을 것이다. 이는 곧 유교경전에서 자주 읽을 수 있는 호천(昊天)·민천(旻天)·황천(皇天) 등의 현대적 이해의 결과라 해야 하는지도 모른다. 이 점에 있어서도 다산은 주자의 세계에서 완전히 탈출해 있음을 알 수가 있다.

(3) 윤리

다산은 애오라지 그의 윤리관에 있어서도 주자학의 세계에서는 완전히 벗어나 있는 점을 우리는 살펴보아야 한다. 그것은 공자의 인(仁)의 이해에 있어서 뚜렷이 나타난다.

다산은 공자의 인(仁)을 주해함에 있어서 "두 사람[二人也]" "사람 사이에서 그 도를 다 발휘하는 것[人人之間盡其道者也]"이라 하여 인간을 윤리적 존재로 파악하였고 이에 근거하여 인을 또다시 "사람을 향한 사랑[嚮人之愛也]"이라 하여 사랑의 향인적(嚮人的) 실천을 인(仁)이라 하였던 것이다. 이러한 다산의 인에 대한 이해는 주자의 그 것과는 정면으로 맞선 것이 아닐 수 없다. 주자는 그의 인의 주해에 서 "마음의 덕이요 사랑의 이치[心之德 愛之理]"라 하여 인을 심덕애 리(心德愛理)로 풀이하였다. 심덕(心德)이란 선험적 덕성이요 애리(愛理)는 애(愛)의 선험적 원리라는 점에서 다산의 실천윤리학적 결과론과는 서로 맞서 있는 것이다.

이러한 다산의 실천윤리학적 결과론은 그의 덕론(德論)의 해석에 서도 그대로 나타난다. 주자(朱子)는 "마음에 얻은 것이 덕이다[得於 心者 德也]"라 하여 이를 인에서처럼 심성론적(心性論的) 심덕(心德)으 로 이해하려고 한 데 반하여 다산은 "내 곧은 마음을 실천한 것이 덕이다[行吾之直心者 德也]"라 하여 이를 행동주의적 궁행의 결과를 덕이라 하여 주자와의 크나큰 격차를 우리들에게 보여준다. 뿐만 아 니라 인의예지 사단지심(四端之心)만 하더라도 주자는 이를 본연지성 (本然之性)에 근거한 불변의 가치로 이해한 데 반하여 다산은 사단지 심(四端之心)의 가치기준은 실천궁행의 성과에 따라 결정된다는 사실 을 강조한다.

이상과 같은 사례를 통하여 다산은 스스로 주자의 관념론적 세계에서 벗어나 그의 새로운 경험론적 세계를 개척해 놓고 있음을 알수가 있다.

(4) 정치

　다산의 정치사상은 공자의 안민론(安民論)과 맹자의 현자왕도론(賢者王道論)의 현대적 구현이라 할 수 있다. 그것은 곧 목민자(牧民慈)를 근간으로 하여 민본주의적 위민사상으로 전개되었던 것이다. 다산은 그의 「탕론(湯論)」과 「원목(原牧)」이라는 글에서 민(民)으로부터 비롯한 상향적 선출에 따른 왕도(王道)의 순리(順理)와 왕자(王者)로부터 비롯한 하향적 임용에 따른 패도(覇道)의 역리(逆理)를 지적하고 있다. 여기서 그는 현대적 민주주의와 전제주의와의 이동을 암시해 주고 있는 흔적을 찾아볼 수가 있다.

　그는 모름지기 천자도 그의 존립의 기반을 이정(里正)이라는 하민(下民)의 천거에 두고 있으며 그럼으로써 천자의 위치는 이러한 상향적 천거의 정상에 지나지 않음을 설파하였다. 그러므로 하민의 뜻을 저버리는 천자라면 그는 마땅히 그 자리를 떠나야만 한다는 하민의 소환권마저 인정하고 있는 현대적 의미가 깃들어 있기도 한다.

　그러나 다산은 천자의 통치는 하민에 대한 하향적 내리사랑으로서의 목민관(牧民觀)의 윤리이어야 함을 강조한다, 이것이 다름 아닌 위민사상(爲民思想)이요 또 애민사상(愛民思想)인 것이니 그럼으로써 그는 목자(牧者)야말로 '백성을 위해 있는[爲民有]' 것이지 민(民)이 '목자를 위해 생겼다[爲牧生]'는 것이 아님을 강조한다. 이리하여 민을 저버리는 전제군주의 설 자리를 말끔히 씻어버린 데에서 그의 정치사상의 현대적 일면을 엿볼 수가 있다.

(5) 경제

다산의 경제사상은 그가 시대적 추세에 따른 상공업의 진흥에 결코 무관심하지는 않았지만 당시에 있어서의 시급한 경제 정책으로서는 중농정책에 기반을 두고 있었음은 다시 말할 나위도 없다.

전정(田政)·군정(軍政)·환곡(還穀) 등 삼정(三政)의 문란이 그 극에 달했던 당시에 있어서의 이의 국구책(國救策)으로서의 농정의 개혁만큼 시급한 대책이 따로 있을 리가 없다. 따라서 다산도 다른 실학자들과 함께 그의 경제정책의 주안점을 그의 토지개혁에 둔 까닭이 여기에 있는 것이다. 그러므로 우리는 여기서 그의 토지정책의 일환으로 내세운 그의 여전론(閭田論)을 살펴볼 필요가 있다. 그의 여전론은 반계·성호·연암 등이 내세웠던 한전론(限田論)이나 균전론(均田論) 등에서 보여주는 바와 같은 점진적 개혁론과는 달리 근본적인 개혁에 따른 토지국유론[莫非王土論]이요 고대 정전론(井田論)의 이상을 본뜬 협동경작제(協同耕作制)인 것이다. 이는 정전제의 9가구를 확대하여 13가구로서 일려(一閭)를 조직하는 대단위 협업농장제로서 그의 근본정신은 경자유전(耕者有田), 유민방지(游民防止), 사농일여(士農一如)의 원칙에 의하여 운영되는 토지개혁론이다.

여기서 한 걸음 더 나아가 주목해야 할 점은 다름 아니라 그의 병농일치사상(兵農一致思想)이라 할 수 있다. 곧 그의 여전체제(閭田體制)는 영농체제(營農體制)일 뿐만이 아니라 그것은 그대로 민방위체제(民防衛體制)로 탈바꿈될 수 있다는 점에서 병농일치사상(兵農一致思想)을 배경으로 한 것임을 알 수가 있다. 이로써 그는 백골징포(白骨

徵布)·황구첨정(黃口簽丁) 등의 비리가 극심했던 군정(軍政)의 폐단을 극복하여 군포제(軍布制)의 불합리한 점을 교정하려고 하였던 것이다.

(6) 사회

다산의 사회사상은 사농공상의 사민계급(四民階級) 철폐에 근거하고 있다. 앞서 여전제에 있어서 유민(游民)으로서의 사인(士人)은 귀농(歸農)해야 한다고 주장한 점에서 사농(士農)의 구별이 없어지게 됨을 알 수가 있거니와 유민으로서의 사인의 나아갈 길은 농(農)뿐만이 아니라 상공업을 영위해야 하는 방향으로 트여야 함을 주장하기도 하였다. 이는 직업의 평등관에 따른 사민계급 철폐론이라 할 수 있다.

그러나 다산은 당시에 있어서의 노비법의 철폐에 대하여는 극력 반대했다는 사실은 그 이유는 여하 간에 전근대적 보수주의에 머물고 있다는 점에서 일말의 아쉬움을 남기고 있다. 여기서 그는 전통적 귀족주의에 머물고 있음을 알 수가 있다. 이는 맹자의 '군자가 아니면 야인을 다스릴 수 없다[非君子莫治野人]'는 사상에서 벗어나지 못한 것이기는 하지만 그의 귀족주의는 한낱 권위주의적 귀족주의가 아니라 사회교화의 책임이 부하된 지도적 귀족주의라는 점에서 새로운 일면이 있음을 간과해서는 안 될 것이다.

(7) 과학

다산의 과학사상은 그의 실증주의와 합리주의에서 살펴볼 수가 있다. 그의 실증주의는 신비주의적 술수학의 타파에서 나타났고, 그의 합리주의는 자연과학적 백공기예(百工技藝)의 발달을 가져오는 데 기여하였다. 그가 수원성제(水原城制)를 마련함에 있어서 인중(引重)

및 기중기(起重機)의 기술을 개발하였고 초정(楚亭) 박제가(朴齊家, 1750~1815)와 더불어 제너(Edward Jenner, 1749~1823)에 앞서 종두술(種痘術)을 연구한 것들은 다 같이 그의 실증주의와 합리주의의 일단을 보여주는 것이 아닐 수 없다.

(8) 시문학

근자에 와서 보이기 시작한 다산의 시문학은 논자에 따라서 다소 이동이 없지 않으나 전통적인 시문과는 달리 적극적인 현실고발의 일면이 강하게 노정되고 있음을 알 수가 있다. 이를 단순한 사실주의 시문학으로 처리해 버리기에는 너무도 그 안에서 순정문학(純正文學)으로서의 시정신이 깔려 있다. 그러므로 다산의 시문학은 음풍영월(吟風咏月)하는 기교가 아니라 순정시(純正詩)로서의 현실의 형상화인 것이다. 따라서 그의 시는 고발을 위한 고발이 아니라 사무사(思無邪)의 시정신이 발로되어 현실폭로(告發)라는 결과를 가져왔을 따름이다. 그러므로 다산시에서는 단순한 현실폭로라는 사회적 측면과는 달리 선미(禪味) 어린 수성군자(修省君子)의 선시(禪詩)도 있다는 사실을 간과해서는 안 될 것이다.

(9) 서화

다산의 서화는 수적으로 많지 않으나 그것이 문인화 작품으로서 뛰어난 일면을 우리들에게 보여주고 있다. 서로서는 시첩(詩帖)의 형태로 만들어진 작품이 많이 현존되고 있는데 그것들은 대체로 강진 시절의 작품으로 간주되는 것들이 많다. 이러한 작품에는 선시(禪詩)로서의 오언절구(五言絶句)가 많다.

시첩(詩帖) 외에 서간문(書簡文)도 종종 나돌고 있으나 그리 많지는 않은 것 같다. 화(畵)로서는 전문가가 아닌 문인화로서 꽤 수준 높은 작품이 여기저기 감추어져 있다. 그중에서도 부인(夫人) 홍씨(洪氏)의 군폭(裙幅)에 남긴 매조도(梅鳥圖)는 그가 남긴 몇 점의 그림 중에서도 보기 드문 절필(絶筆)이 아닐 수 없다.

이상과 같이 아홉 개 항목에 걸쳐서 살펴본 다산사상의 개요를 정리해보면

첫째, 철학·종교·윤리 등의 측면에서는 전통적인 정주학의 세계를 비판하면서 스스로 새로운 자기의 학문세계를 개척했다는 사실을 지적하지 않을 수 없다. 여기에 다산의 비판정신이 깃들어 있음을 본다

둘째, 정치·경제·사회 등의 측면에서는 시대적 정체에서 벗어나 일신된 이상세계를 추구하였다는 사실을 지적하지 않을 수 없다. 여기에 다산의 개혁정신이 깃들어 있음을 본다.

셋째, 과거·문학·서화 등의 측면에서는 허구적인 술수학과 농문(弄文)을 배격하고 합리적 사실주의를 크게 부각시켜 놓은 사실을 여기서 지적하지 않을 수 없다. 여기에 다산의 실증주의 정신이 깃들어 있음을 알 수가 있다.

그러므로 끝으로 다산사상을 한 마디로 묶어서 말하라 한다면 그것은 비판·개혁·실증 등 세 요소가 하나로 통합된 것이라 할 수 있을 것이다.

5) 유적과 유물

다산의 유적은 그의 생애를 통하여 거쳐 지나간 지역을 두루 총칭하는 것이 되겠지만 이에 대한 평가 기준에는 다소 차등을 두어야 할 것이다. 왜냐하면 다신과의 연고가 맺어진 지역에 있어서도 그의 업적의 내용과 부피와 체류기간에 차이가 있기 때문이다. 그러한 의미에 있어서는 그의 유적지(流謫地)였던 다산초당이 으뜸이 될 것이요, 그다음은 경기도 광주(廣州) 능내리(陵內里)에 있는 그의 출생지 겸 묘소가 될 것이요, 그다음으로는 그가 한때 벼슬살던 금정 및 곡산과 첫 유적지(流謫地)였던 장기(長鬐)가 될 것이요 또 그다음으로는 그가 어릴 때 아버지를 따라가 공부한 적이 있는 전남 화순과 경남 진주 등지를 손꼽을 수가 있을 것이다. 그러므로 이에 그가 스쳐간 지역의 현황을 대강 간추려 보면 다음과 같다.

(1) 유적지

① 마현

"나[鏞]는 열수(洌水) 근처 마현리(馬峴里)에서 태어났다[生鏞于洌水之上馬峴之里]"(自撰墓誌銘)라 하였으니 마현리는 광주(廣州, 現楊州郡) 와부면(臥阜面) 능내리(陵內里) 초천(苕川, 소내)에 있는 '마재'로서 그의 생가의 자취를 지금은 찾을 길이 없다. 왜냐하면 그의 후손들은 이미 이곳을 떠난 지 오래이기 때문이다(直孫八家口中 現存 一家口뿐). 그러나 마현은 그가 묻힌 곳이기도 하다. "공은 병환으로 열수의 자택에서 세상을 떠났다[公以疾終于洌上正寢]"(俟菴年譜)라 한 것은 그가

난 생가에서 세상을 떠났음을 뜻하는 것이요 "집안의 동산에 유명에 따라 묻었으니 곧 여유당(與猶堂)의 뒤쪽으로 광주(廣州) 초부방(草阜坊) 마현리 자좌(子坐)의 언덕이다[葬于家園治遺命也 卽與猶堂後 廣州草阜坊 馬峴里負子之原]"(上䟽書)라 한 것은 그의 장지(葬地)는 그의 생가인 여유당(與猶堂)의 후원(後原)에 있으므로 그의 생가에서 그리 멀지 않은 곳에 있음을 알 수가 있다.

이 장지는 다산 자신이 택한 곳으로서 그의 유언 중에서 "집안의 동산에 묻을 것이지 지관에게 묻지 말라[葬于家園 勿諦于地師]" 한 것을 보면 알 수 있다. 그의 유언 중에서는 "석물은 지나치게 세울 필요가 없다[石物勿過設]"라 하였기 때문에 번거로운 시설을 갖추지 않았지만 근자에 그의 「자찬묘지명」 광중본(壙中本)을 새긴 비석과 아울러 이와는 별도로 묘전에 선생의 공적을 기록한 묘비 1기가 서있다.

여기에는 사우(祠宇)나 제각(祭閣) 등의 건물은 일동(一棟)도 없고 오직 사적지임을 밝히는 광고판이 묘전(墓前) 계단 옆에 서 있을 따름이다.

이곳은 서울 근교에 위치해 있고 도로도 포장이 되어 있기 때문에 선생을 추모하는 후학들의 발길이 잦다. 근자에 묘소 바로 앞까지 팔당댐의 물결이 출렁거림으로써 한결 이곳 운치를 돋우어 준다.

이곳에는 자연석에 여유당(與猶堂)의 3자를 각한 표석이 세워져 있거니와 이는 다산이 스스로의 당호를 '여유(與猶)'라 했음에 연유한 것이요 그 뜻인즉 "겨울에 시내를 건너듯이 신중히 하고 사방 이웃들이 나를 엿보듯이 조심한다는 뜻을 취한 것[取冬涉畏隣之義也]"(墓誌銘)이라 하였으니 이는 노자(老子)에서 취한 글귀인 것이다. 다산은 그의 「여유당기(與猶堂記)」에서 이르기를 "내가 노자(老子)의 말을 보았더니, '겨울에 시내를 건너듯이 신중히 하고 사방 이웃들이 나를 엿보듯이 조심하라'고 했다. 아! 이 두 마디 말이 내 병을 고치는 약이 아니겠는가!……소내[苕川]에 돌아와서야 문미에 써 붙이고, 아울러 그 이름을 붙인 까닭을 적어서 애들에게 보인다[余觀老子之言 曰 與兮若冬涉川 猶兮若畏四隣 嗟乎之二語 非所以藥吾病宇……及歸苕川 始有書貼于楣 並記其所以名以示兜輩]"라 한 것을 보면 귀양이 풀린 후 초천(苕川) 향리로 돌아와서 지은 당호임을 알 수가 있다.

이렇듯 마현은 다산이 낳고 또 묻힌 곳으로서 다산유적지로서는 강진 다산초당과 더불어 일급 유적지인 것이다.

② 화순 동림사

다산은 16세(1777) 때 "아버지께서 화순 현감(和順縣監)으로 나가게 되어, 그 이듬해 동림사(東林寺)에서 책을 읽게 되었다[先考出宰和順縣 厥明年讀書東林寺]"라 한 것을 보면 이때 다산은 아버지를 따라서 전남 화순에 내려와 그 이듬해에 동림사에서 독서하였음을 알 수가 있을 뿐 아니라 그의 「동림사독서기(東林寺讀書記)」를 보면 "오성현(烏城縣: 화순)의 북쪽 5리 되는 곳에 만연사(萬淵寺)가 있다. 만연사의 동쪽에 수도하는 건물이 있고, 불경을 설법하는 스님이 머물고 있는데 그곳이 동림사이다. 아버지가 현감이 되신 이듬해 겨울에 나는 둘째 형님과 함께 동림사에 머물렀다. 둘째 형님은 『상서』를 나는 『맹자』를 읽었다.……밤이 되면 중들이 게송을 읊고 불경을 읽는 소리를 들으면서 다시 책을 읽었는데, 이렇게 40일을 지냈다[烏城縣北五里 有萬淵寺 萬淵之東 有靜修之院 僧之說經者居之 是曰東林 家君知縣之越明年冬 余與仲氏住捿東林 仲氏讀尙書 余讀孟子……夜則聽偈語經聲 隨

復讀書 如是者凡四十日]."

이에 앞서 그해에 아버지가 호조좌랑(戶曹佐郎)으로서 서울에 머물게 되자 이가환(李家煥) 제부(娣夫) 이승훈(李承薰) 등을 통하여 성호의 학에 접하여 "나는 (성호의) 유서를 보고서 흔연한 마음으로 학문을 하기로 맘을 먹었다[鏞得見其遺書 欣然以學問爲意]"라고 한 직후이기 때문에 그의 동림사(萬淵寺) 독서는 한결 깊이가 있었을 것으로 짐작이 된다.

화순군지에 따르면 만연사는 "화순읍(和順邑) 동구(洞口) 나한산(羅漢山)에 자리 잡고 있는 조계종 소속 사찰인데 고려 21대 희종 4년에 진각국사(眞覺國師) 혜심(慧諶)이 창건하였다"고 기록되어 있으며, 동림은 만연사 사암(四菴)인 학당(學堂)・침계(枕溪)・연혈(燕穴, 일명 石寶)・동림(東林) 중의 한 암자로 되어 있다. 그러나 요즈음은 다 폐찰이 되어 그 자취는 찾을 길이 없다.

이해에 다산은 동복의 물염적벽림(勿染赤壁林)에서 놀았고 서석무등산(瑞石無等山)에 올랐으니 「유물염정기(游勿染亭記)」와 「유서석산기(游瑞石山記)」를 보면 알 수 있다. 후자에 의하면 "이에 우리 형제 네 사람이 다시 서석산을 유람할 것을 계획했다[於是昆弟四人 復謀所以游瑞石者]"라 하였으니 화순에는 약현・약종・약전・약용 사형제가 함께 내려와 있었던 것을 알 수 있다.

그러한 의미에서 이곳 동림사는 다산의 소년기에 거쳐간 곳으로서 4형제가 함께 공부하면서 노닐던 곳으로서의 유적지라 이를 수 있다.

③ 진주

그의 19세(1779) 때 부군이 화순에서 예천으로(경북) 옮기자 "진주공이 예천의 임소에 부임하자 반학정(伴鶴亭)에서 글을 읽었다[觀晋州公醴泉任所 仍讀書于伴鶴亭]"(연보)라 하였고 묘지명에서는 "경자년 봄에 아버지가 예천 군수로 옮겼고, 그 때문에 진주를 유람하고 예천에 이르러 황폐한 건물에서 독서했다[庚子春 先考移醴泉郡 逐游晋州至醴泉 讀書廢廡中]" 한 것들을 종합해 본다면 다산은 이때에 예천 반학정 폐무 중에서 독서한 것으로 되어 있는데 그의 「반학정기(伴鶴亭記)」를 보면 반학정은 예천군 관가의 성내 동쪽에 있는 한 폐정으로서 요괴가 그 안에서 살고 있다 해서 아무도 돌보는 이 없이 폐기되었던 것을 다산이 나서서 요괴가 나온다는 미신을 타파하여 스스로 독서의 장소로 탈바꿈시켜 놓은 데에서 뜻을 찾아내야 할 것이다.

이곳은 동림사에 이은 두 번째의 독서유적지라 해야 할 것이다. 그리고 다산은 예천 동쪽 십여 리 밖에 있는 「선몽대기(仙夢臺記)」를 쓴 바 있고 「진주의기사기(晋州義妓祠記)」를 지어 촉석루상에 걸어놓은 사실도 곁들여 상기해 두고자 한다.

④ 해미

해미현은 현 충남 서산군에 병합된 지명으로서 "공은 해미로 정배되었다가 열흘 만에 용서를 받고 풀려났다[公謫海美 居十日蒙放]"고 하여 최초의 겨우 10일간의 유적생활을 치른 곳이기는 하지만 때는 1790년 그의 나이 29세 때의 일이다. "돌아오는 길에 옴을 씻기 위해 온천에 들렀다[取路溫泉 以洗癬疥之疾]"라 한 것을 보면 아마도 온양 온천을 거치는 지역에 있는 것으로 보인다. 그 이유는 정치적인 것이 아니라 과시 때 "주상의 하교가 매우 엄했기에 어쩔 수 없이 숙배를 했는데, 다음 날 새벽에 상소문을 올리고 곧바로 궐을 나섰고, 여러 차례 패소(牌召)를 어기다가 끝내 해미로 귀양을 가게 되었으나, 열흘 만에 풀려났다[上敎至嚴 不得已肅拜 翌曉陳疏經出 屢違牌召 竟謫海美十日蒙放]"라 한 것처럼 상교지엄(上敎至嚴)한데 누위패소(屢違牌召)했기 때문이었던 것이다.

⑤ 금정역

금정은 홍주지방의 역에 속해 있고 홍주는 현 충남 홍성군에 속해 있으며 그의 북쪽에 예산군이 위치해 있다. 다산이 34세(1795) 때 병조참의가 되어 정조의 권우(眷遇)가 한창 지극할 즈음에(이 당시 주상께서 공을 크게 등용하려던 때였다[是時上方嚮公大用矣－年譜]) 때마침 주문모 신부 변복잠입사건이 터지자 세정이 소연하므로 "주상께서 연신(筵臣)에게 말했다. "내가 아무개 등 몇 사람을 크게 등용하려 했는데, 박장설(朴長卨)의 상소문 이후로 구설수에 오른 것이 매우 많기만 하니, 무마시킬 방법을 생각하지 않을 수 없다. 한 번 박절하게 꾸짖고, 각각 자신의 종적을 밝히고 뜻을 소명하게 만들어 남들이 말하는 것을 막아야만 하겠다." 그 뒤 며칠 후에 특별히 금정 찰방으로 보임되었다[上謂筵臣曰某某等數人 方將大用 朴疏以後 口舌 甚多 作成之方 不可不商量 一番薄譴 使各立跡昭志 以塞人言不可已也 後數 日 特敎補金井察訪－年譜]"라 한 데에서 그가 참의(정3품)에서 금정찰 방(종6품)으로 좌천된 경위를 알 수 있다. 이와 동시에 그의 제부 이 승훈은 예산으로 유배하였으니 이 지방은 "공이 금정에 머무르고 있 었는데 역(驛)의 권속들이 대부분 서교를 익히고 있었다. 공은 주상의 뜻에 따라 그 주모자를 불러서 조정의 금령을 깨우쳐 주고, 제사를 지내도록 권유했다. 사람들이 그 말을 듣고 권속들의 생각을 바꾸는 효과가 있다고 하였다[公旣居金井驛屬 多習爲西敎 公因上意招其豪 申諭朝廷禁令 勸其祭祀 士林聞之 謂有改觀之效—年譜]" 했듯이 서교에 짖은 고을이라 이곳에서 다산의 입장을 분명히 할 수 있는 기회를 갖게 한 정조의 깊은 뜻이 숨어 있었던 것이다. 역설적으로는 이 때문에 다산은 후일 배교자의 낙인이 찍히기에 이르렀던 사실을 잊어서는 안 될 것이다.

다산은 1795년 7월 26일에 금정찰방으로 외보(外補)되었다가 그해 12월에 용양위(龍驤衛) 부사직(副司直, 종오품)으로 체부(遞付)되었으나 아직 서반(西班, 武班)의 열에서 벗어나지 못했다. 그 후 이듬해 10월에 비로소 교서관(校書館) 근무의 명을 받음으로써 다시금 문반의 열에 복귀하였다.

금정찰방으로 지내던 약 5개월 동안에 다산은 "주상께서 하유하시기를 '요즘 연신(筵臣)들에게 듣자 하니 내포 일대에 외직으로 보임된 찰방이 성심으로 백성을 교화하고 거둬들여 괄목할 만한 효과가 있었다'[諭曰近聞筵臣言 內浦一帶爲外補察訪 誠心敎戢 有刮目之效]"라 했듯이 천주교도들의 교화에 진력하는 한편 "이때 목재(木齋) 이삼환(李森煥)에게 청해서 온양(溫陽)의 석암사(石巖寺)에서 만났는데, 당시 내포의 이름난 집안 자제들인 이광교(李廣敎)·이명환(李鳴煥)·권기(權夔)·강이오(姜履五) 등 십여 명이 또한 소문을 듣고서 모여들었다. 매일 수사(洙泗)의 학문을 강의하고, 사단칠정의 의미와 정전제에 대해 물었기에 따로 문답을 만들어 『서암강학기(西巖講學記)』를 지었다[於是請木齋李森煥 會于溫陽之石巖寺 時內浦名家子弟 若李廣敎李鳴

煥權蘷姜履五等十餘人 亦聞風來集 日講洙泗之學 問四七之義 問井田之制 別爲問答 作西巖講學記]"(年譜)라 하였고 동시에 "또한 성호(星湖)의 유고를 가져다 처음에는 『가례질서(家禮疾書)』부터 수정을 해서 순서가 어지러운 것을 바로잡고, 글자가 오류인 곳을 고쳤으며, 범례를 만들어 한 부의 완전한 책으로 만들었다[又將星湖遺稿 始自家禮疾書讐校 次序之紊亂者正之 字畫之訛誤者改之 發凡起例 俾成一部完書]"(年譜)라 하였으니 이를 「서암강학기(西巖講學記)」(與猶堂全書) 조에서는 "건륭(乾隆) 말년인 을묘년(1795) 10월 24일에 나는 금정(金井)에서 예산(禮山)의 재실[坎舍]로 갔는데, 목재(木齋) 이선생(李先生)이 먼저 와 있어서 만났다. 26일에 한곡(閑谷)에 이르러 이문달(李文達)을 방문했고, 10리를 더 가서 소송령(疎松嶺)을 넘었다. 거기서 또 10리를 갔더니 바로 온양(溫陽) 서암(西巖)의 봉곡사(鳳谷寺)였다. 그다음 날에 목재가 도착했다. 이에 가까운 고을에 있는 여러 사우(士友)들이 차례로 모여들어 사문(師門)의 유서(遺書)를 교정했는데, 먼저 『가례질서(家禮疾書)』를 가지고 그 범례를 정했다[乾隆末年乙卯十月二十有四日 余自金井 赴禮山坎舍 木齋李先生 先已來會 二六日至閑谷 訪李文達 行十里踰疏松嶺 又十里 卽溫陽西巖之鳳谷寺 厥明日木齋來臨 於是近邑諸士友次第來會 校師門遺書 先取家禮疾書發凡起例]"라 하였으니 이는 전자를 더욱 자세히 정리한 글임을 알 수 있다. 게다가 다산은 그의 「도산사숙록(陶山私淑錄)」의 서문에서 "을묘년(1795) 겨울 나는 금정(金井)에 있었다. 마침 이웃 사람을 통하여 『퇴계집(退溪集)』 반부(半部)를 얻어, 매일 새벽에 일어나 세수를 마치고 나서 곧 「어떤 이에게 보낸 편지」 1편을 읽고 나서야 아전들의 참알(參謁)을 받았다. 낮이 되면 뜻을 부연한 한 조목씩을 따라서 기록해서 스스로 경계하고 살폈다. 돌아와서 『도산사숙록(陶山私淑錄)』이라고 제목을 붙였다[卯冬 余在金井 適因隣人 得退溪集半部 每日晨起 盥濯訖 卽讀其與人書一篇 然後受掾屬參 謁 至午間隨錄演義一條 以自警省 歸以名之曰陶山私淑錄]"라 한 것을 보면 그의 금정찰방 시절은 한낱 좌천된 외직시절에 지나지 않은 것이아니라 그가 사숙하던 퇴계와 성호의 학에 깊이 접한 시절이기도 한 것이다. 그러한 의미에서도 금정역은 다산유적지로서 잊을 수 없는 곳의 하나로 손꼽지 않을 수 없다.

⑥ 곡산

다산이 곡산부사(종3품)의 외직으로 다시 밀려나기는 1797년 윤 6월의 일이니 그가 금정에서 돌아온 지 2년도 채 못 된다. 곡산은 황해도 동북단에 위치하여 있다.

때마침 서교의 만연(蔓延)은 종식되지 않고 더욱 기세를 떨치자 세정(世情)은 더욱 소연(騷然)할 따름이었고 다산 주변에서 일어나는 온갖 구설은 정조의 입장을 더욱 괴롭힐 따름이었다. 그러므로 정조는 "주상께서 말하시기를 '지난번의 소(疏)는 문사도 훌륭하고 심사도 밝았으니 진실로 쉽지 않은 것이다. 곧바로 한 번 승진 발탁하고 싶지만, 의론이 이처럼 많으니 무슨 까닭이지 모르겠다. 서운하게 여기지 말라. 한두 해 늦어지는 것일 뿐이니 해로울 것이 없다. 다시 부를 것이니 서운하게 여기지 말라'고 했다. 당시의 귀신(貴臣)들로서 참소하고 시기하는 자가 많았기에 주상의 생각은 나를 외직에 몇 년 동안 두어 냉각기를 가지려한 것일 뿐이었다[上曰向來之疏 文詞善 而心事明 誠未易也 正欲一番進用 議論苦多 不知何故 且休憫悵 且遲一二年 無傷也 行且召之 無用憫悵 然也 時時貴讒嫉者多 上意欲令鋪居外數年 以涼

之耳]"(墓誌銘)라 한 기록은 다산이 당시에 있어서의 자기의 위치와 정조의 뜻을 정확하게 서술한 것이라 하지 않을 수 없다. 연보의 기록은 "주상께서 말이 많은 것이 두려우니 물러나 조용히 기다리는 것이 좋겠다. 마침 곡산(谷山)에……[上以口舌曉曉 不如退而靜俟 會谷山]"라 한 것도 이를 두고 한 말이 아닐 수 없다.

다산이 1799년 4월에 병조참지(兵曹參知)로 다시 돌아오게 될 때까지 약 2년간에 걸친 곡산부사 시절에는 「마과회통(麻科會通)」(1797 冬)이나 「사기찬주(史記纂註)」(1798. 4.)와 같은 학문적 업적뿐만 아니라 행정적인 측면에서도 많은 업적을 남기었다. 연보의 기록에 의하면 "곡산부사로 부임하자 이계심(李啓心)을 풀어주었고, 고마고(雇馬庫)의 가하전(加下錢)을 조사했으며, 벌꿀에 지나치게 세금 매기는 것을 바로잡았다. 검지법(檢地法)을 시행했고, 사람을 죽인 도적을 습격해 붙잡았으며, 겸제원(兼濟院)을 세워 귀양살이하는 이들을 거처를 편하게 하였고, 정당(政堂)을 세웠으며, 여덟 가지 법규를 세우기도 했다[旣赴任 解李啓心之縛 査雇庫之加下 正蜂蜜之濫賦 行檢地法 掩捕殺人之賊 立兼濟院 以使謫人之居 建政堂 立八規]"라 한 데에서 이를 살필 수가 있다.

⑦ 장기

1800년 6월 28일에 정조가 승하하자 신유교옥의 화기(禍機)가 무르익더니 드디어 다산은 2월 9일 새벽에 피나입옥(被拿入獄)하게 되었고 그달 27일에는 출옥과 동시에 경북 포항 장기로 유배되었다. 장기는 반도의 지형으로는 토끼의 짧은 꼬리의 끝에 해당하는 곳으로서 장기곶, 곧 장기갑(長鬐岬)으로 기록되어 있는 곳이다. 영일만의 망망동해를 바라다보는 한적한 어촌이다. 그해 10월에 풀려 다시 강진으로 유배될 때까지 약 7개월 동안의 그의 생활을 그의 연보에서 옮기면 다음과 같다. "(1801년) 3월에 장기(長鬐)에 도착했다. 풍토병이 있는 시골의 황폐한 곳이었다. 마음을 고요히 하고 정신을 깨끗하게 가지고서 삼창고훈(三倉詁訓)을 살펴 『이아술(爾雅述)』 6권을 지었다. 『기해방례변』도 지었는데, 겨울에 옥사 중에 잃어버렸다 [三月到長鬐 瘴鄕蓁荒之地 静心潔神 考三倉詁訓 著爾雅述六卷 作己亥邦禮辨 逸於冬獄中]"라 하였고 또 "여름에는 『백언시(百諺詩)』를 완성했다 [夏百諺詩成]"라 하였다.

⑧ 강진

1801년(40세) 11월에서 1818년(57세) 9월까지만으로 약 17년간의 강진생활은 적거(謫居)라는 인생 최대 고난의 시절이기는 하지만 그의 학문적 업적으로는 최상의 황금시절이 아닐 수 없다. 몇몇 작품을 제외하고는 거의 90% 이상이 이 시절에 저술되고 정리되었기 때문이다.

다산의 강진유적으로서는 동문외주가(東門外酒家)·고성사(高聲寺, 一名 寶恩山房)·목리(牧里) 이학래가(李鶴來家)·다산초당을 손꼽을 수가 있고 다산이 간혹 들러서 노닐던 곳으로서는 초당의 산마루 너머에 위치한 만덕사(萬德寺, 一名 白蓮寺)와 두륜산록(頭輪山麓)에 있는 대흥사가 있다.

– 동문외주가(東門外酒家)

다산은 「다신계절목(茶信契節目)」에서 "나는 가경 신유년 겨울 강진에 유배되었는데, 우연히 동문 밖 주가(酒家)에 있게 되었다. 을축년 겨울에는 보은산방에 머물렀다[余於嘉慶辛酉冬到配于康津 寓接于東門外酒家 乙丑冬捿寶恩山房]"고 한 것을 보면 동문외주가는 그가 신유(辛酉, 1801) 동(冬)에서 을축(乙丑, 1805) 동(冬)까지 만 4년간 머물던 곳이다. 동문외주가에는 한 노온(老媼)이 있어서 "처음 강진에 왔을 때 백성들이 모두 겁내면서 문과 담장을 허물어서 편히 지낼 수 없었다[始來之初 民皆恐懼 破門壞牆 不許安接]"던 고난시절에 그를 돌봐주었으며 다산은 그가 거처하던 협실(挾室)의 이름을 사의재(四宜齋)라 하여 유락(流落)한 나그네의 마음을 달래던 곳이다. 그는 그의 「사의재기(四宜齋記)」에서 이르기를 "사의재는 내가 강진의 유배지에서 머물던 곳이다. 생각은 마땅히 담백해야 하고……외모는 마땅히 장엄해야 하며……말은 마땅히 적어야 하고……행동은 마땅히 무거워야 한다.……마땅하다[宜]는 것은 의롭다[義]는 뜻이니, 의로움으로 제제한다는 뜻이다[四宜齋者 余康津謫居之室也 思宜澹 ……貌宜莊……言宜詡……動宜重……宜者義也 義以制之也]"라 하였다.

그는 "나는 강진에 유배 중이던 갑자년(1804) 동지날 비로소 『역경』을 읽기 시작했다. 이해 여름에 기록을 시작했고, 겨울이 되어서야 끝냈는데, 이것이 갑자본이다[余於甲子陽後之日 在廉津謫中 始讀易 是年夏 始有箚錄之工 至冬而畢 此甲子本也]"(周易四箋)라 하였으니 강진적중(康津謫中) 갑자년(甲子年)은 곧 그가 동문외주가 사의재 시절이었으니 이것이야말로 다산역(茶山易)의 산실이라 이를 수가 있다. 여기에는 기이한 인연이 얽혀 있다. 그것은 다름 아니라 갑자(甲子) 1년 전인 계해(癸亥, 1803) 춘(春)에 다산과 혜장선사(惠藏禪師, 1772~1811)가 처음으로 만덕사(萬德寺)에서 만났고 그때 오고간 문답이 주로 역리(易理)에 관한 것이었다.

이로 인하여 추리할 수 있는 일에 두 가지가 있다. 하나는 계해(癸亥) 이듬해인 갑자(甲子)에 다산이 깊이 역(易)을 읽게 된 동기가 여기에 있고 다른 하나는 다산이 을축(乙丑) 동(冬)에 고성사(高聲寺)로 경함(經函)을 옮기게 된 것도 산시(山寺)와 연이 깊은 혜장선사(惠藏禪師)의 주선이 아니었던가 싶은 것이다. 다산이 고성사로 옮긴 후로부터는 다산과 혜장(惠藏)과의 상봉의 빈도는 잦아지게 마련이었던 것을 보더라도 저간의 소식은 짐작하고도 남음이 있다.

지금 동문외주가의 정확한 위치는 찾아볼 길이 없다. 강진읍 동문터는 어림잡아 짐작하지만 동문 밖 한 술집이야 어찌 오늘에 전해질수 있겠는가. 동문터 가까이 한 우물이 있으니 아마도 그 언저리쯤으로 짐작할밖에 없다.

― 고성사

고성사는 강진읍 뒷산인 우이산(牛耳山) 우두봉(牛頭峯) 중턱에 자리잡고 있는 작은 암자로서 보은산방(寶恩山房)이라 이르기도 한다. 여기서는 을축(乙丑) 동(冬)에서 병인(丙寅) 추(秋)까지 머물렀으니 겨우 9개월 정도밖에 되지 않은 짧은 기간이지만 "을축년(1805) 겨울에 학가(學稼)가 와서, 함께 보은산방에 머물렀다. 이전의 판본에서는 두 호괘(互卦)의 상과 교역(交易)의 상을 택하지 않았기에, 모두 고쳤다. 이듬해 봄에 일을 마쳤는데, 이것이 병인본이다[乙丑冬學稼至偕棲寶恩山房 以前本 不取兩互及交易之象 悉改之 至春而畢 此丙寅本也]"(周易四箋)라 한 것을 보면 이때는 사의재(四宜齋) 때 시작한 『주역(周易)』을 더욱 정독(精讀)하던 시절로 보아야 할 것이다 지금도 이 산사는 옛 모습을 그대로 간직하고 있다.

- 목리 이학래가

목리는 강진읍에서 남쪽으로 강진만에 가까이 위치한 곳으로서 현재 이학래가의 위치는 찾을 길이 없다. 이학래의 본명은 청(晴, 1792~?)이요, 학래는 그의 자(字)이다. 이곳에서는 병인(丙寅) 추(秋)에서 무진(戊辰) 춘(春)에 다산초당으로 옮길 때까지 1년 반 동안 머무르던 곳이다. 이때에 다산은 "병인본은 파성(播性)과 유동(留動)의 의미에 대해 누락과 착오가 많았다. 그래서 학가에게 원고를 고치도록 했는데, 끝내지 못하고 북쪽으로 돌아가 버렸다. 다시 이학래에게 시켜 완성하게 했으니, 이것이 정묘본이다[丙寅本 於播性留動之義 多有闕誤 故又令學稼易稿 末卒而北還 令李鶴來竣工 此丁卯本也]"(周易四箋)라 한 것을 보면 갑자년(甲子年)부터 시작한 『주역사전(周易四箋)』의 원고를 이학래로 하여금 준공(竣工)시킨 곳이라 할 수 있다. 그러나 『주역사전』은 다산이 무진(戊辰) 춘(春)에 다산초당으로 옮긴 후 "정묘본은 문사의 이치가 치밀하지 못하고 상(象)의 의미에 대해 많은 부분이 오류가 있었다. 무진년 가을에 나는 학포(學圃)와 함께 귤원(橘園)에 머물면서 학포에게 탈고하도록 했으니, 이것이 무진본이다[丁卯本 詞理未精 象義多誤 戊辰秋 余與學圃在橘園 令圃說稿 此所謂戊辰本也]"라 했듯이 다산초당에서 만 4년 반 만에 완결을 보았던 것이다.

- 다산초당

다산은 "유배 기간을 통틀어 보면 18년인데, 읍에 머물렀던 기간이 8년이었고, 다산에 머물렀던 기간이 11년이었다[通計在謫十有八年

其居邑者八年 其居茶山者 十有一年]"(茶信契節目)라 하였거니와 해배(解配) 후의 저술로 치는 『흠흠신서』・『상서고훈(尙書古訓)』 등을 제외한 육경사서와 일표이서는 온통 강진시절의 저작이요 그중에서 『주역사전』을 제외하고는 모두 다산초당에서 이루어졌던 것이다.

『상례사전(喪禮四箋)』은 읍거(邑居)시절에 기고(起稿)하여 1808년에 초당으로 옮긴 후 1811년에 완료하였고 시경(1810)・춘추(1812)・논어(1813)・맹자(1814)・대학(1814)・중용(1814)・악경(樂經, 1816)・경세유표(1817)・목민심서(1818) 등은 모두 다산초당에서 이루어졌으니 다산초당이야말로 다산학의 산실이라 이르지 않을 수 없다.

다산은 무인(戊寅, 1818) 8월에 귀양이 풀려 향리로 돌아오게 될 무렵 현지에는 제자 18인으로 하여금 다신계(茶信契)를 묻게 한 후 초당을 가꾸게 하였건만 1세기 반의 세월이 흐르는 사이 연구세심(年久歲深)하여 온통 폐허가 되어 주초(柱礎) 돌마저 가시덤불 속에 묻히고 말았다.

길고도 오랜 망석의 시일이 흘러간 후 1957년에 초당의 본당이 복원되고 1975~76년에 걸쳐서 동서(東西) 양암(兩庵)과 함께 천일각(天一閣)이 신축됨으로써 다산초당의 옛 모습이 방불하게 갖추어졌다. 동시에 77년에는 초당(草堂)이 있는 도암면(道岩面) 귤동(橘洞) 어귀에 유적비를 건립하여 오늘에 이르고 있다.

이로써 다산초당의 원형은 설령 그것이 옛 모습 그대로는 아니라 할지라도 원위치의 주춧돌 위에 건립된 만큼 옛 모습을 방불하게 복원한 것으로 간주해도 좋을 것이다. 그러나 이곳이야말로 다산과 관련된 모든 유적지 중에서도 유일하게도 다산학의 산실로 되어 있는 만큼 이 유적지를 중심으로 하여 많은 부대시설이 정비되어야 할 것이다. 초당의 주변이 정화되어야 함은 물론이거니와 주변도로의 확장과 휴게실 같은 것도 부대시설로서는 고려되어야 할는지 모른다.

(2) 유물

다산의 유품 또는 유물은 대체로 서첩(書帖), 서간문(書簡文), 필사본(筆寫本), 회화(繪畵) 등의 형태로 박물관 또는 개인 소장에 의하여 전래되어 오고 있다. 그가 일상적으로 사용하던 생활용품 등은 그의 생가나 적거지(謫居地)에 있어서도 1세기 반의 세월이 흐르는 사이에 산실되어 거의 일건도 찾아낼 길이 없다.

① 서첩

다산의 서첩은 수종이 있는데 거의 개인(安春根, 李乙浩)의 소장으로 전래되고 있다. 그중의 하나인 다암시첩(茶盦詩帖) 12폭(幅)이 『여유당전서보유』 제1책 서두(序頭)에 수록되어 있다. 이는 다산 자신이 손수 제작 표구하였고 그의 제작 연대는 귤동 다산초당 시절이었으며 거기에 담겨진 시구는 언언구구 세속을 초탈한 선미(禪味)가 풍긴다. 마치 포켓트북처럼 만들어진 이 자그마한 작품은 애완(愛玩)하기에 알맞다. 그 반면에 다산작품 중에서는 대작은 거의 찾아보기 힘들다.

서첩에는 순수한 시첩(詩帖)과 일반적인 서첩의 두 종류로 나눌 수가 있다. 그러나 서첩이건 시첩이건 간에 그의 서체의 다양성에서도 다산의 재기가 넘쳐흐르고 있음을 볼 수가 있다.

② 서간문

다산의 서간문은『여유당전서』에 수록된 원문만 하더라도 무려 200여 통에 달하고 있지만 그의 원본을 구득하기란 극히 어려운 실정이다. 그러나 전서에서 누락된 서간문 약간편이 개인 또는 박물관에 의해서 소장 진열되고 있다.

서간문에는 대체로 써보낸 시일과 자신의 서명이 반드시 기록되어 있다. 그러나 화첩이나 서간문이나 간에 그의 낙관은 거의 보이지 않는다.

③ 필사본

다산 저술의 필사본은 그의 저술이 양적으로 방대한 만큼 그 종류도 다양하다 1935년에 간행된『여유당전서』의 저본(底本)은 양적으로도 방대(500여 권)하지만 그의 소재는 미상이다. 그러나 1970년대에 간행된『여유당전서보유』에는 5책에 걸쳐서 수십 편이 수록되어 있다. 그러나 다산의 필사본으로 전해지고 있는 자들을 살펴보면 대체로 다음과 같이 몇 가지 유형으로 분류할 수가 있다.

첫째는 그 저술내용이나 필사제목에 이르기까지 전적으로 다산 자신의 작품으로 간주되는 경우를 들 수가 있다. 예컨대「제경(第經)」·「대동선교고(大東禪敎考)」·「만일암지(挽日菴誌)」 따위는 이에 속한다고 볼 수 있다.

둘째는 그 저술의 편저에 대하여 다산이 관여하기는 하였지만 전적으로 다산작품으로 간주하기는 어렵고 동시에 그 필사한 필치도 다산 자신의 것으로 보기는 어려운 경우를 들 수가 있다.『보유』에 실린「열수문황(洌水文簧)」의 서문에 의하면 "이제 나는 늙어 죽음을 앞두고 있는데, 옛 원고들은 흩어졌으니 슬프기만 하다. 아이들을 시켜 흩어진 것을 수집해서 한 부의 책으로 만들게 했는데, 표(表)·전(箋)·조(詔)·제(制) 등 잡다한 체제에 속하는 글들이 모두 460수였다. 세 책으로 나누어 『열수문황』이라고 제목을 붙인다[余今老將死 舊稿叢殘 有足悲者 令兒輩蒐輯散軼 華爲一部 表箋詔制等雜體 共四百六十首 分爲三冊 題之曰洌水文簧]"라 한 것을 보면 서문(序文)만은 그의 필체로 보아서 다산 자필이 분명하지만 본문에 이르러서는 아배(兒輩)들이 산실을 수집하는 과정에서 아배(兒輩)들에 의하여 필사된 것으로 간주하는 것이 옳을 것이다.

셋째는 다산 필사본인 양 위장된 것으로서 항간에는 상당수 나돌고 있는 것으로 짐작이 된다. 이는 다산과는 전적으로 관계가 없는 작품으로서 치밀한 검토를 거쳐야만 비로소 그의 위장된 정체가 밝혀질 수 있을 것이다. 이는 『여유당전서』(1936년刊)에 누락된 작품을 수집하는 과정에서 특히 주의해야 할 사항에 속한다.

④ 회화

다산작품으로 알려진 극소수의 회화가 개인 또는 박물관 소장품으로 전해지고 있다. 이를 크게 둘로 나누어서 사실적(寫實的) 작품과 사의적(寫意的) 작품으로 나눌 수가 있는데 전자는 매조도(梅鳥圖)로 전해오고 있으며 후자는 산수도(山水圖)로 전해오고 있다. 다산의 회화는 전문가의 작품은 아니지만 격조 높은 수준에 도달해 있음을 우리들에게 보여 주고 있다.

6) 현창방안

이상에서 보아온 바와 같이 다산의 전 생애를 통하여 관련된 유적지는 마현·화순·진주·해미·금정·곡산·장기·강진(동문외주가)·보은산방·목리·다산초당 등 실로 다양하고 그의 유물(저서 서회)도 방대한 양으로 헤아리기 때문에 이에 따른 현창방안도 다각도로 검토되어야 할 것이다.

첫째, 유적지에는 이를 기념할 만한 기념비의 건립이 고려되어야 할 것이다.

둘째, 유물은 수집·보관·전시할 만한 기념관의 건립도 고려되어야 할 것이다.

셋째, 저서의 출판 및 국문-영문 번역간행 등이 고려되어야 할 것이다.

넷째, 다산의 목민정신을 현대에 되살리기 위하여 목민도장(牧民道場)의 건립이 고려되어야 할 것이다. 그의 위치는 다산학의 산지라고 할 수 있는 강진 다산 초당이 일차적으로 고려되어야 할 것이다.

다섯째, 다산학연구원을 설립하여 다산학의 체계화 및 현대적 계승이 고려되어야 할 것이다.

발문

이 책을 발행하게 된 것은 <이을호 전서> 초간본이 품절되어 찾는 독자들이 많았고, 전서의 증보와 보완이 있었으면 좋겠다는 여망에 따른 것입니다. 전서가 발행된 이후에도 특히 번역본에 대한 일반 독자의 수요가 많아서 『간양록』을 출간하였으며, 『한글 사서』(한글 중용·대학, 한글 맹자, 한글 논어)는 비영리 출판사 '올재 클래식스'가 고전 읽기 운동의 교재로 보급하였고, 인터넷에서도 공개하고 있습니다. 『한글 논어』는 교수신문에서 '최고의 고전번역'으로 선정되기도 하였습니다.

그간 선친의 학문에 대한 관심의 고조와 함께 생전의 행적을 기리는 몇 가지 사업들이 있었습니다. 서세(逝世) 이듬해에 '건국포장'이 추서되었습니다. 선친께서는 생전에 자신의 항일활동을 굳이 내세우려 하지 않으셨기 때문에, 일제강점기에 임시정부를 지원하고 영광만세운동과 관련하여 옥고를 치렀던 일들을 사후에 추증한 것입니다.

향리 영광군에서도 현창사업이 있었습니다. 생애와 업적을 기리는 사적비(事績碑)가 영광읍 우산공원에 세워졌습니다. 그러나 금석(金石)의 기록 또한 바라지 않으신 것을 알기에 영광군에서 주관한 사적비의 건립 역시 조심스러웠습니다.

서세 5주년 때는 '선각자 현암 이을호 선생의 내면세계'를 주제로 한 학술심포지엄이 영광문화원 주최로 영광군에서 열렸습니다. 그의 학문이 "한국의 사상과 역사를 새롭게 연구하고, 우리 문화의 미래적 방향을 제시한 것"이었음이 알려지자, '한국문화원연합회 전남지회'에서는 『현암 이을호』라는 책을 간행하여 여러 곳에 보급하기도 하였습니다. 이후 영광군에서는 전국 도로명주소 전환 사업 시 고택(故宅) 앞 길을 '현암길'로 명명하였습니다.

학계에서는 전남대학교가 '이을호 기념 강의실'을 옛 문리대 건물에 개설하여 그곳에 저서를 전시하고, 동양학을 주제로 하는 강의와 학술모임을 하고 있습니다. 선친의 학문 활동은 일제시대 중앙일간지와 『동양의학』 논문지 등에 기고한 논설들이 그 효시라 할 수 있지만, 그 이후 학문의 천착은 일생 동안 몸담으셨던 전남대학교에서 이루어졌음을 기린 것입니다. 지금은 생전에 많은 정성을 기울이셨던 '호남의 문화와 사상'에 대한 연구도 뿌리를 내리게 되어 '호남학'을 정립하려는 노력들이 활발하게 이루어지고 있습니다. 또한 한국공자학회에서 논문집 『현암 이을호 연구』를 간행하였고, 최근 출간한 윤사순 교수의 『한국유학사』에서 그 학문적 특징을 '한국문화의 새로운 방향을 제시한 업적'으로 평가하였습니다.

이제 하나의 소망이 있다면, 그 학문이 하나의 논리와 체계를 갖춘 '현암학'으로 발전하는 것입니다. 이 출간이 '책을 통하여 그 학문과 삶이 남기'를 소망하셨던 선친의 뜻에 다소나마 보답이 되었으면 합니다. 덧붙여서 이 전집이 간행되기까지 원문의 번역과 교열에 힘써 준 편집위원 제위와 이 책을 출간하여준 한국학술정보(주)에도 사의를 드립니다.

2014년 첫봄
장자 원태 삼가 씀

편집 후기

　2000년에 간행된 <이을호 전서>는 선생의 학문과 사상을 체계적으로 이해하도록 편찬하였었다. 따라서 다산의 경학을 출발로, 그 외연으로서 다산학 그리고 실학과 한국 사상을 차례로 하고, 실학적 관점으로 서술된 한국 철학과 국역 『다산사서(茶山四書)』, 『다산학제요』 등을 실었던 것은, 다산학을 중심으로 형성된 한국적 사유의 특징을 이해하도록 한 것이었으며, 그 밖의 『사상의학』과 『생명론』은, 선생이 한때 몸담았던 의학에 관계된 저술이었다.

　지금은 초간본이 간행된 지 14년의 세월이 흘러, 젊은 세대들은 원전을 이해하지 못하는 사람들이 늘어나고, 그 논문의 서술방식 또한 많이 바뀌어 가고 있다.

　이러한 상황의 변화에 따라 새로운 전집의 간행이 이루어졌으면 하는 의견들이 많아 이번에 <현암 이을호 전서>를 복간하게 된 것이다.

　이 책의 편차는 대체적으로 선생의 학문적 흐름을 쉽게 이해할 수 있다는 점에서 이미 간행되었던 <이을호 전서>의 큰 틀은 그대로 유지하면서도 각 책을 따로 독립시켜 각자의 특색이 드러나도록 하였다. 특히 관심을 기울인 것은 원문의 번역과 문장의 교열을 통하여 그 내용을 쉽게 이해할 수 있도록 한 것이다.

그 과정에서 가장 중점을 둔 것은 원문의 국역이었다. 저자는 문장의 서술과정에서 그 논증의 근거를 모두 원문으로 인용하였다. 그러나 이번에 인용문은 모두 국역하고 원문은 각주로 처리하였다. 또한 그 글의 출처와 인명들도 모두 검색하여 부기함으로써 독자들의 이해를 돕도록 한 것이다.

또한 이전의 책은 그 주제에 따라 분책(分冊)하였기 때문에 같은 주제에 해당하는 내용은 모두 한 책으로 엮었으나 이번 새로 간행된 전집은 다채로운 사상들이 모두 그 특색을 나타내도록 분리한 것이다. 이는 사상적 이해뿐 아니라 독자들의 이용에 편의를 제공하고자 하는 뜻도 있다.

또 한 가지는 서세 후에 발견된 여러 글들을 보완하고 추모의 글도 함께 실어서 그 학문세계뿐 아니라 선생에 대한 이해의 폭을 더욱 넓히는 데 참고가 되도록 하였다.

이제 이와 같이 번역·증보·교열된 <현암 이을호 전서>는 선생의 학문이 한국사상연구의 현대적 기반과 앞으로 새롭게 전개될 한국 문화의 미래적 방향을 제시하는 새로운 이정표로서 손색이 없기를 간절히 기대한다.

갑오년(甲午年) 맹춘(孟春)

증보·교열 <현암 이을호 전서> 복간위원회

안진오 오종일 최대우 백은기 류근성 장복동 이향준 조우진
김경훈 박해장 서영이 최영희 정상엽 노평규 이형성 배옥영

『현암 이을호 전서』 27책 개요

1. 『다산경학사상 연구』

처음으로 다산 정약용의 철학을 체계적으로 연구한 저서이다. 공자 사상의 연원을 밝히고 유학의 근본정신이 어디에서 발원하였는가 하는 것을 구명한 내용으로서, 유학의 본령에 접근할 수 있는 지침서이다(신국판 346쪽).

2. 『다산역학 연구 Ⅰ』

3. 『다산역학 연구 Ⅱ』

다산의 역학을 체계적으로 연구한 책으로서 다산이 밝힌 역학의 성립과 발전적 특징을 시대적으로 제시하고 다산이 인용한 모든 내용을 국역하였다(신국판 上, 下 632쪽).

4. 『다산의 생애와 사상』

다산 사상을 그 학문적 특징에 따라서 현대적 감각에 맞도록 정치, 경제, 사회, 문화 등 각 방면의 사상으로 재해석한 책이다(신국판 260쪽).

5. 『다산학 입문』

다산의 시대 배경과 저술의 특징을 밝히고, 다산의 『사서오경(四書五經)』에 대한 해석이 그 이전의 학문, 특히 정주학(程朱學)과 어떻게 다른가 하는 것을 주제별로 서술하여 일표이서(一表: 經世遺表 / 二書: 牧民心書, 欽欽新書)의 정신으로 결실되기까지의 과정을 서술한 책이다(신국판 259쪽).

6. 『다산학 각론』

다산학의 구조와 경학적 특징, 그리고 그 철학 사상이 현대정신과 어떤 연관성이 있는가에 대해 상세하게 논한 저서이다(신국판 691쪽).

7. 『다산학 강의』

다산학의 세계를 목민론, 경학론, 인간론, 정경학(政經學), 『목민심서』 등으로 분류하여 다채롭게 조명하여 설명한 책이다(신국판 274쪽).

8. 『다산학 제요』

『대학(大學)』, 『중용(中庸)』, 『논어(論語)』, 『맹자(孟子)』의 사서(四書)는 물론 『주역』, 『시경』, 『악경』 등 모든 경서에 대한 다산의 이해를 그 특징에 따라 주제별로 해석하고 그에 대한 특징을 서술한 방대한 책이다(신국판 660쪽).

9. 『목민심서』

다산의 『목민심서』를 현대정신에 맞도록 해석하고, 그 가르침을 현대인들이 어떻게 수용하여야 할 것인가 하는 것을 재구성한 책이다(신국판 340쪽).

10. 『한국실학사상 연구』

조선조 실학의 특징을, 실학의 개념, 실학사상에 나타난 경학(經學)에 대한 이해, 조선조 실학사상의 발전에 따른 그 인물과 사상 등의 차례로 서술한 것이다.(신국판 392쪽)

11. 『한사상 총론』

단군 사상에 나타난 '한' 사상을 연구한 것이다. 단군사상으로부터 '한' 사상의 내용과 발전과정을 서술하고, 근대 민족종교의 특성에 나타난 '한'의 정신까지, 민족 사상을 근원적으로 밝힌 책이다(신국판 546쪽).

12. 『한국철학사 총설』

중국의 사상이 아닌 한국의 정신적 특징을 중심으로, 한국철학의 형성과 발전과정을 서술한 것이다. 이 책은 한국의 정신, 특히 조선조 실학사상에 나타난 자주정신을 중심으로 서술한 것으로서 이는 중국의 의식이 아닌 우리의 철학 사상의 특징을 밝혔다(신국판 611쪽).

13. 『개신유학 각론』

조선조 실학자들의 사상적 특징, 즉 윤휴, 박세당, 정약용, 김정희 등의 사상을 서술하고 실학자들의 저서에 대한 해제 등을 모은 책이다(신국판 517쪽).

14. 『한글 중용·대학』

『중용』과 『대학』을 다산의 해석에 따라 국역한 것이며, 그 번역 또한 한글의 해석만으로서 깊은 내용까지 알 수 있도록 완역한 책이다(신국판 148쪽).

15. 『한글 논어』

다산이 주석한 『논어고금주』의 내용을 중심으로 『논어』를 한글화한 책이며 해방 후 가장 잘된 번역서로 선정된바 있다(신국판 264쪽).

16. 『한글 맹자』

『맹자』를 다산의 『맹자요의』에 나타난 주석으로서 한글화하여 번역한 책이다(신국판 357쪽).

17. 『논어고금주 연구』

『여유당전서』에 있는 『논어고금주』의 전체 내용을 모두 국역하고, 그 사상적 특징을 보충 설명한 것이다. 각 원문에 나오는 내용과 용어들을 한(漢)나라로부터 모든 옛 주석에 따라 소개하고 다산 자신의 견해를 모두 국역하여, 『논어』에 대한 사상적 본질을 쉽게 알 수 있도록 정리한 책이다(신국판 665쪽).

18. 『사상의학 원론』

동무(東武) 이제마(李濟馬, 1838~1900)가 쓴 『동의수세보원』의 원문과 번역, 그리고 그 사상에 대한 본의를 밝힌 것으로서 『동의수세보원』의 번역과 그 내용을 원론적으로 서술한 책이다(신국판 548쪽).

19. 『의학론』

저자가 경성약학전문학교를 졸업한 후 당시의 질병과 그 처방에 대한 자신의 견해를 밝힌 의학에 대한 서술이다(신국판 261쪽).

20. 『생명론』

저자가 만년에 우주에 대한 사색을 통하여 모든 생명의 근원이 하나의 유기체적 관계로서 형성되고 소멸된다는 사상을 밝힌 수상록이다(신국판 207쪽).

21. 『한국문화의 인식』

한국의 전통문화에 나타난 특징들을 각 주제에 따라서 선정하고 그것들이 지니는 의미를 서술하였으며 또한, 우리 문화를 서술한 문헌들에 대한 해제를 곁들인 책이다(신국판 435쪽).

22. 『한국전통문화와 호남』

호남에 나타난 여러 가지 특징들을 지리 풍속 의식과 저술들을 주제별로 논한 것이다(신국판 415쪽).

23. 『국역 간양록』

정유재란 때 왜군에게 포로로 잡혀갔다가 그들의 스승이 되어 일본의 근대 문화를 열게 한 강항(姜沆)의 저서 『간양록』을 번역한 것이다(신국판 217쪽).

24. 『다산학 소론과 비평』

다산의 사상을 논한 내용으로서, 논문이 아닌 조그마한 주제들로서 서술한 내용과 그 밖의 평론들을 모은 책이다(신국판 341쪽).

25. 『현암 수상록』

저자가 일생 동안 여러 일간지 및 잡지에 발표한 수상문을 가려 모은 것이다(신국판 427쪽).

26. 『인간 이을호』

저자에 대한 인품과 그 학문을 다른 사람들이 소개하여 여러 책에 실린 글들을 모은 책이다(신국판 354쪽).

27. 『현암 이을호 연구』

현암 이을호 탄생 100주년을 기념하는 논문집으로서 그 학문과 사상을 종합적으로 연구하고 그 업적이 앞으로 한국사상을 연구하는 기반을 닦았다는 것을 밝힌 책이다(신국판 579쪽).

현암 이을호 전서 10
한국실학사상 연구

초판인쇄 2015년 6월 19일
초판발행 2015년 6월 19일

지은이 이을호
펴낸이 채종준
펴낸곳 한국학술정보㈜
주소 경기도 파주시 회동길 230(문발동)
전화 031) 908-3181(대표)
팩스 031) 908-3189
홈페이지 http://ebook.kstudy.com
전자우편 출판사업부 publish@kstudy.com
등록 제일산-115호(2000. 6. 19)

ISBN 978-89-268-6885-0 94150
        978-89-268-6865-2 94150(전27권)